노자와 공자가 만났을 때

열하룻날의 대화

[안성재 著]

어문학사

들어가는 글

- 열하룻날의 대화 -

1.

본 저서의 집필 의도는 노자와 공자의 사상을 총체적으로 상호 비교해 봄으로써, 어떠한 관점이 같고 또 어떠한 관점이 상이한지를 구체적으로 나열하여 풀어쓰고자 함이다. 이에 두 인물의 사상에 대한 독자들의 이해를 돕기 위해서, 노자와 공자가 만나 대화를 나누는 방식으로 전개하였다. 또한, 총 열한 가지 주제로 나누어 열하룻날 동안 두 인물이 열띤 토론을 벌이는 형식으로 구성하였는데, 특히 적잖은 관련 역사 이야기들을 적절히 삽입하여 소개함으로써 노자와 공자의 발언이 구체적으로 어떠한 상황에서 어떤 의도로 나왔던 것인지를 밝히고자 노력하였다. 최대한 노자와 공자의 저서 및 관련 기록들만을 정리하여 대화를 전개함으로써 학술적 객관성과 신빙성을 제고(提高)하려 했고, 문장마다 주석을 달아 명확하게 그 출처들을 일일이 밝혔다.

하지만 학술적 객관성과 신빙성에만 의존하면 대화의 전개가 다소 어색할 수 있기에, 자연스러운 대화의 전개와 가독성을 위해서 부득이하게 필자의 주관적인 관점을 첨가한 부분도 더러 있음을 미리 알려두고자 한다.

아울러서 춘추시대는 진(晉)나라와 더불어 진(秦)나라와 진(陳)나라 역시 공존하던 시기이므로, 가독성을 위해서 진(晉)나라는 '진나라'로, 진(秦)나라와 진(陳)나라는 그대로 표기했음을 일러둔다.

마지막으로 〔예기(禮記)〕〈증자문(曾子問)〉 편에서 공자는 노자를 노담(老聃)이라고 호칭한 바 있으므로, 본 저서의 대화에서는 공자가 노자를 '노담'으로 부른 것으로 처리하였다. 그리고 역시 동일한 전적에서 노자는 손아랫사람인 공자를 구(丘)라고 호칭했지만, 당시 공자는 아직 벼슬길에 나아가지 않은 젊은이였거니와 지금은 세상 뭇 사람들의 존경을 받고 있는 점을 감안하여, 본 저서에서는 '공구'라고 호칭하였다.

2.

중국인들은 복희씨(伏羲氏)와 여와씨(女媧氏)가 인류를 창조한 이래, 농업을 보급한 신농씨(神農氏)까지를 삼황(三皇)으로 불러왔다. 이어서 황제(黃帝) 헌원(軒轅), 전욱(顓頊) 고양(高陽), 제곡(帝嚳) 고신(高辛), 제요(帝堯) 방훈(放勳) 그리고 제순(帝舜) 중화(重華)를 오제(五帝)라고 호칭함으로써, 이 삼황오제가 다스리던 시기를 가장 이상적인 사회인 대동(大同)으로 여겨왔다. 대동사회의 주된 특징은 선양제(禪讓制)인데, 세습이 아닌 지도자의 인격과 행정 능력만으로 그들의 지도자를 선출하였다는 것이다.

하지만 순임금의 뒤를 이은 우(禹)임금이 하(夏)나라를 건립한 이래로, 선양제는 세습제로 바뀌고 세상은 점차 이기적인 모습으로 변모하기 시작하였으니, 이 시기부터를 지도자들이 규율을 앞세워 스스로 본보기를 보임으로써 백성들을 통제한 소강(小康)사회라고 부른다.

따라서 중국인들은 그들의 역사를 크게 대동과 소강 그리고 혼란기의 세 부분으로 나누는데, 위에서 언급한 가장 이상적인 사회였던 대동사회는 삼황오제를 끝으로 단절되지만, 소강사회는 왕조마다 현철한 임금과 신하들로 인해서 간혹 부활하는 모습들을 보였던 것이다. 그리고 그 대표적인 인물로는 하나라 우임금과 하나라의 뒤를 이은 상(商)나라의 탕(湯) 임금, 그리고 상나라의 뒤를 이은 주(周)나라의 문왕(文王)과 무왕(武王) 및 성왕(成王), 마지막으로 주공(周公)이 있었다.

그러나 세월이 흐르고 주나라 역시 국운이 점차 쇠락하여 천자(天子)의 지위가 땅에 떨어지자, 급기야 평왕(平王) 때 이르러 분위기를 쇄신하려고 수도를 동쪽의 낙읍(洛邑: 오늘날의 뤄양)으로 옮기게 되니, 이때

부터 수도를 서쪽의 호경(鎬京: 오늘날의 시안)으로 삼았던 서주와 구분하고자 동주라고 부르게 되었다. 그리고 바로 이 동주 시기는 우리가 잘 알고 있는 중국 최대의 혼란기였던 춘추(春秋)시대의 시작이기도 했다.

이러한 춘추시대의 수많은 제후국 중 하나인 진(晉)나라가 한(韓), 위(魏), 조(趙)의 세 나라로 분할되어서 진(秦), 초(楚), 제(齊), 연(燕), 한, 위, 조의 일곱 강대국만이 남는 국면이 바로 전국(戰國)시대의 시작이다.

주지하다시피, 춘추전국시대는 중국의 수많은 학파와 학자들이 자유롭게 자신의 사상과 학문을 펼쳤던 시기이기도 하다. 따라서 이 시기를 흔히 제자백가(諸子百家) 또는 백가쟁명(百家爭鳴)의 시대라고도 일컫는데, 이미 앞에서 언급했듯이 중국인들에게 인지되는 역사는 크게 대동과 소강 그리고 혼란기의 이 세 시기로만 나뉜다는 점이다.

태고~B.C. 2070	~B.C. 1600	~B.C.1046	~B.C. 770	
삼황오제 (三皇五帝)	하 (夏)	상 (商)	주 (周)	동주(東周) 춘추(春秋)시대

□ 대동(大同)시대 ■ 소강(小康)시대 ■ 암흑기

따라서 필자는 비록 이러한 제자백가의 사상들이 각각의 고유 특색을 지니지만, 궁극적으로는 태평성대를 추구하는 이상적인 지도자 양성을 위한 정치사상이며, 나아가 제자백가 모두가 이해와 설득의 수사학 범주에 속할 것이라는 막연한 추측을 하기 시작했다. 그리고 그 구체적인 증명 과정의 첫 번째 대상으로 삼은 노자의 〔도덕경〕에 대해서 수사학적 접근을 시도하다가 한국과 중국의 기존 〔도덕경〕 해석들이 본의(本義)와 일정한 괴리감이 있다고 판단하여, 처음부터 다시 〔도덕경〕 전문(全文)을 번역하였다. 이어서 그 두 번째 연구대상으로 삼은 것이 〔논어〕였다.

그 결과 필자는 그간 학술서인 〔노자의 재구성〕과 대중서인 〔노자, 정치를 깨우다〕 두 저서를 집필하여 노자의 궁극 사상이 대동으로 돌아가자는 데 있다고 결론 내린 바 있고, 역시 학술서인 〔논어, 그 오해와 진실〕과 대중서인 〔논어: 안 될 줄 알고도 하려는 사람인가〕 두 저서를 통해서 공자의 궁극 사상이 소강으로의 복귀에 있음을 밝혀왔다.

아울러 노자와 공자 두 인물의 사상 사이에 적잖은 공통점이 존재함을 인지함으로써 추후에 이 두 인물 사상의 비교론을 집필할 것을 약속한 바 있는데, 이제 본 저서를 출판함으로써 그 약속을 지킴과 동시에 나아가 7년간 지속된 첫 번째 여정에 대해 마침표를 찍고자 한다.

3.

본서에서 가장 주안점을 둔 것은 그간 노자와 공자의 사상이 서로 대치된다는 학설에 이의를 제기하는 것이었다. 따라서 노자와 공자의 사상에서 어떤 점이 서로 같고 또 어떤 점이 다른지를 비교하는 것이 무엇보다 중요하므로, 이를 열한 가지 주제로 나누어 토론 형식으로 전개하였다.

먼저, 노자가 추구한 대동사회와 공자가 회복하고자 노력한 소강사회의 개념을 정리하여 소개하고, 이어서 대동사회를 이끈 성인과 소강사회를 다스린 군자에 대해서 상호 비교하였으며, 그다음으로는 무위자연이란 어떤 의미를 지니는지, 그리고 이러한 무위자연의 정치란 궁극적으로 무엇인지 설명하고자 했다.

4장과 5장에서는 도(道)와 덕(德)이란 무엇인지, 그리고 노자와 공자가 추구한 도(道)에는 어떠한 공통점과 차이점이 있는지 상호 비교하여 설명하고자 했다. 이어서 6장부터 10장까지는 도(道)를 구성하는 요소들에 대해서 구체적으로 소개하였는데, 특히 명(名)과 인의예악(仁義禮樂)의 가치에 대한 노자와 공자의 첨예한 대립각을 부각시켰다.

그리고 마지막으로는 노자와 공자의 또 다른 대립각인, 이른바 도(道)가 땅에 떨어진 세상을 떠날 것인지, 아니면 끝까지 남을 것인지의 문제에 대해서 논하였다.

언부진의(言不盡意: 말로는 마음의 뜻을 다 표현할 수 없음)라고 했던가? 필자가 가진 모든 필력을 다하여 노자와 공자의 사상을 비교하여 설명하고자 했지만, 솔직히 때로는 힘이 부침과 그 한계를 인정하지 않을 수 없다. 그저 본서를 통해서 노자와 공자의 사상에 대한 오해가 조금이라도 풀릴 수 있기를 바랄 뿐…….

차 례

노자는 성인(聖人)이 무위자연(無爲自然)의 통치법으로 다스리던 대동(大同)사회로의 복귀를 외친 반면, 공자는 군자(君子)가 인의예악(仁義禮樂)의 기강을 확립하여 이끌던 소강(小康)사회로의 복귀를 주장했다.

첫째 날,
대동(大同)과 소강(小康):
이상사회와 현실사회

공자 한번은 제가 신들의 가호에 보답하기 위해 올리던 제사인 '납빈'에 참여한 적이 있었습니다. 제사가 끝나고 돌아오던 길에 마침 누각이 보이기에, 올라서 주변을 한 번 둘러보고는 저도 모르게 길게 탄식을 하였지요. 그처럼 탄식한 것은 아마도 저의 조국인 노나라의 혼란스러운 정국을 한탄하고, 나아가 어두운 미래를 생각함에 그저 답답한 마음을 금치 못한 것이기 때문이었을 겁니다. 저와 함께 제사에 참여했던 제자 자유가 그 모습을 보고는, "제사도 무사히 마쳤는데, 스승께서는 갑자기 무슨 연유로 이리도 깊이 탄식하십니까?"라고 묻는 것이었습니다.[1)]

노자 그렇소? 자유란 자는 어떠한 인물이었소?

공자 그는 저보다 45세 어렸는데,[2)] 일찍이 저는 많은 제자 중에서 "문학(文學)으로는 자유와 자하였다."[3)]라고 평가한 바 있습니다.

노자 좀 더 구체적으로 말씀해보시게.

공자 한번은 자유가 벼슬하는 '무성' 지역에 들른 적이 있었는데, 문득 거문고에 맞춰 부르는 노랫소리가 들리는 것이었습니다. 그래서 빙그레 미소를 짓고는 웃으면서 "닭을 잡는데, 어찌 소 잡는 칼을 쓰는가?"라고 말했지요. 그러자 자유가 "예전에 저는 스승께서 '군자가 도를 배우면 타인을 사랑하게 되고, 소인배가 도를 배우면 쉬이 부릴 수 있다.'고 말씀하시는 것을 들었습니다."라고 대답하는 것이 아니겠습니까? 이에 저는 "자유의 말이 옳다. 방금 한 말은 장난삼아서 놀린 것일 뿐이다."[4)]라고 한 적이 있습니다.

문학이라는 표현은 오늘날의 문학과 달리, 문(文: 옛 문장)을 학(學: 배움)하는 것으로 이해해야 하는 것입니다. 따라서 저는 자유가 문(文)을 배우고 이해하는 학(學)에서 뛰어난 재능을 보였다고 평가한 것인데, 문(文)이란 구체적으로 말해서 고대 전적에 기록된 옛 성현들의 통치이념과 그 업적들을 기록한 문장으로, 다름 아닌 〔상서(尙書)〕와 〔시경(詩經)〕 등을 가리키는 것이지요. 즉 자유는 예전에 저에게서 배운 내용을 들어서 제 말에 반론을 제기한 것이니, 저는 이에 웃으면서 자유가 옳다고 대답한 것입니다.

노자 실제로 그러한 말을 한 적이 있소?

공자 정확하게는 "윗사람이 예(禮)를 좋아하면, 곧 백성들을 부리기 쉽다."[5]라고 말한 바 있습니다. 아랫사람이 윗사람을 섬기는 것은 윗사람의 명령을 따르는 것이 아니라, 윗사람의 행한 바를 따르는 것입니다. 윗사람이 옳은 일을 행하기를 좋아하면, 아랫사람 중에서 반드시 윗사람보다 더 옳은 일을 행하기를 좋아하는 이가 생기게 되지요. 따라서 윗사람은 좋아하거나 미워하는 바를 삼가지 않을 수 없으니, 이것이 백성들의 모범인 것입니다.[6]

또한, 윗사람이 인(仁) 즉 자신의 임금을 진심으로 섬기고 따르는 어짊을 행하기 좋아하면, 아랫사람들 역시 앞다투어 인(仁)을 행하려고 하지요. 따라서 백성들의 우두머리인 자가 뜻을 밝히고 가르침을 바르게 하며 인(仁)을 공경하여 자식처럼 백성들을 사랑하면, 백성들은 면밀하게 스스로를 살피게 되어 그 윗사람을 기쁘게 하는 법입니다.[7]

저는 서술하지만 창작하지는 않고 또 믿어서 옛것을 좋아했으니, 저 자신을 슬그머니 노팽에 견주어보기도 했습니다.[8] 저의 발언은 제가 임의로 만들어 낸 말이 아니라 옛 기록에 근거한 성현들의 말씀들을 전달한 것이니, 저의 가르침을 오롯이 이해하고 실천하려 한 자유를, 어찌 아끼지 않을 수 있었겠습니까?

노자 대단히 중요한 말씀이오. 그래서 나 역시 〔도덕경〕에서 "내가 어찌 만물의 상황을 알 수 있겠는가? 이 때문이다."[9], "옛사람들이 말하는 '굽히면 도리어 온전할 수 있다.'는 도리가 어찌 빈말이겠는가?"[10], "옛사람들이 가르쳐왔던 바대로, 나 역시 그것을 가르친다."[11]라고 말함으로써, 누차 〔도덕경〕의 내용들이 나 스스로 지어낸 것이 아니라 예로부터 전해 내려오는 도리임을 명확하게 밝힌 것이오.

아무튼, 그래서 자유의 물음에 무어라 대답했소?

공자 네, 그렇지요. 이어서 제자 자유의 물음에 저는, "큰 도가 실행될 때와 하(夏), 상(商), 주(周) 삼대의 훌륭한 인물들이 정치를 하던 때는, 내가 그 시절로 되돌아가 볼 수는 없었으나 기록이 남아 있어 알 수 있다."[12]라고 설명하기 시작했는데, 여기서 주목해야 할 것이 저는 과거의 역사를 큰 도 즉 대도(大道)가 실행되던 시기와 하, 상, 주 삼대의 정치 시기로 나누고 있다는 점입니다.

스스로 진실한 것은 하늘의 도이고, 진실하게 하는 것은 사람의 도이니, 스스로 진실한 사람은 힘쓰지 않아도 중(中)의 공정한 태도를 견지하고, 생각하지 않아도 얻게 되어 차분하게 도에 들어맞는 것이니, 이는 성인(聖人)만이 할 수 있는 것입니다. 반면에 진실하게 한다는 것은 애써 선을 가리어 굳게 잡는 것이니, 이는 군자(君子)가 부단히 노력해야 하는 것이지요.[13)]

다시 말해서 도의 목적은 진실함에 있고, 그 진실함은 스스로 진실한 것과 또 애써 진실하게 하는 두 가지의 것이 있습니다. 하늘의 도(천도: 天道)는 억지로 작위 하지 않고 스스로 그러하게 하는 것이지만, 세상이 그렇지 못하여 부득이하게 통제하는 사람의 도(인도: 人道)는 노력하고 절제하여 작위(作爲) 하는 것이지요. 따라서 성인인 삼황오제가 대도(大道) = 천도(天道)로 이끌던 사회는 대동이고, 반면 하, 상, 주 삼대의 군자가 소도(小道) = 인도(人道)로 이끌던 사회는 소강인 것입니다.

큰 도가 실행되던 때는 모든 사람들의 세상인 공천하(公天下)였으니, 어질고 재능 있는 이들을 선발하고 신용을 중시하며 화목함을 갖췄습니다.[14)]

노자 그렇소. 그대는 대도 = 천도로 이끌던 대동의 사회가 공천하(公天下)였다고 말하고 있으니, 이는 다름 아닌 천하위공(天下爲公)의 사회 즉, 임금을 혈통이 아닌 정치 능력과 인품만으로 선발하던 선양제(禪讓制)를 시행하던 대동사회를 가리키오.

공자 그러므로 사람들은 자신의 어버이만이 어버이가 아니었고, 자신의 자식만이 자식이 아니었습니다.[15)] 다시 말해서, 이러한 대동사회는 네 것과 내 것을 구분하지 않고 서로 더불어 살아가는 진정한 의미로서의 상생과 공생을 실천하던 시기였던 것입니다.[16)]

또한 노인들로 하여금 귀속되는 바가 있게 하였고, 장년은 쓰임이 있었으며, 어린이들은 키워짐이 있었고, 늙어 부인이 없는 이, 늙어 남편이 없는 아낙, 부모 없는 아이, 자식이 없는 노인, 장애인들이 모두 부양받는 바가 있었습니다. 사내에게는 그에 적합한 직분이 있었고, 아낙은 시부모님이 계시는 시가가 있었지요.

노자 이는 오늘날의 사회복지제도와도 같은 개념이니, 세부적으로는 두 가지 관점에서 이해할 필요가 있소. 하나는 늙어 부인이 없는 이인 환(鰥), 늙어 남편이 없는 아낙인 과(寡), 부모 없는 아이인 고(孤), 자식이 없는 노인인 독(獨)을 말하는 것이니, 바로 국가에서 사회의 취약계층을 책임지고 돌보아주었음을 뜻하는 것이오. 아울러서 장애인들이 모두 부양받는 바가 있었다고도 했으니, 이는 당시 장애인들을 오늘날과 같이 차별대우하지 않았다는 것을 의미하오.

그리고 또 하나는 국가에서 장년은 쓰임이 있도록 함으로써 모든 사내에게 적합한 직분이 있다고 했으니, 이는 다름 아닌 젊은이들이 때가 되면 공평하게 사회에 나가 기여할 수 있는 기회, 즉 직업을 구할 수 있었음을 뜻하오. 아울러 아낙은 시부모님이 계시는 시가가 있다고도 하였으니, 국가에서 주도적으로 나서서 짝을 구하지 못한 젊은 남녀를 연결시켜 줌으로써 독신으로 외로이 살아가는 이가 없도록 배려했다는 말인 것이오.

공자 또한, 재물이 땅에 버려지는 것을 싫어하였으니 모두가 지니고 싶어 하였지만 반드시 자기가 직접 소유하지는 않았고, 힘은 자기 몸에서 나오지 않음을 싫어하여 자신이 직접 하려고 하였지만, 꼭 자신을 위해서만 힘쓰지는 않았습니다. 이 때문에 계략과

술수가 막혀 일어나지 못하고, 도적이나 반란이 발생하지 않았으며, 그러므로 밖의 대문을 잠그지 않았으니. 이를 대동이라고 일컫는 것입니다.[17]

노자 계략이라는 것은 남보다 자신이 더 잘나고 또 잘되기를 바라는 마음에서 비롯되오. 하지만 귀한 물건을 귀히 여기되 나 혼자만 독차지하지 않고, 또 열심히 일하고자 하나 그것이 반드시 자기 자신만을 위함이 아닌, 즉 함께하려는 마음이 있다면, 굳이 타인의 것에 욕심을 부리지 않게 되므로 남의 집 대문을 열고 싶어 하는 탐욕이 일지 않게 되는 것이오.

이러한 대동의 사회를 이끌었던 인물로는 삼황오제(三皇五帝)가 있었다고 전해지는데, 먼저 복희씨(伏羲氏)는 물고기를 잡는 어망(魚網)과 문자부호인 팔괘(八卦)를 창안한 인물로, 사람의 상반신과 뱀의 하반신을 지닌 모습으로 묘사되고 있소.

다음으로 여와씨(女媧氏)는 복희씨의 여동생인데, 복희씨와 결혼하여 많은 자손을 퍼뜨렸다고 전해지니, 인류를 창조한 인물이오. 그런데 여기서 주의해야 할 것이 있으니, 이는 다름 아닌 대동이 곧 인류문명의 시작을 뜻한다는 점이외다. 이를 좀 더 구체적으로 말하자면, 대동의 사회는 바로 세상의 시작과 더불어서 인류와 함께 존재해 왔음을 깨달아야 하는 것이오.

신농씨(神農氏)는 흡사 도깨비와도 같은 얼굴을 한 인물로 묘사되는데, 그 이유는 자신이 직접 온갖 식물들을 맛보다가 몇 차례나 죽을 고비를 넘겼기 때문이라고 하오. 그 결과 식물의 독성으로 인해 얼굴은 일그러졌지만, 덕분에 사람들에게 먹어도 될 것과 안 되는 것을 구별해줄 수 있었던 것이니! 백성들이 그의 그런 모습을 보고는 무섭다고 도망을 쳤겠소, 아니면 진심으로 자신들의 지도자로서 섬기고 따랐겠소? 이에 신농씨 역시 임금으로 추대되었고, 이 세 명을 아울러서 삼황이라고 일컫는 것이오.

오제는 삼황의 뒤를 이어서 임금으로 추대된 다섯 인물을 말하는 것인데, 먼저 황제(黃帝) 헌원(軒轅)에 대해서 말해보리다. 당시 염제가 제후들을 무력으로 침해하여 욕보이려 하자, 제후들이 다 헌원에게 귀의했소. 헌원은 이에 덕을 닦고 군대를 정돈했으며 오행(물, 나무, 불, 흙, 쇠)의 기를 바로 잡고 오곡을 심어서 만백성을 위로하고 사방을 헤아렸다고 하오.[18] 또한 천지의 규율과 음양의 점, 죽음과 삶의 말씀, 국가 존망의 어려움을 깨닫고 따랐으니, 때마다 온갖 곡식과 초목을 뿌리고, 금수와 곤충을 순화시켰으며, 해와 달 그리고 별들의 운행, 물결, 토석, 금옥을 관찰하여 두루 망라하고, 마음과 힘과 귀와 눈에 힘쓰며, 물, 불, 목재와 재물을 아껴 썼소. 이에 상서로운 흙의 덕을 갖추었기 때문에, 흙의 상징인 노란색의 황제라고 불렸던 것이오.[19]

전욱제(顓頊帝) 고양(高陽)은 황제의 자손이고 창의의 아들이니, 조용하여 지모가 있었고 도리와 조리에 밝아 일을 주재하였다고 하오. 인재를 길러서 관리로 부임시키고, 때에 맞춰 하늘을 점쳤으며, 귀신에 의탁하여 법도를 바로잡고, 음양의 기를 바로잡아 교화하였으며, 깨끗하고도 정성을 다해 제사를 지냈소. 이에 만물과 크고 작은 신들 그리고 해와 달이 비치는 곳이면, 고루 귀속되지 않은 것이 없었던 것이오.[20]

공자 말씀하신 '귀신'은 순수하게 돌아가신 '선조, 조상'을 뜻하는 말입니다. 그런데 오늘날에는 많은 이들이 오해하고 있는 듯하여, 잠시 짚고 넘어가겠습니다. 모든 살아 있는 것들은 반드시 죽기 마련인데, 이때 귀(鬼)는 음(陰)의 흙으로 돌아간 육신을, 신(神)은 양(陽)의 하늘로 올라간 영혼을 뜻하지요.[21] 특히 신(神)이란, 뜻을 지니는 보일 시(示)와 소리를 지니는 아홉 번째 지지 신(申)이 합쳐진 문자입니다.[22] 그리고 보일 시(示)는, 위라는 의미를 지닌 상(上)의 옛 글자(땅을 나타내는 ㅡ 위에 ·을 찍은 것) 밑에 눈에는 보이지 않지만, 분명히 존재하는 그 무엇을 상징하는 ♨ 모양을 붙인 것이지요. 오늘날에도 ♨ 모양으로 김 또는 아지랑이를 표현하지 않습니까? 따라서 신(神)이란 눈에는 보이지 않지만, 분명히 존재하는 그 무엇이 하늘로 올라가는 것을 가리키니, 제사 때 선조의 이름 밑에 신위(神位)라고 쓰는 것은, 다름 아닌 '영혼 한 분'이라는 의미를 지니는 것입니다. 물론, 위(位)는 윗사람을 셀 때 쓰는 단위명사이지요.

하지만 언제부터인가 서양의 종교들이 들어오면서 신위(神位)라는 표현에 대해 반감이 이는 듯한데, 이는 어디까지나 오해에서 비롯된 것임을 인지해야 할 것입니다.

노자 혹시나 귀신의 의미에 대해서 오해할 수도 있는데, 마침 설명을 잘 해주셨소. 그럼 계속해서 말씀드리리다. 제곡(帝嚳) 고신(高辛)은 태어나면서 신통하고 영묘하여, 스스로 자신의 이름을 말했다고 하오. 두루 베풀어 만물을 이롭게 하였지만, 정작 자기 자신은 돌보지 않았소. 귀가 밝아 멀리까지 알았고, 눈이 밝아 작은 것을 살폈으니, 하늘의 법도를 따르고 백성들이 무엇을 긴요하게 생각하는지를 알았다고 하오. 어질면서도 위엄 있고, 은혜로우면서도 믿음이 있었으며, 자신을 닦았기에 세상이 복종했소. 또한,

땅의 재물을 얻어 아껴 쓰고, 백성들을 위로하고 가르치면서 이롭게 인도하였으며, 해와 달을 셈하여 맞이하거나 전송하였고, 귀신을 밝혀서 공손히 섬겼소. 그 얼굴빛은 그윽하고, 그 덕은 높았으며, 그 움직임은 때에 맞았고, 검소하여 그 의복은 임금의 복장이 아니었소. 이처럼 제곡은 이미 중(中)의 공정함을 견지하여 두루 세상에 미쳤으므로, 해와 달이 비치는 곳과 바람과 비가 이르는 곳이면, 복종하지 않는 것이 없었던 것이오.[23)]

제요(帝堯) 방훈(放勳)은 요임금이니, 그 인자함은 하늘과 같았고, 그 지혜로움은 귀신과도 같았다고 하오. 그를 좇으면 태양과 같았고, 그를 바라보면 구름과도 같았소. 부유하면서도 교만하지 않고, 고귀하면서도 오만하지 않았으며, 능히 덕을 밝히고 따름으로써 구족(같은 종족의 9대: 고조부터 현손까지)이 가까워졌소. 이처럼 구족이 이미 화목해지니, 수많은 성씨의 귀족들을 상의하여 처리했고, 수많은 성씨의 귀족들이 명확히 구분되자, 온 나라가 합하여 잘 어울리게 되었던 것이오.[24)]

한번은 요임금이 '화' 지역을 방문하여 살폈는데, '화' 지역의 봉인인 수령이 "아, 성인을 축복하나니. 성인께서 장수하고 부유하며 아들이 많기를 바랍니다."라고 말했소. 그러자 요임금은 "사양하겠소. 아들이 많으면 두려워할 일이 많고, 부유하면 일이 많아지며, 장수하면 욕된 일이 많소."라고 대답했다고 하오.[25)]

요임금이 세상을 다스린 지 50년. 세상이 다스려지는지 다스려지지 않는지, 수많은 백성들이 자기를 원하는지 원하지 않는지 알 수가 없었다고 하오. 좌우에 물었으나 알지 못하고, 조정 바깥으로 물었으나 알지 못했으며, 재야에 물었으나 알지 못했소. 이에 남의 눈을 피하려고 남루한 옷차림을 하고는 큰 거리로 나아가니 동요가 들렸는데, "우리 많은 백성을 일으킴에, 그대의 지극함이 아닌 것이 없네. 알지 못하는 사이에, 임금의 법도를 따르네."라는 내용의 가사였소. 다른 곳으로 옮기니 한 노인이 입에 음식을 잔뜩 물고 배를 두드리고는 땅을 치며, "해가 뜨면 일하고, 해가 지면 쉬고. 우물을 파서 마시고, 밭을 갈아서 먹으니, 임금의 힘이, 어찌 나에게 있을까?"라고 노래를 불렀다고 하는데,[26] 바로 이것이 그 유명한 고복격양가(鼓腹擊壤歌)라오.

요임금이 나이가 들었을 때, 아들 단주가 못나고 어리석어서 세상을 넘겨주기에 부족하다는 것을 알았고, 그래서 이에 정권을 순에게 주었소. 순에게 주면 곧 세상이 이로움을 얻고 단주가 원망을 하지만, 단주에게 주면 곧 세상이 원망하고 단주가 이로움을 얻게 되는 것이었기 때문이오. 따라서 요임금은 "결국에는 세상이 모두 원망하는데도, 단 한 사람만을 이롭게 할 수는 없다." 라고 말하고는, 마침내 세상을 순에게 주었소.[27]

요는 임금 자리를 벗어난 지 28년 만에 죽었는데, 귀족들이 모두 슬퍼했으니 마치 부모를 잃은 듯이 했다고 하오. 그래서 3년 동안 사방에서 음악을 행하지 않음으로써 요를 그리워한 것이니.[28]

제순(帝舜) 중화(重華)는 순임금이니, 장님인 고수의 아들이자, 전욱의 6세손이오. 아버지 고수가 후처에게 미혹되어서 오직 작은 아들인 상을 사랑하고 항상 순을 죽이고자 하였는데, 순은 오히려 부모에 대한 효도와 형제에 대한 우애의 도를 다하니, 이에 환난에 이르지 않았던 것이오.[29]

순의 아버지 고수는 고집이 세고, 어머니는 간사했으며, 동생 상은 교만하여, 모두 순을 죽이고자 하였소. 하지만 순은 그들을 거스르지 않고 좇아서 자식 된 도리를 잃지 않았고, 동생에게 형 노릇 하여 효성스럽고도 자애로웠소. 그러므로 순을 죽이고 싶어도 죽일 수 없었고, 또 가족이 부르면 순은 항상 그들 곁에 있었던 것이오.[30)]

그럼에도 불구하고 고수는 오히려 거듭 순을 죽이려고 하였으니. 순으로 하여금 지붕으로 올라가 곳간을 매흙질하게 하고, 고수는 아래에서 불을 질러 곳간을 태웠소. 하지만 순은 이에 두 개의 삿갓으로 스스로를 막고 내려와 피하여 죽지 않았소. 후에 고수는 또 순으로 하여금 우물을 파게 했는데, 순은 우물을 파면서 몰래 옆으로 나오는 구멍을 만들어 놓았소. 순이 우물 속으로 깊이 들어가자, 고수와 상은 함께 흙을 부어 우물을 메웠지만, 순은 몰래 파놓은 구멍으로 나가 피했던 것이오.[31)]

순이 '역산'에서 농사를 짓자 '역산'의 사람들이 모두 밭을 양보했고, '뇌택'이라는 지역에서 낚시를 하자 '뇌택'의 사람들이 모두 자리를 양보하였으며, '황하' 가에서 그릇을 구우니 '황하' 가의 그릇이 모두 이지러지지 않았소. 그렇게 1년이 되자 머무르는 곳의 백성들이 무리를 이루었고, 2년이 되자 고을을 이루었으며, 3년이 되자 도시를 이뤘다고 하오.[32)]

한번은 요임금이 "아, 사악이여! 짐이 재위한 지 70년인데, 그대는 천명을 변치 않게 할 수 있으니, 짐의 자리에 오르시오."라고 말하자, 사악은 "덕이 낮아 임금 자리를 욕되게 할 것입니다."라고 대답했소. 그러자 요임금이 "귀족이거나 관계가 먼 사람, 숨어 사는 사람 모두를 천거해주시오."라고 말했고, 모두가 "민간에 홀아비가 있는데, 순이라고 합니다."라며 순을 추천했소. 요임금은 "그러한가, 짐은 그에 대해 들었소. 그는 어떠하오?"라고 묻자, 사악이 “장님의 아들입니다. 아버지는 완고하고, 어머니는 간사하며, 동생은 교만하지만, 능히 온화하게 부모님을 섬기고, 나아가 수양하니, 어지러움에 이르지 않게 되었습니다.”라고 대답했소. 이에 요임금은 “내가 그를 시험해보겠소.”라고 말하고는, 아황과 여영 두 딸을 그에게 시집보내어 두 딸에게서 그의 덕을 살폈던 것이오.[33)]

또 한번은 요임금이 “아, 사악이여! 세차게 흐르는 홍수가 하늘까지 넘쳐 넓고도 넓게 흘러 산을 둘러싸고 언덕을 넘쳐서 백성들이 우려하니, 이에 보내어 홍수를 다스릴 수 있는 이가 있겠소?”라고 묻자, 모두가 “아! 곤이 할 수 있습니다.”라며 추천했소. 그러자 요임금은 “곤은 명령을 어기고 동족의 사이를 어그러뜨렸으니, 불가하오!”라며 반대했고, 이에 사악이 “그의 능력이 뛰어나니 시험해보고, 쓸 수 없으면 그뿐입니다.”라고 말하자, 요임금은 어쩔 수 없이 “가서, 공경하라!”라며 곤을 기용했소. 하지만 9년이 되어도, 곤은 뚜렷한 공적을 이루지 못했다오.[34)]

그 후로 순이 등용되어 천자의 정치를 대신하여 순시했고, 그 결과 공공을 ‘유릉’으로 유배시킴으로써 북적을 변화시키고, 환두를 ‘숭산’으로 추방함으로써 남만을 변화시켰으며, 삼묘를 ‘삼위’로 내쫓음으로써 서융을 변화시키고, 물을 다스리는 데 공적이 없던 곤을 ‘우산’에서 처형시킴으로써 동이를 변화시키기를 청했소. 요임금이 순의 요청을 받아들여서 이 네 명을 벌주니, 세상이 모두 순의 요청이 옳다고 여겨서 복종했던 것이오.[35)]

요임금은 성스럽다고 여겨서 순을 부르고는, “그대는 일을 도모하여 완성하였고, 또 말 한대로 실천한 지 3년이 되었다. 이제 그대가 제위에 오르라.”라고 말하자, 순은 자신이 아직 덕에 닿지

못했다며 사양했다오.[36]

그렇게 요임금이 죽고 3년 상이 끝나자, 순은 단주에게 양보하고 '남하'의 남쪽으로 물러났소. 하지만 제후 중에 조정에 알현하는 이들이 단주에게 가지 않고 순에게 갔고, 소송을 하는 이들이 단주에게 가지 않고 순에게 갔으며, 칭송하는 이들이 단주를 칭송하지 않고 순을 칭송했소. 이에 순은 "운명이로다!"라고 말하고는, 중원으로 돌아가 천자의 자리에 올랐으니, 이가 순임금이오.[37]

이처럼 삼황오제는 삼가여 대동의 사회를 이끌었기에, 사람들은 지금까지도 이들을 성인이라고 부르며 칭송하는 것이니! 오죽하면 역사상 최초로 통일의 대업을 이룬 진나라의 임금 영정은 자신의 업적이 삼황오제의 그것과 견줄 수 있다며, 삼황(三皇)의 황(皇)과 오제(五帝)의 제(帝)를 합하여 스스로를 진나라의 시작이라는 의미의 진시황제(秦始皇帝)라고 칭했겠소?

공자 네, 그렇습니다. 하지만 오늘날에는 큰 도가 사라졌으니, 세상이 집안 중심의 가천하(家天下)가 되었지요. 각각 자신의 어버이만이 어버이가 되고, 자신의 자식만이 자식이 되었으며, 재물과 힘은 자신을 위해서만 쓰게 되었던 것입니다. 천자와 제후들은 세습하는 것을 예(禮)로 여겼고, 성곽을 쌓고 그 주변에 못을 파서 공고히 함으로써 적들이 침입하지 못하도록 하였으며, 예(禮)를 기강으로 삼아서 군신 관계를 바로 하고, 부자 관계를 돈독히 하였으며, 형제간에 화목하게 하고, 부부 사이를 조화롭게 하였습니다. 또한, 제도를 설치하고 밭을 구획하였으며, 그럼으로써 용감하고 지혜로운 자를 존중하고, 자기가 세운 업적을 자기의

것으로 여겼습니다. 따라서 권모술수가 이때부터 홍기하고, 전쟁이 이때부터 발생하였던 것이지요.[38]

다시 말해서 대동의 선양제가 무너지고, 임금의 자리를 한 가문이 대대로 세습하는 시기가 찾아오자, 타고난 계급과 신분이라는 개념이 발생하고, 나아가 사람들의 마음에는 이기심이 생기고야 말았으니, 결국 네 것과 내 것을 구별하게 되고 이에 남보다 내가 더 나아지려고 발버둥 치는 풍조가 도래하게 된 것입니다. 사람들 가슴속에서 남들보다 더 나아지려는 마음이 생기게 되자, 수단과 방법을 가리지 않고 차지하려는 계략과 권모술수가 둥지를 틀었고 심지어는 무력으로라도 빼앗으려는 전쟁조차도 불사하기 시작했던 것입니다.

이에 하(夏)나라 우(禹)임금과 상(商)나라 탕(湯) 임금, 주(周)나라 문왕(文王)과 무왕(武王) 성왕(成王) 그리고 주공(周公)은 이러한 예(禮)로 시비를 구별하였으니, 이 여섯 군자들은 예(禮)에 삼가지 않는 이가 없었던 것입니다. 그럼으로써 그 의(義)를 분명히 하고, 그 신의를 깊이 헤아렸으며, 허물을 드러내고, 형벌과 인(仁)을 꾀하여 꾸짖었으니, 백성들에게 항상 그러함을 보여주었습니다. 만약 이를 따르지 않는 이들이 있다면, 권세가 있는 사람일지라도 물리쳐 대중들이 재앙으로 삼았으니, 이를 일컬어 소강이라고 합니다.[39]

즉 서로 자신의 이익만을 도모하려는 이기심이 만연하여 온 세상이 큰 혼돈 속으로 빠지게 되자, 이에 옛 대동사회의 지도자인 성인들의 가르침을 계승하고 나아가 인(仁), 의(義), 예(禮), 신(信), 등을 강조하여 먼저 솔선수범한 이들이 나타났으니, 이들이 바로 하나라의 우임금과 상나라의 탕 임금 그리고 주나라의 문왕과 무왕, 성왕, 주공과도 같은 뛰어난 지도자인 군자인 것입니다. 이처럼 지도자가 먼저 솔선수범하고 나아가 그러한 태도로서 백성들을 바로잡으려고 통제하기 시작한 세상이 바로 소강사회인 것이지요.

사람의 도는 정치를 큰 것으로 여깁니다. 그리고 정치란 바로 잡는 것입니다. 임금이 바르게 하면, 곧 백성들이 정치에 따릅니다. 임금이 행하는 바는, 백성들이 따르는 바인 것입니다.[40] 그러므로 저는 막연하게나마 대동의 사회를 그리워하기는 했지만, 이론적인 체계를 설파하고 나아가 현실에서 실천할 수 있는 목표로 삼은 것은 바로 소강사회입니다. 따라서, 소강사회를 이끌었던 여섯 군자의 덕목을 알면 현실에서도 적용할 수 있을 겁니다.

우는 사람됨이 민첩하고도 부지런했으니, 싹(바탕)은 어긋남이 없고 인자함은 가까이할 수 있었다고 합니다. 말은 믿을 수 있었으니 말하면 규율이 되고, 행하면 법도가 되었습니다. 또한, 매사를 명확하게 헤아려 드러내었으니, 부지런하고도 온화하여 기강이 되었습니다. 우는 돌아가신 아버지 곤이 공을 이루지 못해 형벌을 당한 것이 마음 아팠기에, 이에 몸을 수고롭게 하고 애태우며 밖에서 지낸 지 13년 동안, 세 번이나 집 문을 지날 때에도 감히 들어가지 않았습니다. 입고 먹는 것을 소홀히 하고, 귀신을 극진히 섬겼습니다. 거처를 누추하게 하고, 수로에 비용을 다 썼지요. 그럼으로써 식량이 적으면 남음이 있는 곳에서 옮겨 서로 공급하여, 제후들을 고르게 하였던 것입니다.[41]

한번은 우가 "임금이 능히 그 임금 자리를 어려워하고, 또 신하가 능히 그 신하 자리를 어려워하면, 정치가 이에 다스려지고 수많은 백성들이 덕에 힘쓰게 될 것입니다."라고 간언하자, 순임금은 "그렇소! 진실로 이와 같다면, 좋은 말이 숨겨지는 바가 없고, 현명한 이들이 모두 등용되어 민간에 인물이 없게 되어, 만방이 모두 평안할 것이오. 여러 사람에게 상의하고, 자기를 버리고 남을 따르며, 의지할 곳이 없는 이들을 깔보지 않고, 곤궁한 이들을 버리지 않는 것은, 오직 요임금만이 늘 해내셨소."[42]라고 대답했다고 합니다.

이처럼 임금을 따르고 오로지 나라와 백성들의 안위에만 신경 쓴 우였기에, 치수에 성공할 수 있었습니다. 상고시대에도 오늘날과 마찬가지로 물을 다스리는 것은 범국가적 사업이었는데, 홍수가 빈번히 일어나 피해가 여간 심각한 것이 아니었습니다. 따라서 요임금은 곤을 불러 해결하도록 한 것인데, 9년이 지나도 뚜렷한 성과가 없자 요임금의 뒤를 이은 순임금이 '우산'에서 곤을 처형시키고, 그의 아들 우로 하여금 그 사업을 잇게 하였지요. 우는 아버지 곤의 흙을 쌓아 넘치는 물을 막는 방법을 쓰지 않고, 오히려 땅을 파서 물길을 만들어 그 물이 흘러가게 함으로써 치수에 성공하였습니다. 따라서 곤은 물의 천성을 거슬렀기 때문에 실패한 것이고, 반면에 우는 물의 천성을 살렸기 때문에 치수에 성공하여 결국 왕위에까지 오르게 되었으니, 이러한 도리 역시 대동의 천성을 따르는 통치와 무관하다고 볼 수는 없을 것입니다.

이에 순임금은 우를 불러서 "오시오, 우여! 홍수가 발생하여 나를 주의시켰는데, 믿음을 이루고 공을 이루었으니, 그대의 어짊 때문이오. 나라에 능히 부지런하고, 집안에 능히 검소하며, 스스로 만족하여 위대한 체하지 않으니, 그대의 어짊 때문이오. 그대는 자랑하지 않기에, 세상은 그대와 기량을 다툴 수 없고, 그대가 드러내지 않기에, 세상은 그대와 공을 겨룰 수가 없소. 나는 그대의 덕을 독려하고, 그대의 큰 공을 기리니, 하늘의 헤아림이 그대 몸에 있어서, 결국에는 그대가 임금에 오를 것이오. 사람의 마음은 위태롭고, 도의 마음은 희미하니, 정성스럽고도 한결같이, 진실로 중(中)의 객관적이고도 공정한 태도를 견지해야 하오. 상의하지 않은 말은 듣지 말고, 상의하지 않은 계책은 쓰지 마시오. 사랑할 만한 것이 임금이 아니겠소? 두려워할 만한 것이 백성이 아니겠소? 백성들은 임금이 아니면 누구를 받들겠소? 임금은 백성이 아니면 더불어 나라를 지킬 사람이 없소. 공경하시오! 삼가면 이에 자리가 있게 되고, 공경하여 베풀면 바랄 수 있지만, 온 나라가 곤궁해지면 하늘이 준 복록도 영영 끝나게 되오. 입에서 나는 말은 곧잘 전쟁을 일으키니, 나는 다시 말하지 않겠소."[43] 라고 말했습니다.

또한, 순임금이 "오시오, 그대 우여! 짐이 재위한 지 33년이니, 늙어서 힘써 일함에 더듬거리고 게을러지오. 그대는 게으르지 말고, 짐의 백성들을 이끌어 주시오."라고 말하자, 우는 "저의 덕으로는 견디어낼 수 없으니, 백성들이 따르지 않을 것입니다. 고요가 힘써 덕을 폈고, 덕이 이에 내려져 수많은 백성들이 그를 따릅니다. 임금께서는 유념하십시오! 그를 생각함은 그 공적이 있고, 그를 버려도 그 공적이 있으며, 그 이름을 말하는 것은 그 공적에 있고, 진실로 그가 나옴은 그 공적에 있으니, 임금께서는 오로지 공적만을 생각하십시오."라고 대답했으니, 우의 덕이 어떠했는지 짐작하고도 남음이 있을 것입니다.[44]

결국, 우는 순임금의 뒤를 이어서 왕위에 올랐는데, 항상 요임금과 순임금의 업적에 누가 되지 않도록 노력했습니다. 한번은 우임금이 양쯔 강을 건너는데, 황룡이 배를 짊어지니, 배 안의 사람들이 두려워했는데, 우임금이 하늘을 우러러 탄식해 말했다고 합니다. "나는 하늘에서 명을 받아 힘을 다해 만백성을 위해 애썼는데, 사는 것은 임시로 얹혀사는 것이고, 죽는 것은 돌아가는 것이다." 이처럼 용을 보기를 마치 도마뱀처럼 하여 안색이 변치 않으니, 용이 오히려 머리를 숙이고 꼬리를 밑으로 내리고 갔다고 하지요.[45)]

그러던 어느 날 우임금이 밖으로 나가다가 죄인을 보고, 수레에서 내려 묻고는 울면서 "요순시절의 사람들은 요순임금의 마음을 마음으로 삼았는데, 과인이 임금이 되고는 백성들 각자 그들의 마음을 마음으로 삼으니, 과인이 그것을 애석히 여긴다."라고 말했다고 하니,[46)] 그토록 노력했던 우임금 역시 대동사회가 끝날 운명은 막을 수 없었나 봅니다.

세월이 흘러 우임금 역시 나이가 들어서 왕위를 넘겨주려고 하였는데, 아들 계가 어질어 능히 우임금의 도를 계승할 수 있었습니다. 우임금은 일찍이 익을 하늘에 천거했는데, 노래하는 사람과 조정에 알현하러 오는 이들이 모두 익에게 가지 않고 계에게로 가서 "우리 임금의 아들이다."라고 말했고, 이에 계가 마침내 임금이 되었지요.[47)]

순임금에게서 왕위를 선양 받은 우임금 이후로는 아들에게 왕위를 물려주는 세습제가 시작되었고, 이것이 바로 소강사회의 시작입니다. 하지만 이제 왜 우임금부터 선양제가 단절되고 세습제가 실시되었는지 명확하게 이해할 수 있으니, 우임금은 본래 요순의 뜻을 계승하여 왕위를 선양하려고 하였지만, 주변 사람들이 그의 아들 계를 왕위에 추대함으로서 세습제가 시작된 것이지요.

따라서 저는 순임금과 우임금 모두 무위자연의 통치를 편 지도자로 함께 논해야 한다고 생각합니다. 즉 저에게 우임금은, 엄격하게 말해서 요임금, 순임금과 같이 여전히 대동사회의 통치이념을 실천한 성인인 거지요.

노자 그 점에 대해서는 분명히 일리가 있다고 할 수 있소.

공자 이어서 상나라의 탕 임금에 대해서 논해보겠습니다. 한번은 탕이 밖에 나갔다가 그물을 사방에 펼치고는 "하늘에서 내려오고, 땅에서 나오며, 사방에서 온 것들이, 모두 내 그물에 걸려라!"라고 비는 사람을 보았다고 합니다. 이에 탕이 "아, 지나치다. 다 잡으려 하는구나!"라고 한탄하고는, 그물의 삼면을 거두고 바꿔 기원하여 말하기를, "왼쪽으로 가고 싶으면 왼쪽으로 가고, 오른쪽으로 가고 싶으면 오른쪽으로 가며, 목숨이 필요 없는 자들만 내 그물에 들어오게 하소서."라고 빌었습니다. 그러자 그 소식을 접한 제후들이 "탕의 덕이 지극하여, 금수에게까지 미쳤구나."라고 감탄하여 탕에게 귀속하였던 것입니다.[48)]

탕이 이처럼 행동한 것은 재물을 얻는 차원에서는 손해인 듯하지만, 궁극적으로는 제후들의 신임을 얻게 되었으니, 장기적인 안목에서는 더욱 큰 것을 얻은 것이라는 사실을 이해할 수 있습니다.

하지만 하나라의 마지막 왕인 걸 임금의 폭정으로 인해서 제후들 대부분이 하나라를 배반하였으니, 걸 임금은 덕에 힘쓰지 않고 무력으로 백성들을 해한 것입니다. 백성들이 더 이상 견디지 못하자, 걸 임금은 이에 탕을 두려워하여 그를 불러 '하대'에 가두었는데, 얼마 되지 않아 그를 풀어주었습니다. 탕이 돌아가 덕을 닦으니 제후들이 모두 탕에게 귀속했고, 탕은 결국 군대를 이끌어 하나라의 걸을 토벌했던 것이지요.[49)]

탕이 임금이 된 후, 큰 가뭄이 칠 년째 계속된 적이 있었습니다. 그러자 태사가 점을 쳐 말하기를, "마땅히 사람을 제물로 바쳐서 기도해야 합니다." 그러자 탕 임금은 "내가 바라는 바는 백성들을 위해서니, 만약 반드시 사람으로서 기도해야 한다면, 나는 나 스스로 제물이 되기를 청하오."[50)]라고 대답했다고 하지요.

고공단보가 죽자 공계가 즉위했고, 공계가 죽고 아들 창이 즉위하니 이 사람이 서백(서쪽 제후의 우두머리)인데, 서백은 후대에 추존된 주나라 문왕으로, 후직과 공류의 사업을 따르고 고공과 공계의 법도를 본받아 성실하고 인자하며 늙은이를 공경하고 아랫사람에게 사랑을 베풀었습니다. 어진 사람에게는 예(禮)로 자신을 낮추었는데, 한낮에는 식사할 겨를도 없이 사(士: 선비)들을 접대하였으므로, 사(士)들은 이 때문에 서백에게 많이 몰려들었습니다. 당시 백이와 숙제는 고죽국에 있었는데 서백이 노인을 잘 봉양한다는 소문을 듣고 함께 가서 서백에게 귀의했지요. 이처럼 창이 물러나 덕을 닦으니, 제후들 대부분이 주왕을 배반하고 그에게 귀속되었던 것입니다.[51)]

서백이 죽고 나서, 주나라 무왕이 동쪽 정벌을 가서 맹진에 이르니, 제후들이 상나라를 배반하고 주나라로 모여든 이들이 800명이었습니다. 제후들이 모두 "주는 벌해도 됩니다."라고 말하자, 무왕은 오히려 "그대들은 아직 천명을 모른다."라고 말하고는, 다시 돌아갔다고 하지요.[52)] 이처럼 무왕은 신중함을 잃지 않으려고 부단히 노력했으니, "비록 친척이 있으나, 어진 이만 못하다. 귀족들에게 허물이 있다면, 나 한 사람에게 있다."라고 말한 바 있습니다. 무왕은 삼가여 도량형을 정하고, 법도를 살피며, 폐기된 관직을 정비하니, 세상의 정치가 바로 행해졌습니다. 망했던 나라를 일으키고, 끊어진 대를 이었으며, 민간에 파묻혀 있는 인재들을 드러내니, 세상의 민심이 돌아왔던 것이지요.[53)]

무왕이 붕어하셨으나, 그 뒤를 이은 성왕이 어리고 약했으므로, 주공이 천자의 직위를 이행함으로써 세상을 다스렸습니다. 6년 차에, 명당(임금이 조회를 하던 곳)에서 제후들과 회동했고, 예악(禮樂)을 제정하였으며, 도량형을 반포하여 천하가 크게 복종했습니다. 그리고 7년 차에는 정사를 성왕에게 내주었습니다.[54)]

성왕은 상나라의 명을 물리치고, 회이를 습격하였으며, 돌아와 '풍' 지역에 있으면서, 주나라의 관제를 만들었습니다. 또한 예(禮)와 악(樂)을 바로잡으니 법도가 여기에서 고쳐져, 백성이 화목하고 여러 사람이 기리어 기뻐하였던 것입니다.[55)] 성왕은 일찍이 "주공의 아들 군진이여, 그대는 대부의 신분으로서 주공의 큰 교훈을 넓히고, 권세에 의지하여 위세를 떨치지 말며, 법에 의거하여 모질게 하지 마시오. 너그럽고도 법도가 있고, 침착하고 덤비지 않음으로써 화합하시오. 상나라 백성들이 위법을 했을 때, 내가 벌하라고 말해도, 그대는 벌하지 말고, 내가 용서하라고 말해도, 그대는 용서하지 말며, 오직 객관적이고도 공정한 중(中)의 자세를 따르시오."[56)]라고 말한 바 있습니다. 따라서 성왕이 죽고 그의 아들 강왕 쇠가 즉위하니, 성왕과 강왕의 시대에는 세상이 안녕하여, 형벌을 시행했지만 40여 년간 쓰이지 않았던 것입니다.[57)]

주공은 문왕의 아들이고 무왕의 아우이며 성왕의 숙부로서,

악발토포(握髮吐哺: 머리를 감을 때 손님이 방문하면 젖은 머리를 움켜쥐고 나가 맞이했고, 식사를 하다가도 손님이 찾아오면 입안의 음식을 뱉고 나가서 맞이함)하면서까지 인재를 발굴하는 데 모든 힘을 쏟았던 인물입니다. 그래서 무왕은 그 공로를 인정하여 주공을 노나라의 제후로 봉했지만, 주공은 아직도 주나라에 할 일이 많다고 생각하여 그의 아들 백금을 노나라로 보냈던 것입니다.

주공은 아들을 떠나보낼 때, "도를 배우고 부단히 노력하여 실천하는 올바른 지도자인 군자는 친척을 함부로 버리지 않고, 또 대신들로 하여금 써주지 않는다고 원망치 않게 하며, 오래된 친구는 큰 이유가 없으면 버리지 아니한다. 그리고 자기에게는 엄격하지만, 타인에게 관대하므로 한 사람에게 완벽하게 갖추기를 요구하지 않는다."[58]라고 당부한 바 있습니다.

저 역시 주공의 가르침을 알리기 위해서 "군자가 친척에게 도탑게 하면, 곧 백성들이 어짊에 흥기할 것이다. 그러므로 옛 친구를 저버리지 않으면, 곧 백성들이 야박해지지 않는다."[59]라고 말한 바 있으니, 친족은 부모의 가족이라서 친족을 가까이하는 것이 바로 부모의 뜻에 따르는 것입니다. 또 오래된 친구와 같이 인연을 맺게 된 사람은 쉬이 내쳐서는 안 되니, 그렇지 않으면 백성들이 지도자를 믿고 따르지 않기 때문이지요. 즉 이는 자신의 임금을 진심으로 섬기고 따르는 어짊인 인(仁)의 중요성을 강조하고 있는 것입니다.

백금이 노공(魯公)으로 봉해져 노나라 땅에 간 후, 3년이 지나서야 돌아와 보고를 했습니다. 이에 아버지 주공이 왜 보고가 늦었는지를 묻자, 백금은 노나라의 세속과 예(禮)를 고치는 데 3년이 걸렸다고 대답했으니,[60] 노나라는 제가 가장 존경한 주공의 아들 백금이 처음 봉해져서 제정한 예악제도를 온전히 계승한 나라인 것입니다.

참고로 위나라 성공이 하나라 임금이었던 계의 후손인 상에게 제사를 지내려 하자, 영무자는 주나라 성왕과 주공이 정한 규정을 위반할 수는 없다며 성공을 설득하여 결국 제사를 지내지 못하도록 한 적이 있으니,[61] 이는 바로 예악제도를 말하는 것입니다.

또한 저는 "제나라가 한 번 변하면, 노나라에 이를 것이고, 노나라가 한 번 변하면, 도에 이를 것이다."[62]라고 말한 바 있으니, 강태공 즉 태공망이 무왕을 도와 상나라를 멸하고 분봉을 받은 땅이 제나라이고, 또 주공이 분봉을 받은 땅이 바로 노나라입니다. 그런 제나라가 예악제도를 정비하게 되면 노나라 수준을 회복할 것이고, 노나라가 더 분발하여 나라를 다스리면, 주나라의 소강사회 좀 더 구체적으로는 문왕과 무왕 그리고 주공이 성왕을 보필했던 시대로 복귀할 수 있을 것이라는 취지로 말했던 것이지요.

노자 좀 더 구체적으로 말씀해보시게.

공자 노나라 정공 10년 즉 제가 51세일 때, 제나라 대부 여서가 경공에게 "노나라에서 공자를 등용했으니 이는 제나라에 큰 위협입니다."라고 아뢰었습니다. 이에 제나라는 노나라와 우호 관계를 맺었는데, 노나라 정공과 제나라 경공이 협곡에서 만나 예법에 따라 단상에 올라 헌수(술잔을 주고받는 예절)했지요. 이어서 제나라 담당 관리가, 창과 칼을 들고 북을 두드리며 떠들썩한 오랑캐의 음악을 연주하자, 저는 분노하여 담당 관리를 처벌하게 했고, 이에 경공은 제나라의 예법이 노나라에 못 미침을 알고 크게 부끄러워했던 것입니다.[63] 저는 예악제도와 종법제도를 완성한 주공을 존경하여 그 당시 소강사회로의 복귀를 외쳐왔습니다. 그런데 더 이상 꿈에서 주공을 볼 수 없었으니, 당시에는 저의 포부가 이뤄질 수 없음을 이미 짐작했던 것입니다.[64]

말씀드렸다시피, 저는 주공을 가장 존경했는데, 그 이유가 노나라는 주공의 아들 백금이 처음 봉해져서 제정한 예악제도를 계승한 나라였기 때문입니다. 즉 주공은 노나라의 시조였고, 그런 주공이 종법제도(宗法制度)를 확립했으니, 저에게 세상에는 하늘이 준 서열이 존재하고, 또 그 서열은 보호되어야 한다는 개념은 너무나도 당연한 것이었습니다.

종법제도란 혈연적 유대 관계를 이용하여 종족 관계를 발전시킨 것으로, 주공 때 최종적으로 확립되고 시행되었지요. 이는 적장자 즉 본처의 장남 계승 제도라고도 할 수 있는데, 천자의 적장자는 다시 천자가 되고 그 나머지 아들들은 제후가 됩니다. 이 제후는 공(公) 또는 왕(王)이 되어 분봉된 나라를 통치하는데, 역시 그의 적장자는 아버지의 자리를 계승하고 그 나머지 아들들은 경(卿)이 됩니다. 마찬가지로 경(卿)의 적장자는 경이 되고, 그 나머지 아들들은 대부(大夫)가 되지요. 그 대부의 적장자는 대부가 되고, 그 나머지는 사(士: 선비)가 됩니다. 그리고 사(士)의 적장자는 사(士)가 되고, 그 나머지는 민(民)이 되지요. 한 가지 예를 들자면, 후세 〔삼국지연의(三國志演義)〕의 주인공인 유비의 신분은 민(民)이었지만 후에 그가 촉나라의 군주가 될 수 있었던 것은, 바로 한나라의 황제인 유씨의 후손이었기 때문에 역성혁명(易姓革

命: 성씨가 다른 사람이 반란을 일으키는 것)으로 간주되지 않았던 것입니다.

이처럼 저는 요임금과 순임금을 근본으로 하여 그 뜻을 서술하고, 주나라 문왕과 무왕을 규범으로 삼았으며, 위로는 하늘의 때를 따르고, 아래로는 물과 풍토를 따랐던 것이니,[65] 다름 아닌 소강사회로의 복귀를 일관되게 외쳤던 것입니다.

노자 음. 지금 돌이켜보면, 나 역시 종법제도로부터 자유롭지는 못했던 것 같소.

공자 어떠한 의미로 말씀하신 것인지요?

노자 나는 "옛날의 뛰어난 사(士)는 현묘하고 깊이 통달하였으니, 심오하여 이해할 수 없었다."[66]라고 말했고, "수준이 높은 사(士)가 도를 들으면, 부지런히 그 도를 행한다.[67] 수준이 중간인 사(士)가 도를 들으면, 있는 듯 없는 듯 반신반의한다.[68] 수준이 낮은 사(士)가 도를 들으면, 크게 비웃는다.[69] 비웃지 않으면 도라고 하기에 부족하다."[70]라고도 했으며, "뛰어난 사(士)는 용맹을 뽐내지 않고, 전쟁에 뛰어난 사(士)는 분노하지 않으며, 적을 이기는 데 뛰어난 사(士)는 더불어 함께하지 않고, 사람을 씀에 뛰어난 사(士)는 그에게 낮춘다."[71]라고 설명한 바 있소. 결국, 이는 조정에 나아가 정치에 참여할 수 있는 신분을 사(士) 이상으로 제한한 것이니, 어찌 종법제도의 틀을 벗어났다고 말할 수 있느냐는 말이오.

공자 아! 그러한 취지로 말씀하신 것이라면, 저 역시 다를 바가 없습니다. "사(士)가 도에 뜻을 두지만 남루한 옷이나 변변찮은 음식이라고 싫어하는 이는, 더불어 의논하기에 부족하다."[72]라고 말하였고, 또 "만약에 부유함이 추구할 만한 것이라면, 비록 말채찍을 잡는 사(士)일지라도 나 역시 그러한 일을 할 것이다. 하지만 만일 추구할 만한 것이 아니라면, 그저 내가 좋아하는 바를 따를 것이다."[73]라고도 하였습니다.

한번은 제자 자장이 "사(士)는 어떤 것을 다해야 통달한다고 할 수 있습니까?"라고 물었을 때, 제가 "어떤 것인가? 네가 말하는 '통달'이라는 것이!"라고 반문하자, 자장은 "나라에서 반드시 명성이 있고, 집에서 반드시 명성이 있는 것입니다."라고 대답하더군요. 이에 "그것은 이름을 날리는 것이지, 통달하는 것이 아니다. 무릇 통달이란, 올곧고 의(義)를 좋아하며, 말을 헤아리고 얼굴빛을 살피며, 헤아려서 남에게 낮추는 것이다. 그러면 나라에서 반드시 통달하고, 집에서 반드시 통달하게 된다."[74]라고 설명해주었으니, 사(士) 이상의 신분만이 나아가 벼슬을 할 수 있다는 당시의 신분적 제약에 대해서는 미처 헤아리지 못했던 것입니다.

또한, 제자 자공이 "어떤 것을 다해야 사(士)라고 할 수 있습니까?"라고 물었을 때, 저는 "자기의 행동을 돌아봄에 자기가 항상 부족하다고 여기는 겸(謙)과 허물을 고치는 데 인색하지 않은 개과물린(改過勿吝), 그리고 자신의 임금을 진심으로 섬기고 따르는 어짊의 인(仁)을 갖추면, 사(士)라고 할 수 있다."라고 대답해주었습니다. 이에 자공이 "감히 그다음에 필요한 것들이 무엇인지 묻겠습니다."라고 하기에, "부모를 진심으로 섬기는 효(孝)와 웃어른을 공경하는 제(悌)이다."라고 말했습니다. 자공이 "또 감히 그다음에 필요한 것들이 무엇인지 묻겠습니다."라고 하자, "말을 뱉으면 반드시 지키는 성실함의 신(信)과 자기의 서열에서 마땅히 지켜야 할 바를 목숨을 걸고 지키는 의(義)를 몸으로 실천하는 용(勇)을 갖추면, 아무리 고집스럽고 천박한 소인배라도 그 다음이 될 수 있다."라고 설명했습니다. 그런데 자공이 "지금의 정치에 종사하는 이들은 어떠합니까?"라고 묻자, "아! 도를 따르지 않고 사사로운 이익만을 탐하며 올바르지 못한 정치인들의 좁은 도량을, 어찌 헤아릴 수 있겠는가? 그들은 고집스럽고 천박한 소인배보다도 못하다."[75]라고 대답하였으니, 이 역시 저의 시대적 한계라고 할 수 있겠지요.

제자 자로가 "어떤 것을 다해야, 사(士)라고 할 수 있습니까?"라고 물었을 때도, 역시 "정성스럽게 선한 일을 하도록 격려하고 온화하면, 사(士)라고 할 수 있다. 벗에게는 정성스럽게 선한 일을 하도록 격려하고, 형은 동생을 사랑으로 감싸고 동생은 형을 공경함으로써 형제끼리 온화하게 지내는 것이다."[76]라고 대답해 줌으로써, 사(士)라는 신분적 제한에 대해서는 헤아리지 못하고 그저 마땅히 행해야 할 도리를 설명하는 데만 치중했지요.

그뿐만이 아닙니다. "사(士)란 모름지기 평생토록 도를 배우고 실천하느라 시간이 모자랄 터인데, 편안히 기거함을 추구한다면 어찌 사(士)라고 할 수 있겠는가?"[77]라고 하였고, "지조가 있는 사(士)와 인(仁)한 사람은 살려고 인(仁)을 해치지 않고, 몸을 죽여서 인(仁)을 이룬다."[78]라고도 하였으며, "장인이 그 일을 잘 하려면, 반드시 먼저 그 도구를 자신에게 편리하게 해야 한다. 이 나라에 머물면 대부 중에서 현명한 이를 섬기고, 사(士) 중에서 인(仁)한 이를 벗해야 한다."[79]라고 말하였으니, 혹여나 이를 일컬어서 당시의 뿌리 깊은 계급주의 사상을 벗어나지 못한 시대적 한계이자 아픔이라고 할 수도 있겠군요.

노자 음, 시대의 아픔이라. 아무튼, 큰 나라를 통치하는 것은 마치 작은 생선을 구울 때처럼 신중에 신중을 기해야만 하오. 생선을 급하게 익히려들면 태우기에 십상이므로, 천천히 세심하게 구워야 골고루 제대로 익힐 수 있는 것이오. 따라서 대동의 통치이념으로 나라를 다스리면 간사한 계략이 통하지 않게 되오. 또한, 규모가 큰 나라는 섣불리 달려들었다가는 마치 생선이 타버리는 것처럼 일을 그르칠 수 있기 때문에 신중에 또 신중을 기울여야 하는 것이요.[80)]

하나라의 세 번째 왕인 태강이 사냥에 빠져 정사를 돌보지 않다가 나라를 잃자, 그의 다섯 아우 중 첫째가 원망하면서 "선조께서 훈계하심이 있으니, 백성들은 가까이할 수 있으나 얕잡아 보면 안 된다. 백성은 나라의 근본이고, 근본이 단단해야 나라가 안녕하다. 내가 세상을 살피니, 어리석은 남자와 어리석은 여자가 모두 나보다 훌륭하다. 한 사람이 거듭 실수함에 원망이 어찌 드러나는가를 살피노니, 이는 보지 않고도 알 수 있다. 내 백성들을 다스림에 썩은 새끼줄로 말 여섯 마리를 모는 듯 삼가니, 위에 있는 사람이 어찌 공경하지 않겠는가?"[81)]라고 노래를 지어서 부른 바 있으니, 온전한 밧줄로도 말 여섯 마리를 몰기가 어려운데, 썩은 새끼줄로 말 여섯 마리를 모는 것은 얼마나 힘든 일이겠소? 이는 즉 큰 나라의 통치는 그만큼 신중에 신중을 기해 조심스럽게 한다는 의미를 비유적으로 표현한 것이외다.

따라서 소국과민(小國寡民), 즉 나라가 작고 백성이 적었던 대동사회의 모습으로 돌아가게 되면, 백성들이 사리사욕을 탐하지 않아서 재물에 집착하지 않고, 또한 지도자를 믿고 따르게 되니 굳이 목숨을 걸고 다른 곳으로 거처를 옮기지 않는 것이오.[82)]

삶의 터전을 버리고 타지로 이동하는 것은 위험한 일이지만 그럼에도 멀리 이사를 가는 것은 본래의 터전에 사는 것이 이렇듯 목숨을 걸고 타지로 이동하는 것보다 못하기 때문이오. 그런데 만약 지도자가 나라를 잘 다스림으로써 삶의 터전이 행복하다면, 굳이 목숨을 걸고 멀리 이사를 가겠소?

또한, 이미 언급한 바 있듯이, 요임금이 "귀족이거나 관계가 먼 사람, 숨어 사는 사람 모두를 천거해주시오."라고 말하자, 모두가 "민간에 홀아비가 있는데, 순이라고 합니다."라며 순을 추천했소. 그러자 요임금은 "그러한가, 짐은 그에 대해 들었소. 그는 어떠하오?"[83)]라고 되물었소. 이를 좀 더 구체적으로 풀어 말하자면, 요임금이 인재를 천거하라고 하자 모두가 민간에 있는 홀아비인 순을 추천하였고, 이에 요임금은 그에 대해서 들은 바가 있다며 시험해보겠다고 하였던 것이니, 여기서 상식적으로 이해할 수 없는 것이 바로 "어떻게 한 나라의 임금으로서 민간에 있는 홀아비의 이름조차도 들을 수 있었겠는가?"라는 점이 아니겠소? 따라서 당시의 사회는 소국과민의 상황이었기 때문에 임금일지라도 민간의 홀아비 이름조차 들을 수 있었던 것이고, 또 이때는 요임금이 태평성대를 이끌던 시대였으니, 소국과민이란 바로 대동의 사회를 가리키는 것임을 방증하는 것이오.

이처럼 지도자가 덕치로 나라를 평온하게 하니, 백성들이 굳이 다른 지역으로 옮기지 않아서 배나 수레가 필요 없어지고, 서로 조화롭게 살게 되니 굳이 전쟁을 할 필요가 없어지게 되므로,

백성들의 마음이 결승문자(새끼나 끈을 묶어서 그 매듭의 수효나 간격으로 숫자 또는 사건을 기록한 문자)를 쓰던 상고의 대동시대로 돌아가게 되는 것이요.[84)]

그렇게 되면 백성들은 사리사욕이 없어져 만족함을 알게 되니, 기본적인 의식주 생활에 대한 더 큰 욕망이 없어져서 자신들의 생활이 더없이 행복하다는 것을 깨닫게 될 것이고, 또한 이웃한 나라끼리는 서로 존중하고 예우하여 굳이 성곽을 쌓거나 그 주변에 못을 파서 적들이 침입하지 못하도록 경계할 필요가 없게 되니, 이에 세상이 평온해져서 상대방이 서로 바라다보이고 심지어 닭과 개 우는 소리까지도 다 들리게 되는 것이오. 이처럼 백성들이 지도자를 믿고 따르며 행복한 생활을 영위하는데, 굳이 다른 곳으로 옮겨서 살 필요가 있겠소? 따라서 백성들은 자신들의 천성을 다하며 즐겁게 살 뿐, 죽을 때까지 굳이 서로 왕래하지 않게 되는 것이오.[85)]

공자 어찌 제가 감히 이상향으로서의 대동사회를 부정할 수 있겠습니까? 생각하면 생각할수록 가슴에 사무칠 따름이지요. 다만 시대의 흐름에 따라서 큰 영토와 부국강병을 추구하는 것은, 어찌 보면 필연적인 추세일 수도 있습니다.

노자 좀 더 구체적으로 말씀해 보시겠소?

공자 진(陳)나라가 초나라에 기대어 정나라를 공격한 적이 있었습니다. 이에 정나라는 대국인 진나라로 가서 진(陳)나라를 공격하겠다고 보고했지만, 허락을 받아내지 못했지요. 하지만 정나라 백성들이 노하여 결국 진(陳)나라의 항복을 받아내 전리품을 받아냈고 이를 진나라에 바치려 하자, 진나라 대부 사장백은 오히려 어찌 작은 나라를 침략한 것이냐고 계속 트집을 잡으며 물었습니다. 이에 정나라 자산은 "자고로 천자의 나라는 사방이 천 리이고, 제후의 나라는 사방 백 리, 그 아래는 더 작습니다. 지금 큰 나라는 그 면적이 사방이 몇천 리나 되는데, 만약 큰 나라가 작은 나라를 침략하지 않았다면 어떻게 큰 나라가 되었겠습니까?"라고 대답했습니다. 사장백이 또 트집을 잡기 위해서 왜 군복을 입고 있었냐고 묻자, 자산은 "과거 진나라 문공께서는 우리 정나라 문공에게 명하시어 군복을 입고 천자를 돕도록 했고 또 초나라의 전리품을 천자께 드리게 했으니, 저는 천자의 명을 받들고 있는 것입니다."라고 대답했습니다. 결국, 사장백은 더 이상 할 말이 없어 그대로 조문자에게 보고하게 되고, 조문자는 자산의 말이 이치에 부합된다며 수긍했던 것입니다.[86)]

또한 노나라 장문중이 노나라 경(卿)의 자리에 있을 때, 그를 보좌하여 대부를 지냈던 인물로 유하혜라는 자가 있었습니다. 당시 제나라 효공이 노나라를 공격하자, 장문중은 제나라 효공을 설득하여 물러가게 할 심산으로 유하혜에게 서신을 서달라고 했지요. 그러자 유하혜는 "제가 듣기로 큰 나라는 작은 나라의 모범이 되어야 하고, 작은 나라는 큰 나라를 잘 섬겨야 하니, 그래야만 환난을 막을 수 있다고 합니다. 작은 나라가 교만하여 큰 나라를 자극하면 결국 그 재앙을 가까이하게 되니, 화려한 말로 문제를 해결할 수 있다는 말은 들어본 적이 없습니다."라고 대답했습니다. 그럼에도 불구하고 장문중이 끈질기게 부탁하자, 하는 수 없이 유하혜는 값어치 없는 머릿기름을 가지고 제나라 효공을 찾아갔고, 제나라 효공이 유하혜에게 우리 군대가 두려우냐고 묻자, 유하혜는 자기는 두렵지만, 저희 임금께서는 두려워하지 않는다고 대답했습니다. 이에 제나라 효공이 뭘 믿고 두려워하지 않느냐고 묻자, 유하혜는 "당시 주나라 성왕께서는 노나라의 시조인 주공과 제나라의 시조인 강태공에게 화목하게 지내며 주나라를 잘 보필하라고 명령하신 바 있으니, 노나라 임금께서는 이 때문에 두려워하지 않으십니다."라고 대답했고, 이 말을 들은 효공은 결국 제나라 군대를 철수시켰던 것입니다.[87]

노자 음, 나 역시 "따라서 큰 나라는 작은 나라에게 낮춤으로써 작은 나라가 따르게 하고, 작은 나라는 큰 나라에 낮춤으로써 큰 나라의 지지를 얻는 것이니, 서로 삼가여 존중해야 한다."[88]라고 말한 바 있으니, 당시 춘추시대의 분위기를 고려하지 않고 무조건 소국과민으로 돌아가야 한다고 외친 것은 아니요.

공자 그렇습니다. 이미 주나라 천자의 권위가 땅에 떨어지고, 모두들 영토를 확장하는 데에만 급급한 상황에서, 작은 영토를 지닌 나라를 고집할 수는 없는 노릇입니다. 따라서 저 또한 이러한 혼란스러운 시기에 살아남으려면, 우선 넓은 영토와 많은 백성들을 통한 국력이 필요하다는 취지에서 그렇게 말한 것이지요.

제가 고국인 노나라를 떠나 위나라로 가는데, 당시 제자 염구가 마차를 몰고 있었습니다. 위나라에 도착해서는 "이곳은 넓고 백성들이 많구나."라고 감탄하자, 염구가 "만약 영토가 넓고 백성들이 많으면 또 무엇이 필요합니까?"라고 묻는 것이었습니다. 그래서 "백성들이 물질적으로 풍요로운 삶을 누릴 수 있도록 해야 한다."[89]라고 대답하자, 염구가 다시 "백성들이 물질적으로 풍요로운 삶을 누릴 수 있으면, 또 무엇이 필요합니까?"라고 물었지요. 이에 "그들에게 도를 가르침으로써, 정신적으로 윤택한 삶을 누릴 수 있도록 해야 한다."라고 말해주었던 것입니다.

노자 무슨 연유로 노나라를 떠났던 것이요?

공자 노나라 소공이 죽자 정공이 왕위에 올랐는데, 그때 제 나이 42세였습니다. 정공은 재위 10년에 52세였던 저를 중도 지역의 원님으로 삼았다가, 다시 사공(공조판서)으로 그리고 또 오래지 않아서 대사구(형조판서)의 자리에 앉혔으니, 이때가 바로 정공이 저를 중시하기 시작한 시기였던 것입니다.

저는 정공 14년 56세의 나이로 노나라 대부가 되어 정사를 담당했는데, 양과 돼지를 파는 사람들이 값을 속이지 않았고, 남녀가 길을 갈 때 떨어져 갔으며, 길에 물건이 떨어져도 주워가지 않았습니다. 사방(四方)의 손님 중에서 읍에 방문하는 자도 굳이 담당 관리를 찾아올 필요가 없었고, 모두 그들이 잘 돌아가게 했지요.

그러자 제나라의 여서가 저를 두려워하여, 제나라의 미인 팔십 명을 뽑아 노나라로 보내고는 강락무를 추게 했고, 또 말 백이십 필을 노나라 임금에게 선물했습니다. 그런데 경(卿)이었던 계환자는 처음에는 평상복 차림으로 몰래 찾아가 강락무를 엿보다가, 나중에는 아예 지역 순시라는 명분으로 온종일 관람하여 정사를 소홀히 했던 것입니다. 이에 제자인 자로가 그 소식을 듣고는 "이제 노나라를 떠날 때가 되었습니다."라고 말했는데, 저는

"임금께서 제사를 지내고 그 음식을 나누어줄 텐데, 대부들에게 나누어주면 나는 노나라에 남을 것이다."라고 대답했었지요.

하지만 음식이 대부들에게 전해지지 않자, 저는 비로소 노나라의 도가 땅에 떨어졌음을 깨닫고 떠나게 된 것인데, 악사 기가 환송하자 "여인네의 입술과 혀는 신하를 떠나게 할 수 있고, 여인네를 만남은 신하를 죽음으로 내몰 수 있네. 한가하게 유유자적하며 달리 일생을 편안하게 지내리라."라고 노래를 불러주었습니다. 훗날 듣자하니, 악사 기가 돌아와서 계환자에게 제 말을 그대로 전하자, 계환자는 "공자가 나를 꾸짖고 있구나!"라고 한탄했다고 하더군요. 그리고 제가 60세일 때 계환자가 죽었는데, 들리는 바로는 그때 아들 계강자를 불러 "노나라는 흥성할 수 있었지만 내가 공자에게 죄를 지어 그렇지 못했으니, 네가 나를 이어 경이 되면 반드시 공자를 불러라!"라고 유언을 했다고 합니다.[90)]

노자 지도자가 자극적인 것에 빠져서, 도가 땅에 떨어졌던 것이구려. 자극적인 음악과 음식은 과객을 멈추게 하는 법![91)] 과객은 지나가는 나그네이니, 그 천성은 지나쳐 가야 하는 것이요. 그런데 그러지 못했으니, 이는 자연(自然)에 위배되는 것이오. 도가 입에서 나옴은 담백하여 그 맛이 없다고,[92)] 내가 말하지 않았소? 도가 땅에 떨어지면, 세상을 등지고 떠나는 것이 순리. 결국에는 떠나야지. 아무렴, 떠나야 하고 말고!

그나저나 그대의 여인네에 대한 발언은 자칫 오해를 살 수도 있지 않겠소?

공자 일찍이 "오직 여자와 소인배만이 맡아서 관장하기 어렵다. 그들은 너무 가까이하면 오히려 불손해지고, 또 너무 멀리하면 심지어 원망하기조차 한다."[93]라고 말한 바 있으니, 이 때문에 후대에는 저의 가치관이 여성 폄하에 가깝다는 평가도 있는 모양입니다.

하지만 저는 "어찌 평범한 남자와 평범한 여자의 고집스러움을 행하여, 스스로 도랑에서 목매어 다른 사람들이 알지 못하도록 하는 것이 옳다고 하겠는가?"[94]라고 말한 바 있고, 또 "나라 임금의 아내는, 임금이 그를 일컬어 부인이라고 한다. 부인은 스스로를 일컬어 소동(남의 집에서 심부름하는 아이)이라고 한다. 나라 사람들은 그녀를 일컬어 군부인이라고 한다.[95] 다른 나라 사람에게는 그녀를 일컬어 과소군(자신의 임금을 다른 나라 사람에게 말할 때 쓰는 겸손한 칭호)이라고 한다. 다른 나라 사람들은 그녀를 일컬어 역시 군부인이라고 한다."라고도 설명한 바 있으니, 제가 부각시키고자 한 것은 다름 아닌 부단히 노력하여 도를 배우고 실천하는지의 여부인 것이지, 여성을 꼬집어서 비하한 것이 아닌 것입니다. 춘추시대의 사회배경 중 대표적으로 종법제도를 이해하면 알 수 있겠지만, 당시 지도자 계급을 제외한 일반적인 여성의 지위는 매우 낮아서 글을 배우지 못했고, 나아가 정치에 참여할 수도 없었습니다. 노담께서도 역시 〔도덕경〕 전체를 통해서 여성에 대해서는 언급한 바가 전혀 없으시니, 이는 다시 말해서 어디까지나 시대적 한계인 것입니다. 또한 이와 관련하여 〔시경〕의 〈주남〉 작품들을 보더라도 천자의 부인인 후비(后妃)의 덕을 칭송하고 있음을 볼 수 있으니, 분명 남녀의 성별로만 판단한 것은 아니지요.

그러므로 제가 말한 여성은 지위가 낮은 평범한 여자입니다. 더군다나 저는 공보목백의 부인 경강이, 그녀의 아들 공보문백이 노나라 대부로서 직무에 충실하지 못한 태도를 보였다며 꾸짖은 사실에 대해서, 그녀가 도리에 어긋난 사람이 아니라고 평가하며 제자들에게 기억하라고 한 적이 있습니다. 또한, 그녀의 제사를 지내는 태도를 보고 예(禮)를 아는 이라고 높이 평가한 바도 있습니다.[96] 따라서 이는 단순히 부단히 노력하여 도를 배우고 실천하는 태도의 유무를 부각시키기 위해서, 소인배와 평범한 여인을 단적으로 언급한 것임을 인지해야 할 것입니다.

1) [禮記(예기)] 〈禮運(예운)〉
2) [史記(사기)] 〈仲尼弟子列傳(중니제자열전)〉
3) 11–2
4) 17–4
5) 14–42
6) [禮記(예기)] 〈緇衣(치의)〉
7) [禮記(예기)] 〈緇衣(치의)〉
8) 7–1
9) 21–8
10) 22–3
11) 42–5
12) [禮記(예기)] 〈禮運(예운)〉
13) [禮記(예기)] 〈中庸(중용)〉
14) [禮記(예기)] 〈禮運(예운)〉
15) [禮記(예기)] 〈禮運(예운)〉
16) [禮記(예기)] 〈禮運(예운)〉
17) [禮記(예기)] 〈禮運(예운)〉
18) [史記(사기)] 〈五帝本紀(오제본기)〉
19) [史記(사기)] 〈五帝本紀(오제본기)〉
20) [史記(사기)] 〈五帝本紀(오제본기)〉
21) [禮記(예기)] 〈祭義(제의)〉
22) [說文解字(설문해자)]
23) [史記(사기)] 〈五帝本紀(오제본기)〉
24) [史記(사기)] 〈五帝本紀(오제본기)〉, [尙書(상서)] 〈堯典(요전)〉
25) [十八史略(십팔사략)] 〈五帝篇(오제편)〉
26) [十八史略(십팔사략)] 〈五帝篇(오제편)〉
27) [史記(사기)] 〈五帝本紀(오제본기)〉
28) [尙書(상서)] 〈堯典(요전)〉, [史記(사기)] 〈五帝本紀(오제본기)〉
29) [十八史略(십팔사략)] 〈五帝篇(오제편)〉
30) [史記(사기)] 〈五帝本紀(오제본기)〉
31) [史記(사기)] 〈五帝本紀(오제본기)〉
32) [史記(사기)] 〈五帝本紀(오제본기)〉, [十八史略(십팔사략)] 〈五帝篇(오제편)〉
33) [史記(사기)] 〈五帝本紀(오제본기)〉
34) [尙書(상서)] 〈堯典(요전)〉, [史記(사기)] 〈五帝本紀(오제본기)〉
35) [史記(사기)] 〈五帝本紀(오제본기)〉, [史記(사기)] 〈夏本紀(하본기)〉
36) [史記(사기)] 〈五帝本紀(오제본기)〉
37) [史記(사기)] 〈五帝本紀(오제본기)〉
38) [禮記(예기)] 〈禮運(예운)〉
39) [禮記(예기)] 〈禮運(예운)〉
40) [禮記(예기)] 〈哀公問(애공문)〉
41) [史記(사기)] 〈夏本紀(하본기)〉
42) [尙書(상서)] 〈大禹謨(대우모)〉
43) [尙書(상서)] 〈大禹謨(대우모)〉
44) [尙書(상서)] 〈大禹謨(대우모)〉
45) [十八史略(십팔사략)] 〈夏王朝篇(하왕조편)〉
46) [十八史略(십팔사략)] 〈夏王朝篇(하왕조편)〉
47) [十八史略(십팔사략)] 〈夏王朝篇(하왕조편)〉
48) [史記(사기)] 〈殷本紀(은본기)〉, [十八史略(십팔사략)] 〈殷王朝篇(은왕조편)〉

49) [史記(사기)] 〈夏本紀(하본기)〉
50) [十八史略(십팔사략)] 〈殷王朝篇(은왕조편)〉
51) [史記(사기)] 〈殷本紀(은본기)〉, [十八史略(십팔사략)] 〈殷王朝篇(은왕조편)〉, [十八史略(십팔사략)] 〈周王朝篇(주왕조편)〉
52) [史記(사기)] 〈殷本紀(은본기)〉
53) 20-1
54) [禮記(예기)] 〈明堂(명당)〉
55) [史記(사기)] 〈周本紀(주본기)〉
56) [尙書(상서)] 〈君陳(군진)〉
57) [十八史略(십팔사략)] 〈周王朝篇(주왕조편)〉
58) 18-10
59) 8-3
60) [史記(사기)] 〈魯周公世家(노주공세가)〉
61) [左傳(좌전)] 〈僖公(희공) 31년〉
62) 6-22
63) [史記(사기)] 〈孔子世家(공자세가)〉
64) 7-5
65) [禮記(예기)] 〈中庸(중용)〉
66) 15-1
67) 41-1
68) 41-2
69) 41-3
70) 41-4
71) 68-1
72) 4-9
73) 7-11
74) 12-20
75) 13-20
76) 13-28
77) 14-2
78) 15-9
79) 15-10
80) 60-1
81) [尙書(상서)] 〈五子之歌(오자지가)〉
82) 80-1
83) [史記(사기)] 〈五帝本紀(오제본기)〉
84) 80-2
85) 80-3
86) [左傳(좌전)] 〈襄公(양공) 25년〉
87) [國語(국어)] 〈魯語上(노어상)〉
88) 61-3
89) 13-9
90) [史記(사기)] 〈孔子世家(공자세가)〉
91) 35-2
92) 35-3
93) 17-25
94) 14-17
95) 16-14
96) [國語(국어)] 〈魯語下(노어하)〉

성인(聖人)은 누구에게도 배우지 않았지만 스스로 도를 깨닫고 실천한 대동사회의 지도자이기에, 노자는 성인의 행적을 소개하고 알리려 노력했다. 반면, 군자(君子)는 성인의 도를 배워서 실천하려고 노력한 지도자이기에, 공자는 군자 양성에 주력한 것이다.

둘째 날,

성인(聖人)과 군자(君子):

대동사회의 지도자와 소강사회의 지도자

노자 성인이란 이처럼 대동의 사회를 이끈 지도자 삼황오제와 또 그들을 보필한 현명한 신하들을 일컫는 것이니, 이러한 이유로 성인들은 억지로 작위 하여 법률과 제도로 통제하지 않고 천성에 따라서 백성들과 나라를 다스렸으며, 함부로 말하거나 명령을 내리지 않음으로써 대동의 통치이념을 실천했던 것이오.[1)]

따라서 성인들은 나라를 다스림에 있어 백성들의 재물에 대한 욕구와 사리사욕을 버리게 하였고, 그들의 배를 배불리 채워주었으며, 그들이 불만을 가지거나 얕은꾀를 부리지 않도록 하고, 그들이 농사 등 자신들이 해야 할 바에 전념하도록 해주었으니, 이것이 바로 백성들의 천성에 따라 다스리는 도리인 것이오. 즉 지도자가 백성들의 천성에 따른다는 것은, 지도자가 백성들이 가장 기본적으로 원하는 바인 추위와 배고픔에 허덕이지 않고, 편안하게 자신이 하고자 하는 일에 종사할 수 있도록 하는 것이니![2)]

천지는 남들보다 앞서서 덕을 쌓기 때문에, 만물에 집착하지 않고 그들이 자연스레 생겨나고 사라지도록 그 천성을 따르오. 또한, 성인은 남들보다 앞서서 덕을 쌓았기 때문에, 백성들에 집착하지 않고 그들이 자연스레 생겨나고 사라지도록 그 천성을 따랐던 것이오.[3)]

또한 진중함이라는 것은 경솔함의 바탕이 되고, 고요함이라는 것은 조급함을 지배하고 있기 때문에, 대동사회를 이끈 지도자들, 즉 성인은 일생 진중함을 떠나지 않고 삼가여 지냈던 것이니.[4)] 순임금께서는 법에 따라 형벌을 내리셨는데, 오형(죄인의 신체를 훼손하는 잔인한 다섯 가지 형벌로, 먹물로 얼굴이나 팔에 죄명 문신세기기, 코 베기, 거세, 발뒤꿈치 베기, 사형)은 유배형으로 용서하고, 채찍질로 관형, 즉 관아의 형벌을 삼았고, 회초리로 교형, 즉 학교의 형벌을 삼았으며, 금전으로 죄를 면하는 속형을 삼았소. 그리고 과실로 일어난 재해는 사면해주었으나, 뉘우치지 않으면 형벌로 다스렸소. 삼갈지니, 삼갈지니, 형벌의 신중함이여![5)]

대동사회를 이끈 성인들은 자신의 주관적인 생각이나 의지를 주장하지 않고, 백성들의 뜻을 깊이 헤아려서 실천하였으니. 이처럼 백성이 바라는 바를 본인이 바라는 바로 삼아서 그들의 뜻에 따르는 것이 바로 주어진 천성에 따르는 것이라오.[6)] 그래서 우가 "임금이 그 임금 자리를 어려워하고 신하가 그 신하 자리를 어려워하면, 정치가 이에 다스려지고 수많은 백성들이 덕에 힘쓰게 될 것입니다."라고 간언했을 때, 순임금은 "그렇소! 진실로 이와 같다면 좋은 말이 숨겨지는 바가 없고, 현명한 이들이 모두 등용되어 민간에 인물이 없게 되어, 만방이 모두 평안할 것이오. 여러 사람에게 상의하고, 자기를 버리고 남을 따르며, 의지할 곳이 없는 이들을 깔보지 않고, 곤궁한 이들을 버리지 않는 것은, 오직 요임금만이 늘 해내셨소."라고 스스로 경계하셨던 것이니![7)]

이처럼 대동사회를 이끈 성인들은 누구 하나 버리지 않고 함께했기 때문에, 모든 백성들이 조화롭게 살았소. 또한, 하늘이 부여한 천성에 따라 다스렸기 때문에, 만물이 조화를 이루게 되었던 것이오.[8)] 선하고 믿을 수 있는 이와 그렇지 못한 이들을 다 포용함으로써, 세상이 한데 어우러져 조화를 이루도록 하였으니. 이처럼 대동사회의 지도자들은 백성들을 어르고 달래어서, 누구 하나 버리지 않고 모두 함께하였던 것이라오.[9)]

따라서 대동사회를 이끈 성인들은 반듯했지만, 백성들에게 피해가 가지 않았고, 삼가 검소하게 생활했지만, 백성들에게 상처를 입히지 않았으며, 굳세고 당당하게 몸을 폈지만 방자하지 않았고, 모든 긍정적인 것과 부정적인 것들의 기세를 조화롭게 했지만 자신의 업적을 드러내지 않았던 것이니.[10] 대표적으로 요임금의 인자함은 하늘과 같았고, 그 지혜로움은 귀신과도 같았소. 그를 좇으면 태양과 같았고, 그를 바라보면 구름과도 같았으니. 부유하면서도 교만하지 않고, 고귀하면서도 오만하지 않았던 것이오. 이에 덕을 밝히고 따름으로써 구족, 즉 고조부터 현손까지 같은 종족의 9대가 가까워졌고, 구족이 화목해지니 수많은 성씨의 귀족들을 상의하여 처리했소. 이처럼 수많은 성씨의 귀족들이 명확히 구분되자, 온 나라가 합하여 잘 어울리게 되었던 것이오.[11]

행하기 어려운 일은 행하기 쉬울 때에 착수해야 하고, 큰일을 하려면 작은 일부터 시작해야 하는 법.[12] 세상에는 처음부터 어렵거나 큰일이란 존재하지 않으니, 모든 어려운 일은 분명히 쉬울 때 해결하지 않아서 어려워진 것이고,[13] 모든 큰일은 분명히 작을 때 해결하지 않아서 커진 것이오. 이러한 까닭에 대동사회를 이끈 성인들은 일이 커지기를 기다렸다가 하지 않았으니, 유비무환의 자세를 견지했기 때문에 큰일을 이룰 수 있었던 것이라오.[14] 마찬가지의 도리로 지도자가 쉬이 승낙하게 되면 나중에 백성들이 그를 믿지 못하게 되고, 일을 하찮게 여기면 나중에 더 큰 재난이 계속해서 발생하게 되므로,[15] 성인은 결코 일이 작거나 쉽다고 해서 얕보지 않고 신중하게 처리했기 때문에, 항상 큰 어려움 없이 나라를 오랫동안 평온하게 할 수 있었던 것이오.[16]

그러므로 상나라 때의 신하 부열은 "선하다고 생각되면 움직이고, 행동은 그때에 맞아야 합니다. 스스로 선하다고 여기면 선함을 잃고, 재능을 자랑하면 그 공을 잃게 됩니다. 해야 할 일에 종사하면 이에 준비하게 되니, 준비함이 있으면 후환이 없습니다. 총애하거나 업신여기지 말고, 허물을 부끄러워하여 잘못을 저지르지 말아야 합니다. 그 머무르는 바를 생각하여 자신의 자리에 있으면, 정치가 순박해집니다. 아는 것이 어려운 것이 아니라, 행하는 것이 어려운 것이지요. 임금께서 정성껏 하여 어렵다고 여기지 않으시면 능히 선왕이 이루신 덕을 따를 것이니, 저 부열이 이처럼 말씀드리지 않는다면 저에게 허물이 있는 것입니다."[17]라고 간언하여 경계를 보였던 것이오.

상황은 안정적일 때 유지하기 쉬운 법이고, 사건이 징조를 보이지 않을 때 도모하여 준비하기가 쉬우며, 사물이 아직 굳지 않고 무를 때 녹이거나 풀기가 쉽고, 일이 아직 커지지 않고 미약할 때 사라지기가 쉬우니, 사건이 발생하기 전에 그것을 처리하고, 세상이 동요하기 전에 그것을 다스려야 하오.[18] 둘레가 한 아름이 넘는 큰 나무는 작은 묘목에서부터 크는 것이고, 높은 누각은 흙을 쌓아 기초를 다지는 데서 시작되는 것이니. 천 리 길을 가려면 먼저 첫걸음을 떼어야 하는 것이오.[19] 그러므로 상나라 탕 임금을 보필했던 이윤은, "높은 곳에 오르려면, 반드시 낮은 곳에서 시작해야 합니다. 먼 곳에 가려면, 반드시 가까운 곳에서 시작해야 하는 것과 같습니다."[20]라고 간언했던 것이 아니겠소?

공자 소강사회는 결국 대동사회에 기인하는 것. 따라서 군자의 도는 비유컨대 멀리 가려면 반드시 가까운 데서 시작해야 하는 것과 같고, 비유컨대 높이 올라가려면 반드시 낮은 데서 시작해야 하는 것과도 같습니다.[21]

노자 따라서 대동사회를 이끈 지도자들은 스스로를 통제하여 신중하려고 했지 자기의 안목에 의지하지 않았으며, 스스로를 가엾게 여겨 백성들 밑에 있으려고 했지 그들의 위에서 군림하려 들지 않았던 것이오.[22]

성인들께서는 "나라가 수모를 당했을 때 그 치욕을 모두 짊어질 수 있어야 임금이라고 할 수 있고, 나라에 재난이 발생했을 때 사사로움을 버리고 오직 백성들을 생각해야 세상이 그를 지도자로 인정하고 따른다."[23]라고 말하신 바 있소. 심오한 대동의 통치 이념인 도라는 것은, 우리가 상식적으로 그렇다고 생각하는 바와 정반대인 것이라오.[24]

공자 성인은, 제가 만나볼 수 없습니다. 군자를 만나볼 수 있다면, 그것만으로도 좋겠습니다. 진실로 선량한 사람은, 제가 만나볼 수 없습니다. 그저 변치 않고 늘 그렇게 행함이 있는 이를 만나볼 수 있다면, 그것만으로도 좋겠습니다. 없으면서 있다고 가장하고, 비어 있으면서 찼다고 가장하며, 인색하면서 너그럽다고 가장하면, 변치 않고 늘 그렇게 행함이 있기가 어렵습니다.[25]

태고에 복희씨와 여와씨께서 인류를 창조하신 이래, 대동사회는 이미 존재해왔던 것이니! 결국 성인이란 세상의 시작과 함께 존재해왔으므로, 그 누구에게도 이러한 도를 배운 적이 없으나 스스로 깨달아서 몸소 실천한 인물들, 즉 삼황오제와 그들을 보필했던 현명한 신하들을 일컫는 것이지요.

한번은 제자 자유가 "자하의 제자들은 물 뿌리고 비로 쓸며 손님을 접대하고 어른 앞으로 나아가고 물러나는 것과 같은 하찮은 일을 주관하는 것은 할 수 있다. 하지만 보잘것없는 일만을 주관하고, 군자의 도를 근거로 삼는 것은 하나도 없으니, 나아가 무엇을 할 수 있겠는가?"라고 말한 적이 있습니다. 그러자 또 다른 제자 자하가 그 말을 듣고는, "아! 그렇게 말한 자유가 지나치다. 군자의 도는 무엇을 먼저 하여 전하고, 무엇을 뒤로하여 게을리 하겠는가? 그것을 초목에 비유한다면, 초목이라는 것은 본래 어우러져 있는 것인데 그것을 억지로 구분하여 경중을 나누는 것이다. 군자의 도를 어찌 왜곡할 수 있겠는가? 다만 도의 경중을 떠나서, 처음부터 끝까지 한결같이 하는 이는 오로지 성인일 뿐이겠지?"[26]라고 비판한 바 있습니다.

태어나면서부터 아는 이는 상등이고, 배워서 아는 이는 그다음이며, 곤란하여 배우는 이는 또 그다음입니다. 그런데 곤란함을 겪는데도 배우지 않으면, 백성들이 이에 하등으로 삼지요.[27]

바꿔 말해서 성인과 군자는 그 본질이 다른 것이니, 군자란 옛 성인의 도를 부단히 배우고 익히도록 노력함으로써 실천하는 지도자를 뜻합니다. 그리고 그 대표적인 인물로는 이미 언급했었던 소강사회를 이끌었던 여섯 명의 지도자; 하나라의 우임금과 상나라의 탕 임금 그리고 주나라의 문왕과 무왕, 성왕 마지막으로 주공을 들 수 있는 것입니다. 그러므로 군자임에도 불구하고 자기의 임금을 진심으로 섬기고 따르는 어짊인 인(仁)을 행하지 못한 사람이 있는 것처럼,[28] 군자는 성인과 비교하면 부족한 면이 없잖아 있는 것입니다. 군자가 진중하지 않으면 곧 존엄하지 못하고, 배움에도 확고해지지 못합니다. 따라서 정성스러움과 믿음을 기본으로 하고, 자기보다 못한 사람을 가까이하지 말며, 잘못을 저지르면 곧 고치기를 거리끼지 말아야 하는 것입니다.[29]

또한 군자는 세 가지 공경하고도 두려워하는 바가 있습니다. 하나는 선한 것과 옳은 것을 지키는 천명이니, 백성이라는 것이 억압하는 것이 아닌 그들의 천성에 따라 순리대로 다스려야 하는 존재임을 깨닫고, 이를 공경하면서도 두려워하여 받드는 것입니다. 둘은 대인(大人) 즉 최고위층의 지배계급인 천자를 공경하면서도 두려워하여 받듦으로써 인(仁)을 따르는 것입니다. 그리고 마지막은 성인 즉 대동의 사회를 이끈 삼황오제의 말씀을 공경하면서도 두려워하여 따르는 것이지요. 하지만 도를 따르지 않고 사사로운 이익만을 탐하는 올바르지 못한 인격의 소인배들은 백성들을 억압하고, 천자를 업신여기며, 대동의 사회를 이끈 삼황오제의 말씀인 도를 비웃기조차 하는 것입니다.[30)]

여기서 대인의 의미에 대해서 짚고 넘어가자면, 대인의 그릇이란 위엄이 있어서 사람들이 공경하는 것이니, 천자는 위엄이 있어서 함부로 점치지 않지만, 제후는 나라를 지킴에 점치는 것입니다.[31)] 다시 말해서 대인은 최고위층의 지배계급인 천자를 뜻하는 것이니, 옛 문헌이 모두 그러한 의미를 담고 있습니다.[32)]

저는 일관되게 하늘의 도(천도: 天道)를 추구한 대동이 아닌 사람의 도(인도: 人道)를 말하는 소강사회로의 복귀를 외쳐왔습니다. 그러하기에 〔논어〕에서 군자에 대해서는 107차례나 논했던 반면, 성인에 대해서는 두 문장에 걸쳐서 단지 세 차례만 언급했을 뿐이고,[33)] 천명(天命)에 대해서는 거의 언급하지 않았던 것이며,[34)] 어떤 이가 천자가 정월에 하늘에 지내는 제사인 체(禘)의 의미에 대해서 물었을 때에도, "알지 못한다. 대동사회를 이끌었던 삼황오제와 같은 성인들만이 그 의미를 깨닫고 나아가 세상을 다스려 태평성대로 이끄셨으니, 성인들은 마치 자신의 손바닥을 보듯이 하늘의 도리를 이해하여 나라를 다스렸던 것이다."[35)]라고 대답하였습니다.

또한 제자 자공은 "스승의 문장은 얻어들을 수 있지만, 천성과 하늘의 도에 대한 말씀은 얻어들을 수가 없었다."[36]라고 회고한 바 있으니, 저는 소강사회로의 복귀를 외쳤기에 하나라와 상나라 그리고 주나라 3대 즉 소강사회의 예악과 제도에 대한 구체적인 내용들이 기술된 문장에 대해서는 자주 말해주었지만, 삼황오제와 같은 성인들이 행한 대동의 무위자연 통치이념에 대해서는 거의 언급하지 않았던 것입니다.

노자 그러한 연유가 있었구려. 그대의 말씀대로 군자는 성인과도 같이 완전무결하지는 않지만, 성인의 도를 배워서 실천하려고 부단히 노력하는 지도자를 뜻하오.

나는 "무릇 훌륭한 전쟁이라는 것은, 상서롭지 못한 기구이다.[37] 세상 만물이 그것을 싫어하기에, 그러므로 도가 있는 이는 머물지 않는다."[38]라고 말한 바 있으니, 성인들 중 하나인 순임금께서 우에게 오직 묘족만이 다스려지지 않으니 가서 정벌하라고 명하셨소. 이에 우가 묘족을 무력으로 치려 하였으나, 삼십 일 동안 묘족이 명을 거역했소. 그러자 익이 우에게 "오직 덕만이 하늘을 움직이니, 먼 곳이라도 굴복합니다. 자만은 손해를 부르고, 겸손은 이익을 받으니, 늘 이와 같은 것이 하늘의 도리입니다. 순임금께서는 처음 '역산'에서 밭에 나가셨을 때, 매일 하늘과 부모에게 울부짖으시며, 모든 죄를 자기 탓으로 돌렸습니다. 장님인 아버지 고수를 공경하여 받들고, 조심하고 재계하여 삼가시니, 결국 새로 맞이한 아내와 함께 아들 순을 죽이려고 했던 고수 역시 진실로 아들인 순을 따르게 되었던 것입니다. 지극한 정성은 귀신을 감동시키니, 하물며 이 묘족이야 말할 나위가 있겠습니까?"

라고 말하며 설득하였고, 우는 익의 훌륭한 말에 절하며 "그렇습니다!"라고 대답한 것이오. 그러고는 군사를 되돌려 돌아가서는 제사를 바로잡자, 순임금이 이에 위엄과 덕망을 넓게 펴고 두 섬돌에서 방패춤과 깃털춤을 추시니, 그 모습을 보고 칠십 일이 지나서 묘족들이 감복했던 것이라오.[39]

하지만 또 한편으로는 "군자는 자리함에 곧 왼쪽을 귀히 여기고, 전쟁을 쓰는 이는 곧 오른쪽을 귀히 여긴다.[40] 전쟁은 상서롭지 못한 기구니 군자의 기구가 아니라서, 부득이한 경우에 그것을 씀에 사리사욕(이기거나 공을 세우려는 욕심)이 없음이 상위에 있게 되는 것이다."[41]라고도 말한 바 있으니, 전쟁 등의 무력이란 원칙적으로 사용해서는 안 되는 것이지만, 상대방이 침략하는 등의 부득이한 상황이 발생하는 경우에는 역시 무력으로 저항해야 하지 않겠소? 따라서 이처럼 부득이하게 무력을 행사할 수밖에 없는 상황에 놓인 지도자를 나는 〔도덕경〕에서 성인이 아닌 군자라고 표현한 것이오. 그리고 〔도덕경〕에서 군자라는 표현으로 언급한 것은, 단지 방금 언급했던 이 두 문장뿐이라오.[42] 반면에 성인에 대해서 논한 부분은 서른한 차례에 달하는 것이고 말이요.

공자 저의 제자 증자는 "육척(나이 14~15세)의 어린 후계자를 부탁할 수 있고, 백리(면적이 백 리인 제후의 나라)의 운명을 맡길 수 있으며, 죽음을 각오하여 절개를 지킴으로써 다른 이가 그 큰 절개를 빼앗을 수 없다면, 군자인가? 군자인 자이다."[43]라고 말한 바 있습니다. 이를 좀 더 구체적으로 풀이해보면, "주나라 주공은 노나라 제후로 봉해졌지만, 그의 아들을 보냄으로써 권력을 탐하지 않았고, 또 어린 성왕을 성심성의껏 진심으로 보필하였으며,

예악제도와 종법제도를 확립하여 주나라를 강하게 만들었다. 또한 이를 시기한 동생 관숙과 채숙 그리고 곽숙이 상나라의 유민들을 이끌던 무경과 함께 반란을 일으키자, 소공의 도움을 받아 진압하기도 했다. 이런 인물은 군자인가? 그렇다."라는 뜻이니, 증자는 군자의 의미를 오롯이 이해하고 있던 것입니다.

저는 잠시 앞에서 "군자임에도 불구하고 인(仁)하지 못한 사람은 있다."[44]라고 말씀드린 바 있습니다. 이제 이 말을 좀 더 구체적으로 설명하자면, "상나라의 마지막 임금인 주왕이 비록 희대의 폭군이었기는 하지만, 주나라 무왕은 신하의 신분으로 임금을 제거하는 역성혁명을 일으켰다. 주나라의 태평성대를 이끈 무왕이 군자이기는 하지만, 자기의 임금을 진심으로 따르고 섬긴 인(仁)한 인물은 아니었던 것이다."라는 의미로 풀이할 수 있는 것입니다.

노자 내 그대의 말뜻을 이해하지 못하는 바는 아니오. 하지만 문제는 왜 그대가 대동의 도를 오롯이 따르지 않고 굳이 소강의 도를 따르며, 성인이 아닌 군자의 자세에 대해서 언급하느냐는 것이오.

공자 춘추시대는 임금과 신하들이 서로 마음을 정사에 두지 아니하고 사치와 향락에만 빠져들었으며, 심지어 신하가 임금을 비방하고 내쫓아서 시해하는 것조차도 서슴지 않고 자행한, 전대미문의 혼란기였습니다. 지도자가 이러한 실정이니, 백성들의 실태는 굳이 말하지 않아도 짐작할 수 있는 것이었지요. 이러한 상황에서 대동의 도는 심오하고도 이상적이라는 것은 차치하고라도, 실천은 고사하고 심지어 이해하기조차 어려웠던 것입니다. 따라서 저는 지도자가 먼저 인(仁)과 의(義) 그리고 예(禮)로 솔선수범하고 나아가 백성들을 규제하는, 소강사회로의 복귀를 우선 주장했던 것입니다. 대동은 그러한 후에나 타진할 수 있는 성질의 것이 아닐까요?

노자 내 서양의 이야기로 비유를 들어보리다. 태초에 하나님이 아담과 이브를 만들고, 그들로 하여금 아무런 걱정 없이 에덴동산에서 살게 했다고 하오. 이 두 남녀는 아무런 걱정 없이 살고 있었지만, 사악한 뱀의 꾐에 넘어간 이브가 선악과를 먹게 되고 또 그것을 아담에게도 먹도록 권유했으니, 이에 하나님이 노하여 아담과 이브를 에덴동산에서 쫓아냈소. 그때부터 인류는 선악을 구별하게 되어 분노와 슬픔의 고통을 짊어지고 살아야 했으나, 예수 그리스도의 율법을 따름으로써 인류는 구원의 길을 얻게 되었다고 하오. 바꿔 말해서, 그대는 우리의 세상이 다시는 에덴동산으로 돌아갈 수 없다는 것이오?

공자 대동사회는 삼황과 오제가 통치하던 시기이니, 이때는 인재를 선발하여 넘겨주는 선양제를 통해서 왕위를 계승했지요. 이렇듯 요임금이 순임금에게 그리고 순임금은 우임금에게 왕위를 선양했는데, 한번은 우임금이 밖으로 나가다가 죄인을 보고는 수레에서 내려 묻고는 울면서, "요순시절의 사람들은, 요순임금의 마음을 마음으로 삼았는데, 과인이 임금이 되고는, 백성들 각자 그들의 마음을 마음으로 삼으니, 과인이 그것을 애석히 여긴다."[45]라고 말했다고 합니다. 결국, 세상에는 큰 도가 사라져 가천하(家天

下)가 되었으니, 각각 자신의 어버이만이 어버이가 되고, 자신의 자식만이 자식이 되었으며, 재물과 힘은 자신을 위해 쓰게 되었지요.[46)]

세월이 흘러서 우임금이 왕위를 넘기려 했는데, 그의 아들 계가 어질어서 우임금의 도를 계승할 수 있었습니다. 하지만 우임금은 선양제에 따라서 일찍이 익을 하늘에 천거했는데, 노래를 하는 사람과 조정에 알현하러 오는 이들이 익에게 가지 않고 계에게로 가서 "우리 임금의 아들이다."라고 말하니, 이에 계가 마침내 임금이 되었던 것입니다.[47)] 하지만 엄격하게 말해서 세습제의 시작은 우임금의 의도가 아니었으니, 이 역시 당시의 분위기상 피할 수 없었던 숙명이나 거스를 수 없는 시대의 흐름이었을 수도 있을 것입니다.

우임금은 요임금과 순임금의 뜻을 이어서 검소하고도 조화로움을 살폈으며, 자기의 몸을 돌보지 않고 오로지 나라와 백성들을 위해서 헌신했을 뿐만 아니라, 나아가 자신의 의복은 누추하게 했지만 제례의 의관은 지극히 아름답게 하였으니 예(禮)를 중시했던 것입니다. 따라서 저에게 그러한 예악제도로 나라를 다스리는 소강사회를 처음으로 구현한 우임금은, 흠을 잡을 수 없을 정도로 완벽한 것입니다![48)]

노자 결국, 그대는 대동으로의 복귀는 사실상 어렵다고 보는 듯하오.

공자 대동은 저에게 마치 손을 뻗어도 닿을 수 없는 영원한 노스탤지어의 손수건과도 같습니다. 그래서 한평생을 바쳐 세상에 도를 알리려고 했지만, 힘에 부칠 때면 늘 대동의 아름다운 모습을 마음속에 그렸던 것이지요.

한번은 제가 자로와 증자의 아버지 증점 그리고 염구와 공서화 이렇게 네 제자들과 함께 대화를 나눈 적이 있었습니다. 제가 "내가 너희들보다 나이가 좀 더 많다고 해서, 너희들은 나를 어려워하지 말고 말해 보거라. 평상시에 '나를 알아주지 않는다.'고 말해왔으니, 만일 혹 너희를 알아준다면, 어찌하겠느냐?" 그러자 자로는 "제후국이 큰 나라 사이에 끼어있고 거기에 전쟁까지 더하여 백성들이 굶주리는 상태가 생겼는데, 제가 삼 년을 다스리면 백성들이 용맹스럽도록, 도리를 깨닫도록 하겠습니다."라고 대답했습니다. "염구야, 너는 어떠하냐?"라고 물으니, 염구는 "나라가 육칠십 리 혹은 오륙십 리에 필적한데, 제가 삼 년을 다스리면 백성들의 생활이 넉넉하도록 하겠습니다. 하지만 예악과 같은 것은 제가 할 수 있는 바가 아니니, 군자가 나타나기를 기다리겠습니다."라고 대답하더군요. 이에 "공서화야, 너는 어떠하냐?"라고 물으니, 공서화는 "할 수 있다고 말할 수는 없으니, 그저 배우기를 원합니다. 나랏일 가령 제후들의 회합에서, 예복과 예관을 갖춘 작은 보좌관이 되기를 원합니다."라고 대답했습니다. 마지막으로 "증점아, 너는 어떠하냐?"라고 묻자, 증점이 거문고를 연주하다가 소리를 점차 줄이더니, 순간 거문고 줄을 짧고도 강하게 한 번 튕기고는 거문고를 내려놓고 일어나 "제 생각은 세 사람이 말한 내용들과 다릅니다."라고 대답하는 것이었습니다. 그래서 제가 "어찌 근심하는가? 단지 각자 그 뜻을 말한 것일 뿐이다."라고 말했더니, 증점이 "늦은 봄철에 입는 옷이 다 만들어지면, 관을 쓴 어른 대여섯 명 사내아이 예닐곱 명과 기하에서 목욕하고, 기우제를 지내는 곳인 무우대에서 바람을 쐬다가, 노래를 부르며 돌아오겠습니다."라고 대답하는 것이 아니겠습니까? 이에 저는 한숨을 쉬며, "나는 증점의 뜻을 따르겠다."라고 탄식했던 것입니다.[49)]

노자 아, 너무나도 그립소이다!

공자 네. 다른 제자들은 모두 정치에 참여하여 나라를 다스리고자 하였는데, 증점의 말은 결국 정치에 관심을 가질 필요가 없는 태평성대를 일컫는 것이었으니, 이것이 바로 도달할 수 없는 이상향인 대동의 사회였던 것입니다. 대동사회를 그리워해도 닿을 수 없는 춘추시대라는 현실에서, 저와 증점 두 사람은 역설적이게도 시대의 아픔을 노래하며 모처럼 만에 웃었던 것이지요.

보아하니 훗날의 어떤 이들은, 제가 궁극적으로는 정치나 벼슬에 관심이 없었던 것이라고 주장하는 경우가 있더군요. 하지만 도는 성인들의 통치이념이고, 저는 한평생을 도를 세상에 전파하는 데 힘썼는데, 어찌 정치에 관심이 없었다고 말할 수 있겠습니까?

저는 56세에 대사구(형조판서)에서 대부가 되었습니다. 이에 기뻐하며 제자들에게 "아랫사람을 귀히 여김으로써 그들을 기쁘게 한다고 하지 않더냐?"[50)]라고 말했으니, "내가 대부가 되었으니 백성들 위에서 군림하거나 함부로 명령하지 않고, 오히려 그들을 공경하고 아끼며 소중히 여길 것이다. 그렇기 때문에 백성들이 이에 기뻐하게 될 것이다."라는 의미를 함축하고 있던 것입니다. 즉 저는 높은 벼슬에 오를수록, 도를 세상에 알리기가 더 용이해진다고 판단한 것이지요.

노자 이제 그대가 말하는 군자의 도리에 대해서 더 자세히 듣고 싶소.

공자 군자는 한 작은 분야에 치우쳐 전문 기능인이 돼서는 안 됩니다. 가르침의 목적은 바로 옛 성인들의 통치이념인 도를 배우고 익혀서 실천하게 하는 데 있는 것이지요. 무릇 이와 같이 도를 이해하고 실천하면, 곧 주변 나라의 백성들이 자기 자식을 업고 몰려올 텐데, 도를 배우고 부단히 노력하여 실천하는 올바른 지도자가 어찌 스스로 한 작은 분야에 치우쳐 전문 기능인이 될 수 있단 말입니까?[51]

하지만 세상이 알아주지 않는다 하더라도 후회하지 않는 것은 오로지 성인이라야 그렇게 할 수 있으니, 따라서 군자는 중용에 의지해야 하는 것입니다.[52] 자신에게 주어진 직위에 사심 없이 최선을 다하고, 그 직위에 집착하거나 연연해 하지 말고 때가 되면 물러나야 하며, 그 직위에 있지 않으면 그 일에 대해 관여하지 말아야 하니,[53] 군자는 그 처한 자리에서 정성을 다해 행동하고, 처한 자리 이외의 것을 바라지 않아야 하지요.[54]

노자 그렇소! 임금이 교묘한 말 때문에 옛 정치를 어지럽히지 않고, 신하가 총애와 이익 때문에 공을 세우는 것에 연연해 하지 않으면, 나라가 오래도록 아름답게 빛날 것이니.[55] 총애를 얻기 위해 급급해하고 또 총애를 얻지 못하는 수모를 겪었다고 실망하는 것은 자기에 대한 집착이오. 이렇듯 나라를 이끄는 일에 종사하는 자가 자기를 버리지 않고 오히려 그 자리에 너무 집착하게 되면, 결국에는 큰 불행을 당하게 되오.[56] 또한, 나라를 이끄는 일에 종사하는 자가 총애를 얻기 위해 급급해하고 자기에 대해 집착하는 것을, 하등의 부류라고 일컫는 것이오.[57)]

공자 군자에게는 다섯 가지의 수치스러움이 있습니다. 그 자리에 있으면서 그 자리에 대한 견해가 없으면, 군자는 그것을 수치스러워합니다. 그 자리에 대한 견해가 있어도 그것을 행하지 못하면, 군자는 그것을 수치스러워합니다. 이미 행함을 이뤘다가도 또 그것을 견지하지 못하여 잃게 되면, 군자는 그것을 수치스러워합니다. 땅에는 남음이 있지만 백성들이 부족해 하면, 군자는 그것을 수치스러워합니다. 많음과 적음을 비교했는데 어느 한쪽을 더 많게 하면, 군자는 그것을 수치스러워합니다.[58)]

제가 듣기로는, 군자는 궁핍한 이를 돕지 부유한 이에게 보태주지는 않는다고 했습니다.[59)] 이 때문에 군자는 먼저 성인들이 행한 강함과 부드러움의 통치법을 조화롭게 실천하려는 절개와 지조인 덕(德)을 신중히 하니, 덕이 있으면 이에 따르는 사람이 있고, 따르는 사람이 있으면 이에 땅이 있고, 땅이 있으면 이에 재물이 있고, 재물이 있으면 이에 쓰임이 있는 것이니, 덕이라는 것은 근본이고, 재물이라는 것은 끝입니다. 근본을 밖으로 하고 끝을 안으로 하면, 백성들을 다투고 빼앗도록 하게 되느니. 이 때문에 재물이 모이면 백성들이 흩어지고, 재물이 흩어지면 백성들이 모이게 되는 법입니다.[60)]

군자는 덕을 염두에 두지만, 도를 따르지 않고 사사로운 이익만을 탐하는 올바르지 못한 인격의 소인배는 하찮은 현실적인 생계에만 집착합니다. 군자는 백성들의 모범이 되는 것만을 생각하지만, 소인배는 윗사람이 총애하여 베풀어주기만을 기다리는 것입니다.[61] 따라서 윗자리에 있어서는 아래를 업신여기지 않고, 아랫자리에 있어서는 위에 매달리지 않으며, 자기를 바르게 하고 남에게 구하지 않으면 곧 원망이 없을 것이니, 위로는 하늘을 원망치 아니하며 아래로는 남을 탓하지 않는 것이지요.[62]

군자는 허물을 고치는 데 인색하지 않은 개과물린(改過勿吝)과 너그러이 포용하는 용(容)의 조화로운 태도를 지니기 때문에, 자기에게는 엄격한 반면 타인의 실수는 너그러운 관용으로 용서합니다. 하지만 도를 따르지 않고 사사로운 이익만을 탐하는 올바르지 못한 인격의 소인배는, 이와는 정반대로 자신에게는 너그럽지만 타인에게는 엄격하지요.[63]

한번은 제자 사마우가 어떻게 해야 군자가 될 수 있는지 물었습니다. 그래서 제가 "군자는 근심하지 않고 두려워하지 않는다."라고 대답하자, 사마우가 다시 "근심하지 않고 두려워하지 않으면, 군자라고 할 수 있습니까?"라고 묻더군요. 이에 저는 "나는 '배우고 늘 그것을 익히면, 또한 기쁘지 아니한가?'라고 말한 바 있다. 이러한 지도자는 항상 스스로를 성찰하여 허물을 고치려고 노력하고, 자신이 통치를 잘한다고 자만하지 않으며, 사리사욕을 탐하지 않고 검소한 생활을 견지한다. 이렇듯 성인의 도를 배우고 실천하며 기뻐할 진데, 어찌 근심하거나 두려워함이 있을 수 있겠는가?"[64]라고 대답했던 것입니다.

따라서 군자는 다투는 바가 없지만 굳이 다투는 것이 있다면 그것은 활쏘기인 것입니다. 서로 읍하고 사양하여 오르고, 내려와서 패자는 승자가 올리는 위로의 술을 마시니, 그렇게 다투는 것이 군자입니다.[65] 다시 말해서, 활쏘기는 군자에 비슷함이 있으니, 과녁의 한가운데를 잃으면 그 원인을 자기 자신에게 돌려서 찾는 것이지요.[66] 이처럼 활쏘기에서 한가운데를 맞추지 못하면 그 잘못을 자기 탓으로 여기듯이, 군자는 자신의 허물을 자기 탓으로 여기고 반성하여 고칩니다.

또한 군자는 먹음에 배부르기를 구하지 않고, 거처함에 편안하기를 구하지 않으며, 나라의 큰일에 힘쓰면서 말과 명령을 삼갑니다. 이처럼 나아가 도를 가까이하여 다스리면, 도를 배우기 좋아한다고 할 수 있으니,[67] 제자 자공이 군자란 무엇인지 물었을 때, 저는 "먼저 말을 하고 그것을 실천하면 백성들이 그다지 그를 중시하지 않지만, 먼저 행동으로 보이고 그것을 말하면 백성들이 그를 믿고 따르며 나아가 진심으로 섬기게 된다."[68]라고 설명했던 것입니다.

말을 하고 나아가 그 말한 것을 행하면, 말한 것은 아름답게 수식될 수 없습니다. 하지만 행하고 나아가 그 행한 것을 말하면, 행한 것은 거짓으로 꾸며질 수 없게 되지요. 따라서 군자가 말을 적게 하고 행함으로써 그 믿음을 이루면, 백성들은 부득이하게 그 좋은 일을 중히 여기고 그 악한 일을 가볍게 여기게 됩니다.[69] 그러므로 군자는 말을 잘 하지 않아서 마치 어눌한 듯하지만, 행함에 있어서는 민첩하고자 하는 것입니다.[70] 또한 군자는 말하는 것이 실천하는 것보다 지나침을 부끄러워하는 것입니다.[71]

노자 그러므로 말이 많으면 누차 곤궁해지니, 차라리 중간을 지키는 것이 낫다고 하는 것이요.[72] 지도자가 덕을 닦지 않아서 함부로 말하거나 명령을 내리면, 나라를 다스리는 데 있어 항상 어려운 문제들이 발생하게 된다오. 따라서 차라리 어느 한쪽으로 치우치지 않고 객관적이고도 공정한 중(中)의 태도를 유지하는 자세를 취하는 것이 대단히 중요한 것이오.

공자 그래서 군자는 어느 한쪽으로 치우쳐 편들지 않고 공정하게 판단하지만, 반면에 도를 따르지 않고 사사로운 이익만을 탐하는 올바르지 못한 인격의 소인배들은 한쪽으로 치우쳐 편들기에 공정하게 판단하지 못하는 것입니다.[73)]

한번은 진(陳)나라 법관이 저에게 "노나라 소공이 예(禮)를 압니까?"라고 묻더군요. 그래서 저는 "예(禮)를 아십니다."라고 대답했는데, 제가 물러난 후에 진(陳)나라 법관이 무마기에게 읍하고 나아가 "제가 듣기로 군자는 편들지 않는다고 하였는데, 군자 역시 다른 이를 두둔합니까? 노나라 임금인 소공이 오나라의 여자를 부인으로 맞이했는데, 성씨가 같아서 남의 눈을 의식해 오맹자라고 바꿔서 부릅니다. 이러한 임금이 예(禮)를 안다면, 과연 누가 예(禮)를 모르겠습니까?"라고 반문했고, 무마기는 다시 저에게 진(陳)나라 법관의 말을 그대로 전했지요. 이에 저는 "나 공구는, 정말로 운이 좋구나. 만약 내게 허물이 있으면, 남들이 반드시 이를 발견하여 지적해준다."[74)]라고 말했던 기억이 있군요.

노자 흠, 그것이 어찌 그대만의 허물이겠소? 이 모든 것이 시대의 산물인 종법제도에 기인하는 것을! 사실 나 역시 종법제도로부터 완전히 자유롭지는 못하지 않았소?

공자 종법제도에서 벗어나지 못한 것도 있지만, 자기의 임금을 진심으로 섬기고 따르는 어짊의 인(仁)을 실천하기 위해서 부득이하게 그렇게 말한 것이라고 간주하는 것이 더욱 합당할 것입니다.

노자 좀 더 구체적으로 말해 보시겠소?

공자 제가 69세일 때, 노나라 소공의 부인 맹자가 죽었습니다. 맹자는 소공과 같은 성씨의 오나라 여자였는데, 뜻밖에도 소공은 그 소식을 다른 제후국에 알리지 않았으며, 장사를 지내고 돌아와 다시 곡하는 예절인 반곡례(反哭禮)도 하지 않았지요.[75] 이 세 가지는 분명히 당시의 예(禮)에 어긋나는 것이었는데, 제가 왜 그럼에도 불구하고 소공이 예(禮)를 안다고 대답한 것일까요?

한번은 진나라 문공이 천자를 초청하여 사냥을 하게 했었는데, 이에 대해서 저는 신하로서 천자를 부르는 것은 준칙이 될 수 없다고 평가한 적이 있고,[76] 또 방금 소개드렸던 무마기와의 대화 후에, 사실 저는 "그러나 신하는 자기가 섬기는 임금의 잘못을 다른 이에게 말해서는 안 된다. 그것을 숨기는 것이 예(禮)이다." 라고 추가적으로 말한 적도 있습니다.[77] 따라서 저는 천자와 제후 등의 계급 예절을 대단히 중시한, 다시 말해서 종법제도를 따르는 투철한 보수 관념의 소유자였기 때문에, 자기가 섬기는 군주의 인격이 어떤지와 관계없이 그를 진심으로 섬기고 따르는 인(仁)을 실천하고자 한 것입니다.

하지만 진(陳)나라 법관이 나가서 무마기에게 저의 오류를 지적하자, 오히려 "남들이 허물을 반드시 지적해주니, 나는 운이 좋은 사람이다."라고 말했던 것이니, 비록 인(仁)을 따르기 위해서 그렇게 말은 했지만, 저 역시 사실상 소공의 잘못을 분명히 인지하고 있었던 것이지요.

노자 그대가 주장하는 소강사회의 도는 지나치게 형식적인 면을 중시하다 보니, 결국 그러한 자가당착에 빠지게 된 것이 아니겠소? 그러하기에 나는 특히나 "예(禮)라는 것은 억지로 작위 하는 것이지만, 상대방이 자신의 예(禮)에 반응을 보이지 않게 되면, 바로 예(禮)를 버리고 곧 따지게 되니 대단히 형식적인 것이다."[78]라고 소리 높여 비판한 것이거늘!

따라서 상위개념인 도가 사라지게 되면 그 하위개념인 덕이 나타나고, 덕이 사라지면 그 하위개념인 인(仁)이 나타나며, 인(仁)이 사라지면 그 하위개념인 의(義)가 나타나고, 의(義)가 사라지면 마지막으로 예(禮)가 나타나는 것이오.[79]

공자 그렇게 말씀하시니, 극자성과 자공의 대화가 문득 떠오르는군요. 한번은 위나라 대부 극자성이 "군자는 옛 성현들의 통치이념인 도의 내용만을 중시하면 될 것이지, 굳이 도의 형식이 되는 예(禮)와 악(樂)까지 중시할 필요는 없다!"라고 말한 적 있습니다. 그러자 제자 자공은 "애석하게도, 어른께서는 군자를 그렇게 생각하시는군요! 네 마리 말이 세치 혀 하나를 따르지 못하듯, 내용이 때로는 형식을 따르지 못합니다. 형식은 내용과 떨어질 수 없고, 내용 역시 형식과 떨어질 수 없습니다. 따라서 도는 내용이 되는 인의(仁義)와 형식이 되는 예악(禮樂)을 병행해야 하는 것입니다. 이는 호랑이와 표범의 가죽에 화려한 무늬의 털이 없다면, 개나 양의 털을 뽑아놓은 가죽과 구별할 수 없는 것과도 같은 이치입니다."[80]라고 설명했던 것입니다.

그러므로 바탕이 무늬보다 지나치면 거칠고, 무늬가 바탕보다 지나치면 화려한 것이니. 바탕과 무늬가 겸비되어야 하니, 그러한 후에야 군자인 것이지요.[81] 다시 말해서 도의 내용인 인(仁)과 의(義)만 강조하면 투박하고, 도의 형식인 예(禮)만 강조하면 허례허식에 불과하므로 내용인 인의(仁義)와 형식인 예(禮)를 조화롭게 하여 모두 갖췄을 때 비로소 도를 배우고 부단히 노력하여 실천하는 올바른 지도자가 될 수 있는 것입니다.

노자 지나치게 세분화하여 통제하는 정치는 망하고, 순리에 따르는 정치는 흥한다는 이 두 가지를 이해하는 것 역시 준칙이 되는 것이니! 늘 이 준칙을 잊지 않고 실천하는 것을 심오한 덕이라고 하오.[82)]

공자 덕이란 그 자체로 강함과 부드러움의 통치법을 조화롭게 실천하려는 절조가 아니겠습니까? 정나라 경(卿)이었던 자산이 병에 들자, 그는 자대숙을 불러서 "내가 죽으면 그대가 다스릴 터인데, 오로지 덕이 있는 사람만이 백성들을 관대하게 복종시킬 수 있으니, 그다음으로는 엄격하게 다스리는 것이 가장 좋소. 불은 맹렬하기에 불에 죽는 사람이 적지만, 물은 관대하기에 가까이하다가 죽는 이들이 많소. 그러므로 관대함으로 다스리는 것은 어려운 것이오."라고 말했습니다. 자산이 죽고 나서 자대숙이 그를 이어 통치를 했는데, 백성들을 관대하게 다스리자 오히려 도둑이 많아졌다고 합니다. 이에 자대숙은 자산의 말을 듣지 않은 것을 후회하고 그들을 잡아다 죽이자, 도둑이 줄어들게 되었다고 하지요. 따라서 통치를 관대하게 하면 백성들이 게을러지고, 게을러지면 엄격하게 바로잡아야 하지만, 엄격하게 통제하면 백성들이 상처를 받으니 다시 관대함을 베풀어야 합니다. 즉 관대함과 엄격함이 조화를 이루는 정치가 가장 좋을 것입니다.[83)]

노자 부드러운 것이 단단한 것의 틈에 들어가 메울 수 있듯이, 자애로움의 덕치로 백성들을 다스리게 되면 엄격한 법률과 제도로는 해결할 수 없는 어려움을 극복할 수 있는 것이오.[84] 상위에 있는 선함이란 물과 같이 부드럽고도 자애로운 것이니, 이러한 물은 항상 아래로 흐르기 때문에 만물에게 큰 도움을 주지 결코 방해하거나 다투지 않소.[85] 비유컨대 대동사회의 도가 세상에 존재하는 것은 마치 하천과 계곡이 강과 바다로 유입되는 것과도 같이 지도자가 아래에 처하는 것이니,[86] 어찌 부드러움이 강함을 이긴다는 도리를 이해하지 못한다고 하시는 것인가?

공자 하지만 노담께서도 분명히 "그 강함을 알고 또 그 부드러움을 지키면, 세상의 개울이 된다."[87]라고 말씀하시지 않았습니까? 지도자가 나라를 다스림에 있어서 굳건하고도 단호하지만 또 자애로움으로 포용하게 되면, 모든 백성들이 그를 지지하고 따르게 되지요.

백성들이란 그들의 상황에 맞게 다스리는 방법을 조율해야 합니다. 게을러지면 엄격하게 바로 잡고, 엄격하게 하여 불만을 가지게 되면 다시 관대함을 베풀어야 하지요. 다시 말해서, 지금과 같은 난세에 단지 자애로움으로 다스리는 것만으로는 한계에 도달한다는 것이 제 생각입니다. 따라서 일단은 엄격함으로 그들의 무도함을 누르다가 스스로를 통제할 수 있는 수준에 도달하게 되면, 자연스레 "주나라 성왕이 죽고 아들 강왕 쇠가 즉위하니, 성왕과 강왕의 시대에는 세상이 안녕하여, 형벌을 시행했지만 40여 년간 쓰이지 않았다."[88]라는 표현과도 같은 상황이 도래하지 않겠습니까? 말 그대로 저는 소강사회의 기강 확립을 먼저 바라고 있으니, 이를 일컬어서 과도기적 과정이라고 하지요. 즉 혼란기에서는 먼저 소강상태를 추구하고, 그런 후에 궁극적으로 대동의 사회를 지향할 수 있을 것입니다.

노자 음, 과도기적 과정이라.

공자 그럼 계속해서 군자에 대해서 말해보겠습니다. 옛 성현들의 통치이념인 도를 배우고 부단히 노력하여 실천하는 올바른 지도자인 군자는 항상 바른 마음가짐과 행동으로 초지일관되기 때문에 섬기기 쉽지만, 도에 부합되지 않으면 거리끼므로 기쁘게 하기란 여간 어려운 일이 아닙니다. 반면에 도를 따르지 않고 사사로운 이익만을 탐하는 올바르지 못한 인격의 소인배는 사리사욕에 눈이 멀어서 일관되지 못하므로 섬기기가 어렵지만, 그의 비위를 맞춰가며 아부하기만 하면 되므로 오히려 쉬이 기쁘게 할 수 있지요. 또한 정치하는 이는 성인(聖人: 대동사회의 지도자) - 군자(君子: 소강사회의 지도자) - 기(器: 전문가)으로 구별되는데, 군자는 인재를 잘 선발하고 또 실무를 담당하는 전문가들의 개별 능력에 부합되는 일을 시키는 반면, 소인배는 그런 안목이 없어서 전문가들의 개별 능력을 식별하지 못할뿐더러, 또 반드시 완벽함을 요구하여 결국 일을 그르칩니다. 그렇다면 왜 일을 그르치게 되는 것일까요? 이는 지도자란 자기에게는 엄격하고 타인의 실수는 관대하게 용서해야 하는데, 오히려 자기에게는 관대하고 타인에게는 엄격하게 하기 때문인 것입니다.[89]

아울러서 군자는 너그럽고 편안해하지만 교만하지는 않고, 소인배는 교만하지만 너그럽고 편안해하지는 않습니다.[90]

노자 지극히 타당한 말씀이오. 다시 한 번 말하지만, 요임금의 인자함은 하늘과 같았고 또 그 지혜로움은 귀신과도 같았소. 그를 좇으면 태양과 같았고, 그를 바라보면 구름과도 같았지만, 부유하면서도 교만하지 않고, 고귀하면서도 오만하지 않으셨던 것이오. 능히 덕을 밝히고 따르니 구족(같은 종족의 9대: 고조부터 현손까지)이 가까워졌고, 구족이 이미 화목해지니 수많은 성씨의 귀족들을 상의하여 처리했소. 또 이처럼 수많은 성씨의 귀족들이 명확히 구분되자, 온 나라가 합하여 잘 어울리게 되었다오.[91)]

하지만 소인배는 이와 정반대로 행한다오. 상나라 을 임금이 죽고 아들 신이 즉위하니, 이 사람이 신제 즉 주 임금이오. 주 임금은 천성적으로 말솜씨가 좋고 행동이 빨랐으며, 보고 들음에 매우 영리했소. 그의 능력은 일반인을 능가했고, 맨손으로 맹수와 맞섰으며, 지혜는 충분히 신하들의 간언을 막을 수 있었고, 말은 충분히 거짓으로 꾸며낼 수 있었소. 하지만 그 능력을 신하들에게 자랑하고, 명성을 세상에 드높이려 했으며, 모두가 자기 아래라고 여겼다오. 또한 부세를 두터이 함으로써 '녹대'에 쌓아둔 재물들을 튼튼하게 하고, '거교'라는 지역에 있던 창고에 곡식을 가득 채웠으니, 귀족들이 원망하고 제후들 중에는 배반하는 이들이 생기게 되었소. 따라서 주 임금은 이에 형벌을 무겁게 하여서, 기름 바른 쇠기둥을 불로 달군 후 죄인을 건너가게 하여 죽게 한 잔인한 형벌인 포락을 만들게 되었으니,[92)] 결국 이처럼 잔인한 주 임금은 상나라의 마지막 임금이라는 불행한 최후를 맞이하게 되었던 것이오.

공자 그렇습니다. 또한, 군자는 자신에게 지도자로서의 능력이 없을까 봐 두려워 더욱 삼가여 실천할 따름이지, 남이 자기의 능력을 알아주지 않는 것을 걱정하지는 않습니다.[93)]

노자 그래서 요임금은 한 노인이 "해가 뜨면 일하고, 해가 지면 쉬며, 우물을 파서 마시고, 밭을 갈아서 먹으니, 임금의 힘이 어찌 나에게 있을까!"라고 노래를 부르며 임금이 지도자로서 한 것이 무엇이냐고 투덜거리자,[94)] 오히려 크게 기뻐했던 것이 아니겠소?

공자 성인은 너무나도 큰 존재라서, 감히 그 깊은 속을 헤아리기가 어렵습니다. 하지만 군자는 죽을 때 칭송받지 못할까 근심합니다. 왜냐하면 자식이 이름을 높임으로써 궁극적으로는 부모님의 이름을 높이는 것이니, 그렇지 못한다면 그것은 불효이기 때문이지요.[95)]

저 역시 생전에 그토록 노력을 했지만 세상에 도가 행해지지는 못하였으니, 저는 무엇으로 후세에 이름을 드러낼 수 있었겠습니까? 따라서 남은 여생 동안 역사서인 〔춘추(春秋)〕를 집필하는 데 전념했으니, 후세에 저를 알아주는 사람이 있다면 〔춘추〕 때문이고, 비난하는 사람들이 있어도 역시 〔춘추〕 때문일 것입니다.[96)]

노자 좀 더 구체적으로 설명해 보시겠소?

공자 군자가 인(仁)의 어짊을 내치면, 어찌 명성을 올릴 수 있겠습니까?[97)] 군자라는 것은 타인이 그 명성을 올려주는 것입니다. 백성들이 군자의 명성에 귀속되는 것을 일컬어서 군자의 자식이라고 합니다. 또한 이는 그 군자의 부모로 하여금 역시 군자가 되게 하는 것이니, 이 때문에 그 부모의 명성을 올리게 되는 것입니다.[98)]

자기의 임금을 진심으로 섬기고 따르는 인(仁)을 행하는 어진 사람은 만물의 도리에서 지나치지 않고, 효자는 만물의 도리에서 지나치지 않습니다. 이런 까닭에 인(仁)을 행하는 어진 사람이 부모를 섬기는 것은 마치 하늘을 섬기는 것과도 같고, 하늘을 섬기는 것을 마치 부모를 섬기는 것과도 같이 하는 것입니다. 이런 까닭에 효자는 자신을 완성시키는 것입니다.[99)]

군자는 인(仁)을 내치면 명성을 올릴 수 없고, 인(仁)은 사람을 사랑하는 것입니다.[100)] 다시 말해서 자기의 임금을 사랑하지 못하면 자기의 신분을 지킬 수 없거니와 나라를 편안하게 지킬 수도 없고, 또 그렇게 되면 천명을 따르는 것이 아니기에 결국, 명성을 후세에 알릴 수도 없게 되는 것이니, 임금을 사랑하는 것이 곧 인(仁)이며 그렇게 하면 궁극적으로는 후세에 명성을 남길 수 있다는 뜻이 되는 것입니다. 또 그렇게 되면 부모님의 명성을 후세에 남기는 것이니, 이는 효(孝)가 되는 것이지요. 그리고 가정에서 행해지는 효(孝)의 사회적 확장 형태가 인(仁)이므로, 효(孝) → 인(仁) → 명성 → 효(孝)의 순환구조가 되는 것입니다. 결국 저는 후세에 이름을 알림으로써 궁극적으로는 효도를 실천하고자 했던 것입니다.

노자 위와 아래가 구분되어지지 않고 조화로운 화(和)로 인해서 가정이 화목하다면, 효(孝)와 자애로움의 자(慈)라는 개념은 존재하지 않소. 가정에 불화가 생겨야, 비로소 효(孝)와 자(慈) 개념이 생겨 사람들에게 요구하게 되는 것이니![101)] 좀 더 구체적으로 말해서 효(孝)는 아랫사람이 윗사람에게 하도록 요구되는 것이고, 자(慈)는 윗사람이 아랫사람에게 베풀도록 요구되는 것이므로, 이는 억지로 작위 하는, 즉 무위자연에 위배되는 것이오.

그런데 사회에 나아가 자신의 군주를 진심으로 섬기고 따라야 한다는 관념의 인(仁)을 없애고, 계급상의 서열을 명확하게 하고 그 서열에서 마땅히 지켜야 할 바를 목숨을 걸고 지켜야 한다는 의로움의 의(義)를 버리면, 오히려 백성들이 자연스럽게 다시 효(孝)와 자(慈)를 중시하게 되므로,[102] 그대가 말하는 인(仁)과 의(義)는 조화로움의 화(和)가 무너져야 생기는 효(孝)와 자(慈)보다도 하위에 있는 관념이 되는 것이라오.

질박(質樸)하고 진실한 것은 마치 대충대충하는 듯하다고 말하지 않았소?[103] 소박하고도 진실한 것은 언뜻 보기에 소홀한 면이 있어 보이는데, 그렇기 때문에 순일한 덕으로 나라를 다스리면 엉성하여 부족한 듯해 보이지만, 사실은 그렇지 않은 것이오. 따라서 오늘날과 같이 복잡한 법률과 제도들로 통제하는 세상에서, 대동의 통치이념으로 백성들을 다스렸던 시절을 상상해보면 상당히 엉성하고 소홀해 보일 수 있지만, 이는 백성들을 공경하고 삼가여 그들의 뜻에 따라서 다스리는 것이기 때문에, 오히려 법률이나 제도로 억압하는 것보다 더 백성들이 따르게 되는 것이오.

또 하늘의 그물은 크고 넓어서, 성기지만 새지 않는다고 말하지 않았소?[104] 이처럼 하늘이 부여한 천성에 따르는 대동의 통치이념은 대단히 크고 넓어서, 세분화된 법률과 제도로 통제하는 소강사회의 입장에서 언뜻 보기에는 엉성하고 부족한 듯하지만, 실제로는 백성들의 뜻에 따라 다스리는 것이기 때문에, 그들의 원망이나 불만을 사지 않게 되어 나라를 오랫동안 평안하게 유지할 수 있는 것이라오. 사람의 삶이 힘들어지는 것은, 윗사람들이 백성들을 통제하기 위해서 자꾸 법과 제도를 세분화하기 때문일지니!

공자 멀리 나아가기보다는 다시 돌아와서 누구나 인정하고 따르는 기본과 원칙에 충실하라는 말씀이시군요. 아는 이는 좋아하는 이보다 못하고, 좋아하는 이는 즐기는 이보다 못한 법이니.[105] 정말이지 아는 게 중요한 것이 아니라, 실천하는 것이 어려울 따름입니다.

노자 타고나는 것은 그 어디에도 없소. 오로지 변치 않고 부단히 노력하는 것뿐임을 어찌 모르시는 것이오? 그대가 말했던 태어나면서부터 아는 이는 상등이니 이는 성인을 말하고, 배워서 아는 이는 그다음이니 이는 군자를 뜻한다는 개념은, 어디까지나 이해를 돕기 위해서 구분한 것일 뿐. 그대가 말한 여섯 군자, 즉 하나라의 우임금, 상나라의 탕 임금, 주나라의 문왕과 무왕 그리고 성왕 및 주공이 대동시대에 태어난들, 또 삼황오제가 소강사회에 태어난들, 그들의 업적에 과연 차이가 있었겠소? 오로지 스스로의 욕망을 누르고 나라와 백성들의 안위만을 생각하는 마음만이 필요할 뿐! 그런데 지도자가 변하여 욕망이 생기면, 나는 장차 법률과 제도를 세분화하지 않고 오히려 원칙을 중시하는 질박함으로 그것을 억누를 것이니![106] 지도자가 사리사욕을 탐하여 나라가 혼란해지면, 나는 대동사회를 이끈 성인들처럼 순박함으로 지도자의 사리사욕이 다시 생기지 않게 할 것이오.[107]

자, 이제 계속해서 군자에 대해서 설명해 보시게.

공자 농사와 같이 힘을 쓰는 것은 아랫사람이나 하는 것이니, 도를 배우고 부단히 노력하여 실천하는 올바른 지도자인 군자는 도를 배우고 실천함으로써 예(禮)와 의(義) 그리고 믿음의 신(信)을 강조하는 소강사회로 복귀하는 데 힘써야 하는 것입니다. 도를 배우는 목적은 바로 벼슬을 하여 정치에 참여하는 데 있으니, 벼슬을 하여 정치에 참여하게 되면 자연스레 봉록을 받게 되어 가난함이나 굶주림을 고민할 필요가 없습니다. 따라서 군자는 도를 배우고 실천함으로써 임금을 도와 나랏일을 하는 데 전력해야 합니다.[108)]

이러한 군자는 사리사욕을 탐하는 얕은꾀를 쓰지 않아서 성인의 도를 이어받을 수 있지만, 도를 따르지 않고 사사로운 이익만을 탐하는 올바르지 못한 인격의 소인배는 성인의 도를 이어받을 수 없으나 사리사욕을 탐하는 얕은꾀는 잘 쓰지요.[109)]

순임금은 크게 지혜로우셨으니, 묻기를 좋아하시고 천근한 말(깊이가 없는 얕은 말)도 살피기를 좋아하셨으며, 악함은 숨기시고 선함을 드러내셨습니다. 그 양 극단을 잡아서 백성들에게 중(中)을 쓰셨으니, 이 때문에 순임금이 되셨던 것입니다.[110)]

다시 말해서 지혜로움을 뜻하는 지(知)는 큰 지혜로움의 대지(大知)와 작은 지혜로움의 소지(小知)로 나뉘는데, 대지(大知)는 바로 오직 백성들과 나라를 위한 공익을 꾀하며 초자연적인 힘에 의탁하지 않는 객관적인 판단력을 말하고, 소지(小知)는 사리사욕을 탐하는 얕은꾀를 뜻합니다. 따라서 저는 군자는 큰 지혜로움을 추구하는 반면, 소인배는 작은 지혜로움을 추구한다고 말한 것입니다.

그러므로 군자를 모심에 있어서 세 가지 허물이 있으니, 말을 할 때가 아닌데도 말하는 것을 성급하다고 합니다. 또한 말을 해야 할 때인데도 말하지 않는 것을 은폐한다고 하며, 상황을 헤아리지 않고 말하는 것을 남의 기색을 잘 살피지 못한다고 하는 것입니다.[111)]

그리고 군자는 세 가지 경계할 것이 있으니, 어릴 때는 혈기가 아직 정해지지 않아서 감정에 따라 쉬이 얼굴빛을 달리해서는 안 됩니다. 또 젊을 때는 혈기가 바야흐로 억세져서, 경쟁하여 서로 지지 않으려고 경쟁하다 대립해서는 안 됩니다. 마지막으로 늙어서는 혈기가 이미 쇠해져서, 이득을 탐하려고 하면 안 되는 것이지요.[112)]

또한 군자에게는 아홉 가지 생각이 있으니, 명확하게 볼 것을 생각하고, 분명하게 들을 것을 생각하며, 온화한 얼굴빛을 생각하고, 겸손한 태도를 생각하며, 정성스럽게 말할 것을 생각하고, 공경하여 섬김을 생각하며, 의문이 생기면 물을 것을 생각하고, 화가 나면 후환을 생각하며, 얻을 것을 보면 의로움의 의(義)를 생각해야 하는 것입니다.[113)]

이를 좀 더 구체적으로 풀어서 설명하자면, 먼저 "명확하게 볼 것을 생각하고, 분명하게 들을 것을 생각한다."고 하였으니, 이는 객관적이고도 공정한 태도인 중(中)입니다. 다음으로 "온화한 얼굴빛을 생각하고, 겸손한 태도를 생각한다."고 했으니, 이는 겸손함의 겸(謙)인 것입니다. 또 충(忠), 즉 마음(心)이 공정하고도 객관적인 중(中)의 자세를 지키는 정성스러움과 더불어서 "공경하여 섬김을 생각한다."고 하였으니, 이는 자기의 임금을 진심으로 섬기고 따르는 인(仁)이 되는 것이지요.

이어서 "의문이 생기면 물을 것을 생각한다."는 말은 묻기를 좋아하는 호문(好問)의 자세고, "화가 나면 후환을 생각한다."는 것은 노여움으로 인해서 자신의 통제력을 잃고, 나아가 어버이에게 미치게 하지 않는 평정심의 불혹(不惑)이니, 이는 다름 아닌 신중함의 신(愼)을 말하는 것입니다. 그리고 끝으로 "얻을 것을 보면 의로움을 생각한다."는 것은 바로 계급상의 서열을 명확하게 하고 그 서열에서 마땅히 지켜야 할 바를 목숨을 걸고 지키는 의로움의 의(義)이니, 이득을 보면 그것이 자신이 처한 신분에서 과연 얻을 만한 것인지 신중히 생각해야 한다는 것이지요. 다시 말해서, 이는 도의 내용을 이루는 구성요소들에 대해서 구체적으로 나열하여 언급한 것이라고 할 수 있습니다.

한번은 제자 자공이 "군자 역시 미워하는 것이 있습니까?"라고 묻기에, 저는 "미워하는 것이 있다. 남의 나쁜 점을 드러내는 이를 미워하고, 아래에 있으면서 윗사람을 비방하는 이를 미워하며, 용감하지만 무례한 이를 미워하고, 결단력 있게 행동하지만 여러 사람과 상의하지 않고 독단적으로 결정하는 이를 미워한다."라고 대답했습니다. 이어서 저 역시 "자공 역시 미워함이 있는가?"라고 묻자, 자공은 "남의 성과를 훔쳐서 마치 자기가 한 것처럼 꾸미는 이를 미워하고, 불손한 것을 용감함으로 여기는 이를 미워하며, 말을 꾸며서 아첨하는 것을 올곧음의 직(直)이라고 여기는 이를 미워합니다."[114]라고 대답하더군요.

이제 이 내용들을 좀 더 구체적으로 풀어보자면, 먼저 "남의 나쁜 점을 드러내는 이를 미워한다."는 것은 올곧음의 직(直)을 말하는 것이니, 저는 "올곧음을 좋아하면서, 배우기를 좋아하지 않으면, 그 결점은 비방하게 되는 것이다."[115]라고 한 바 있습니다. 이는 사사로운 정에 얽매이지 않고 공정하게 판단하려고 하지만 성인의 도를 배우기를 좋아하지 않으면, 자신에게는 엄격하고 남에게는 관대해야 하는데 오히려 타인에게 엄격하여 비방하게 된다는 것입니다.

이어서 "아래에 있으면서 윗사람을 비방하는 이를 미워한다."는 것은 아랫사람이 지켜야 할 인(仁)을 말하는 것이니, 이런 사람은 자기의 윗사람 나아가 임금을 진심으로 섬기고 따르지 않게 된다는 것입니다.

"용감하지만 무례한 이를 미워한다."는 것은 용(勇)을 말하는 것이니, 저는 "용맹하지만 무례하면, 곧 포악해진다."[116]라고 하였고, "용감함을 좋아하면서, 배우기를 좋아하지 않으면, 그 결점은 포악해지는 것이다."[117]라고도 한 바 있으니, 이는 자기가 처한 서열에서 마땅히 지켜야 할 바를 목숨을 걸고 지키는 의(義)를 몸소 실천하려고 하지만 도를 배우기를 좋아하지 않으면, 무도해져서 포악해진다는 것입니다.

마지막으로 "과감하지만 막힌 이를 미워한다."는 것은 호문(好問) 즉 묻기를 좋아하는 신중함[愼]의 자세를 말하는 것이니, 저는 아랫사람에게 묻기를 결코 부끄러워하지 않았던 것입니다.[118]

이어서 자공은 저의 물음에 세 가지 부류를 언급하고 있는데, 하나는 "훔치는 것을 안다고 여기는 이를 미워한다."는 것이니, 다름 아닌 남의 성과를 마치 자기의 성과인 것처럼 속이는 부류입니다. 이러한 풍조는 과거나 지금이나 마찬가지로, 참으로 심각한 문제였나 봅니다.

다음으로 "불손한 것을 용감함으로 여기는 이를 미워한다."

고 했는데, 이는 "용맹하지만 무례하면, 곧 포악해진다."[119]와 "군자는 용감하지만 의롭지 못하면 반란을 일으키게 되고, 소인배는 용감하지만 의롭지 못하면 도둑질을 하게 된다."[120]는 말과도 상통하니, 바로 의(義)가 없이 용(勇)만 내세우게 되면 두려울 것이 없게 되므로, 군자는 타락하여 임금을 거슬러 반란을 일으키게 되고, 소인배는 더욱 사리사욕에 눈이 멀어 남의 것을 빼앗는 도적질을 하게 된다는 것이지요.

그리고 마지막으로 자공은 "말을 꾸며서 아첨함을 올곧음의 직(直)이라고 여기는 이를 미워한다."고 하였는데, 옛날의 고지식함은 자신뿐만 아니라 타인에게도 엄격하여 비방하는 것이었는데, 오늘날의 고지식함은 그저 말을 꾸며서 아첨할 따름이다."[121]는 말과 연계하여 살펴볼 수 있으니, 이는 갖은 아부와 아첨으로 임금을 기만하여 사리사욕만을 탐하는 부류인 것입니다.

노자 내 귀에는 가치관이란 무릇 시대의 변화에 타협할 줄 알아야 한다는 것으로 들리오. 결국 그대는 시대의 흐름에 따라서 군자에 대한 가치관 역시 바뀌어야 한다고 말하는 것이요?

공자 자기에게는 더욱 관대하고 타인에게는 오히려 야박해지는 비뚤어진 세태가 이미 온 세상에 만연해 있습니다. 기본과 원칙을 지키는 것은 당연한 일이지만, 이러한 상황에서 원칙만을 지킨다는 것이 가능할까요?

한번은 제자 자로가 어떻게 해야 성인(成人) 즉 심신의 발달이 완성된 어른이 될 수 있는지 물었을 때, 저는 "만약 노나라 대부 장무중의 지혜로움, 노나라 경(卿) 맹공작의 사사로운 이익을 탐하지 않는 자세, 노나라 대부 변장자의 용기, 제자 염구의 육예(六藝), 즉 예(禮: 예절), 악(樂: 음악), 사(射: 활쏘기), 어(御: 말타기), 서(書: 서예), 수(數: 수학)에 능한 재주에다 예악(禮樂)을 보태어 수식할 수 있다면, 심신의 발달이 완성된 어른이라고 할 수 있다."라고 대답해주었습니다. 하지만 당시에 이러한 기준이 적용되기에는 어려운 고로, "이미 시대가 변했으니, 오늘날의 어른이란 것이 어찌 반드시 그래야만 하겠는가? 이익을 보면 의로움을 생각하는 태도, 위태로움을 보면 목숨을 바치는 용감함, 오래된 언약이라도 평생의 약속으로 잊지 않는 성실함과 정성스러움만 갖추면, 역시 심신의 발달이 완성된 어른이라고 할 수 있다."[122]라고 덧붙여 설명했던 것이지요.

노자 나는 〔도덕경〕 첫 구절에서 "도라는 것은 말로 표현할 수 있다면 변치 않는 도가 아니고, 명분이라는 것은 부를 수 있으면 변치 않는 명분이 아니다."[123]라고 언급함으로써, 시대에 따라 변치 않는 원칙을 분명히 강조한 바 있소. 따라서 시대에 따른 기준의 변화는 도의 대원칙에 어긋나는 것이오! 그건 그렇고, 아무튼 장무중의 지혜로움이라……? 그래, 장무중은 어떠한 인물이었소?

공자 그는 노나라의 대부로, 장문중의 손자였습니다. 노나라 계손씨인 계무자에게는 적장자(본실에게서 난 아들)가 없었고 서자(첩에게서 난 아들)로 장남인 공미와 차남인 도자가 있었지만, 도자를 더 사랑하여 후계자로 삼으려 했습니다. 그래서 계무자가 장무중에게 이 일을 가지고 상의하자, 그는 술자리를 마련해 도자를 불러서는 자연스럽게 대부들이 그에게 예(禮)를 갖추도록 함으로써 계무자의 뜻을 이루어 주었지요.

한편 계무자는 장무중을 좋아했지만, 맹손씨인 맹장자는 장무중을 미워했습니다. 훗날 맹장자가 병이 들었는데, 그에게는 장남 질과 차남 갈이 있었습니다. 그런데 맹장자의 수레를 몰고 말을 관리하던 풍점이란 인물이 갈을 좋아하여, 그를 맹장자의 후계자로 추대하려고 했지요. 따라서 풍점은 공미를 찾아가 갈이 맹장자의 후계자가 되면 장무중에게 복수를 하는 것이라고 설득했고, 공미는 계무자를 찾아가 맹장자의 후계자를 갈로 추대해달라고 하지만 거절당했습니다. 맹장자가 죽자 계무자는 질을 후계자로 세우려 했는데, 공미가 "연장자라는 것이 어디 있습니까? 오로지 재능으로 판단할 따름이지요. 게다가 이는 맹장자의 뜻이었습니다."라고 말하여, 결국 차남 갈이 맹장자의 후계자가 되었던 것입니다.

이윽고 장무자가 맹장자의 장례식에 찾아왔을 때, 맹손씨 집안사람들은 문을 걸어 잠그고 계무자에게 장무중이 난을 일으키려 한다고 보고했습니다. 하지만 계무자는 그 말을 믿지 않았지요. 그해 겨울 맹손씨가 장사(葬事)를 지내기 위해 길을 넓히려고 장무중에게 도움을 청하자, 장무중은 친히 군사를 이끌고 감시했습니다. 이때 맹손씨 집안이 다시 한 번 계무자에게 장무중이 난을 일으키려고 한다고 보고하자, 계무자는 결국 분노하여 장무중을 공격하라고 명령을 내리고, 장무중은 이웃 나라로 달아나게 되었습니다.

후에 제나라 장공이 장무중에게 땅을 주려고 했는데, 장무중은 그의 권세가 오래가지 못할 것임을 간파하고, 일부러 이 일에 얽히지 않으려고 했습니다. 그래서 장무중은 고의로 "제나라 장공께서는 진나라가 혼란스러울 때는 공격하고, 평안할 때는 섬기려 하시는군요. 이러한 태도는 마치 낮에는 엎드려 있다가 밤이면 활동하는 쥐 한 마리와도 같습니다."라고 말했지요. 화가 난 제나라 장공은 장무중에게 땅을 주지 않는데, 결국 장공은 얼마 가지 못해서 비참한 최후를 맞이하고 그와 관련된 인물들도 모두 숙청되었지만, 장무중은 무사할 수 있었던 것입니다.

이 사건에 대해서, 저는 장무중이 지혜롭지만 그가 노나라에서 받아들여지지 못한 이유가 두 가지 있으니, 하나는 순서에 맞지 않는 일 즉 차남을 후계자로 올린 일을 했고, 또 하나는 은혜를 베풀어 상대방을 헤아리지 못했기 때문이라고 평가한 바 있습니다.[124]

노자 용기 있다는 변장자는 또 어떠한 인물이었소?

공자 그 역시 노나라의 대부로서 용감하면서도 효성스러운 인물이었는데, 한꺼번에 두 마리 호랑이를 잡은 적도 있다더군요.[125]

노자 육예에 능통하다던 염구는 어떠했소?

공자 노나라의 경(傾)이었던 계강자가 염구의 정치적 자질이 어떤지 물었을 때, 저는 "염구는 육예 즉 예(禮: 예절), 악(樂: 음악), 사(射: 활쏘기), 어(御: 말타기), 서(書: 서예), 수(數: 수학)에 능합니다. 그러니 정치에 종사함에 있어서 어떤 어려움이 있겠습니까?"[126]라고 말한 바 있고, "정치 방면에서는 염구와 자로가 출중한 능력이 있었다."[127]라고 하여, 염구의 정치적 재능을 높이 평가했습니다. 또 염구가 제나라와의 전쟁에서 승리하자, "그는 의로운 인물이다."[128]라고 하여 칭찬을 아끼지 않았습니다. 하지만 염구가 계강자를 위해 백성들의 재산을 수탈하여 보태주자, 오히려 "나의 제자가 아니다. 너희들은 그를 조리돌리어 책망해도 좋다."[129]라고 비난하기조차 했습니다. 이것이 의미하는 것은 과연 무엇일까요?

지도자는 성인(聖人: 대동사회의 지도자) - 군자(君子: 소강사회의 지도자) - 기(器: 전문가)으로 나뉩니다. 즉 염구는 정치에 종사하고자 하는 이가 필수적으로 배워야 할 육예(六藝)에는 능했지만, 군자가 될 자질은 없다는 의미가 되는 것이지요.

성인(成人)은 통상적으로 육체와 정신의 발육이 완성단계에 이른 어른을 일컫는 것으로, 정나라의 자대숙은 "사람들이 각기 다른 천성에 따라서 예(禮)에 도달할 수 있으면, 이를 성인(成人)이라고 일컫습니다."[130]라고 설명한 바 있고, 진나라의 한헌자는 "삼가여 경계해야 하니, 이를 성인(成人)이라고 일컫습니다. 성인(成人)의 관건은 처음부터 선한 이들을 가까이한다는 것이니, 선한 이들을 가까이하면 그 선한 이가 또 다른 선한 이를 추천할 것이므로, 선하지 못한 이들이 주변에 다가갈 수 없게 됩니다."[131]라고 설명하기도 했습니다. 그러므로 예(禮)라는 것은 마치 사람의 몸과도 같은 것이니. 몸이 갖춰지지 않으면 군자는 그것을 일컬어서 성인(成人)이 아니라고 하는 것입니다.[132]

도의 구성요소들은 개별적으로 존재해서는 안 되고, 반드시 그 구성요소들이 모두 합쳐져서 유기적으로 일체를 이뤄야 진정한 도를 이룰 수 있는 것입니다. 따라서 군자와 성인(成人)은 그 성격에 있어 큰 차이점이 있으니, 방금 소개했던 인물들의 업적을 전반적으로 살펴보면 이들은 단지 도의 일부 구성요소만을 지니고 있을 뿐만 아니라, 이들의 장점을 모두 합쳐도 도의 전체를 아우르지는 못하고 있는 것입니다. 그러므로 성인(成人)이란 바로 모든 도의 구성요소들이 유기적으로 조화를 이루지는 못하지만, 다만 예(禮)를 포함한 일부라도 이해하여 실천하는 지도자가 되는 것이지요.

이제 여태까지 말씀드렸던 내용들을 토대로 하여, 상고시대와 춘추시대의 성인(成人) 기준에 어떤 차이가 있는지 살펴보도록 하겠습니다.

성인(成人)의 기준	
과거	지(知): 공익을 꾀하고, 초자연적인 힘에 의탁하지 않는 객관적인 판단력 불욕(不欲): 사사로운 이익을 탐하지 않음 용(勇): 의(義)를 몸으로 실천하는 것[133] 육예(六藝): 예(禮), 악(樂), 사(射), 어(御), 서(書), 수(數) 예악(禮樂): 도의 형식이 되는 예악제도
춘추시대	견리사의(見利思義): 이익을 보면 의로움을 생각함 견위수명(見危授命): 위태로움을 보면 목숨을 바쳐서 지킴 신(信): 성실함 성(誠): 정성을 다함

특히 마지막에 제시한 신(信)과 성(誠)에 대해서는 좀 더 주의를 기울일 필요가 있으니, 이는 과거에는 요구한 적이 없다는 점입니다. 당초에 저는 다른 사람이 말을 하면 반드시 그가 그대로 실천할 것이라고 믿어왔습니다. 그 이유는 믿음의 신(信)과 성실함의 성(誠)이 본디 사람〔人〕이 말하는 것〔言〕은 모두 믿을 수 있

고〔信〕, 또 말한 것〔言〕은 반드시 지키는 것〔成〕이 성실한 것〔誠〕이라는 뜻에서 유래했기 때문이지요. 하지만 이제 저는 사람이 말을 하면 그가 실천하는지를 반드시 확인하는데, 바로 저의 제자 중 하나였던 재아가 저에게 불신감을 주었기 때문입니다.[134] 다시 말해서, 춘추시대에 들어서 자신이 뱉은 말을 끝까지 책임지지 않는 풍조가 이미 만연했었던 것이지요.

그리고 한 가지 더 주목해야 할 점은, 상고시대와 춘추시대의 성인(成人) 기준을 비교함에 있어서 예악에 대해서는 전혀 언급하지 않고 있다는 사실입니다. 저는 "예(禮)로다 예(禮)로다! 라고 하는데, 그것이 옥과 비단을 말하는 것이겠느냐? 음악(樂)이로다 음악(樂)이로다! 라고 하는데, 그것이 종과 북을 말하는 것이겠느냐?"[135]라고 한탄한 바 있으니, 춘추시대에 들어서는 예악제도가 이미 지나친 형식주의로 치우쳐서, 본질이 빠진 허례허식에 불과했기 때문인 것입니다.

성인은 제가 만나볼 수 없습니다. 군자를 만나볼 수 있다면, 그것만으로도 좋겠습니다.[136] 그런데 이제는 군자도 만나볼 수 없으니, 그저 성인(成人)이라도 만나볼 수 있다면 좋겠습니다. 아니 성인(成人)의 본래 면모를 갖춘 이를 만나볼 수 없으니, 그저 오늘날의 기준에 부합되는 성인(成人)이라도 만나볼 수 있다면 좋겠습니다! 이것이 시대의 변화에 타협할 수밖에 없는 시대의 아픔이라면, 그 역시 어찌할 도리가 없지만 말입니다.

노자 그대가 말하는 바는 그 육신과 뼈가 모두 이미 썩었고, 오직 그 말만이 있을 따름이오. 게다가 군자는 때를 만나면 벼슬을 하여 마차를 타지만, 때를 만나지 못하면 베옷을 입고 떠도는 것이니.[137] 도가 땅에 떨어지면, 세상을 등지고 떠나는 것이 순리인 것을 아직도 모르시겠소?

공자 저는 56세에 노나라를 떠나서 전국을 주유하기 시작했는데, 대략 62세일 때 채나라에서 '섭'이라는 지역에 가서 섭공을 만났다가, 다시 채나라로 돌아오던 도중에 있었던 일입니다.[138] 제자 자로가 저의 무리를 따르다가 뒤처져서 한 노인을 만났는데, 그는 지팡이를 짚고 삼태기를 메고 있었다고 합니다. 자로가 "노인장께서는 제 스승을 보셨습니까?"라고 묻자, 그 노인은 "군자는 농업을 통치의 가장 중요한 내용 중 하나로 인지하고, 또 그렇기 때문에 솔선수범하여 농사에 참여해야 마땅하다. 그런데 그대의 스승인 공자는 농사를 허드렛일로 생각하고, 또 아랫사람에게 시키려고만 하고 있으니, 어찌 도를 가르치는 스승이라고 할 수 있다는 말인가!"라고 말하고는 지팡이를 꽂고 김을 매었다더군요. 이에 자로가 두 손을 가지런히 마주잡고 서 있자, 결국 노인은 자로를 자기 집에 묵게 하고, 닭을 잡아 기장밥을 지어 먹였으며, 그의 두 아들을 만나게 했답니다. 다음날 자로가 저를 찾아서 그 일을 고하자, 저는 "은자로다."라고 말하고는 자로에게 돌아가 다시 그를 만나보게 하였습니다. 하지만 노인은 이미 떠나고 없었고, 이에 자로는 "나라가 혼란스러울수록 벼슬을 하여 자기의 임금을 보필하는 것이, 계급상의 서열을 명확하게 하고 그 서열에서 마땅히 지켜야 할 바를 목숨을 걸고 지키는 의로움의 의(義)이다. 또한 이러한 도의 내용이 되는 의(義)는 도의 형식인 예(禮)와 분리될 수 없으니, 신하로서 마땅히 지켜야 할 도리를 어찌 없앨 수 있단 말인가? 도가 땅에 떨어지면 세상을 등지고 떠난다는 불문율은 자기 몸만을 돌보려는 이기주의이니, 이는 큰 윤리를 어지럽힐 뿐이다. 따라서 혼란스러운 시기임에도 벼슬을 하여 임금을 보필하는 것은, 다름 아닌 의(義)를 실천하는 것이 된다. 물론 그렇게 한다고 해서, 이 혼란스러운 세상에 갑자기 옛 성현들의 통치이념인 도가 다시 펼쳐지지 않을 것임은 잘 알고 있다."[139]라고 말했으니, 저는 자로의 말로 노담의 질문에 대한 대답을 갈음하겠습니다.

1) 2-3
2) 3-2
3) 5-1
4) 26-1
5) [尙書(상서)] 〈舜典(순전)〉
6) 49-1
7) [尙書(상서)] 〈大禹謨(대우모)〉
8) 27-3
9) 49-4
10) 58-4
11) [史記(사기)] 〈五帝本紀(오제본기)〉
12) 63-2
13) 63-3
14) 63-4
15) 63-5
16) 63-6
17) [尙書(상서)] 〈說命(열명)〉
18) 64-1
19) 64-2
20) [尙書(상서)] 〈太甲下(태갑하)〉
21) [禮記(예기)] 〈中庸(중용)〉
22) 72-4
23) 78-3
24) 78-4
25) 7-25
26) 19-12
27) 16-9
28) 14-6
29) 1-8
30) 16-8
31) [禮記(예기)] 〈表記(표기)〉
32) [左傳(좌전)] 〈襄公(양공) 30년〉, 〈昭公(소공) 18년〉 〈昭公(소공) 31년〉, [國語(국어)] 〈魯語下(노어하)〉, [禮記(예기)] 〈禮運(예운)〉 〈樂記(악기)〉 〈表記(표기)〉 〈緇衣(치의)〉
33) 7-25, 16-8
34) 9-1
35) 3-11
36) 5-12
37) 31-1
38) 31-2
39) [尙書(상서)] 〈大禹謨(대우모)〉
40) 31-3
41) 31-4
42) 31-3, 31-4
43) 8-7
44) 14-6
45) [十八史略(십팔사략)] 〈夏王朝篇(하왕조편)〉
46) [禮記(예기)] 〈禮運(예운)〉
47) [十八史略(십팔사략)] 〈夏王朝篇(하왕조편)〉
48) 8-23
49) 11-25
50) [史記(사기)] 〈孔子世家(공자세가)〉
51) 2-12
52) [禮記(예기)] 〈中庸(중용)〉
53) 7-10
54) [禮記(예기)] 〈中庸(중용)〉
55) [尙書(상서)] 〈太甲下(태갑하)〉
56) 13-1
57) 13-2
58) [禮記(예기)] 〈雜記下(잡기하)〉
59) 6-3
60) [禮記(예기)] 〈大學, 傳(대학, 전)〉
61) 4-11
62) [禮記(예기)] 〈中庸(중용)〉
63) 15-21
64) 12-4
65) 3-7
66) [禮記(예기)] 〈中庸(중용)〉
67) 1-14
68) 2-13
69) [禮記(예기)] 〈緇衣(치의)〉

70) 4–24
71) 14–28
72) 5–4
73) 2–14
74) 7–30
75) [左傳(좌전)] 〈哀公(애공) 12년〉
76) [左傳(좌전)] 〈僖公(희공) 28년〉
77) [史記(사기)] 〈仲尼弟子列傳(중니제자열전)〉
78) 38–6
79) 38–7
80) 12–8
81) 6–16
82) 65–4
83) [左傳(좌전)] 〈昭公(소공) 20년〉
84) 43–2
85) 8–1
86) 32–5
87) 28–1
88) [十八史略(십팔사략)] 〈周王朝篇(주왕조편)〉
89) 13–25
90) 13–26
91) [史記(사기)] 〈五帝本紀(오제본기)〉
92) [史記(사기)] 〈殷本紀(은본기)〉
93) 15–19
94) [十八史略(십팔사략)] 〈五帝篇(오제편)〉
95) 15–20
96) [史記(사기)] 〈孔子世家(공자세가)〉
97) 4–5
98) [禮記(예기)] 〈哀公問(애공문)〉
99) [禮記(예기)] 〈哀公問(애공문)〉
100) 12–22
101) 18–3
102) 19–2
103) 41–8
104) 73–5
105) 6–18
106) 37–2
107) 37–2
108) 15–32
109) 15–34
110) [禮記(예기)] 〈中庸(중용)〉
111) 16–6
112) 16–7
113) 16–10
114) 17–24
115) 17–8
116) 8–2
117) 17–8
118) 5–14
119) 8–2
120) 17–23
121) 17–16
122) 14–12
123) 1–1
124) [左傳(좌전)] 〈襄公(양공) 23년〉
125) [史記(사기)] 〈張儀列傳(장의열전)〉
126) 6–6
127) 11–2
128) [史記(사기)] 〈孔子世家(공자세가)〉
129) 11–16
130) [左傳(좌전)] 〈昭公(소공) 25년〉
131) [國語(국어)] 〈晉語(진어)〉
132) [禮記(예기)] 〈禮器(예기)〉
133) 2–24에서 이미 언급했다시피 의(義)가 없다면 용(勇) 역시 존재할 수 없으므로, 이는 의(義)와 용(勇)을 동시에 언급한 것으로 봐야 한다.
134) 5–9
135) 17–11
136) 7–25
137) [史記(사기)] 〈老子韓非列傳(노자한비열전)〉
138) [史記(사기)] 〈孔子世家(공자세가)〉
139) 18–7

성인(聖人)은 백성이 그 천성(天性)에 따라서 주어진 삶을 살다 갈 수 있도록 다스렸다. 이에 노자는 엄격한 법과 제도로 통제하지 않는 무위자연의 통치를 강조한 것이다. 이것이 한 것도 없지만 하지 않은 것도 없는 다스림의 극치다.

셋째 날,

무위자연(無爲自然):

억지로 작위 하지 않고, 스스로
그러한 천성을 누리게 하다

1. 무위자연이란 무엇인가?

노자 도(道)라는 것은 나라를 태평성대로 이끌었던 성인들의 통치 이념이오. 그리고 이러한 도는 만물에 미쳐서 행해지므로 도처에 존재하게 되니, 도 자체가 크고 도가 존재하는 하늘이 크며, 도가 존재하는 땅이 크고, 도가 존재하는 사람 역시 크오.[1)]

다시 말해서 세상에는 도 자체인 대도(大道)와 하늘의 도인 천도(天道), 땅의 도인 지도(地道) 그리고 사람의 도인 인도(人道)가 존재하니, 사람의 도가 이 네 가지 큰 것 중 하나인 것이오.[2)]

하지만 이 네 가지 큰 존재 중에서, 사람의 도는 땅의 도를 본받고, 땅의 도는 하늘의 도를 본받으며, 하늘의 도는 도 자체를 본받고, 도 자체는 스스로 그러한 자연을 본받게 되는 것이니,[3)] 결국 이 네 가지의 도는 모두 궁극적으로 자연을 최종 귀착지로 삼는 것이오.

그렇다면 자연이란 무엇인가? 까치발을 하고 서 있으면 결국 자연스럽게 서 있는 상태가 아니기 때문에 오래 서 있을 수 없고, 자신의 타고난 보폭보다 더 크게 하여 걷는 사람은 결국 자연스럽게 걷는 상태가 아니기 때문에 오래 걸을 수 없소.[4)] 다시 말해서 타고난 천성인 천명(天命)에 순응하지 않으면 오랫동안 유지할 수 없다는 뜻이니, 자연이란 글자 그 자체의 의미인 스스로(자: 自) 그러한(연: 然) 것이오. 따라서 지도자가 하늘이 부여한 천명에 순응하여 다스리지 않으면, 나라를 올바로 보존할 수 없거니와 결국에는 멸망에 이르게 할 뿐이니.

주나라 려(厲) 임금이 횡포하고 잔악하며 사치스럽고도 오만하자, 나라 사람들이 임금을 비방했소. 이에 소공은 “백성들이 명을 견디지 못합니다!"라고 간언하며 말렸으나 려 임금은 오히려 분노하여 위나라의 무당을 불러서 비방하는 자들을 감시하게 하고, 임금에게 보고하면 곧 그들을 살해했소. 그러자 소공은 "이는 막는 것입니다. 백성들의 입을 막는 것은, 물을 막는 것보다도 심합니다. 물이 막히면 둑이 무너져서 많은 이들이 필히 다치게 되니, 백성들 역시 이와 같습니다. 이 때문에 물을 다스리는 자는 물을 흐르게 하여 인도하고, 백성을 다스리는 자는 백성들을 밝혀 말하게 하는 것입니다."라고 다시 간언했으나, 려 임금은 끝까지 말을 듣지 않아서 결국 비참한 최후를 맞이하게 되었던 것이오.

그러므로 대동사회의 성인들은 말이나 명령을 함부로 하지 않았고, 이처럼 지도자가 말과 명령을 삼가니 백성들은 그저 지도자의 존재만 알고 있었을 뿐, 그의 뛰어난 지도력에 대해서는 절실하게 느끼지 못했던 것이오. 지도자가 삼가 노력하여 일을 완성하여도, 백성들은 그저 스스로 그러한 것이라고 여겼지 지도자의 공로로 여기지는 않은 것이라오.[5)]

이처럼 말이나 명령을 함부로 하지 않는 것이 바로 하늘이 부여한 천성 즉 천명에 따르는 것이니. 광풍이나 폭우 같은 자연의 난폭함조차도 오래 지속될 수는 없는데, 하물며 사람이 만든 법률과 제도로 누르면 오래갈 수 있겠소? 억지로 작위하면 일시적으로 작용할 뿐, 지속될 수는 없소.[6)]

또 이처럼 대동의 통치이념인 도가 숭상을 받고 순일한 덕이 중시되니, 성인들은 함부로 말이나 명령을 하지 않고, 항상 만물의 타고난 천성에 따라 스스로 그러하도록 한 것이오.[7)] 따라서 대동사회를 이끈 지도자들은 백성들이 마다하는 일을 하였고, 사리사욕을 탐하지 않았으며, 대동의 통치이념을 이해하려고 노력하고, 백성들의 잘못을 바로잡음으로써 만물이 스스로 그러하도록 도왔을 뿐, 감히 억지로 법과 제도를 세분화하여 통제하려 들지 않은 것이라오.

결국, 내가 말하는 자연이란 숲이나 산 바다를 가리키는 것이 아니라 문자 그대로 스스로 그러함을 뜻하는 것이니. 이는 억지로 작위 하지 않는 무위(無爲)와 사실상 같은 말이오.

이러한 이유 때문에, 대동사회를 이끈 지도자들은 억지로 작위 하여 법률과 제도로 통제하지 않고, 천성에 따라서 백성들과 나라를 다스렸으며, 함부로 말하거나 명령을 내리지 않음으로써 대동의 통치이념을 실천했소.[8] 만물을 만들지만 백성들의 천성을 따르지 않거나 간섭하지 않았고, 그들을 낳아 기르지만 자신의 것으로 여겨 소유하려 들지 않았으며, 통치하지만 통치를 잘하고 있다고 자부하지 않았고, 공로를 세우지만 그 공로가 자신의 것이라고 집착하지 않았소. 무릇 그 공로가 자신의 것이라고 집착하지 않았기 때문에, 그들의 공로는 영원히 잊히지 않고 지금까지 내려오게 되었던 것이니.[9]

요임금은 희씨와 화씨에게 명령을 내려서, 공손히 하늘에 따르고 해와 달 그리고 별들의 운행을 관찰하여 삼가 백성들에게 계절을 알리도록 했소. 희중에게는 따로 명령을 내려서 동쪽의 욱이에 머물도록 했으니 '양곡'이라는 지명으로 불렸는데, 삼가 해가 떠오름에 따라 봄 농사 일정을 준비하도록 했던 것이오. 해가 중간에 오면 황도(黃道: 태양의 궤도)를 28개 구역의 별자리로 나눈 28수 중의 하나인 조(鳥)의 별자리로 춘분을 바로잡았으니, 이에 백성들은 흩어져 농사를 지었고 조수들은 은밀하게 교미했소. 거듭 희숙에게 명을 내려서 남방 교지의 땅에 머물도록 하니, 여름 농사 일정을 준비하여 삼가 다하도록 했소. 해가 길어지면 화(火)의 별자리로 한여름인 중하를 바로잡으니, 백성들은 이어받아 계속 농사를 지었고, 조수는 털갈이를 하느라 털이 적었소. 또 거듭 화중에게 명령을 내려 서쪽에 머물게 했으니 '매곡'이라는 지명으로 불렸는데, 삼가 해가 짐에 따라 가을 추수 일정을 준비하도록 했소. 밤이 중간에 오면 허(虛)의 별자리로 추분을 바로잡으니, 백성들은 편안하고 즐거웠으며, 조수는 털에 윤기가 돌았소. 거듭 화숙에게 명령을 내려 북쪽에 머물도록 했으니 '유도'라는 지명으로 불렸는데, 곡식을 감추는 장소를 바로잡았소. 해가 짧아지면 28수 중의 하나인 묘(昴)의 별자리로 동지를 바로잡으니, 이에 백성들은 따뜻하게 지냈고, 조수는 털이 무성하게 되었소. 1년을 366일로 하고, 윤달로 사계절을 바로잡았으며, 모든 관리들을 단단히 타일러 경계하였으므로, 수많은 공적들이 모두 흥하게 되었던 것이오.[10)]

공자 아, 사계절에 맞춰서 백성들을 부림으로써, 그들의 원성을 사서는 안 되느니![11)] 때에 맞춰 백성들을 부린다는 것은 다름 아닌 농번기인 봄부터 가을까지는 백성들이 농사일에 전념할 수 있도록 하고, 농한기인 겨울에 군사 훈련 등의 다른 일에 차출함을 뜻하는 것이 아니겠습니까?

노자 그렇소. 따라서 대동사회의 지도자들은 나라를 다스림에 있어서 백성들의 재물에 대한 욕구와 사리사욕을 버리게 하였고, 그들의 배를 배불리 채워주었으며, 그들이 불만을 가지거나 얕은꾀를 부리지 않도록 하고, 그들이 농사 등 자신들이 해야 할 바에 전념하도록 해주었으니, 이것이 바로 백성들의 천성에 따라 다스리는 도리인 것이오. 즉 지도자가 백성들의 천성에 따른다는 것은, 지도자가 백성들이 가장 기본적으로 원하는 바인 추위와 배고픔에 허덕이지 않고, 편안하게 자신의 일에 종사할 수 있도록 하는 것이오.[12)]

이처럼 대동의 통치이념인 도란 현명한 지도자가 솔선수범함으로써, 백성들이 사리사욕을 추구하는 마음을 갖지 않도록 하는 것이오. 그렇게 되면 지도자가 통제할 필요가 없게 되니, 이렇듯 억지로 법률과 제도를 만들어 백성들을 강압하지 않고 그 천성에 따라 나라를 다스리면, 세상이 모두 그에게 귀의하여 순조롭게 통치할 수 있게 되는 것이오.[13)]

천지는 남들보다 앞서서 덕을 쌓기 때문에, 만물에 집착하지 않고 그들이 자연스레 생겨나고 사라지도록 그 천성을 따랐소. 대동사회의 지도자들은 남들보다 앞서서 덕을 쌓았기 때문에, 백성들에 집착하지 않고 그들이 자연스레 생겨나고 사라지도록 그 천성을 따랐던 것이오.[14)]

대동의 통치이념인 도는 백성들이 원하는 바대로 따르는 것이기 때문에, 억지로 그 천성을 거스르지 않는 무위로 다스리는 것이오. 도는 항상 행하는 바가 없으나 행하지 않는 바도 없으니, 따라서 한 것도 없지만 하지 않은 바도 없는 즉 언뜻 보았을 때는 특별히 하는 것이 없어 보이지만, 사실 그 천성을 이해하고 삼가여 겸손하게 노력하는 것이니, 이것이야말로 최선을 다하는 것이오. 지도자가 만약 이러한 대동의 통치이념을 실천할 수 있다면, 세상의 모든 백성들이 지도자를 믿고 따르게 되어 순박해질 것이란 말이오.[15)]

공자 아, 무위로 다스린 이는 순임금일 뿐일 것이니! 무엇을 하였습니까? 자기 몸을 공손히 하고 남쪽을 향하였을 뿐입니다.[16)]

노자 그대가 말하는 무위는 지도자가 아무것도 하지 않음을 뜻하는 것이오?

공자 지도자가 덕으로 다스리면, 마치 북극성 주변에 수많은 별들이 위치하듯이 주변의 수많은 사람들이 몰려와 그를 지지하고 따르게 됩니다.[17)] 따라서 남쪽을 향하였을 뿐이라는 말은, 순임금이 나라를 다스리자 마치 북극성 주변에 수많은 별들이 위치하듯이, 주변의 수많은 사람들이 몰려와 그를 지지하고 따르게 되었다는 뜻입니다.

순임금은 크게 지혜로우셨으니, 묻기를 좋아하시고 천근한 말(깊이가 없는 얕은 말)도 살피기를 좋아하셨으며, 악함은 숨기시고 선함을 드러내셨습니다. 또한 그 양 극단을 잡아 백성들에게 객관적이고도 공정한 중(中)의 태도를 보이셨으니, 이 때문에 순은 임금이 된 것입니다.[18)]

묻기를 좋아한다는 것은 호문(好問)이고, 이러한 호문은 신중함의 신(愼)과 변치 않고 초지일관하는 태도인 상(常), 그리고 공정하고도 객관적인 태도인 중(中)과 겸손함의 겸(謙)의 자세를 포함한 것이어야 하지요. 즉 무위란 아무것도 하지 않는 것이 아니라, 지도자가 삼가 부단히 노력하여 천성을 거슬러 억지로 작위하지 않는 통치를 뜻하는 것입니다.

노자 훌륭하오. 한 것도 없지만 하지 않은 바도 없다는 무위의 참된 의미를 매우 집약적으로 표현했구려!

공자 여기서 당송팔대가(唐宋八大家: 당나라의 한유와 유종원, 송나라의 구양수와 소순·소식·소철 그리고 증공과 왕안석) 중 한 명인 유종원이 쓴 〔종수곽탁타전(種樹郭橐駝傳)〕을 소개해볼까 합니다. 이 작품의 제목을 굳이 풀이하자면, '나무 심는 곱사등이 곽 씨의 이야기'라고 할 수 있지요.

곽탁타의 본래 이름이 무엇인지는 아무도 모릅니다. 다만 곱사병을 앓아서 등이 솟은 낙타와 비슷했기에, 마을 사람들이 그를 낙타의 옛 표현인 '탁타'라고 불렀지요. 그런데 곽 씨가 듣고는 "참으로 좋구나. 이름이 내게 꼭 맞는다."라고 하여서, 본래 이름을 버리고 자기 역시 탁타라고 불렀던 것입니다. 그 마을은 '풍악'이라고 불렸으니, 장안(長安: 오늘날의 시안)의 서쪽에 있었습니다. 탁타는 나무를 심는 것을 본업으로 삼았는데, 어찌나 솜씨가 좋았던지 무릇 장안의 세도가나 부자 또는 감상하며 노니는 이들 및 과일을 파는 이들이 모두 다투어 탁타를 맞이하여 나무를 키우게 하였습니다. 탁타가 심은 나무를 보면 혹시 옮기더라도 살지 않는 것이 없었고, 또한 무성하여 빨리 과실이 번성했습니다. 하지만 다른 나무 심는 이들이 비록 엿보고 모방하여도, 탁타와 같게 할 수는 없었더랬지요. 어떤 이가 다가와 물으니, 탁타는 "나 탁타가 나무를 오래 살게 하고 우거지게 할 수 있는 것이 아니라, 나무의 천성을 능히 따름으로써 그 본성을 다하게 할 뿐입니다. 무릇 나무의 본성은 그 뿌리가 펴기를 바라고, 그 흙을 돋움은 고르기를 바라며, 그 흙은 본래의 것이기를 바라고, 흙을 다짐은 촘촘하기를 바라는 것이지요. 이미 그렇게 하면 건드려서는 안 되고, 걱정해서도 안 되며, 떠나면 다시 돌아보지 말아야 합니다. 심을 때는 자식 같이 하지만, 내버려둘 때는 버린 듯이 하면,

곧 천성이 온전해져서 그 본성을 얻게 되는 것이지요. 따라서 나는 그 성장을 해치지 않을 뿐, 크고 무성하게 할 수 있는 것은 아닙니다. 그 열매 맺음을 억누르고 없애지 않을 뿐, 일찍 번성하게 할 수 있는 것은 아닙니다. 그런데 다른 나무 심는 이들은 그렇게 하지 않으니, 뿌리를 구부리고 흙을 바꿉니다. 그 흙을 돋움은 지나치지 않으면 곧 미치지 못합니다. 참으로 저와 반대로 하는 이들이 많으니, 그것을 사랑함이 지나치게 두텁고, 그것을 걱정함에 지나치게 부지런합니다. 아침에 보고 저녁에 어루만지며, 이미 떠났으나 다시 돌아와서 돌보니, 심한 자는 그 껍질을 긁어서 그것이 싱싱한지 시들었는지 검사해 보고, 그 뿌리를 흔들어서 심어진 상태가 성긴지 촘촘한지 살펴보아, 결국에는 나무의 본성이 점차 흩어지게 됩니다. 비록 그것을 사랑한다고 말하지만, 사실은 그것을 해치는 것이요. 비록 그것을 걱정한다 말하지만, 사실은 그것을 죽이는 것이라서, 그러므로 나와 같을 수가 없는 것이니, 내가 또 어찌할 수 있는 것이 있겠습니까?" 그러자 묻는 이가 말하기를, "그대의 나무 심는 도를, 관청의 다스림으로 바꾸는 것이 가능하겠습니까?" 그러자 탁타가 말했습니다. "나는 나무 심는 것을 알 따름이지, 관청의 다스림은 나의 본업이 아닙니다. 그런데 내가 고을에 살면서 관청의 수장을 보니, 그 명령을 성가시게 하기를 좋아하던데, 이는 백성들을 심히 어여삐 여기는 듯하지만, 마침내는 화를 입히게 됩니다. 아침저녁으로, 관리가 와서 소리쳐 말합니다. '관청에서 너희들의 경작을 재촉하게 하고, 너희들의 번식을 권면하게 하며, 너희들의 수확을 감독하게 하고, 서둘러서 우선 누에고치를 켜게 하며, 서둘러서 실로 옷감을 짜게 하고, 어린아이들을 양육하도록 하며, 닭과 돼지를 키우게 하도록 명령하셨다!' 그렇게 북을 울려 백성들을 모으고, 목제 악기를 두드려 또 백성들을 소집하는데, 우리 서민들은 저녁밥과 아침밥을 기워서 관리들을 위로하느라 본업을 돌볼 겨를이 없으니, 또 어찌 우리 삶을 번성케 하고 나아가 우리 본성을 편하게 할 수 있다는 말입니까? 그러므로 병들고 게을러지는 것입니다. 이와 같이 말한다면, 나의 본업과 관청의 다스림에도 비슷한 점이 있지 않을까요?" 그러자 묻는 이가 기뻐하며 말했습니다. "훌륭하지 않은가! 나는 나무 키우는 것을 물었는데, 사람 돌보는 방법을 얻었다. 그대의 말을 전하여서 관청의 훈계로 삼도록 하겠습니다."

유종원이 말하는 대로라면, 무위란 아무것도 하지 않고 자연으로 돌아가는 것이 아니라, 그 천성을 다 할 수 있도록 삼가 노력하여 환경을 조성해주고 기초를 탄탄히 다져준 후에는, 마치 버린 듯이 하여 스스로 그 천성을 누리도록 한다는 것일지니. 따라서 유종원이야말로 무위의 의미를 가장 온전하게 이해하고 나아가 쉬이 설명하려고 노력한 인물이었다고 할 수 있지 않을까요?

노자 훌륭하오! 우화의 형식을 빌려서 이치를 설명하는 것은 동서양을 막론하고 오래전부터 전해 내려온 전통이지만, 이처럼 무위의 참뜻을 온전하게 풀이한 글은 참으로 드물고도 드문데 말이요. 천성을 어기고 억지로 통제하는 지도자는 결국 일을 그르치고, 사리사욕을 탐하는 지도자는 결국 모든 것을 잃게 되느니![19] 따라서 대동사회를 이끈 성인들은 백성들이 천성에 따라서 스스로 그러하도록 했으므로 나라를 오랫동안 평안하게 할 수 있었

고, 또 사리사욕을 탐하지 않아서 자신의 자리를 보존할 수 있었던 것이오.[20]

이처럼 법과 제도를 지나치게 세분화하여 통제하려 들지 않고 오히려 누구나 공감할 수 있는 원칙을 지키는 순박함은, 지도자의 사리사욕을 억누를 수 있으므로 결국 나라를 평안하게 할 수 있소.[21] 또한 사리사욕이 사라져 혼란이 없어지면 지도자가 말이나 명령을 함부로 하지 않게 되니, 세상은 다시 대동사회로 돌아가게 되어 평안해지게 되오.[22]

우는 사람됨이 민첩하고도 부지런했으니, 싹(바탕)은 어긋남이 없고 사람들이 가까이할 수 있을 정도로 인자하였소. 말은 믿을 수 있었으니 말하면 규율이 되고, 행하면 법도가 되었을 뿐만 아니라, 또한 이치를 명확하게 헤아려 드러내었으니, 부지런하고도 온화하여 나라의 기강이 되었던 것이오. 우는 돌아가신 아버지 곤이 홍수를 막아내지 못해서 형벌을 당한 것이 마음 아팠기에, 이에 몸을 수고롭게 하고 애태우며 밖에서 지낸 지 13년 동안 집 문 앞을 지나도 감히 들어가지 않았소. 나아가 입고 먹는 것을 소홀히 하고, 귀신을 극진히 섬겼으며, 거처를 누추하게 하고, 수로에 비용을 다 썼던 것이오. 식량이 적으면 남음이 있는 곳에서 옮겨 서로 공급함으로써 제후들을 고르게 하였고,[23] 한 번 식사를 할 때 열 번을 일어날 정도로 세상의 백성들을 위해 애썼으니,[24] 드디어 아버지의 업을 이어 홍수를 막아냄으로써 결국에는 선양제의 전통에 따라 순임금에 이어서 왕의 자리에 오르게 된 것이라오.

따라서 대동사회를 이끈 지도자들인 성인은 자신을 백성들 아래에 두었지만, 오히려 백성들의 신망을 받아 위에 올라서 지도자가 될 수 있었고, 자기를 버리고 백성들의 뜻에 따랐지만 오히려 백성들의 지지를 받아 그 지도자의 자리를 오랫동안 지킬 수 있었던 것이니.[25)]

공자 대동과 소강은 사실상 분리되어 이질화된 것이 아니니, 소강의 도는 결국 원칙적으로는 대동의 그것을 계승하는 것입니다. 따라서 요임금이 말씀하시기를, "아, 그대 순이여! 하늘의 운명이 그대 몸에 있다. 성실하게 공정함을 지키시오! 세상이 곤궁해지면, 하늘의 복록이 영원히 끊기게 되오." 그리고 순임금 역시 이처럼 우에게 명하셨으니,[26)] 이 얼마나 숭고한 일입니까? 순임금과 우임금은 나라를 이끄는 지도자였으나, 대동사회의 통치이념인 무위자연으로 다스리셨던 것입니다.[27)]

훗날 상나라의 탕 임금이 말씀하시기를, "제가 검은 수소를 제물로 올려서, 감히 거룩하신 천제에게 밝혀 아뢰옵니다. 제가 통치를 하면서 죄지은 자는 감히 용서한 적이 없고, 천하의 어진 이들은 드러내어 등용하였으니, 제 통치의 옳고 그름을 분별하는 것은 하늘의 뜻에 달려있습니다! 만약 저에게 죄가 있다면 그것은 세상 때문이 아니라 저 한 사람 때문이고, 세상에 죄가 있다면 모든 탓은 통치자인 저 하나 때문입니다." 세월이 흘러서 상나라를 이은 주나라가 백성들에게 큰 덕을 베푸니, 선한 이들이 이에 부유해졌습니다. 이에 주나라 무왕이 말씀하시기를, "비록 친척이 있기는 하지만, 자기의 임금을 진심으로 따르고 섬기는 어짊의 인(仁)을 행하는 이만 못하다. 또한 만약 귀족들에게 허물이 있다면, 그 죄는 나 한 사람에게 있다." 무왕은 삼가여 도량형을 정하고, 법도를 살피며, 폐기된 관직을 정비하니, 세상의 정치가 바로 행해졌습니다. 망했던 나라를 일으키고, 끊어진 대를 이었으며, 민간에 파묻혀 있는 인재들을 드러내니, 세상의 민심이 돌아왔습니다. 따라서 나라를 다스리는 데 있어서 중요한 것은 백성과 식량 그리고 상례(喪禮)와 제사이니, 너그러우면 많은 사람을 얻고, 신의가 있으면 백성들이 그에게 지도자의 자리를 맡기며, 근면하면 공로가 있고, 공평하면 세상이 기뻐할 것입니다.[28)]

노자 그러므로 지도자는 명심해야 하오. 지도자가 가장 기본적으로 갖춰야 할 미덕이 신뢰인데, 그러한 지도자가 백성들에게 믿음을 보이지 못하면, 백성들은 지도자를 믿지 못하고 결국 따르지 않게 되는 것이오.[29)]

공자 한번은 제자 자공이 정치를 잘하려면 어떻게 해야 하는지 물었습니다. 그래서 저는 "식량이 충분하고, 군비가 충족하며, 백성들이 통치자를 믿도록 해야 한다."라고 대답해주었지요. 그러자 자공이 "반드시 부득이하게 버려야 한다면, 이 세 가지 중 어느 것을 먼저 버려야 합니까?"라고 다시 물었고, 저는 "무력을 통한 전쟁은 가장 아래의 것이니, 군비를 버려야 한다."라고 대답했습니다. 그러자 자공이 다시 "반드시 부득이하게 버려야 한다면 이 두 가지 중 어느 것을 먼저 버려야 합니까?"라고 묻기에, "먹을 것을 버려야 한다. 자고로 모든 사람은 언젠가 죽는 법이지만, 신뢰라는 것을 얻기는 참으로 어렵다. 백성들이 지도자를 믿지 않으면, 나라 자체가 존립할 수 없다."[30)]라고 설명해 준 바 있으니, 백성은 임금을 그 마음으로 삼고, 임금은 백성을 몸으로 삼는 것입니다. 따라서 임금은 백성 때문에 살 수 있거니와, 또한 백성 때문

에 죽는 것입니다.[31)]

그렇다면 어떻게 해야 백성들이 지도자를 신뢰할 수 있을까요? 제자인 자로가 군자란 어떤 인물인지에 대해서 물은 적이 있습니다. 그래서 저는 "자기 자신을 닦아서 공손한 태도를 보이는 것이다."라고 대답했지요. 그런데 자로가 다시 "그처럼만 하면 됩니까?"라고 묻기에, 저는 "자기 자신을 닦아서 타인을 편안하게 하는 것이다."라고 말해주었습니다. 하지만 자로는 제 말뜻을 온전히 이해하지 못하여 다시 "그처럼만 하면 됩니까?"라고 묻기에, 저는 "자기 자신을 닦아 백성을 편안하게 해야 한다. 나는 항상 수신제가치국평천하(修身齊家治國平天下)의 도리를 강조하고 있으니, 즉 가정에서는 부모에게 효(孝)를 다하고, 나아가 마을에서는 윗사람을 공경하는 제(悌)를 다하며, 사회에 나가서는 자기의 임금을 진심으로 섬기고 따르는 인(仁)의 어짊을 다함으로써 타인을 편안하게 하고, 궁극적으로는 백성들과 나라를 편안하게 하는 것이다. 하지만 자신을 닦아 백성을 편안하게 하는 경지는, 군자보다 한 단계 위인 요임금이나 순임금과 같은 성인조차도 그렇게 하지 못함을 괴로워하셨다."[32)]라고 구체적으로 설명해 준 바 있습니다.

노자 요임금은 아들 단주가 못나고 어리석어서 세상을 넘겨주기에 부족하다는 것을 알았기에, 이에 정권을 순에게 주었소. 순에게 주면 곧 세상이 이로움을 얻고 단주가 원망을 하지만, 단주에게 주면 곧 세상이 원망하고 단주가 이로움을 얻게 되는 것이기 때문이오. 그래서 요임금은 "결국에는 한 사람을 이롭게 하려고 세상이 원망하게 할 수는 없다."고 말하며, 마침내 세상을 순에게

준 것이오.[33]

또 순임금은 "용, 짐은 참언(위선적인 말)과 혼미한(도리를 망치는) 행위를 두려워하고 꺼리니, 짐의 백성을 놀라게 하오. 그대를 납언(임금의 뜻을 백성들에게 밝히고, 백성들의 뜻을 임금에게 보고하는 벼슬)으로 명하니, 아침저녁으로 짐의 명령을 전달하고, 오직 성실하시오."[34]라고 말하여, 신하에게 경계를 보이셨소.

우임금이 하루는 밖으로 나가다가 죄인을 보고, 수레에서 내려 묻고는 울며 말했소. "요순시절의 사람들은, 요순임금의 마음을 마음으로 삼았는데, 과인이 임금이 되고는 백성들 각자 그들의 마음을 마음으로 삼으니, 과인이 그것을 애석히 여긴다."[35]고 말이요.

이처럼 지도자가 삼가여 나라를 다스리면, 백성들은 지도자가 우리에게 해 준 것이 무엇이냐며 오히려 불평할 것이니, 이것이 무위자연의 핵심인 것이오. 그러므로 칼날이 이미 충분히 예리한데도 불구하고 계속 날카롭게 갈면 결국 그 칼은 마모되어 오래 쓸 수가 없는 것처럼 백성들을 억압하여 불만이 팽배한데도 그들을 누르기 위해 법률과 제도를 더욱 세분화하여 강화하려 든다면, 그 정치는 오래갈 수 없소. 이미 나라를 다스리는 데 필요한 기본적인 법과 제도가 있음에도 불구하고 법과 제도를 더욱 세분화하고 강화하여 백성들을 통제하게 되면, 결국에는 지도자의 자리에 오래 있을 수 없거니와 나아가 나라를 보존할 수 없게 되는 것이오.[36]

백성들을 사랑하고 또 그러한 마음으로 나라를 다스림에 있어서, 지도자가 법률과 제도를 강화하지 않고, 또 사리사욕을 탐하는 다른 마음을 품지 않고 오직 나라와 백성을 위하는 순수한 마음으로 일관할 수 있겠는가?[37] 세상이 원하는 바를 명확하게 깨달아서, 엄격한 형벌이나 법률 등의 제도로 다스리지 않고 그 천성에 따르는 무위의 정치를 실현해 낼 수 있겠는가?[38]

그러므로 이러한 도리를 견지하는 자는 가득 채우려 하지 않고, 무릇 가득 채우지 않으므로 능히 포괄하여 새로이 만들지 않소.[39] 다시 말해서, 만족하지 못하거나 부족함을 느끼면 자꾸 새로운 것을 추구하고 만들어 채우게 되지만, 비움으로써 능히 모든 것을 포용한다면 굳이 새로운 것을 찾아 만들 필요가 있겠소? 상고의 태평성대에는 천명 즉 자연의 순리에 따랐기 때문에, 사람들의 마음에 사적인 욕망이 생기지 않았던 것이니. 따라서 대동사회의 통치이념을 이해하고 실천하는 성인은 자꾸 새로운 제도를 만들어 백성들을 통제하려 들지 않았던 것이오. 이처럼 굳이 새로운 제도를 만들어 통제하려 들지 않게 되므로, 긍정과 부정, 좋음과 나쁨을 모두 포용하고 화해시켜 함께 가려 하지, 부정과 나쁨을 버리고 긍정과 좋음만을 선별하는 제도를 자꾸 만들어 백성들을 통제하려 하지 않는 것이라오.

공자 제자인 증자가 일찍이 다음과 같이 말한 적이 있습니다. "참된 지도자인 군자는 재능이 있으면서 재능이 없는 이에게 묻고, 지식이 많으면서도 적은 이에게 물으며, 차 있으면서도 빈 것처럼 하고, 타인이 시비를 걸어도 따지지 아니하고 용서한다. 지금은 세상을 떠난 나의 벗 안회가 일찍이 이처럼 도의 구성요소들인 묻기를 좋아하는 호문(好問)의 신중함(愼) 그리고 겸손함(謙) 및 포용과 용서를 내포하는 용(容)을 실천하였다."[40]라고 말입니다.

노자 안회는 어떠한 인물이었소?

공자 안회는 저보다 30세 어렸는데, 아쉽게도 저보다 2년 먼저 41세의 젊은 나이에 삶을 마감했습니다.[41] 배워서 도를 이해하는 것은, 그것을 좋아하여 실천하려고 노력하는 것만 못합니다. 하지만 좋아하여 실천하려고 노력하는 것은, 자연스럽게 몸에 배어들어 부지불식간에 습관이 된 것보다 못한 것이지요. 이는 요임금이나 순임금만이 할 수 있었던 성인의 경지니, 이러한 최상의 경지는 굶주림과 누추한 곳에서 살면서도 도를 즐겼던 안회만이 할 수 있었을 것입니다.[42]

제가 안회와 함께 온종일 말하면 제 말에 도통 이견이 없어서, 좀 어리석은 것이 아닌가 하고 의심한 적도 있습니다. 하지만 물러나 그가 머무는 곳을 살피니, 역시 제가 말한 도를 몸소 실천하려고 노력했을 뿐만 아니라, 오히려 그것을 즐겼던 것입니다. 대나무 그릇의 밥, 표주박의 물, 누추하고 좁은 마을에 기거함. 보통 사람들은 그 고통을 견디지 못하는데, 안회는 오히려 그러한 열악한 환경 속에서도 도를 배우는 즐거움을 고치지 않으니, 참으로 현명한 인재였던 것입니다.[43]

노자 안타까운 일이 아닐 수 없구려. 하지만 그 역시 하늘의 뜻이 아니겠소? 재앙과 복은 따로 떨어져 있는 것이 아니라 항상 뒤섞여 있기 때문에, 누구도 함부로 예측할 수 없소.[44] 이처럼 재앙과 복은 언제 어떻게 온다는 고정된 기준이 없기 때문에, 때로는 재앙 속에서도 복이 오고, 복이 있는 와중에도 재앙이 오기도 하니, 이에 사람들이 길을 잃고 헤맨 지 오래된 것이오.[45]

이것이 바로 새옹지마(塞翁之馬)가 아니겠소? 중국 변방에 한 노인이 살고 있었는데, 어느 날 그가 기르던 말이 달아나 버렸소. 이에 마을 사람들이 위로하자, 노인은 오히려 덤덤하게 복이 될지 누가 알겠느냐고 말했고, 몇 달이 지나 그 말이 준마와 함께 돌아오자 마을 사람들이 이에 축하해주었던 것이오. 하지만 노인은 뜻밖에도 재앙이 될지 누가 알겠느냐며 오히려 불안해했으니, 어느 날 노인의 아들이 그 준마를 타다가 떨어져 다리가 부러졌는데, 마을 사람들이 이에 노인을 위로하자 노인은 또 복이 될지 누가 알겠느냐며 태연하게 말했소. 후에 전쟁이 발생하고 마을 젊은이들이 징집되어 대부분 전쟁터에서 죽었으나, 노인의 아들은 낙마하여 절름발이가 되었기 때문에 전쟁에 나가지 않게 되어 죽음을 면했다고 하오.[46] 결국 새옹지마는 세상만사 어느 것이 재앙이 되고, 어느 것이 복이 될지 알 수 없다는 말로, 길흉화복은 변화가 많아 사람이 함부로 판단할 수 없다는 뜻으로 통용되는 것이오.

공자 제자 중에서 덕을 몸소 실천한 이로는 안회, 민자건, 염백우, 중궁이 있었습니다.[47] 그런데 그런 염백우가 중병에 걸리자, 저는 그를 찾아가 창문을 통해서 그 손을 잡고는, "그를 잃는 것이, 하늘의 뜻인가! 이렇게 덕망이 있는 염백우가 이런 병에 걸리다니. 이 사람이 이런 병에 걸리다니! 세상만사 어느 것이 화가 되고 어느 것이 복이 될지 알 수 없는 새옹지마라더니, 정녕 이렇게 보내야 하는가?"[48]라고 통곡했던 것입니다.

이처럼 덕행에 매우 뛰어났던 염백우와 안회는 제 삶을 다하지 못하고 일찍 세상을 떠났습니다. 그런데 사람의 삶은 올바르게 살아야 하는 것인데도, 그렇지 않고도 운이 좋아서 모면하는 이들이 있지요. 하늘의 뜻은 아무도 알 수 없기 때문에, 바른 삶을 살지 않아도 운이 좋아서 살아가는 이가 있듯이, 마찬가지로 바른 삶을 살아도 운이 나빠서 주어진 삶을 다 영위하지 못하는 이도 있는 것입니다. 그렇다면 과연 우리는 어떠한 삶을 살아야 하는 것일까요? 요행을 바라면서 올바른 삶을 거절할 것인가요? 설혹 주어진 삶을 다 영위하지 못해도, 최선을 다하는 삶을 살 것인가요? 새옹지마라고 하지 않았습니까? 길흉화복은 변화가 많아 사람이 함부로 판단할 수 없고 특히 하늘의 뜻은 아무도 알 수 없으므로, 더욱더 삼가여 부단히 노력하는 태도를 끝까지 견지해야 하겠지요.[49)]

안회는 잦은 굶주림 속에서 누추한 곳에 살았지만 도를 배움에 항상 즐거워하였으니, 이는 저조차도 따라 하기 힘든 경지였습니다. 하지만 애석하게도 그는 꽃을 피워보지도 못하고 지고 말았지요. 반면에 또 다른 제자인 자공은 뛰어난 언변과 예측으로 재물을 늘리고 출세했으니, 하늘의 뜻은 참으로 예측하기가 힘듭니다.[50)]

노자 하늘은 객관적이고도 공정하기 때문에 누구와 친하지도 그렇다고 소원하지도 않고, 일방적으로 이롭다고도 또는 해가 된다고도 할 수 없으며, 무조건 귀중하다고 볼 수도 천박하다고 볼 수도 없기 때문에, 세상이 모두 수긍하고 따르게 되오.[51)]

그러므로 사물은 때로는 손해를 입는 것이 오히려 이익을 얻을 수 있고, 때로는 이익을 얻는 것이 오히려 손해를 입을 수 있소.[52)] 그러므로 사물은 앞서기도 하고 뒤따르기도 하며, 가볍게 내쉬기도 하고 급하게 내뿜기도 하며, 강건하기도 하고 허약하기도 하며, 억누르기도 하고 파괴하기도 하니, 이 때문에 성인은 과도함을 멀리하고, 사치를 멀리하며, 안락함을 멀리하는 것이오.[53)]

2. 드러내지 않는 존재감

노자 가장 훌륭한 지도자는 그가 존재함만을 알 뿐이니.[54)] 대동사회에서는 백성들이 지도자의 존재를 알고 있었을 뿐, 통치시기에는 그의 뛰어난 지도력에 대해서 절실하게 느끼지 못했소.

요임금이 세상을 다스린 지 50년. 그는 세상이 다스려지는지 다스려지지 않는지, 수많은 백성들이 자기를 원하는지 원하지 않는지 알 수가 없었다고 하오. 그래서 좌우에 물었으나 알지 못하고, 조정 바깥으로 물었으나 알지 못했으며, 재야에 물었으나 알지 못했소. 이에 미복(남의 눈을 피하려고 남루하게 옷을 입음)하고는 큰 거리로 나아가니, 마침 "우리 많은 백성을 일으킴에, 그대의 지극함이 아닌 것이 없네. 알지 못하는 사이에, 임금의 법을 따르네."라는 내용의 동요가 들렸소. 요임금이 다른 장소로 가니, 한 노인이 입에 음식을 잔뜩 물고 배를 두드리며 땅을 치며 "해가 뜨면 일하고, 해가 지면 쉬며, 우물을 파서 마시고, 밭을 갈아서 먹으니, 임금의 힘이 어찌 나에게 있을까!"라고 노래를 불렀다고 하오.[55)]

그렇다면 정말로 백성들이 그런 지도자를 알아보지 못하는 것이겠소? 요가 임금 자리를 벗어난 지 28년 만에 죽자, 귀족들은 마치 부모를 잃은 듯 슬퍼하여서 3년 동안 사방에서 음악을 행하지 않음으로써 요를 그리워했다고 하오.[56)]

공자 한겨울의 추위가 찾아온 후에야, 소나무와 잣나무가 다른 나무들보다 뒤늦게 시들게 됨을 알게 됩니다.[57)] 성인과 군자가 도로 다스릴 때는 백성들이 모르지만, 세월이 지난 후 언젠가는 그 때가 얼마나 아름다운 시절이었는지 절실하게 깨닫게 되는 법이지요.

하지만 여기서 하나 더 언급하자면, 옛 성현들의 통치이념인 도의 중요한 구성요소 중 하나가 바로 의(義) 즉 계급상의 서열을 명확하게 하고 그 서열에서 마땅히 지켜야 할 바를 목숨을 걸고 지키는 것이니, 세상에 도가 있으면 예악과 정벌이 천자로부터 나오고, 세상에 도가 없으면 예악과 정벌이 제후에게서 나옵니다. 제후에게서 나오면 나라는 대략 십 대까지 유지할 수 있고, 대부에게서 나오면 오 대에 잃지 않는 일이 드물며, 대부의 가신이 국가의 명령을 장악하면 겨우 삼대만 유지할 수 있을 뿐이지요. 지도자가 도에 따라서 나라를 다스리게 되면 세상이 안정되므로, 정권이 대부에게 넘어가지 않거니와 백성들이 정치에 관심을 갖지 않게 되는 것이 순리인 것입니다.[58)]

노자 과연 그럴까요? 하지만 그보다 못한 지도자는 백성들이 그를 친하다고 여기고 가까이하여 칭찬하오. 또 그보다 못한 지도자는 엄격한 법률과 형벌로 억압하기 때문에 백성들이 그를 두려워하고 피하며, 가장 하등의 지도자는 백성들이 그를 깔보아 업신여기게 된다오.[59)]

이처럼 대동사회를 이끌었던 성인들은 침착하고 여유가 있어서 말이나 명령을 함부로 하지 않았으니, 백성들은 지도자의 존재를 알고만 있었을 뿐 그의 뛰어난 지도력에 대해서는 절실하게 느끼지 못했던 것이고, 또 지도자가 삼가 노력하여 일을 완성하여도 백성들은 스스로 그러한 것이라고 여겼던 것이오.[60)]

이러한 도리를 깨달았기 때문에, 대동사회를 이끈 성인들은 순수한 덕을 명확하게 이해하여 세상을 다스리는 규범으로 삼은 것이니. 자기의 안목에만 의지하지 않고 많은 이들에게 물어서 옳은지 그른지를 구별했기 때문에 명확하게 판단했고, 스스로 옳다고 여기지 않아서 항상 많은 이들에게 상의했기 때문에 시비를 분명히 가렸으며, 자기가 뛰어나다고 자랑하지 않고 항상 삼가여 노력했기 때문에 위대한 업적을 세울 수 있었고, 자신의 지위에 거만해하지 않았기 때문에 오히려 남들보다 더 두각을 나타내게 되었소. 이처럼 자기를 뒤로하고 백성들 아래에 두었기 때문에 백성들이 그를 신뢰하고 지지하였으니, 세상 누구 하나 감히 그에게 시비를 걸지 못하고 따르게 되었던 것이 아니겠소?[61)]

길을 잘 다니면 수레바퀴로 남는 흔적이 없고, 말을 잘하면 흠으로 책망당함이 없소.[62)] 따라서 주나라 목왕이 천하를 두루 다녀 모든 땅에 자신의 수레바퀴 자국을 남기고자 하였을 때, 제공 모보는 〈기초(祈招)〉라는 시를 지어 목왕의 뜻을 막았다고 하더이다. 이야기인 즉 주나라 천자인 목왕이 천하를 두루 다녀 모든 땅에 자신의 수레바퀴 자취를 남기고자 하였으니, 이는 모든 제후국들을 일일이 방문하여 자신이 천자임을 세상에 알리고자 하는 것이었소. 하지만 이는 참된 지도자가 할 일이 아니니, 그렇게 되면 천자는 오랜 시간 동안 주나라의 정사를 돌보지 못하게 되고 많은 물자와 인력을 낭비하게 되거니와, 나아가 제후국들 역시 천자를 영접할 준비 때문에 백성들을 동원하고 부세를 받아내야 하는 등 정사에 소홀할 수밖에 없었던바. 이에 제공 모보는 '임금의 덕이 울려 퍼지기를 기원하노니, 우리 임금께서 왕도를 생각하시어 안일함에 빠지지 말고 백성들을 잘 보살피기를 바랍니다.'라는 내용의 〈기초〉를 지어서 간언했던 것이오.[63]

이처럼 참된 지도자들은 나라를 다스림에 있어 항상 신중에 신중을 기했기 때문에 실수나 오류도 범하지 않았고, 또한 말과 명령을 함부로 내리지 않았기 때문에 백성들의 원성을 사지 않았던 것이니. 계산을 잘하는 이는 산가지를 쓰지 않고, 문을 잘 닫는 이는 빗장이 없어도 열 수 없도록 하며, 매듭을 잘 짓는 이는 밧줄이 없어도 풀 수 없도록 한다오.[64]

산가지는 계산할 때 쓰는 나뭇가지니 인위적인 도구를 뜻하고, 빗장은 문을 열지 못하게 하는 것이니 역시 인위적인 도구를 뜻하며, 밧줄은 묶어서 도망가지 못하게 하는 것이니 그 역시 인위적인 도구를 뜻하오. 그런데 이러한 산가지가 필요 없다는 것은 굳이 많은 숫자를 셀 필요가 없도록 한다는 것이고, 빗장이 없어도 열 수 없도록 한다는 것은 굳이 남의 문을 열 필요가 없도록 한다는 것이며, 밧줄이 없어도 풀 수 없도록 한다는 것은 굳이 도망 못 가게 가둘 필요가 없도록 한다는 것이 아니겠소?

따라서 대동사회를 이끈 성인들은 신중하게 덕치로 나라를 다스렸기 때문에 백성을 억압하는 인위적인 법과 제도들을 자꾸 새로이 만들지 않았고, 재물을 탐하지 않고 베풀었기 때문에 백성들 역시 사리사욕이 없어져 다른 이들의 것을 탐하지 않았으며, 누구 하나 버리지 않고 함께하려 했기 때문에 백성들이 조화로이 단결하게 됨으로써 다른 나라로 이사 가려 하지 않게 되었던 것이오.

이처럼 참된 지도자들은 누구 하나 버리지 않고 함께했기 때문에 모든 백성들이 조화롭게 살았던 것이고, 또한, 하늘이 부여한 천성에 따라 다스렸기 때문에 만물이 조화를 이루게 되었던 것일지니.[65] 순임금은 "나의 어긋남을 그대가 바로잡아야 하니, 그대는 면전에서는 따르고 물러나서 뒷말을 남기지 마시오. 사방을 공경하시오! 모든 요사스럽고 간특한 말은, 만약 좋지 않으면 과녁으로 밝히고, 회초리로 기억하며, 글로 기록하여, 함께 살고자 하오!"[66]라고 말씀하신 바 있소.

또한 상나라의 신하 이윤은 "이제 태갑 임금께서 그 덕을 이으시려면 처음부터 살피지 않으면 안 되니, 사랑을 세우는 것은 부모를 생각하시고, 공경함을 세우는 것은 연장자를 생각하시며, 집안과 나라에서 시작하여 온 천하에서 마쳐야 합니다. 아! 선왕께서는 백성의 기강을 바로잡아 다스리셨고, 간언을 따라 어기지 않으셨으니, 이전의 백성들은 늘 따랐습니다. 윗자리에 있으면 능히 밝히고, 아랫자리에 있으면 능히 충성하며, 사람들과 함께 함에 모든 것을 갖추기를 바라지 않았고, 자신의 몸을 단속함에 있어서는 마치 미치지 못하는 것처럼 하셨습니다. 그럼으로써 만방을 소유하기에 이르렀으니, 이것은 어려운 것입니다."[67]라고 말하여 경계를 보였던 것이오.

그러므로 장차 나라의 지도자가 되고자 하는 이가 백성들이 바라는 바를 따르지 않고, 법률과 제도를 강화하여 억지로 통제하려 들면, 나는 그가 뜻대로 될 수 없다고 보고 있소.[68] 세상의 만물은 각자 하늘로부터 부여받은 천성이 있기 때문에, 그 천성에 거슬러 억지로 작위할 수 없는 것이니.[69] 주어진 천성을 따르지 않아 억지로 작위하려 들면, 결국 만물을 잘 운영하지 못하게 되어 지도자의 자리를 지키지 못하게 되오. 또한 재물이나 권력에 집착하게 되면, 결국 모든 것을 잃게 되는 것이오.[70]

그 얕은꾀의 통로를 막아서 사리사욕을 탐하는 마음을 없애고, 그 문을 닫아서 참된 대동의 통치이념을 이해하고 실천하며, 날카로운 사회의 모순을 억눌러 둥글게 하고, 그 혼란과 어지러움을 원만하게 해결하며, 모든 긍정적인 것과 부정적인 것들의 기세를 조화롭게 하고, 속세와 한데 어우러져서 누구 하나 버리지 않고 함께하니, 이를 심오한 화합이라고 일컫소.[71]

나는 그러한 이유 때문에, 하늘이 부여한 천성에 따라 자애로운 덕치를 행하는 무위가 더 세상에 이롭다는 것을 알 수 있는 것이오.[72] 사관의 신분으로 역사적 고증을 통해 깨달은 대동의 통치이념은, 말이나 명령을 함부로 하지 않고 스스로 그러할 수 있도록 환경을 조성해주는 것이니. 세상에는 이러한 대동의 통치이념과 견줄 수 있는 것이 없다오.[73]

또 그러한 까닭에, 대동사회를 이끈 성인들은 굳이 나아가 다른 것들을 보지 않아도 세상의 돌아가는 모든 이치를 이해할 수 있어서, 천성에 따라 무위로 다스림으로써 세상을 오랫동안 평안하게 유지할 수 있었던 것이었소.[74]

공자 천자에게서 받은 법도로 백성들을 다스려야 하는 것이 도리인데, 이제 그 법도를 버리고 형벌로 다스리려 하면, 백성들이 오로지 그 형벌에만 마음을 둘 것이니, 어찌 윗사람을 공경하고 자신의 본업을 지키겠습니까? 형벌이라는 것은 당시 나라의 혼란스러움을 제압하는 임시방편일 따름이지요. 따라서 그들을 다스림에 온갖 세납 즉 조세와 노역 및 부역으로 하고, 그들을 다스림에 형벌로 하면, 백성들이 조세와 형벌을 피하려고만 들지 부끄럼은 없어집니다. 하지만 그들을 성인들이 행한 강함과 부드러움의 통치법을 조화롭게 실천하려는 절개와 지조인 덕과 조화로움을 위하여 절제하고 통제하는 예(禮)로 다스리면, 백성들은 부끄럼이 있게 되고 또한 그들의 마음을 바로잡게 되는 것입니다.[75)]

노자 그대가 언급하는 예(禮)에 대해서는 차후에 논하기로 합시다. 아무튼 백성들이 기아에 허덕이는 이유는, 지도자가 제도를 강화하여 세금을 더 착취하기 때문이오.[76)] 또 백성들이 지도자를 믿고 따르지 않는 이유는, 지도자가 백성들의 뜻을 헤아리지 않고 법률과 제도로 통제하기 때문이지요.[77)]

지도자가 천성에 따르지 않고 사리사욕을 탐하게 되면, 백성들 역시 그 생계에 집착한 나머지 물질적이고 현실적인 삶을 중시하고 추구하게 되니, 결국 백성들은 이러한 생계를 위해서 죽음조차도 두려워하지 않게 되오.[78)] 따라서 사리사욕을 탐하지 않는 지도자는 백성들 역시 각자의 천성에 따라서 평온하게 살도록 하기 때문에, 나라를 오랫동안 평온하게 다스릴 수 있었소. 하지만 백성들을 착취하여 사리사욕을 채우는 지도자는 백성들이 등을 돌리고, 그들 역시 사리사욕을 채우려 하게 되므로, 결국 나라가 혼란스러워지는 것이오.[79)]

이러한 까닭에, 대동의 통치이념을 실천하는 성인은 통치하지만 통치를 잘하고 있다고 자부하지 않고, 공로를 세우지만 그 공로가 자신의 것이라고 집착하지 않으며, 자신을 낮추고 백성들을 공경하였던 것이라오.[80] 또한 성인은 쌓아두지 않고 타인을 위하니 자기는 더욱 있게 되고, 타인에게 베푸니, 자기는 더욱 넉넉해진 것이오. 하늘의 도리는 이롭기만 할뿐 해가 되지 않고, 성인의 도리는 타인을 위할뿐 다투지 않는 것이오.[81] 다시 말해서 성인은 사리사욕을 탐하지 않고 끊임없이 베풀었으므로, 백성들이 그 지도자를 믿고 따르게 되어서 그 자리를 오랫동안 보존할 수 있었던 것이니. 이처럼 천성에 따르는 통치이념은 결코 누구에게나 해롭지 않고, 대동의 통치이념은 백성들에게 순일한 덕을 베푸는 것이지 착취하는 것이 아니요.

한번은 순임금이 우에게 말했소. "그대 또한 덕이 있는 말을 해보시오." 이에 우가 절하여 대답하기를, "아! 제가 어찌 말하겠습니까! 저는 종일 부지런함을 생각하고 있습니다." 그러자 고요가 우에게 "무엇을 부지런하다고 일컫습니까?"라며 물었고, 우가 "후직과 더불어 백성들에게 구하기 어려운 음식을 주고, 음식이 모자라면 남음이 있는 것을 옮겨 부족함을 보충해주었으며, 옮겨 살게 했습니다. 백성들이 이에 안정되고,온 나라가 다스려졌습니다."라고 대답하자, 고요는 "그렇습니다. 이는 훌륭합니다."라고 칭송했다고 하오.[82]

이처럼, 우는 자신을 돌보거나 자신을 위해 쌓아두지 않고 항상 삼가여 백성들에게 베풂으로써, 결국 순임금에게 그 덕을 인정받아 임금 자리에 오르게 되고 또 오늘날까지 존경받게 되었으니, 이것이야말로 "쌓아두지 않고 타인을 위하니 자기는 더욱 있게 되고, 타인에게 베푸니 자기는 더욱 넉넉해진다."는 도리를 실천한 것이 아니겠소?

공자 하지만 지도자 한 명의 의지만으로 나라를 평안하게 할 수는 없습니다. 그를 보필하는 인재의 등용 역시 무척이나 중요하지요. 따라서 순임금께서는 "바로 잡으면 곧 받아들여 그를 등용하고, 그렇지 않으면 그를 떨치겠소."[83]라고 말씀하신 바 있고, 순임금의 신하였던 고요는 "그 사람이 아닌데 그 관직에 있으면, 이를 하늘의 대사를 어지럽히는 것이라 일컫습니다."[84]라고 말한 바 있으며, 상나라의 이윤은 "선왕께서는 먼동이 틀 무렵에 크게 밝히고자, 앉아서 아침을 기다리셨고, 뛰어난 인재와 훌륭한 선비들을 두루 찾아 구하여, 후인들을 계도하셨으니, 그 명을 어김으로써 스스로 엎어지지 마십시오."[85] 그리고 "관리를 임용함에 어진 이와 재능 있는 이를 생각하고, 좌우에는 임용한 어질고 재능 있는 이를 세우십시오. 신하는 위로는 덕을 행하고, 아래로는 백성들을 위하는 것이라, 어렵고도 신중히 해야 하니, 오직 조화롭고 한결같아야 합니다."[86]라고 말하여, 인재 등용이 얼마나 중요한지를 피력한 바 있습니다.

역시 상나라의 부열은 "관직은 사사로이 미치지 않도록 하여야 하니, 오직 유능한 자를 가까이하고, 작위는 악한 이에게 미치지 않도록 하여야 하니, 오직 현명한 이에게 베풀어야 합니다."[87]라고 간언한 바 있고, 주나라 목왕은 "교묘하게 꾸미는 말을 하거나 아첨하는 태도나 남의 비위를 맞추거나 아양을 떠는 이는 거느리지 말고, 어진 선비를 세워야 하오. 따르는 신하가 바르면, 그 임금이 능히 바르게 될 것이고, 따르는 신하가 아첨하면, 그 임금은 스스로 성스러워할 것이니, 임금의 덕은 신하 때문이고, 부덕한 것도 신하 때문이오."[88]라고 말함으로써 거듭 인재 등용의 중요성에 대해서 강조하였지요. 이처럼 어떠한 지도자와 관료를 뽑느냐에 따라 국운이 바뀌게 되었으니, 이미 상고시대에도 인재 등용의 중요성에 대해 깊이 인식하고 있었음을 알 수 있습니다.

따라서 노나라 애공께서 "어찌하면, 곧 백성들이 복종하겠소?"라고 물으셨을 때, 저는 "올곧은 이를 등용하여 올곧지 못한 이를 바로잡으면 곧 백성들이 지도자의 선함에 감동하여 복종할 것이고, 올곧지 못한 이를 등용함으로써 올곧은 이가 묻히게 하면 곧 백성들은 지도자를 신뢰하지 않기 때문에 복종하지 않습니다."라고 대답하였던 것입니다.[89)]

노자 옳으신 말씀이오. 제아무리 지도자가 뛰어나다고 한들 신하가 그 뜻을 따르지 않으면 의미가 없고, 마찬가지로 신하가 뛰어나다고 한들 지도자가 그 뜻을 따르지 않으면 역시 나라가 혼란스럽게 되지요. 하지만 윗물이 맑아야 아랫물이 맑다고 하였으니, 최고지도자가 솔선수범하여 도를 따르는데 어찌 그 밑의 지도자가 감히 따르지 않을 수 있겠소? 일에는 순서가 있으니, 역시 지도자의 자세가 그 무엇보다도 중요할 것이오.

따라서 지도자가 법률과 제도를 더욱 세분화하고 강화하여 백성들을 통제하면, 그들의 생활이 더욱 궁핍해져서 결국 지도자에게 불만을 품게 되고,[90)] 지도자가 자꾸 법률과 제도를 만들어 통제를 강화하게 되면, 백성들은 오히려 이를 교묘하게 피해서 더 많은 부정을 저지르게 되오.[91)]

순임금의 신하 고요가 "임금의 덕에 허물이 없어서, 죽일 형벌에 처한 죄인을 특별히 살려주는 임금의 덕이 백성들의 마음을 적셔, 이러한 효용이 관리들을 거스르지 않았습니다."라고 칭송하자, 순임금은 "내가 하고자 하는 바에 따라 다스려 사방이 감화되었으니, 그대의 훌륭함이오."[92]라고 하여 그 공을 신하에게 돌렸으니, 이는 법치를 강화하지 않고 오히려 덕을 베풀면 백성들이 스스로 감화되어 지도자를 마음으로 따르게 됨을 이르는 것이오.

그러므로 대동사회를 이끈 성인들은 이처럼 말한 바 있소. "지도자가 억지로 작위 하지 않으면 백성들이 그 천성에 따라 스스로 그러하게 되고, 지도자가 말이나 명령을 함부로 하지 않으면 백성들이 다른 마음을 품지 않게 되며, 지도자가 법률이나 제도로서 억지로 통제하지 않으면 백성들 스스로 해야 할 일을 하게 되어 삶이 넉넉해지게 되고, 지도자가 사리사욕을 탐하지 않으면 백성들이 지도자를 본받아서 소박하게 지낸다."[93]라고 말이요.

하지만 이러한 대동의 통치이념을 모르니 내가 전하는 대동사회 성인들의 말을 이해하지 못하고, 내가 전하는 말을 이해하는 사람이 드무니 내가 실천하고자 하는 대동사회의 통치를 배워서 실천하려는 이들이 귀해지는 것이라오.[94]

공자 아, 어찌 틀린 말씀이겠습니까! 한번은 계강자가 "백성들이 삼가고 충후함에 힘쓰게 하려면, 어떻게 해야겠소?"라고 묻기에, 저는 "백성들을 정중함으로 다스리면 곧 삼가게 되고, 효성스러움과 자애로움으로 다스리면 곧 충후하게 될 것이요, 선한 이를 등용하고 선하지 못한 이를 가르치면 곧 힘쓰게 됩니다. 부모에게 효도하는 효(孝)를 마을로 확장시킨 것이 윗사람을 공경하는 제(悌)이고, 나아가 사회에서 행하는 것이 자신의 군주를 섬기고 따르는 인(仁)일진데, 그대는 노나라의 경(卿)임에도 불구하고 임금인 애공에게 그토록 무례하니, 백성들이 그 모습을 보고 어찌 그대를 따르겠습니까?"[95]라고 완곡하게 대답한 적이 있으니, 이것이야말로 지도자가 먼저 솔선수범해야 백성들이 지도자의 뜻을 따르게 된다는 이치가 아니겠습니까?

노자 그러므로 지도자가 억지로 작위 하여 법과 제도로 억압하면, 곧 백성들이 등을 돌리게 되어 그 자리가 위태롭게 되오. 하지만 천성에 따라 스스로 그러하게 하면, 곧 백성들이 지도자를 따르기 때문에 그 자리를 오랫동안 보존할 수 있는 것이오.[96]

이 때문에, 대동사회를 이끈 성인들은 오히려 억지로 작위 하여 백성들을 억압하지 않고, 그들의 천성에 따라 다스렸으니.[97] 이처럼 천성에 따라 스스로 그러하게 하는 대동의 통치이념은, 자애로운 덕으로 감화시키기 때문에 싸우지 않아도 상대방이 복종하게 되고, 말이나 명령을 함부로 내리지 않기 때문에 백성들이 알아서 지도자의 뜻에 화답하며, 굳이 소집하지 않아도 기꺼운 마음으로 오고, 법률이나 제도로 통제하지 않기 때문에 느슨한 것 같지만 오히려 일을 잘 도모하게 된다오.[98]

이처럼 하늘이 부여한 천성에 따르는 대동의 통치이념은 대단히 크고 넓어서, 법률과 제도로 통제하는 소강사회의 입장에서 언뜻 보기에는 엉성하고 부족한 듯하지만, 실제로는 백성들의 뜻에 따라 다스리는 것이기 때문에, 그들의 원망이나 불만을 사지 않게 되어 나라를 오랫동안 평안하게 유지할 수 있는 것이오.[99]

들판의 사면으로 그물을 펼쳐놓고는 "세상 사방 모두가 내 그물로 들어오게 하소서"라고 비는 이를 보자, 상나라의 탕은 "아,

지나치도다. 다 잡으려 하는구나!"라고 한탄하고는, 이에 삼면의 그물을 걷고 "왼쪽으로 가고 싶으면 왼쪽으로 가고, 오른쪽으로 가고 싶으면 오른쪽으로 가며, 목숨이 필요 없는 자는 내 그물로 들어오게 하소서."라며 빌었으니, 후에 제후들이 그 소식을 듣고는 "탕의 덕이 지극하여, 금수에게까지 미쳤구나."라고 감탄하며 그에게 귀속했던 것이 아니겠소?

공자 아, 하늘의 뜻인 천성을 따르는 대동사회의 도는 실로 너무나도 크고 심오합니다! 한번은 제가 "나는 더 이상 도에 대해서 말하지 않으려 한다!"라고 한탄하자, 제자 자공이 "스승께서 말씀하여 가르치시지 않으시면, 저희가 어찌 도를 배워서 실천할 수 있겠습니까?"라고 말하는 것이었습니다. 이에 저는 "하늘은 세상사에 일일이 관여하지 않고 스스로의 천성에 따라서 흘러가도록 하니, 이에 사계절이 운행되고 만물이 생겨난다. 나는 단지 도를 널리 알려서 세상을 안정시키고자 한 것인데, 나의 꿈이 이처럼 이기적인 현실 앞에서 물거품이 되었으니, 이 역시 아마도 천성을 거슬러 억지로 작위 해서 그런 것일지도 모르겠다. 너무나도 힘들구나. 결국, 하늘과도 같이 말없이 묵묵하게 시대의 흐름을 받아들이고 세상을 떠나는 것, 이것이 정녕 하늘의 뜻이란 말인가?"[100]라고 푸념 섞인 말을 내뱉었지요.

저는 대동을 지극한 이상향으로 삼지만 이는 어디까지나 노스탤지어의 손수건 즉 영원히 도달할 수 없는 개념이기 때문에, 현실적으로는 회복이 가능한 문왕과 무왕의 예악제도를 부활시켜야 한다고 주장한 것입니다. 다시 말해서 저의 궁극적인 지향점은 소강사회인 것이지요. 하지만 저의 꿈은 춘추시대 혼란기라는 이기적인 현실 앞에서 물거품이 되고, 이에 결국 노나라로 돌아와 후학 양성에 전념하게 되었습니다. 그러므로 이처럼 현실에 지친 마음을 토로하고, 나아가 울분 섞인 한탄을 했던 것입니다.

1) 25-4
2) 25-5
3) 25-6
4) 24-1
5) 17-4
6) 23-1
7) 51-3
8) 2-3
9) 2-4
10) [尙書(상서)] 〈堯典(요전)〉, [史記(사기)] 〈五帝本紀(오제본기)〉
11) 1-5
12) 3-2
13) 3-3
14) 5-1
15) 37-1
16) 15-5
17) 2-1
18) [禮記(예기)] 〈中庸(중용)〉
19) 64-3
20) 64-4
21) 37-3
22) 37-4
23) [史記(사기)] 〈夏本紀(하본기)〉
24) [十八史略(십팔사략)] 〈夏王朝篇(하왕조편)〉
25) 7-2
26) 20-1
27) 8-19
28) 20-1
29) 17-3, 23-5
30) 12-7
31) [禮記(예기)] 〈緇衣(치의)〉
32) 14-43
33) [史記(사기)] 〈五帝本紀(오제본기)〉
34) [史記(사기)] 〈五帝本紀(오제본기)〉
35) [十八史略(십팔사략)] 〈夏王朝篇(하왕조편)〉
36) 9-2
37) 10-4
38) 10-6
39) 15-11
40) 8-6
41) [史記(사기)] 〈孔子世家(공자세가)〉
42) 6-18
43) 2-9
44) 58-2
45) 58-3
46) [淮南子(회남자)] 〈人間訓(인간훈)〉
47) 11-2
48) 6-8
49) 9-21

50) 11–18

51) 56–3

52) 42–4

53) 29–4

54) 17–1

55) [十八史略(십팔사략)] 〈五帝篇(오제편)〉

56) [尙書(상서)] 〈堯典(요전)〉, [史記(사기)] 〈五帝本紀(오제본기)〉

57) 9–27

58) 16–2

59) 17–2

60) 17–4

61) 22–2

62) 27–1

63) [左傳(좌전)] 〈昭公(소공) 12년〉

64) 27–2

65) 27–3

66) [尙書(상서)] 〈益稷(익직)〉

67) [尙書(상서)] 〈伊訓(이훈)〉

68) 29–1

69) 29–2

70) 29–3

71) 56–2

72) 43–3

73) 43–4

74) 47–3

75) 2–3

76) 75–1

77) 75–2

78) 75–3

79) 75–4

80) 77–7

81) 81–4

82) [史記(사기)] 〈夏本紀(하본기)〉

83) [尙書(상서)] 〈益稷(익직)〉

84) [史記(사기)] 〈夏本紀(하본기)〉

85) [尙書(상서)] 〈太甲上(태갑상)〉

86) [尙書(상서)] 〈咸有一德(함유일덕)〉

87) [尙書(상서)] 〈說命(열명)〉

88) [尙書(상서)] 〈冏命(경명)〉

89) 2–19

90) 57–3

91) 57–6

92) [尙書(상서)] 〈大禹謨(대우모)〉

93) 57–7

94) 70–3

95) 2–20

96) 73–1

97) 73–3

98) 73–4

99) 73–5

100) 17–19

도(道)에는 천도(天道)와 인도(人道)가 있는데, 천도는 스스로 진실한 것이니 무위자연의 대동사회를 이끈 지도자의 도리를 뜻한다. 반면에 인도는 애써 노력하여 진실하게 하는 것이니, 다름 아닌 인의예악으로 소강사회를 이끈 지도자의 도리이다.

넷째 날,

도(道):

태평성대를 이끈 지도자의 통치이념

노자 도는 사람이 다니는 길이니, 완전히 통달하여서 다른 곳으로 나뉘어 갈라지지 않는 것을 일컬어 도를 행한다고 하는 것이요.[1] 따라서 도의 의미를 좀 더 구체적으로 풀이하자면, 이는 법도(法道)의 줄임말로써 바로 지도자가 전념하여서 마땅히 지켜야 하는 도리 즉 통치이념인 것이오.

공자 도에는 두 가지가 있는데, 애쓰지 않아도 스스로 진실함은 하늘의 도, 즉 천도(天道)이고, 애써 노력하여 진실하게 하는 것은 사람의 도, 즉 인도(人道)입니다. 스스로 진실한 사람은 굳이 그렇게 하려고 힘쓰지 않아도 중(中)하고 또 굳이 생각하지 않아도 얻게 되어서 차분하게 순리적으로 도에 들어맞게 되니, 이는 대동사회를 이끈 성인입니다. 그래서 커다란 도 즉 대도(大道)라고도 이르지요. 반면에 애써 노력하여 진실하게 한다는 것은 선을 가리어 굳게 잡음으로써 도에 들어맞게 하는 것이니, 이는 소강사회를 이끈 군자인 것입니다.[2]

한번은 제가 노나라 애공을 모시고 앉았는데, 애공께서 "감히 묻노니 사람의 도는 누구를 큰 것으로 여기오?"라고 물으시는 것이었습니다. 이에 저는 낯빛을 고치고는 "임금께서 이 말씀에 이르신 것은 백성들의 덕입니다. 진실로 신은 감히 사양치 않고 대답하겠습니다. 사람의 도는 정치를 큰 것으로 여깁니다."라고 대답했습니다. 그러자 애공께서 다시 "감히 묻겠는데 어떤 것이 정치를 한다고 일컫는 것이오?"라고 물으셨고, 저는 "정치는 바로 잡는 것입니다. 임금이 바르게 하면 곧 백성들이 정치에 따릅니다. 임금의 행하는 바는 백성들의 따르는 바입니다."라고 대답했습니다.[3]

노자 정확한 지적이요! 나는 일관되게 대동사회로의 복귀를 외쳤고 또 그 대동을 이끈 성인의 업적들을 〔도덕경〕에 담았기 때문에, 이러한 지도자의 통치이념인 도를 종종 커다란 도 즉 대도(大道)라고도 표현했던 것이오.[4] 하지만 사실 사람의 도인 인도(人道)뿐만 아니라 하늘의 도인 천도(天道) 역시 정치를 큰 것으로 여기고 또 정치는 바로잡는 것을 뜻하니, 올바름으로 나라를 다스리고, 부득이한 경우에만 일을 해결하기 위해 전쟁을 하며, 법이나 제도 등으로 백성들을 통제하지 않고 백성들의 뜻에 따라 나라를 다스리는 것이오.[5]

공자 그렇습니다. 하지만 저는 대동사회를 이끈 요임금과 순임금을 근본으로 하여 그 뜻을 서술하고, 또한 소강사회를 이끈 주나라 문왕과 무왕을 규범으로 삼았으며, 위로는 하늘의 때를 따르고도 아래로는 물과 풍토를 따랐습니다.[6] 다시 말해서 저는 비록 요순의 대동사회 도를 근본 즉 이상향으로 삼았지만, 궁극적으로는 문왕과 무왕의 소강사회의 도를 실천이념으로 따랐던 것입니다.

따라서 저는 성인의 도보다는 군자의 도를 염두에 두었기에, "도를 배우고 부단히 노력하여 실천하는 올바른 지도자인 군자는 배부르게 먹거나 편안하게 거처하기에 힘쓰지 않고, 벼슬에 나아가서는 온 힘을 쏟아 나랏일에 힘쓰면서 말과 명령을 함부로 하지 않는다. 이에 한 걸음 더 나아가 태평성대를 이끌었던 옛 성현들이 실천한 법도와 그 구체적인 내용들인 문(文)을 살펴서 통치에 임한다면, 진정 옛 성현들이 실천한 태평성대의 통치이념인 도를 배우고자 하는 사람이라고 할 수 있는 것이다."[7]라고 말했던 것입니다.

노자 하지만 그대가 말하는 소강의 도 역시 결국에는 대동사회에 기인하는 것. 따라서 대동의 도를 알아야 소강의 도를 실천할 수 있으니, 대동의 도는 이러하오.

나라를 다스림에 있어서 일일이 따지며 간섭하지 않고, 아무것도 모르는 것처럼 천성에 따라서 스스로 그러하도록 하는 대동의 덕치를 펴면, 백성들이 편안하게 지도자를 따르게 되오. 반면에 나라를 다스림에 있어서 엄격하고도 세분화된 법률과 제도로 통제하려 들면, 백성들이 지도자에게 불만을 품게 되어서, 결국 지도자에게 등을 돌리게 되는 것이오.[8]

다시 말해서 지도자가 잘 다스리려고 지나치게 법이나 제도를 강화하면 오히려 백성들이 힘들어하지만, 기본적인 조건을 마련해준 후에 자연스럽게 놔두면 오히려 천성에 따라서 자연스럽게 흘러간다는 도리요. 법과 제도가 많아지고 강화될수록, 오히려 사람들은 그 법망을 빠져나갈 궁리만을 하게 되어 더욱 교활해지기 마련일지니.

그런데 도, 즉 대동사회의 통치이념은 말로 형용할 수 있는 것이 아니라, 삼가고 노력하며 몸소 실천하는 모습을 통해서 실현되는 것이오. 따라서 만약 이를 우리가 이해할 수 있는 말로 쉽게 정의할 수 있다면, 그것은 변치 않고 오랫동안 유지할 수 있는 통치이념이 아니오.[9]

도라는 것은 보아도 볼 수 없는데, 그 이유는 높고 낮음이 조화로워져서 한없이 평탄하기 때문이오. 또한, 들어도 들을 수 없으니 아득하다고 하며, 손으로 잡으려 해도 가질 수 없으니 대단히 어렴풋하다고 할 수 있소.[10] 그리고 이 조화로움과 아득함 그리고 어렴풋함은 구분할 수가 없기 때문에, 사실상 도의 하나 되

는 공통적 특징인 것이오.[11]

대동사회의 통치이념인 도는 음과 양, 있음과 없음, 밝음과 어둠 등의 상반된 개념들이 한데 어우러져 조화롭게 이루어진 평등함의 총체이니. 따라서 그 위가 더 밝지 않고, 그 밑이 더 어둡지 않으며, 끊임이 없이 변치 않고 이어져 내려와, 어떠한 제도나 보편타당한 명분화된 개념으로 표현할 수 없소. 따라서 우리가 알고 있거나 단정 지을 수 있는 어떤 형태로도 묘사할 수가 없는 것이오.[12]

도는 이처럼 삼가고 노력하며 몸소 실천하는 내적인 모습을 통해서 실현되는 것이기에 외적인 모습을 묘사할 수가 없고, 이처럼 어떠한 방법으로도 묘사할 수 없기에 희미하고도 모호하다고 표현하는 것이니,[13] 앞에서 보아도 앞모습을 볼 수 없고, 뒤에서 따라가도 뒷모습을 볼 수가 없는 것이요.[14]

결국 도라는 것은 형이상학적 개념의 추상명사이므로, 이를 지도자의 통치이념이라고 표현할 수 있고, 상고시대의 통치이념인 도를 온전히 파악하고 그렇게 함으로써 오늘날의 법률과 제도를 조절하면, 태고의 사회를 비로소 명확하게 이해할 수 있으니, 이것을 바로 대동사회 통치이념의 규율이라고 하오.[15]

공자 아, 대동의 도리는 너무나 아득하고도 심오할지니! 하늘이 명한 것을 성(性) 즉 천성이라 하고, 성(性) 즉 천성을 따르는 것을 도(道)라 하며, 도를 닦는 것을 교(敎), 즉 가르침이라고 합니다.[16]

여기서 다시 한 번 말씀드리자면, 저의 궁극은 하나라 상나라를 거쳐 주나라 문왕과 무왕에 이르러 완성된 소강사회의 도를 실천이념으로 하는 것입니다. 그리고 저는 주공을 가장 존경하고 섬겼습니다. 좀 더 구체적으로 말해서, 주나라의 문왕과 무왕 그리고 주공께서 하나라와 상나라의 예악제도를 계승하고 나아가 종법제도를 완성시켰으니, 주나라의 예악제도야말로 문(文) 즉 통치에 필요한 모든 법도와 그러한 법도들의 구체적인 내용들을 찬란하게 드러낸 가장 이상적인 것입니다! 따라서 저는 주나라의 예악제도와 종법제도를 따르는 것입니다.[17] 다시 말해서, 제 가르침의 목표는 태어나면서부터 도를 깨닫고 실천한 성인이 아니라, 옛 성인의 도리를 배워서 부단히 실천하려고 노력하는 군자에 있는 것입니다.

한번은 제자 자공이 "감히 묻습니다. 군자가 옥을 중시하고 옥돌을 경시하는 것은, 어째서입니까? 옥은 적지만 옥돌은 많아서입니까?"라고 하기에, 저는 "옥돌의 많음으로 경시하거나, 옥의 적음으로 중시하는 것이 아니다. 무릇 옛날에, 군자는 덕을 옥에 비유했다. 옥이 온화하여 윤이 나는 것은 인(仁)이다. 옥이 촘촘하여 단단한 것은 지(知)이다. 옥이 모나지만 상처를 입히지 않는 것은 의(義)이다. 옥을 오가는 길과도 같이 드리운 것이 예(禮)이다. 드리운 옥을 두드려서 그 소리가 맑게 흐트러져 나아가다가, 그 소리가 짧게 뚝 그치는 것은 악(樂)이다. 옥의 티가 아름다움을 가리지 못하고, 아름다움이 티를 가리지 않는 것은 충(忠)이다. 옥의 미더움이 널리 드러나는 것은 신(信)이다. 옥의 기운이 하얀 무지개와 같은 것은 천(天)이다. 옥의 성령이 산천에 드러나는 것은 지(地)이다. 규장(옥으로 만든 그릇)이 특별하게 쓰이는 것은 덕(德)이다. 옥이 세상에서 귀히 여겨지는 것은 도(道)이다. 〔시경〕에 이르기를 '요컨대 군자를 생각하면, 온화함이 그 옥과도 같다.'[18]고 했다. 따라서 군자는 옥을 중시한다."[19]라고 대답한 바 있습니다.

옥은 다듬지 않으면 그릇이 되지 못하고, 사람은 배우지 않으면 도를 알지 못합니다. 이러한 까닭에 옛날의 임금된 자는 나라를 세우고 백성들을 다스림에, 가르침과 배움을 먼저 했던 것입니다. 〔상서〕 〈열명〉에 이르기를, "삼가여 처음부터 끝까지 배움에 종사한다."라고 하였으니, 그것은 이를 일컫는 것일지니! 비록 좋은 안주가 있어도 먹지 않으면 그 맛을 알지 못하고, 비록 지극한 도가 있어도 배우지 않으면 그 선함을 알지 못합니다. 이러한 까닭에 배운 후에야 부족함을 알고, 가르친 후에야 어려움을 아는 것이지요. 부족함을 알면 그런 후에야 능히 스스로 돌이켜보고, 어려움을 알면 그런 후에야 능히 스스로 힘쓰게 됩니다. 따라서 "가르침과 배움은 서로 성장하는 것이다." 즉 교학상장(教學相長)이라고 이르는 것입니다. 〔상서〕 〈열명〉에서 "가르침은 배움의 절반이 된다."라고 하였으니, 그것은 이를 일컫는 것이 아니겠습니까?[20]

노자 그대의 말뜻은 충분히 이해하겠소. 내 계속해서 대동의 도에 대해서 설명하리다. 대동사회의 통치이념인 도는 자기의 것을 자기의 것으로 여기지 않아서 겉으로는 마치 없는 듯하지만, 남을 위해 베풀기에 실제로는 끊임없이 생겨나는 것이오. 이렇듯 인위적으로 제도를 만들어 통제하지 않고 천성에 따라 다스리는 대동의 통치이념은 언뜻 보기에는 허술하고도 부족한 점이 많은 듯하지만, 실제로 이러한 통치이념으로 나라를 다스리면 그 통치는 엄격한 제도로 통제하는 것보다 오히려 백성들의 끊임없는 지지와 신망을 얻게 되어서 부족함이 없게 되리니.[21]

도는 대단히 오묘한 것으로, 엄격하고도 세분화된 제도며 나라를 통제하기 시작한 소강사회보다 훨씬 더 앞서서, 세상이 시작될 때부터 존재했소.[22] 눈으로 보이지는 않지만, 분명히 존재하는데, 나는 이러한 대동사회의 통치이념인 도가 어떤 존재보다 늦게 나타났는지는 몰라도, 분명 소강사회의 제도보다는 앞서 존재했던 것이라오.[23]

도라는 것은 마치 제사 때나 대장간에서 바람을 일으켜 불을 지피는 데 쓰는 도구인 풀무와도 같을지니.[24] 풀무는 안이 비어 있기 때문에 공기를 담아 바람을 일으킬 수 있는 것이고, 또 비어 있지만, 끊임없이 바람을 일으킬 수 있소. 인위적으로 제도를 만들어 통제하지 않고 천성에 따라 다스리는 대동사회의 통치이념은, 풀무처럼 비어 있어서 허술하고도 부족한 점이 많은 듯하지만, 실제로는 대단히 합리적이라오. 따라서 이러한 대동의 통치이념으로서 나라를 다스리면, 엄격한 법과 제도로 통제하는 것보다 오히려 백성들의 끊임없는 지지와 신망을 얻게 되어서 부족함이 없게 되는 것이오.[25]

그러므로 아름다운 덕의 모습은, 오로지 도를 향해서 움직이는 것이니![26] 대동사회의 통치이념인 도의 실체는 흐릿하여 분명하지 않소.[27] 흐릿하여 분명하지 않지만 그럼에도 불구하고 어떠한 모양이 존재하고,[28] 흐릿하여 분명하지 않지만 그럼에도 불구하고 어떠한 실체가 존재한다오.[29] 그윽하고도 아득하지만, 그럼에도 불구하고 어떠한 핵심이 존재하니,[30] 그 핵심은 매우 진실되어서 신뢰의 신(信)이 반드시 내포되어 있는 것이오.[31]

자고로 도라는 것은 끊임없이 내려왔기 때문에, 이를 통해서 세상의 모든 것들을 살펴볼 수 있으니.[32] 나 역시 일개 사람일진데, 어떻게 이렇듯 심오한 대동사회의 통치이념을 깨달을 수 있었겠소? 바로 상고시대로부터 전해 내려오는 덕치의 실례들을 보고, 그 안에서 공통점을 이해했기 때문이오.[33)]

누구 하나 버리지 않고 함께함으로써 조화를 이루는 대동사회의 통치이념인 도는, 세상이 만들어지기 이전부터 이미 존재해왔소.[34)] 희미한 소리조차도 들을 수 없으니 텅 비어 있는 듯하지만, 다른 것들과 분리되어 독자적으로 변치 않고 존재해왔고, 만물에 두루 미쳐서 행해지므로 위험하지 않으므로, 세상의 근본이 될 수 있는 것이오.[35)]

공자 천지의 도는 넓고도 두터우며, 높고도 밝습니다. 그리고 아득하고 불변한 것이지요.[36)] 또한 도라는 것은 잠시도 떠날 수 없는 것이니, 떠날 수 있다면 그것은 도가 아닙니다.[37)]

노자 나는 그러한 존재의 구체적인 이름을 알지 못하는데, 그 존재를 도 즉 대동사회의 통치이념이라고 일컫고, 그 존재에 굳이 억지로 이름을 붙여서 크다고 하는데, 크다는 것은 작다는 범위를 지나치는 것이고, 지나치게 되면 작다는 범위에서 멀어지는 것이며, 멀어지면 반대로 도에 가까워지는 것이 되오. 그러므로 도를 이야기할 때, 항상 반대 즉 대립되는 면으로 구체적인 예를 들어서 이해를 돕는 것이오.[38)]

공자 좀 더 구체적으로 설명해주실 수 있겠습니까?

노자 본래 대동의 통치이념인 도라는 것은 말이나 구체적인 형상으로 묘사할 수 없기 때문에, 그 대립되는 면을 통해서 설명해야 하는 것이 순리인 것이오. 또한, 도에서 나오는 순일한 덕은 바로 도가 추구하는 바를 만족시키는 구체적인 효능이오.[39] 그런데 그런 도에 억지로 이름을 붙이니 크다고 하는 것인데, 크다는 것은 주지하다시피 어디까지나 상대적인 개념이오. 우리가 당연하다고 생각하는 일반적인 통념이라는 것은, 사실 도의 관점에서 보면 무척이나 작은 것에 불과하지 않겠소? 반면에 도라는 것은 그러한 작은 것에 비해 큰 것이 되고 말이요.

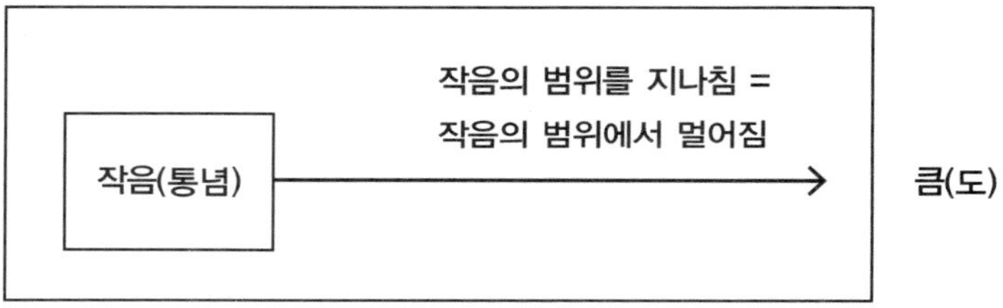

따라서 큰 도의 범위는 작은 통념의 범위를 지나치게 되고, 지나치게 되면 큰 도는 작은 통념에서 멀어지는 것이며, 작은 통념에서 멀어지니 반대로 진정한 대동의 통치이념에 가까워지게 되는 것이오. 단적인 예를 들어서, 우리는 지도자가 되기 위해서 백성들 위에 군림해야 한다고 생각하지만 이는 통념일 뿐, 대동사회의 통치이념인 도의 입장에서 보자면 지도자는 오히려 반대로 백성들 아래에 처하여 그들을 받들어 모셔야 한다는 것이오.

공자 하지만 임금은 높여지는 바이지, 남을 높이는 이가 아닙니다. 임금은 봉양을 받는 바이지, 남을 봉양하는 이가 아닙니다. 임금은 남에게 섬겨지는 바이지, 남을 섬기는 이가 아닙니다. 임금이 남을 높이면 곧 허물이 있고, 남을 봉양하면 곧 부족해지며, 남을 섬기면 곧 지위를 잃게 되는 것이지요. 그러므로 백성들은 임금을 본받음으로써 스스로 바로 잡히고, 임금을 봉양함으로써 스스로 평안히 지내며, 임금을 섬김으로써 스스로 드러나게 되는 것입니다. 따라서 예(禮)가 심오해지면 신분이 바로잡히는 것입니다![40]

노자 그것은 어디까지나 혼란스러운 세상을 극복하기 위해서, 일시적으로 인(仁)과 의(義) 그리고 예(禮)의 규율을 부각시켜 통제한 결과일 뿐. 대동의 도에는 부합하지 않소. 따라서 대동의 통치이념인 도는 오로지 국가와 백성들의 안위만을 위하는 순일한 덕을 낳고, 이러한 순일한 덕은 객관적이고도 공정한 태도인 중(中)과 누구 하나 버리지 않고 함께 가는 태도인 조화로움의 화(和)를 낳으며, 이 둘은 다시 자애로움의 자(愛)와 검소함의 검(儉) 그리고 감히 세상의 앞에 나서지 않는 겸손함의 겸(謙)을 낳고, 이 셋에서 세상 만물이 파생되어 나오는 것이오.[41]

공자 천지의 도는 한마디로 다할 수 있습니다. 그 만물을 이룸은 둘이 아니라 하나니, 만물을 낳은 것은 헤아릴 수가 없는 것이지요.[42] 다시 말해서 만물을 이루는 것이 하나고, 또 이러한 하나가 무수한 만물을 낳았으니, 결국에는 저희 둘의 '도'와 '하나'에 대한 관점은 기본적으로 일치하는 것입니다.

노자 따라서 대동사회를 이끈 성인들은 이러한 만물을 잘 운영하였기 때문에 모든 관료들의 수장 즉 최고지도자가 될 수 있었던 것이오. 그런데 지도자가 만약 이러한 도의 조화로움을 깨고 나아가 각각의 구성요소; 덕(德), 중(中), 화(和), 자(慈), 검(儉), 겸(謙)들을 분리한다면, 좀 더 구체적으로 말해서 이러한 도의 구성요소들을 모두 유기적으로 실천하지 못하고 한두 가지 또는 몇몇만 행한다면, 이는 단순히 한 분야의 뛰어난 전문가인 기(器), 즉 그릇밖에는 될 수 없는 것이니, 참된 지도자는 이러한 도의 긴밀한 연계성을 나누지 않고 하나로 모으는 것이오.[43)]

공자 아, 이 얼마나 중요한 말씀입니까! 도를 배움에 있어서 인(仁), 지(知), 신(信), 직(直), 용(勇), 강(剛)의 개념을 정확히 이해하고 나아가 좋아하여 실천하지 않으면, 결국 도를 배우지 않은 것과 마찬가지고, 또 이 여섯 가지 요소의 개념을 이해하고 나아가 좋아하여 실천하지만 도를 배움으로써 하나로 묶어 체계화하지 못하고 분리한다면, 오히려 고지식해지고, 제멋대로 해석하여 행동에 거리낌이 없게 되며, 그런 척만 하게 됩니다. 또한 자신에게는 엄격하고 남에게는 관대해야 하는데 오히려 타인에게만 엄격하여 비방하게 되며, 무도해져서 포악해지고, 사나워지는 폐단이 생겨 자신을 위험에 빠뜨리게 되는 것이지요.[44)]

한번은 "자로야, 너는 여섯 가지 말씀과 여섯 가지 결점에 대해서 들었는가?"라고 물었는데, 제자인 자로가 "아직 듣지 못했습니다."라고 대답하기에, 이에 "앉아라. 내가 너에게 말해주마. 자기 임금을 진심으로 섬기고 따르는 어짊인 인(仁)을 좋아하면서 성인의 도를 배우기를 좋아하지 않는 것의 결점은 공정하게 판단하지 못해서 맹목적으로 추종하게 된다는 것이다. 지혜로움의 지(知)를 좋아하면서 성인의 도를 배우기를 좋아하지 않는 것의 결점은 제멋대로 해석하여 행동에 거리낌이 없게 되는 것이다. 믿음의 신(信)을 좋아하면서 성인의 도를 배우기를 좋아하지 않는 것의 결점은 그런 척만 하게 되는 것이다. 올곧음의 직(直)을 좋아하면서 성인의 도를 배우기를 좋아하지 않는 것의 결점은 자신에게는 엄격하고 남에게는 관대해야 하는데, 오히려 타인에게만 엄격하여 비방하게 된다는 것이다. 용감함의 용(勇)을 좋아하면서 성인의 도를 배우기를 좋아하지 않는 것의 결점은 무도해져서 포악해지는 것이다. 강직함의 강(剛)을 좋아하면서 성인의 도를 배우기를 좋아하지 않는 것의 결점은 사나워지는 것이다."[45]
라고 설명해 주었던 것입니다.

태평성대를 이끈 성현들의 통치이념인 도를 배우면서 이 여섯 가지 요소의 개념을 정확히 이해하고 좋아하여 실천하지 않으면 결국 도를 배우지 않은 것과 마찬가지고, 또 이 여섯 가지 요소의 개념을 이해하고 좋아하여 실천하지만 도를 배움으로써 하나로 묶어 조화를 이루지 못한다면, 오히려 한쪽으로만 치우치는 폐단이 생겨 위험하게 됩니다. 이제 상술한 내용을 도표로 정리하면 다음과 같습니다.

도의 구성요소	호학(好學: 배우기를 좋아함)의 결과	불호학(不好學: 배우기를 좋아하지 않음)의 결과
인(仁: 어짊)	임금을 진심으로 섬기고 따름	공정하게 판단하지 못하고, 임금을 맹목적으로 추종함
지(知: 지혜로움)	사사로운 이익을 탐하지 않고 오직 백성들과 나라를 위한 공익을 꾀하며, 초자연적인 힘에 의탁하지 않는 객관적인 판단력	제멋대로 해석하여 행동에 거리낌이 없게 됨

도의 구성요소	호학(好學: 배우기를 좋아함)의 결과	불호학(不好學: 배우기를 좋아하지 않음)의 결과
신(信: 신뢰)	말을 하면 지키는 성실함	그런 척만 함
직(直: 올곧음)	사사로운 정에 얽매이지 않고 공정하게 판단함	자신에게는 엄격하고 남에게는 관대해야 하는데, 오히려 타인에게만 엄격하여 비방하게 됨
용(勇: 용감함)	의(義: 자기가 처한 서열에서 마땅히 지켜야 할 바를 목숨을 걸고 지키는 것)를 몸으로 실천하는 것	무도해져서 포악해짐
강(剛: 강직함)	마음이 굳세어 사사로운 탐욕을 부리지 않음	방자해짐

노자 대동사회의 통치이념인 도는 말로 형용할 수 있는 것이 아니라, 삼가고 노력하며 몸소 실천하는 모습을 통해서 실현되는 것이라고 말한 바 있소.[46] 그럼에도 불구하고 세상 사람들에게 도란 무엇인지 이해시키기 위해서, 나는 〔도덕경〕을 통해서 나름대로 도를 설명하려고 애를 썼던 것이오.

비록 그대가 추구하는 바는 소강사회의 통치이념으로서의 도이기는 하지만, 소강 역시 대동의 맥락을 기본적으로 계승하여 보다 구체적으로 세분화시킨 것일 터. 과연 교육자로서의 그대 설명은 참으로 상세하고도 명료하구려.

도라는 것은 그 어떤 것으로도 그리 간단하게 정의할 수 없는데, 소박하여서 비록 작게 보이지만 세상 그 어떤 것에도 종속되지 않소.[47] 그리고 지도자가 이러한 대동의 통치이념을 이해하고 실천해나가면, 세상이 그를 믿고 의지하며 따르게 될 것이오.[48]

이처럼 지도자가 천성에 따라 다스림으로써 백성들이 그 지도자를 믿고 의지하여 따르게 되는 것, 이러한 도리를 비유적으로 말하자면 마치 높은 곳에 있는 하천과 계곡의 물이 아래쪽에 있는 강과 바다로 흘러들어 가는 것과도 같은 이치라고 표현할 수 있지 않겠소?[49)]

대동사회의 통치이념인 대도(大道) 즉 커다란 도는 모든 만물에 퍼져 있기 때문에, 세상 모든 것들을 다스릴 수 있소. 만물은 도에 기대어 각자의 천성에 따르기 때문에 원망이나 불평하지 않고, 도는 나라를 오랫동안 평안하게 유지하지만 그것이 자신의 공로라고 자처하지 않소. 도는 세상 만물을 이끌지만 각자의 천성에 따르는 것일 뿐이기에 자신이 이끈다고 자만하지 않고, 오직 삼가고 노력하여 사리사욕을 추구하지 않기 때문에 어쩌면 미약해 보일 수도 있소. 그리하여 세상이 모두 도를 따르지만, 도는 자기가 통제한다고 생각하지 않으니 진정 위대하다고 할 수 있는 것이오.[50)] 항상 자만하지 않고 삼가여 노력하는 겸손한 자세를 취하기 때문에, 오히려 세상이 믿고 따르는 위대함을 이룰 수 있는 것이오.[51)]

이처럼 커다란 도 즉 대동의 통치이념을 실천하면 세상이 모두 지도자를 믿고 따르게 되고, 세상이 모두 지도자를 믿고 따르면 나라가 오랫동안 평화로움을 유지하게 되오.[52)] 반면에 화려한 음악과 풍성한 음식으로 비유되는 자극적인 것들은, 지도자가 백성들의 천성 즉 원하는 바를 이해하고 따르지 못하게 방해할 따름이니![53)]

하나라의 마지막 왕인 걸 임금은 탐욕스럽고 사나웠으며 힘은 능히 쇠갈고리로 된 밧줄을 펼 수 있을 정도였으나, 옥으로 장식한 궁궐과 누각을 짓고 백성들의 재물을 다하였소. 고기로 숲을 만들고, 술로 만든 연못은 배를 띄울 수 있었으며, 술지게미로

쌓은 둑에서 십 리를 볼 수 있을 정도였으니, 이에 나라 백성들의 신망이 크게 무너졌던 것이오.[54)]

상나라의 마지막 왕인 주 임금은 천성적으로 말솜씨가 좋고 행동이 빨랐으며, 맨손으로 맹수와 맞서고 지혜는 충분히 신하들의 간언을 막을 수 있었을 뿐 아니라, 말은 충분히 거짓으로 꾸며낼 수 있을 정도였소. 그런 주 임금이 유소씨 부락을 정벌하였을 때, 유소씨가 달기라는 여인을 공녀로 바치자, 사랑에 빠져서 그녀의 말을 모두 따랐으니, 부세를 더 높여 받아서 재물을 모아두던 곳인 '녹대'의 재물을 튼튼하게 하고, '거교'라는 지역에 있던 창고에 곡식을 가득 채웠고, '사구'에 있는 동물을 키우던 정원을 넓혔으며, 술로 못을 만들고 고기를 매달아 숲을 만들어 며칠이고 계속 술자리를 벌였으니, 백성들이 원망하고 제후들 중에서도 배반하는 이들이 생기게 된 것이오.[55)] 따라서 대동사회의 통치이념인 도를 굳이 맛으로 비유하여 설명하자면, 화려한 음악이나 풍성한 음식과는 달리 자극적이지 않고 담백하여 수수할 따름이라오.[56)]

따라서 뛰어난 사(士: 선비)는 대동의 통치이념인 도를 접하게 되면 삼가여 실천하려고 노력하니,[57)] 상나라 고종을 모시던 신하 부열은 "아는 것이 어려운 것이 아니라, 행하는 것이 어려운 것입니다. 임금께서 정성껏 하여 어렵다고 여기지 않으시면, 능히 선왕이 이루신 덕을 따를 것이니, 저 부열이 말씀드리지 않는다면 저에게 허물이 있는 것입니다."[58)]라고 말하여 자신을 부단히 채찍질했던 것이오. 하지만 평범한 사(士: 선비)는 도를 접하게 되면 반신반의하고,[59)] 수준이 낮은 사(士)가 도를 접하게 되면 도저히 이해할 수 없어서 비웃는 것이오.[60)] 수준이 낮은 자가 비웃지 않으면 오히려 도라고 하기에 부족한 것이니, 이처럼 대동의 통치이념인 도는 아무나 이해하고 실천할 수 있는 것이 아니라오.[61)]

그러므로 나는 다음과 같은 의견을 제시하노니, 밝은 대동의 통치이념은 언뜻 보기에 어두운 듯하고, 앞으로 나아가는 대동의 통치이념은 언뜻 보기에 뒤로 물러서는 듯하며, 위와 아래 음과 양이 조화를 이루는 대동의 통치이념은 언뜻 보기에 부족해 보이는 듯하오.[62)]

소박하고도 진실한 것은 언뜻 보기에 소홀한 면이 있어 보이는데, 그렇기 때문에 도로 나라를 다스리면 엉성하여 부족한 듯해 보이지만 사실은 그렇지 않은 것이니.[63)] 오늘날과 같이 복잡한 법률과 제도들로 통제하는 세상에서 대동의 통치이념으로 백성들을 다스렸던 시절을 상상해보면 상당히 엉성하고 소홀해 보일 수 있지만, 이는 백성들을 공경하고 삼가여 그들의 뜻에 따라서 다스리는 것이기 때문에 오히려 법률이나 제도로 억압하는 것보다 더 백성들이 따르는 것이라오.

너무나도 큰 사각형은 그 모퉁이를 볼 수 없고, 너무나도 큰 기구는 만들 수 없으며, 너무나도 큰 소리는 들을 수 없고, 너무나도 큰 형상은 형체가 없으며, 대동의 통치이념인 도는 너무나도 큰 것이어서 뭐라고 이름 지을 수 없소.[64)] 따라서 지도자가 이처럼 도로 나라를 다스려야만이, 모든 백성들을 포용하여 다시금 대동사회로 돌아갈 수 있는 것이오.[65)] 또 이처럼 지도자가 삼가여 나라를 다스림으로써 세상에 도가 있게 되면, 전쟁이 없어지게 되어 전쟁에 쓰이는 말들조차도 논밭에 거름을 주는 역할만을 하게 될 뿐이오.[66)]

대동의 통치이념인 도가 만물을 낳고, 순일한 덕은 만물을 기르지만, 외부환경은 만물의 틀을 억지로 만들어서 구체적으로 드러나게 하고, 정세나 동향은 만물의 성격을 억지로 결정할 따름이요.[67] 그러한 까닭으로, 만물은 도를 숭상하고 순일한 덕을 중시하지만, 외부환경이나 정세를 중시하지는 않는 것이니.[68]

도가 숭상을 받고 순일한 덕이 중시되니, 성인들은 함부로 말이나 명령을 하지 않고, 만물이 항상 타고난 천성에 따라 스스로 그러하도록 한 것이오.[69] 따라서 도는 만물을 낳고, 자애로움의 순일한 덕이 만물을 기르며, 자라게 하고, 배양하며, 어느 한쪽으로 치우치지 않게 하고, 강인하게 하며, 키우고, 보호하는 것이오.[70] 이처럼 대동사회의 통치이념은 만물을 낳지만 자신의 것으로 여겨 소유하려 들지 않았고, 통치하지만 통치를 잘하고 있다고 자부하지 않았으며, 그들의 타고난 천성에 따르도록 하였지만 제도로 누르고 강압하지는 않았으니, 이를 바로 대동사회의 심오한 덕이라고 하는 것이 아니겠소?[71]

공자 크구나, 성인의 도여. 광대하게 만물을 발육시키고, 높음이 하늘에 다다를지니![72]

노자 그러므로 나에게 변치 않는 앎이 있다면, 큰길을 걸음에 있어서 결코 천성을 거슬러서 법이나 제도 등으로 억지로 백성들을 통제하지 말아야 한다는 것이오.[73] 그리고 여기서 큰길을 걷는다는 것은 바로 대동의 통치이념을 실천한다는 것을 비유적으로 표현한 것이고.

큰길은 대단히 평탄한데 사람들은 오히려 좁은 길을 좋아하니,[74] 대동의 통치이념인 도는 각자 부여받은 천성에 따라 스스로 그러할 수 있도록 자애로운 덕으로 포용하는 것이라 평탄하고 평온한데, 오늘날의 지도자들은 끊임없이 법과 제도를 세분화하고 강화시켜서 억지로 백성들을 통제하려고만 드니, 이는 대단히 위험한 일이라오.

공자 따라서 군자는 평온함에 머물면서 명을 기다리지만, 소인배는 위험을 행하면서 요행을 바랄 뿐이지요.[75] 그러고 보니 제자 자유가 무성이라는 읍의 원님이 되고 나서, 한번은 제가 "너는 사람을 얻었느냐?"라고 물었는데, 자유는 "담대멸명이라는 이가 있는데, 다닐 때, 지름길로 말미암지 않고, 공적인 일이 아니면 저의 거처에 이른 적이 없습니다."[76]라고 말한 적이 있으니, 이 역시 큰길을 걷는다는 말과 맥락상 서로 통하지 않겠습니까?

노자 음, 담대멸명은 사람됨이 어떠하였소?

공자 그는 저보다 39세 어린 제자였습니다. 처음 그가 저에게 가르침을 받으러 왔을 때, 저는 그가 너무 못생겨서 모자란 사람으로 여겼습니다. 하지만 시간이 흘러서 그를 따르는 제자가 300명에 이르렀고 제후들에게까지 그 명성이 알려지자, 훗날 "재아가 말을 잘하는 것만 믿었다가 잘못 판단했고, 담대멸명이 못생겼다고 해서 잘못 판단했다."고 술회한 적이 있습니다.[77]

노자 재아는 어떤 인물이기에 그러오?

공자 그는 자공과 더불어 말재간이 탁월했던 제자입니다.[78] 워낙 말재주가 탁월하다고 생각하여, 그를 제자로 받아들여서 도를 가르쳤던 것이지요. 하지만 훗날 재아는 제나라 '임치' 지역의 대부가 되어서, 역시 제나라 대부 진성자와 역모를 꾀하여 임금을 죽이고 반란을 일으켰다가 결국 멸족의 화를 당하게 되었으니, 저는 이를 두고두고 수치스러워하며 후회했던 것입니다.[79] 도를 거슬러 나라를 다스리게 되면, 이는 결국 재앙으로 돌아오는 것이지요.[80]

노자 그렇소. 이처럼 도는 만물에 퍼져서 오묘하게 작용하기 때문에, 덕을 쌓는 지도자가 보물로 여기고, 그렇지 못한 지도자 역시 반드시 지켜야 하는 것이오![81]

공자 도는 사람에게서 멀지 아니한 것이니, 사람이 그것을 행하나 사람에게서 멀어진다면 도라고 할 수 없는 것 아니겠습니까?[82] 따라서 사람이 도를 넓힐 수 있는 것이지, 도가 사람을 넓히는 것은 아닙니다.[83] 그러므로 저는 춘추시대와 같은 혼란기에는 천도(天道)가 아닌 인도(人道) 즉 소강사회의 통치이념으로 다스려야 한다고 믿었고, 또 그러하기에 성인이 아닌 군자를 양성하려고 애쓴 것입니다.

도를 배우고 항상 변치 않는 태도로 부단히 노력하여, 그 성인들의 도를 자신의 것으로 만든다면 어찌 기쁘지 않겠습니까?[84] 옛날의 가르침은 집에는 글방(행랑방)이 있고, 향리에는 향학이 있으며, 취락에는 학당이 있고, 나라에는 국학이 있었습니다. 해마다 입학하고, 매년 중반에 시험을 치렀는데, 1년 차에는 경을 나누고 뜻을 밝히는 것을 봅니다. 3년 차에는 학업을 공경하고 벗들과 즐기는지를 보지요. 5년 차에는 널리 익히고 스승을 가까이 하는지 보고, 그리고 7년 차에는 배움을 논하고 벗을 골라 뽑는 것을 보니, 이를 일컬어서 소성(小成; 기본기 완성)이라고 합니다. 9년 차에는 대부분을 깨달아서 통달하고 굳건히 세워서 어긋나지 않으니, 이를 일컬어서 대성(大成; 크게 이룸)이라고 하지요. 무릇 그러한 후에는 백성들을 교화시키고 풍속을 바꿀 수 있으니, 가까운 이들(나라 안 백성들)이 기꺼이 복종하고, 먼 이들(나라 밖의 타 지역 백성들)이 따르게 됩니다. 바로 이것이 큰 배움의 길인 것입니다.[85]

따라서 그렇게 배운 성인들의 도를 부단히 실천하여 나라를 다스리면, 자연스레 멀리 있던 백성들이 그 나라가 살기 좋다는 소식을 듣고 몰려와서 지도자를 따를 터이니, 어찌 또한 즐겁지 않겠습니까?[86] 한번은 섭공이 정치에 대해서 물은 적이 있습니다. 이에 저는 "가까이 있는 사람은 자기 백성들을 뜻하고, 먼 데 있는 사람은 다른 나라 백성들을 뜻합니다. 따라서 참된 정치란 지도자가 통치하는 영토 안에 살고 있는 본래의 백성들을 행복하게 하고, 또 그 소식을 전해 들은 타 지역 백성들이 몰려와 참된 지도자를 섬기게 하는 것입니다."[87]라고 대답한 바 있습니다. 그런데 어떤 이들은 〔논어〕 첫 구절의 이 말뜻을 오해하여, "먼 곳에서 친구가 찾아오니, 어찌 즐겁지 않겠는가!"라고 번역하고 있으니, 그저 안타까울 따름입니다.

도를 배우고 부단히 노력하여 실천하는 올바른 지도자인 군자는 남에게 보여주려고 하는 것이 아니라 자신을 위해서 삼가여 부단히 도를 닦는 것이니, 설령 자신이 이처럼 부단히 노력하여 통치를 잘하고 있음을 남들이 알아주지 않아도 화를 내거나 속상해하지 않으면, 이것이야말로 참된 지도자인 군자가 아니겠습니까?[88] 이 때문에 군자는 보이지 않는 바를 조심하고 삼가며, 들리지 않는 바를 두려워하는 것입니다. 숨기는 것보다 더 드러나는 것이 없고, 미세한 것보다 더 잘 나타나는 것이 없으니, 따라서 군자는 남이 보지 않고 홀로 있을 때에 더욱 삼가여 행하는 것입니다.[89]

도는 바로 세상으로 나가는 유일한 출입구와도 같으니, 오직 도로 세상을 다스려야만 나라가 안정될 수 있습니다.[90] 그런데 제자 자장이 착한 사람의 도란 어떤 것인지 묻기에, 저는 "너는 명성을 얻을 것만 생각하고, 또 어떻게 해야 정치에 종사할 수 있는지를 묻고 있으니, 이는 향상됨을 구하는 것이 아니라 빨리 이루기를 바라는 것이다. 성급하게 정치에 참여하고자 하는 자세를 버리고, 도의 구성요소들을 하나씩 배워가면서 실천해야 한다. 도의 구성요소들을 하나씩 배워가면서 실천하지 않으면, 결국 성인의 도를 깨우치지 못하게 된다."[91]라고 대답해주었습니다.

노자 그대가 말하는 소강사회의 통치이념인 인도(人道)의 구성요소들에는 또 어떤 것들이 있소?

공자 저의 제자 자하는 "얼굴빛을 공손하고도 정중하게 하여서 현명〔賢〕한 즉 예(禮)로 이성과 감성을 조율하여 객관적 태도인 중(中)과 모두를 아우르는 조화로운 태도인 화(和)를 실천하는 이를 존경하고, 정성을 다해서 부모를 섬기며, 임금을 섬김에 있어 몸을 바쳐서 최선을 다하고, 또한 친구와 교류함에 있어서 자기가 한 말은 반드시 지키는 성실함을 실천할 수 있으면, 비록 그 사람이 옛 성인군자들의 통치이념인 도를 배우지 못했다고 말하더라도, 나는 반드시 그런 사람은 도를 배웠다고 평가할 것이다."[92]라고 말한 바 있으니, 그의 말로 여쭤보신 질문에 대한 답을 대신할까 합니다.

노자 그대의 제자 자하는 또 어떠한 인물이었소?

공자 자하는 저보다 44세 어렸는데, 제가 죽은 후 사람들을 가르치면서 여생을 보내다가, 자기 아들이 죽자 너무나 서럽게 울어 결국 장님이 되었다고 합니다.[93]

1) [說文解字(설문해자)]
2) [禮記(예기)] 〈中庸(중용)〉
3) [禮記(예기)] 〈哀公問(애공문)〉
4) 18-1, 34-1, 53-1, 53-2
5) 57-1
6) [禮記(예기)] 〈中庸(중용)〉
7) 1-14
8) 58-1
9) 1-1
10) 14-1
11) 14-2
12) 14-3
13) 14-4
14) 14-5
15) 14-6
16) [禮記(예기)] 〈中庸(중용)〉
17) 3-14
18) [詩經(시경)] 〈秦風(진풍)·小戎(소융)〉
19) [禮記(예기)] 〈聘義(빙의)〉
20) [禮記(예기)] 〈學記(학기)〉
21) 4-1
22) 4-2
23) 4-4
24) 5-2
25) 5-3
26) 21-1
27) 21-2
28) 21-3
29) 21-4
30) 21-5
31) 21-6
32) 21-7
33) 21-8
34) 25-1
35) 25-2
36) [禮記(예기)] 〈中庸(중용)〉
37) [禮記(예기)] 〈中庸(중용)〉
38) 25-3
39) 40-1
40) [禮記(예기)] 〈禮運(예운)〉
41) 42-1
42) [禮記(예기)] 〈中庸(중용)〉
43) 28-7
44) 2-15
45) 17-8
46) 1-1
47) 32-1
48) 32-2
49) 32-5
50) 34-1

51) 34–2

52) 35–1

53) 35–2

54) [十八史略(십팔사략)] 〈夏王朝篇(하왕조편)〉

55) [十八史略(십팔사략)] 〈殷王朝篇(은왕조편)〉

56) 35–3

57) 41–1

58) [尙書(상서)] 〈說命(열명)〉

59) 41–2

60) 41–3

61) 41–4

62) 41–5

63) 41–8

64) 41–9

65) 41–10

66) 46–1

67) 51–1

68) 51–2

69) 51–3

70) 51–4

71) 51–5

72) [禮記(예기)] 〈中庸(중용)〉

73) 53–1

74) 53–2

75) [禮記(예기)] 〈中庸(중용)〉

76) 6–12

77) [史記(사기)] 〈仲尼弟子列傳(중니제자열전)〉

78) 11–2

79) [史記(사기)] 〈仲尼弟子列傳(중니제자열전)〉

80) 2–16

81) 62–1

82) [禮記(예기)] 〈中庸(중용)〉

83) 15–29

84) 1–1

85) [禮記(예기)] 〈學記(학기)〉

86) 1–1

87) 13–16

88) 1–1

89) [禮記(예기)] 〈中庸(중용)〉

90) 6–15

91) 11–19

92) 1–7

93) [史記(사기)] 〈仲尼弟子列傳(중니제자열전)〉

덕(德)은 타인에게 관대하지만 자신에게는 엄격한 지도자의 태도를 뜻한다. 덕에는 아홉 가지가 있으니, 세 가지 덕을 쌓으면 집안을 다스릴 수 있고, 여섯 가지 덕을 쌓으면 나라를 다스릴 수 있으며, 아홉 가지를 모두 쌓게 되면 온 세상을 다스릴 수 있다.

다섯째 날,

덕(德):

강함과 부드러움의 조화를 이루려는 절조

노자 큰 덕의 모습은 오직 도만을 따르니,[1] 아름다운 덕의 모습은 오로지 대동사회의 통치이념인 도를 향해서 움직이는 것이라오.

공자 덕이 있음을 숭상하는 것은 무엇 때문이겠습니까? 덕이 도에 가깝기 때문이지요.[2] 따라서 큰 덕을 지닌 이는 반드시 하늘의 명을 받는 것입니다.[3] 이처럼 태평성대를 이루는 기반이 바로 덕치이고, 또한 진실로 덕에 이르지 못하면 도가 머물지 않게 되니,[4] 이러한 덕은 도 바로 아래에서 도를 완성시키는 하위 개념이지요.

노자 또한 우가 신하로서 순임금을 모실 때 "아, 임금께서는 기억하소서! 오직 덕행을 해야 잘 다스릴 수 있으니, 정치는 백성을 기르는 데 있습니다. 물, 불, 쇠, 나무, 흙과 곡식을 다스리고, 덕을 바로 잡아 쓰임을 이롭게 하며, 살림을 안정시키고 조화롭게 해야 합니다."[5]라고 간언한 바 있으니, 결국, 정치란 덕으로 백성들을 다스리는 것을 말하오.

공자 그렇습니다! 지도자가 덕으로 나라를 다스리는 정치를 하면, 마치 북극성 주변에 수많은 별들이 위치하듯이 주변의 수많은 사람들이 몰려와 그를 지지하고 따르게 되니,[6] 이처럼 덕을 베풀면 지도자는 결코 외롭지 않게 되는 것이지요.[7]

1. 덕이란 무엇인가?

노자 순임금의 신하 고요는 우와의 대화에서 다음과 같이 말한 바 있소. "아! 행함에는 또한 구덕(아홉 가지 덕)이 있습니다. 그 사람에게 덕이 있으면, 이에 가리고 가려 행했다고 말합니다." 이에 우가 "어떤 것입니까?"라고 묻자, 고요는 "관대하면서도 엄격하고, 온유하면서도 확고히 서며, 정중하면서도 함께하고, 다스리면서도 공경하며, 길들이면서도 강인하고, 정직하면서도 부드러우며, 질박하면서도 청렴하고, 강직하면서도 정성스러우며, 굳세면서도 의(義)로운 것이니, 항상 그러함을 밝히면, 길합니다. 날마다 세 가지 덕을 널리 펴고 아침저녁으로 삼가 밝히면, 가문을 소유할 수 있습니다. 날마다 여섯 가지 덕을 엄격하게 떨치고 공경하며 명확하게 분간하면, 나라를 소유할 수 있습니다. 이 모두를 합해 거두어 널리 베풀어서 아홉 가지 덕을 모두 섬기면, 뛰어난 인재가 관직에 있게 되어 모든 관료들이 기준으로 삼고 따를 것입니다. 모든 관료들이 때에 맞춰 오진(오행: 물, 나무, 불, 흙, 쇠)을 따르면, 모든 공적이 이루어질 것입니다."[8]라고 상,세하게 설명한 바 있소.

결국, 덕에는 아홉 가지가 있는데, 아홉 가지 덕 즉 구덕이란 1. 관이율(寬而栗): 관대하면서도 엄격함, 2. 유이립(柔而立): 온유하면서도 확고히 섬, 3. 원이공(願而共): 정중하면서도 함께함, 4. 치이경(治而敬): 다스리면서도 공경함, 5. 요이의(擾而毅): 길들이면서도 강인함, 6. 직이온(直而溫): 정직하면서도 부드러움, 7. 간이염(簡而廉): 질박하면서도 청렴함, 8. 강이실(剛而實): 강직하면서도 정성스러움, 9. 강이의(強而義): 굳세면서도 의(義)로움을 말하는 것이오. 이 중에서 삼덕(三德) 즉 세 가지 덕을 행하면 가문을 소유할 수 있으니 바로 '제가(齊家)'를 뜻하고, 육덕(六德) 즉 여섯 가지 덕을 행하면 나라를 소유할 수 있으니 '치국(治國)'을 의미하며, 이 모두를 합친 구덕(九德) 즉 아홉 가지 덕을 섬기면 모든 관료들이 엄숙하고 삼가게 되니 '평천하(平天下)'를 가리키오. 그런데 이 아홉 가지 덕목들을 자세히 살펴보면, 모두 강함과 부드러움의 조화라는 공통점을 발견할 수 있소. 따라서 덕이란 바로 대동사회를 이끌었던 지도자인 성인들이 행한 강함과 부드러움의 통치법을 조화롭게 실천하려는 절조(절개와 지조)인 것이오.

그렇다면 이 구덕 중에서 삼덕과 육덕은 또 어떻게 구별해야 하겠소? 삼덕이라 함은 첫 번째는 정직함을 말하는 것이요, 두 번째는 강직함으로 다스림을 말하는 것이요, 세 번째는 유함으로 다스림을 말하는 것이니, 평화롭고 안락하면 정직함으로 하고, 굳어서 따르지 않으면 강직함으로 다스리며, 화해하여 따르면 유함으로 다스리고, 성정이 가라앉아 겉으로 드러나지 않으면 강직함으로 다스리며, 식견이 높으면 유함으로 다스리는 것이오.[9]

따라서 삼덕은 정직함과 강직함 그리고 부드러움으로 다스리는 것을 말하는 것으로, 이는 위의 구덕 중에서 2. 유이립(柔而立) : 온유하면서도 확고히 섬, 6. 직이온(直而溫) : 정직하면서도 부드러움, 8. 강이실(剛而實) : 강직하면서도 정성스러움에 해당하고, 나머지는 바로 육덕임을 알 수 있을 것이니. 이제 이를 도식화하면 다음과 같소.

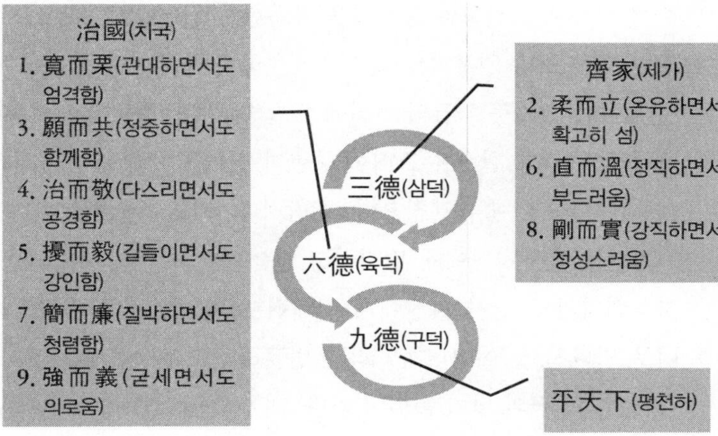

하지만 정치를 하는 지도자가 어떻게 이 강함과 부드러움을 모두 갖춤으로써 조화롭게 실천할 수 있겠소? 타인의 실수는 너그러이 포용하여 감싸주는 반면 자신의 실수는 엄격하게 따짐으로써 그 허물을 고치는 데 부끄러워하지 않는 모습, 그리고 자신은 검소하게 지내면서 백성들에게는 오히려 베푸는 모습이 바로 그것인 것이오!

공자 아! 지도자가 타인의 선함을 드러내는 반면 자기의 허물을 드러나게 하면, 곧 백성들이 다투지 않습니다. 타인의 선함을 드러내는 반면 자기의 허물을 드러나게 하면, 곧 원망이 더욱 없어지게 되지요.[10] 지도자가 자기에게는 엄격한 개과물린(改過勿吝: 허물을 고치는 데 인색하지 말라)과 타인에게는 관대한 용(容: 너그러이 포용함)의 강함과 부드러움의 조화를 이루는 덕을 베푼다면, 과연 어느 누가 그를 원망하겠습니까?[11]

그러한 측면에서 보았을 때, 저의 제자 중궁은 옛 성인들이 행한 강함과 부드러움의 통치법을 조화롭게 실천하려는 절개와 지조인 덕을 지닌 인물이므로, 저는 "중궁은 북극성이 북쪽에 처하여 남쪽을 향하듯 임금의 자리에 오를 만하다."라고 칭찬한 바 있습니다. 그런데 한번은 그러한 중궁이 저에게 자상백자의 인물됨에 대해서 묻기에, "괜찮으니, 대범하다."라고 대답했습니다. 그러자 중궁은 "자신에게 엄격하고 타인에게는 관대해야 하는데, 자상백자와도 같이 자신에게 관대하고 타인에게도 관대하다면 너무 지나친 것 아닙니까?"라고 반문하였고, 이에 저는 잠시 생각한 후 "중궁의 말이 틀림이 없다. 내가 틀렸으니 고쳐야겠다."[12] 라고 반성한 적이 있습니다.

이미 앞에서 정치를 행함에 덕으로 하는 것은 마치 북두성이 그곳에 자리를 잡아서 여러 별들이 함께하는 것과도 같다고 말한 바 있으니,[13] 정치란 덕으로 하는 덕치를 행하는 것입니다. 그런데 한번은 제자 자장이 "어떤 것을 다해야 정치에 종사할 수 있습니까?"라고 묻더군요. 이에 저는 "다섯 가지 좋은 일(오미: 五美)을 높이고 네 가지 잘못(사악: 四惡)을 물리치면, 이에 정치에 종사할 수 있다."라고 대답했습니다. 그러자 자장은 "무엇을 다섯 가지 좋은 일이라고 합니까?"라고 물었고, 저는 "군자는 은혜롭지만 낭비하지 않고, 수고롭지만 원망하지 않으며, 원하지만 탐내지 않고, 편안하지만 교만하지 않으며, 위엄이 있지만 사납지 않다."라고 다시 대답했습니다. 하지만 자장은 제 말을 온전히 이해하지 못하더군요. 이에 저는 또다시 "백성들이 이롭게 여기는 것을 이롭게 해주면, 이 또한 은혜롭지만, 낭비하지 않는 것이 아니겠는가? 수고롭게 할 만한 일을 골라서 수고롭게 하면, 또 누가 원망하겠는가? 자기의 임금을 진심으로 섬기고 따르는 어짊인 인

(仁)을 행하고자 하여 인(仁)에 이르니, 또 어찌 탐내겠는가? 군자는 많거나 적거나 작거나 큼에 상관없이 감히 태만하지 않으니, 이 또한 평안하고도 교만하지 않은 것이 아니겠는가? 군자는 그 의관을 바르게 하고 바라보는 것을 존엄히 하며 엄숙하여 사람들이 바라보면 그를 경외하니, 이 또한 위엄이 있지만 사납지 않은 것이 아니겠는가?"라고 말하여 보다 구체적으로 설명을 해주었습니다. 그랬더니 자장이 이번에는 "무엇을 네 가지 잘못이라고 합니까?"라고 묻더군요. 그래서 저는 "가르치지 않고 죽이는 것을, 모질다고 한다. 훈계하지 않고 성과를 바라는 것을, 난폭하다고 한다. 느슨하게 부리고 기한을 빡빡이 하는 것을, 도적이라고 한다. 오히려 사람들에게 주어야 하는데, 출납(물품을 내주거나 거둬들이는 업무)을 인색하게 하는 것을 유사(有司: 사무를 맡아보는 직무)라고 한다."고 말해주었습니다.[14]

노자 살인은 항상 살인을 담당하는 유사가 담당하는 것이니, 만약 다른 직무를 담당하는 유사가 대신하여 살인을 한다면, 이는 마치 전문 목수를 대신하여 나무를 베는 것과도 같소.[15] 즉 대동사회를 이끈 성인들처럼 백성들이 믿고 따르는 지도자가 아닌데도 함부로 형벌을 내리고 또 그 결과에 모두가 수긍하지 못하면, 마치 전문 목수를 대신하여 나무를 베면 손을 다치게 되듯이 백성들의 원성을 사게 되오. 따라서 정치는 반드시 정치 그릇이 있는 자가 해야 하는 것이오.[16]

자, 그대의 오미사악으로 덕을 표현하는 방식이 무척이나 흥미롭구려. 계속해서 말씀해주시오.

공자 방금 말씀드린 내용을 좀 더 풀어서 설명하자면, 군자 즉 도를 배우고 부단히 노력하여 실천하는 올바른 지도자는 다섯 가지 좋은 일을 숭상함으로써 정치에 종사하므로, 이는 다름 아닌 치국에 필요한 육덕을 지칭합니다. 치국의 육덕과 오미 즉 다섯 가지 좋은 일을 하나씩 상호 비교해 보겠습니다.

오미(五美)	공자의 풀이	치국(治國)의 육덕(六德)
1. 혜이불비(惠而不費): 은혜롭지만 낭비하지 않음.	백성들이 이롭게 여기는 것을 이롭게 해주면, 이 또한 은혜롭지만, 낭비하지 않는 것이 아니겠는가?	3. 원이공(願而共): 정중하면서도 함께함.

백성이 진정으로 원하는 바를 이해하고 그들의 뜻을 따른다는 것은, 바로 지도자가 백성들에게 정중하고도 공손한 모습을 보이는 것입니다. 또한 그렇게 되면 백성이 지도자를 따를 것이고 지도자 역시 백성을 섬기는 것이니, 이것이야말로 진정 함께하는 상생과 공생의 모습이 아니겠습니까? 따라서 저는 지도자가 백성이 진정 원하는 것을 풀어주는데 과감히 국고(國庫)를 열면, 이는 백성을 위한 것이므로 낭비가 되지 않는다는 취지에서 그렇게 말한 것입니다.

오미(五美)	공자의 풀이	치국(治國)의 육덕(六德)
2. 노이불원(勞而不怨): 수고롭지만 원망하지 않음.	수고롭게 할 만한 일을 골라서 수고롭게 하면, 또 누가 원망하겠는가?	5. 요이의(擾而毅): 길들이면서도 강인함.

수긍할 수 있는 범위 내에서의 지도자 결정을 따르지 않는 백

성은 없습니다. 지도자가 그런 백성의 뜻을 헤아려서 수고롭게 한다면, 백성은 지도자의 뜻에 따라서 길들여지고 또 그러한 과정을 통해서 스스로 강인해지지요. 따라서 저는 지도자가 백성이 수긍할 수 있는 범위 내에서 그들을 수고롭게 한다면, 백성은 결코 지도자의 결정에 불만을 품거나 원망을 하지 않는다는 취지에서 그렇게 말한 것입니다.

오미(五美)	공자의 풀이	치국(治國)의 육덕(六德)
3. 욕이불탐(欲而不貪): 원하지만 탐내지 않음.	인(仁)하고자 하여 인(仁)에 이르니, 또 어찌 탐내겠는가?	4. 치이경(治而敬): 다스리면서도 공경함.

정치를 담당하는 지도자가 백성을 올바름으로 이끌어 국가를 안정시키는 것은 결코 자신의 사적인 이익을 탐해서가 아니니, 이는 나아가 결국 국가 최고지도자인 임금을 진심으로 섬기고 따르는 인(仁)이 됩니다. 따라서 저는 정치를 담당하는 지도자가 아래로 백성을 올바르게 다스리는 것은, 결국 위로는 임금을 진심으로 섬기고 공경하는 인(仁)이 된다는 취지에서 그렇게 말한 것입니다.

오미(五美)	공자의 풀이	치국(治國)의 육덕(六德)
4. 태이불교(泰而不驕): 편안하지만 교만하지 않음.	군자는, 많거나 적거나, 작거나 큼에 상관없이, 감히 태만하지 않으니, 이 또한 평안하고도 교만하지 않은 것이 아니겠는가?	7. 간이염(簡而廉): 질박하면서도 청렴함.

지도자가 재물에 집착하면 평상심을 잃게 되어 탐욕이 생기게 되고, 또 그렇게 되면 백성보다 자신의 이익을 먼저 생각합니다. 그러므로 도를 배워서 실천하려고 부단히 실천하는 참된 지도자인 군자는 재물에 집착하지 않으므로 항상 마음을 평안하게 하지만 결코 태만한 모습을 보이지는 않는 것이지요. 따라서 저는 군자란 오직 나라와 백성의 안위만을 생각하므로, 청렴한 자세를 유지하기 위해서 탐욕을 생기게 하는 재물에 마음을 두지 않는다는 취지에서 그렇게 말한 것입니다.

오미(五美)	공자의 풀이	치국(治國)의 육덕(六德)
5. 위이불맹(威而不猛): 위엄이 있지만 사납지 않음.	군자는, 그 의관을 바르게 하고, 바라보는 것을 존엄히 하며, 엄숙하여 사람들이 바라보면 그를 경외하니, 이 또한 위엄이 있지만 사납지 않은 것이 아니겠는가?	1. 관이율(寬而栗):관대하면서도 엄격함.

참된 지도자인 군자는 항시 스스로를 추스르고 자신에게 엄격히 하며 올곧은 모습을 보이기에, 멀리서 보는 백성은 쉬이 다가서지 못합니다. 하지만 군자는 오로지 나라와 백성의 안위만을 생각하고 타인에게 관대하며 백성의 마음을 이해하고 따르려 노력하므로, 가까이 다가서면 그 누구보다도 인자하고 부드러운 모습을 띠는 것이지요. 따라서 저는 참된 지도자란 이처럼 엄격함과 관대함을 모두 갖추고 있다는 취지에서 그렇게 말한 것입니다.

노자 그런데 육덕 중 하나인 9. 강이의(強而義)에 대해서는 왜 언급하지 않은 것이오?

공자 제자 자로가 강함이란 무엇인지에 대해서 묻기에, 저는 "자네가 묻고자 하는 강함이란 남방의 강함인가, 북방의 강함인가? 그것도 아니면 자네 스스로가 원하는 강함인가? 너그럽고 부드러움으로 가르치며 무도함에 보복하지 않는 것은 남방의 강함이니, 군자가 머문다. 반면에 병기와 갑옷을 깔아 늘 전쟁을 하면서도 결코 싫증 내지 않는 것은 북방의 강함이니, 흉포한 자가 머문다. 따라서 군자는 객관적이고도 공정한 태도를 보임으로써 중(中)에 서지 어느 한쪽에 기대지 않으니, 진정 강하도다. 그 꿋꿋함이여![17] 중(中)의 태도를 보임으로써 어느 한쪽으로 기울어지지 않으니, 진정 강하도다. 그 꿋꿋함이여! 나라에 도가 있으면 성실함이 변하지 않으니, 진정 강하도다. 그 꿋꿋함이여! 나라에 도가 없어져도 죽을 때까지 변치 않으니, 진정 강하도다. 그 꿋꿋함이여!"라고 대답한 바 있습니다. 즉 진정한 강함이란 흉포함이 아닌 너그럽고 부드러움으로 가르치고, 또 무도함에 보복하지 않는 강함과 부드러움이 조화를 이룬 자애로움을 뜻하지요.

또한 아버지는 자애롭고, 아들은 효도하며, 형은 착하고, 아우는 공경하며, 남편은 합당한 행동을 하고, 아내는 순종하며, 어른은 은혜를 베풀고, 어린이는 따르며, 임금은 진심으로 섬겨서 따르고, 신하는 충후해야 하니, 이 열 가지를 사람의 의로움인 의(義)라고 일컫습니다.[18] 따라서 의(義)는 계급상의 서열을 명확하게 하고, 그 서열에서 마땅히 지켜야 할 바를 목숨을 걸고 지키는 것이지요.

그리고 이제 이 두 가지를 합쳐보면, 백성들을 이끄는 지도자는 마땅히 백성들을 누구보다 아끼고 보호할 줄 알아야 한다는 것이니, 바로 이것이 9. 강이의(強而義) 즉 굳세고도 의(義)로움의 참된 의미인 것입니다.

이제 사악 즉 네 가지 잘못의 구체적인 내용들을 정리해보겠습니다. 우선 저는 가르치지 않고 죽이는 것을 모질다 즉 학(虐)이라고 일컫고, 훈계하지 않고 성과를 바라는 것을 난폭하다 즉 폭(暴)이라고 한다고 했습니다. 저는 근본적으로 무력과 전쟁을 반대합니다. 하지만 상대방이 쳐들어오는 등의 피치 못할 상황에서는 결국 무력으로 응해야 하니, 이러한 긴급한 상황에는 부득이하게 전쟁에 임할 수밖에 없습니다. 그렇다면 그 전에 반드시 백성들을 최소한 7년 동안 훈련시켜야 하는데, 이는 한 사람이 어떤 분야에서 일정 수준의 궤도에 오르려면 최소한 7년이 필요하기 때문입니다.[19]

그렇다면 왜 굳이 7년이라는 구체적인 기간을 명시한 걸까요? 80세와 90세를 모(耄: 늙어 빠지다)라고 하고, 7세를 도(悼: 가엾게 여기다)라고 합니다. 그리고 도와 모는 비록 죄가 있어도, 형벌을 주지 않습니다.[20] 또한 7세의 남녀는 자리를 함께하지 않고, 식사를 함께하지 않는 것입니다.[21]

무왕이 붕어하셨을 때 왕위를 이은 성왕이 어리고 약했으므로, 주공께서는 천자의 직위를 대신 이행함으로써 세상을 다스렸습니다. 6년 차에 명당(임금이 조회를 하던 곳)에서 제후들과 회동했고, 예악을 제정하였으며, 도량형을 반포하여 천하가 크게 복종했습니다. 그리고 7년 차에는 드디어 정사를 성왕에게 내주셨지요.[22]

옛날의 가르침은 집에는 글방(행랑방)이 있고, 향리에는 향학이 있으며, 취락에는 학당이 있고, 나라에는 국학이 있었습니다. 해마다 입학하고, 매년 중반에 시험을 치렀는데, 1년 차에는 경을 나누고 뜻을 밝히는 것을 봅니다. 3년 차에는 학업을 공경하고 벗들과 즐기는지를 보지요. 5년 차에는 널리 익히고 스승을 가까이하는지 보고, 그리고 7년 차에는 배움을 논하고 벗을 골라 뽑는 것을 보니, 이를 일컬어서 소성(小成; 기본기 완성)이라고 합니다. 9년 차에는 대부분을 깨달아서 통달하고 굳건히 세워서 어긋나지 않으니, 이를 일컬어서 대성(大成; 크게 이룸)이라고 하지요. 무릇 그러한 후에는 백성들을 교화시키고 풍속을 바꿀 수 있으니, 가까운 이들(나라 안 백성들)이 기꺼이 복종하고, 먼 이들(나라 밖의 타 지역 백성들)이 따르게 됩니다. 바로 이것이 큰 배움의 길인 것입니다.[23)]

이제 방금 설명 드린 내용들을 정리해보면, 결국 한 사람이 어떤 분야에서 일정 수준의 궤도에 오르려면 최소한 7년이 필요하다는 맥락이지요. 또한 참된 지도자는 백성들의 생명을 결코 함부로 하지 않기 때문에 오랜 세월에 걸쳐 착실하게 훈련시키고, 이렇듯 백성들의 신망을 얻는 참된 지도자가 부득이한 상황에서 전쟁을 준비하게 되면, 백성들이 지도자를 믿고 따르기에 기꺼운 마음으로 전쟁에 참여하게 되는 것입니다.[24)]

이어서 계속하여 사악의 세 번째와 네 번째를 설명 드리겠습니다. 저는 느슨하게 부리고 기한을 빽빽이 하는 것을 도적, 즉 적(賊)이라고 한다고 했고, 사람들에게 주어야 하는데 오히려 출납을 인색하게 하는 것을 유사(有司: 사무를 맡아보는 직무)라고 한다고 했으니, 이는 관료들의 파렴치한 행태들을 적나라하게 드러내어 고발한 것입니다. 특히나 대부분 겉으로는 선량한 척하면서 백성들에게 돌아가야 할 혜택을 중간에서 가로채는 촌락의 토호인 향원은 덕을 갉아먹는 해충이었던 것이지요.[25)]

겉의 안색은 사납게 하면서도 속마음으로는 미루고 지체하는 사람은, 소인배들로 비유하자면, 정정당당하게 정문으로 들어가지 못하는 도둑과 같을지니![26)] 아홉 가지 덕 중 하나가 관이율(寬而栗): 관대하면서도 엄격함입니다. 이를 좀 더 구체적으로 설명하자면, 지도자는 자기 스스로에게는 엄격하게 대함으로써 개과물린(改過勿吝) 즉 허물을 고치는 데 인색하지 말아야 하는 반면, 타인에게는 관대하게 대함으로써 너그러이 포용하는 용(容)을 실천해야 하는 것입니다. 따라서 자기에게는 관대하지만 오히려 타인에게는 엄숙하게 대하는 지도자는 소인배인 것이지요.

노자 아, 내 어찌 그대의 말을 이해하지 못할 수 있겠소? 이미 살인을 담당하는 이를 대신하여 살인하는 것은 뛰어난 기술자를 대신하여 베는 것이라고 하지 않았소?[27)] 대동의 통치이념으로 다스리는 성인은 마치 좌계(左契)처럼 침착하고 여유 있게 천성에 따라서 다스리지, 법률이나 제도 등의 강압적인 수단으로 백성들을 통제하지 않으니.[28)] 좌계는 채무 영수증을 말하는 것으로, 고대에는 계약을 할 때 부신(符信)을 둘로 나누어 왼쪽의 것을 채권자가 갖고 오른 쪽의 것을 채무자에게 주었소. 아시다시피 채권자는 언제든지 채무자를 찾을 수 있지만, 채무자는 항상 마음이 불안하지 않소?

또 자애로운 덕으로 다스리는 지도자는 침착하고 여유가 있는 사계(司契)와 같고, 형벌과 제도로 백성들을 억압하는 지도자는 착취하여 악착같이 받아내는 사철(司徹)과도 같으니.[29] 사계는 고대의 회계 관리인으로 차용증서를 관리하였기 때문에 침착하고 여유가 있었던 반면, 사철은 역시 회계 관리인이지만 세수를 관리하였기 때문에, 착취하여 악착같이 받아내었던 것이오.

공자 결국 저희는 둘 다 당시 관료들의 파렴치한 행태들을 적나라하게 드러내어 고발하고자 한 것이지요. 이미 언급했다시피 9. 강이의(強而義: 굳세면서도 의로움)는 백성들을 이끄는 지도자는 마땅히 백성들을 누구보다 아끼고 보호할 줄 알아야 한다는 의미를 함축하고 있으므로, 저는 마지막의 9. 강이의(強而義: 굳세면서도 의로움)에 대해서는 그와 상반되는 사악(四惡: 네 가지 잘못)의 예들을 열거함으로써, 보다 구체적으로 풀어서 설명하고자 한 것입니다.

서술하지만 창작하지 않고 또 믿어서 옛것을 좋아하니, 슬그머니 저를 노팽에 견주어봅니다.[30] 객관적인 사실만을 있는 그대로 기록하고, 확실하지 않은 것은 임의로 지어내지 않으며, 또한 옛 성현들의 도를 믿어서 따를 뿐이지요.

노자 그러하오. 그렇다면 이러한 삼덕과 육덕 그리고 구덕은 도대체 언제부터 있었던 개념이겠소? 우임금이 구주 즉 중국 모든 땅의 쇠를 거두어 아홉 개의 솥을 주조하니, 세 발은 삼덕을 상징하였다고 하였소.[31] 따라서 삼덕은 우임금 때 존재했음을 알 수 있는데, 앞에서 언급했던 고요의 말을 자세히 살펴보면 순임금 때에 이미 구덕의 개념이 확립되어 있었던 것이니, 이러한 삼덕과 육덕 그리고 구덕의 개념은 나나 그대를 떠나서 오랜 상고시대부터 존재했었던 것이라오.

그러므로 이러한 도리를 자신에게 적용하여 닦으면, 그 덕은 두 마음을 품지 않는 순일한 덕이 되오.[32]

공자 아, 마음을 두지 않으면 사물을 보아도 보이지 않고, 들어도 들리지 않으며, 먹어도 그 맛을 모릅니다. 이를 일컬어 몸을 닦는 것이 그 마음을 바르게 하는 데 있다고 하는 것이지요.[33] 최고지도자인 천자로부터 아래의 서민들에 이르기까지, 하나같이 모두 수신을 근본으로 삼는 것입니다.[34]

아울러서 노담께서는 방금 수신(修身: 몸을 닦음)을 하면 덕이 순수해진다고 말씀하셨는데, 저는 수신의 목적이 정심(正心: 마음을 바르게 함)에 있다고 말하고 있으니, 이 둘은 표현만 다를 뿐 그 본질은 결국 같게 되는 것이지요.

노자 이를 가정에 적용하여 닦으면, 그 덕은 베풀어서 넘쳐나게 되오.[35] 또한 마을에 적용하여 닦으면, 그 덕이 베풀어져 더욱 위대해질 것이며, 나라에 적용하여 닦으면, 그 덕이 베풀어져 온 나라에 걸쳐 넉넉해질 것이오.[36] 그리고 세상에 적용하여 닦게 되면,

그 덕이 베풀어져 모든 만물에 퍼지게 되는 것이라오.[37]

공자 그렇습니다. 사물의 이치를 연구한 후에 앎이 지극해지고, 아는 바가 지극해진 후에 뜻이 참되게 되며, 뜻이 참되게 된 후에 몸이 닦여지고, 몸이 닦여진 후에 집안이 가지런해지며, 집안이 가지런해진 후에 나라가 다스려지고, 나라가 다스려진 뒤에 천하가 평화로워지는 것이지요.[38]

옛날 세상에 명덕(明德: 밝은 덕)을 밝히고자 하는 이는 먼저 자기의 나라를 다스리고, 나라를 다스리고자 하는 이는 먼저 그 집안을 가지런히 하며, 그 집안을 가지런히 하고자 하는 이는 먼저 그 몸을 닦고, 그 몸을 닦고자 하는 이는 먼저 그 마음을 바르게 하며, 그 마음을 바르게 하고자 하는 이는 먼저 그 뜻을 참되게 하고, 그 뜻을 참되게 하고자 하는 이는 먼저 그 아는 바를 지극히 하니, 그 아는 바를 지극히 하는 것은 사물의 이치를 연구하는 데 있습니다.[39]

이 때문에 군자는 먼저 덕을 신중히 하니, 덕이 있으면 이에 따르는 사람이 있고, 따르는 사람이 있으면 이에 땅이 있고, 땅이 있으면 이에 재물이 있고, 재물이 있으면 이에 쓰임이 있는 것이니, 덕이라는 것은 근본이고, 재물이라는 것은 끝입니다. 근본을 밖으로 하고 끝을 안으로 하면, 백성들을 다투고 빼앗도록 하게 되지요. 이 때문에 지도자에게 재물이 모이면 백성들의 마음이 흩어지게 되고, 지도자의 재물이 흩어지게 되면 백성들의 마음이 모이게 되는 것입니다.[40]

2. 다른 것이 뒤섞이지 않은 순일(純一)한 덕

노자 지도자가 정신을 분산시키지 않고 하나로 파악함으로써, 사심을 품지 않고 한결같게 오로지 나라와 백성의 안위만을 생각하며 다스릴 수 있겠소?[41] 또한 기운을 집중하여 자애로움의 덕치를 펼침에 있어서, 지도자가 딴 마음을 품어서 사리사욕을 탐하지 않고 순수한 덕을 쌓을 수 있겠소?[42] 그러므로 상나라 이윤은 벼슬을 그만두면서 태갑 임금에게 다음과 같이 간언하였소.

"아! 하늘을 믿기 어려운 것은 천명이 항구하지 않기 때문이니, 그 덕이 항구하면 그 지위를 보존하고, 그 덕이 항구하지 못하면 구주 즉 중국 전체가 망하게 됩니다. 하나라 왕이 덕을 능히 변치 않게 하지 못하여 귀신을 업신여기고 백성들을 해치자, 황천이 하나라를 보호하지 않게 되어서 만방을 살펴보아 천명이 있는 이를 가르쳐 길을 열게 하셨고, 또한 순일한 덕이 있는 이를 찾아 돌보시니 결국 탕 임금으로 하여금 하나라 대신에 귀신을 받드는 주인이 되게 하였습니다. 저 이윤은 몸소 탕 임금과 함께 모두 순일한 덕을 갖춰서 능히 천심을 누릴 수 있었으니, 이는 하늘의 밝은 명을 받은 것입니다. 하늘이 우리 상나라에 사사로움이 있은 것이 아니라 순일한 덕을 도운 것이고, 상나라가 백성들에게 청한 것이 아니라 백성들이 순일한 덕으로 귀속된 것입니다. 덕이 한결같으면 움직여서 길하지 않은 것이 없고, 덕이 두셋으로 나뉘어 한결같지 않으면 움직여서 흉하지 않은 것이 없습니다."[43]

따라서 하나란 다른 것이 뒤섞이지 않은 순일한 덕을 가리키는 것이니, 순일한 덕은 바로 하늘이 부여한 천성에 따라 두 마음을 품지 않고 한결같게 백성과 나라의 안위만을 생각하는 순수함인 것이오. 또한 이러한 순일한 덕은 인정이 많고 후하니, 마치 아직 손을 타지 않은 목재인 것처럼 순박하오.[44] 수수함을 드러내면 순박함을 지키게 되고, 사리사욕을 추구하는 마음을 버리면 욕심이 사라지게 될지니. 지도자가 작은 꾀나 궁리를 추구하지 않으면, 오히려 나라의 근심이 사라지게 되는 것이라오.[45]

대동사회를 이끈 성인들은 이러한 도리를 깨달았기 때문에, 순수한 덕을 명확하게 이해하여 세상을 다스리는 규범으로 삼은 것이니. 자기의 안목에만 의지하지 않고 많은 이들에게 물어서 옳은지 그른지를 구별했기 때문에 명확하게 판단했고, 스스로 옳다고 여기지 않아서 항상 많은 이들에게 상의했기 때문에 시비를 분명히 가렸으며, 자기가 뛰어나다고 자랑하지 않고 항상 삼가여 노력했기 때문에 위대한 업적을 세울 수 있었고, 자신의 지위에 거만해하지 않았기 때문에 오히려 남들보다 더 두각이 나타나게 되었소. 이처럼 자기를 뒤로하고 백성들 아래에 두었기 때문에 백성들이 그를 신뢰하고 지지하였으니, 세상 누구 하나 감히 그에게 시비를 걸지 못하고 따르게 되었던 것이오.[46]

이처럼 대동사회를 이끌었던 지도자 즉 성인은 백성들을 자신의 것으로 여겨 소유하려 들지 않았고, 통치하지만 통치를 잘하고 있다고 자부하지 않았으며, 백성들로 하여금 그들의 타고난 천성에 따라 생활하도록 하였지만 법률과 제도로 누르고 강압하지는 않았으니, 이를 바로 대동사회의 심오한 덕이라고 하는 것이오.[47]

예로부터 두 마음을 품지 않는 순일한 덕을 얻음에 있어서, 하늘이 순일한 덕을 품으면 사념 없이 맑고도 밝아지고, 땅이 순일한 덕을 품으면 고요하고 평안해지며, 오묘함이 순일한 덕을 품으면 거룩하고도 슬기로워지고, 자애로움이 순일한 덕을 품으면 충만해져 여유가 있게 되며, 만물이 순일한 덕을 품으면 생기가 감돌게 되고, 지도자가 순일한 덕을 품으면 세상이 충실하고 올바르게 되는 것이오.[48]

하지만 지도자가 두 마음을 품지 않는 순일한 덕을 얻지 못하여, 하늘이 맑고도 밝지 않으면 무너질 것이고, 땅이 고요하고 평안하지 않으면 흩어질 것이며, 오묘함이 거룩하고 슬기롭지 않으면 멈출 것이고, 자애로움이 충만하여 여유가 있지 않으면 사라질 것이며, 만물에 생기가 감돌지 않으면 멸망할 것이고, 백성들을 귀히 여기고 숭상하지 않으면 나라가 와해될 것이니.[49]

공자 지당하신 말씀입니다. 국가를 가진 이가 선함을 밝히고 악함을 노여워하여, 그럼으로써 백성들에게 정성스러움을 보이면, 곧 백성들의 진심이 둘로 나뉘지 않지요.[50]

한번은 제자 남궁괄이 "하나라의 예와 오처럼 지도자로서 나라와 백성들의 안위를 걱정하지 않고 사치스러우며 무력을 일삼는 이들은, 모두 제 명에 죽지 못하고 불행한 최후를 맞이했습니다. 하지만 순임금 때의 우와 직처럼 몸소 농사를 지으면서 백성들의 안위를 자기의 안위와도 같이 여겨서 백성들과 더불어 최선을 다한 이들은, 결국 백성들의 지지를 받아서 지도자의 자리에 올랐습니다."라고 말하더군요. 이에 저는 그 자리에서 바로 대답하지 않고 생각하다가, 남궁괄이 나가자 "남궁괄은 내가 외치는 소강을 넘어서 대동을 이해하는 인물이다. 그는 덕치의 참뜻을 이해하는 군자가 될 자질을 갖춘 인물이다."[51]라고 말한 적이 있습니다.

예는 하나라 때 '유궁' 지역을 다스리던 후예라는 인물로서, 하나라 태강 임금이 사냥에 빠져 나랏일을 돌보지 않자 그를 몰아내고 중강을 왕위에 앉혔다가, 결국에는 스스로 왕위에 앉았던 인물이지요. 하지만 후예 역시 자신의 측근인 한착이라는 인물에게 정사를 맡기고 사냥에 빠졌는데, 오히려 한착의 배신으로 죽임을 당하게 됩니다.[52)]

오는 한착의 장남인데, 요(澆)라는 이름으로 기록되어 있기도 합니다.[53)] 일설에 의하면 그는 육지에서 배를 끌 수 있을 정도로 괴력의 소유자였다고 하는데, 중강의 아들인 상을 죽였다가 후에 상의 아들 소강(少康)에게 오히려 죽임을 당했다고 하지요.

우와 직은 순임금 때 각각 치수와 농업을 책임진 인물인데, 우는 그 공로를 인정받아서 결국 순임금을 이어 왕의 자리에 오르게 되고, 직은 훗날 주나라의 시조가 됩니다. 한번은 순임금께서 우에게 "그대 또한 덕이 있는 말을 해보시오."라고 하시자, 우는 "아, 제가 어찌 말하겠습니까! 저는 온종일 부지런함을 생각하고 있습니다."라고 대답했습니다. 그러자 고요가 삼가여 우에게 "무엇을 부지런하다고 일컫습니까?"라며 물었는데, 우는 "직과 더불어 백성들에게 구하기 어려운 음식을 주고, 음식이 모자라면, 남음이 있는 것을 옮겨 부족함을 보충해주었으며, 옮겨 살게 했습니다. 백성들이 이에 안정되고, 온 나라가 다스려졌습니다."라고 대답했고, 이에 고요는 "그렇습니다. 이는 훌륭합니다."라고 칭송했다고 합니다.[54)]

훗날 저의 가르침을 전수받은 맹자는 "우와 직 그리고 안회는, 입장을 바꿔도 곧 모두 그리했다."[55)]라고 말했었지요. 우가 치수를 담당하고 있을 때 홍수에 떠내려가는 백성을 보고 통곡하며 내 탓이라고 한탄했고, 직이 농업을 관장하고 있을 때 가뭄으로 굶어 죽는 백성을 보고 내 탓이라고 한탄했으며, 제가 아꼈던 제자 안회는 누추한 골목에 살면서 끼니조차 제때 해결하지 못했지만 도를 배우느라 즐거워했으니, 이 세 명은 서로의 입장을 바꿔놔도 마찬가지로 최선을 다했을 것입니다.

따라서 남궁괄의 말은 하나라의 예와 오처럼 지도자로서 나라와 백성들의 안위를 걱정하지 않고 사치스러우며 무력을 일삼는 이들은 불행한 최후를 맞이했지만, 순임금 때의 우와 직처럼 백성들의 안위를 자기의 안위와도 같이 여겨서 최선을 다한 이들은 결국 백성들의 지지를 받아서 지도자의 자리에 올랐다는 의미니, 저 역시 그 말뜻을 알아듣고 남궁괄이 덕치의 참뜻을 이해하는 군자라고 칭찬한 것입니다.

말씀하신 것처럼, 저는 하나 즉 순일한 덕을 실천하기 위해서 평생을 노력해왔습니다. 따라서 "자공아, 너는 내가 많이 배워서 그것을 안다고 생각하느냐? 아니다. 나는 하나로 일관할 뿐이다."[56]라고 설명한 바 있습니다.

또한 "나의 도 즉 지도자의 통치이념은 하나로 일관한다."라고도 했는데, 제자인 증자는 제 말뜻을 이해하고는 "스승의 도는, 충(忠)과 서(恕)일 따름이다."[57]라고 다른 제자들에게 말했던 것입니다.

노자 그대에게 있어서 충(忠)은 과연 무엇을 의미하는 것이오?

공자 진나라의 가신이라는 인물이 한 고을의 원님으로 부임하기 전에 위헌자를 찾았는데, 위헌자는 그에게 숙향의 일화를 소개했습니다. "숙향이 정나라에 갔을 때, 종멸이라는 못생긴 인물이 심부름꾼으로 가장해서 그에게 다가가 훌륭한 말을 했소. 그러자 그 말을 들은 숙향은 술을 마시다가 말고 '저 사람은 분명히 종멸일 것이다.'라고 하여, 그의 손을 잡고 이런 말을 했다고 하오. '옛날 가(賈)나라의 대부가 못생겼는데, 그의 아내는 아름답더랍니다. 하지만 어찌된 일인지 결혼한 지 3년이 되도록, 그녀는 말하지도 웃지도 않더라는군요. 하루는 그 대부가 아내를 데리고 밖으로 나가 활을 쏘아 꿩을 잡아주었더니, 그제야 웃더랍니다. 이에 가나라 대부는 사람이란 반드시 한 가지 재주는 있어야 한다고 말했으니, 자신이 못생겼는데 활조차 잘 쏘지 못했더라면, 아내가 평생 말하지도 웃지도 않았을 것이기 때문입니다. 종멸 그대가 훌륭한 말을 해주지 않았더라면, 나는 그대를 잃었을 것이오.' 그러고는 그날부터 숙향과 종멸은 마치 오랜 친구처럼 지냈다고 하오. 이제 가신 그대가 고을을 다스리러 떠나니, 정성을 다해야 할 것이오!"[58]

위헌자는 자기와의 관계가 가깝고 멂을 따지지 않고 공정하게 인재를 선발하였으니 의(義)로운 사람이고, 또한 옳은 말로 가신을 타일렀으니 충(忠)한 인물입니다. 충(忠)이란, 진심 즉 마음을 다한다는 것인데, 그 본래 의미는 가운데 중(中)과 마음 심(心)을 합쳐놓은 것이니, 다름 아닌 마음을 한쪽으로 치우치지 않게 하여 정성을 다한다는[59] 의미입니다.

노자 그렇다면 또 서(恕)는 무엇을 의미하오?

공자 이미 맹자의 말을 인용하여 말씀드렸듯이, 요임금은 곤으로 하여금 홍수를 다스리게 하였으나 실패하자, 순임금에 이르러 그의 아들 우에게 아버지의 사업을 맡겼습니다. 우는 또 직을 추천하여 농업을 관장하게 하였으니, 이 두 사람은 물에 빠지거나 굶주리는 백성들을 보면 모두 자신이 일을 잘못해서 그렇게 되었다고 여겼지요. 그리고 안회는 어려운 환경 속에서도 도를 배우는 즐거움을 고치지 않았던 인물입니다.

따라서 이 세 명은 처지를 서로 바꿔도 분명 그렇게 했을 것인데, 서(恕)는 같을 여(如)와 마음 심(心)을 합쳐놓아서 자기의 마음을 밀어 타인의 마음으로 미치게 한다는 것이니,[60] 바로 남의 처지에 서서 이해하고 동정하는 마음이 되는 것입니다.

그래서 제자 자공이 "한마디 말로 종신토록 행할 것이 있습니까?"라고 물었을 때, 저는 "그것은 서(恕)이다! 자기가 하고 싶지 않은 바를, 남에게 하지 말라."[61]라고 대답했던 것이기도 하지요.

충(忠)과 서(恕)는 도에서 멀리 떨어져 있지 않으니, 자기에게 베푸는 것을 원하지 않는다면, 역시 남에게 베풀지 말아야 하는 것입니다.[62]

노자 도는 하나를 낳고, 하나는 둘을 낳으며, 둘은 셋을 낳고, 셋은 만물을 낳소.[63] 여기서 하나란 다름 아닌 순일한 덕을 의미하니 도에서 덕이 나오는 것이고, 둘은 덕에서 파생되는 중(中)과 화(和)를 일컬으니 바로 덕을 구성하는 양대 요소가 되오. 그렇다면 그대가 말하는 충(忠)은 중(中)과, 그리고 서(恕)는 화(和)와 서로 통한다는 것이오?

공자 그렇습니다. 충(忠)이란 결국 마음[心]의 중(中)을 잡는다는 것이니 중(中)이요, 서(恕)는 자신의 마음[心]을 타인과 같게[如] 한다는 것이니 서로가 조화를 이루는 화(和)인 것이지요. 중(中)이라는 것은 세상의 큰 근본이고, 화(和)라고 하는 것은 세상이 도에 닿은 것입니다. 따라서 지도자가 중(中)과 화(和)를 실천하게 되면, 온 세상이 각자 자리를 잡고 이에 만물이 번성하게 되는 것입니다.[64)]

이처럼 덕을 근간으로 하는 도를 접하게 되면, 말을 하기보다는 삼가여 실천하는 데 더 주력해야 합니다. 그런데 실천하기보다 떠벌리는 데 신경을 쓰면, 이는 덕(성인들이 행한 강함과 부드러움의 통치법을 조화롭게 실천하려는 절개와 지조)에 위배되므로 결국 덕을 버리게 되는 것이고,[65)] 또 그렇게 되면 덕의 상위개념인 도에도 이를 수 없게 되는 것입니다.

노자 대단히 중요한 말씀이오. 아는 이는 말하지 않고, 말하는 이는 알지 못하는 것이니.[66)]

이는 다름 아닌 아홉 가지 덕에서 성실함의 신(信)과 정성을 다하는 성(誠)을 일컫는 것으로서 8. 강이실(剛而實): 강직하면서도 정성스러움에 해당되는데, 옛 성현들은 사람[人]이 말[言]한 것은 믿음[信]이 되고, 또 말[言]한 것은 반드시 이루는[成] 것이 정성을 다함[誠]을 실천하는 것이라고 생각하여서, 사실상 신(信)과 성(誠)을 모두 정성스럽다는 의미로 이해했던 것이오.[67)] 따라서 말을 내뱉는 것이 얼마나 조심스러운 일인지 그 누구보다 잘 알기 때문에, 옛 성현들은 말을 하기보다는 삼가여 실천하는 데 더 주력했소. 또한 덕은 도를 이루는 하위개념이므로, 덕을 잃으면 결국 도에 이를 수 없게 되는 것이오.

공자 그러므로 지도자는 중용(中庸) 즉 항상 공변됨(한쪽으로 치우치지 않고 공평함)의 덕을 행하는 것이 지극히 중요한 것입니다. 하지만 백성들이 그러한 덕을 행하지 않은지 오래되었으니, 이는 결국 지도자가 오랫동안 덕을 행하지 않았기 때문인 것이지요.[68]

한번은 소경(장님) 악사 면이 저를 만나고자 했습니다. 그가 돌층계에 이르자, 저는 "섬돌입니다."라고 말했습니다. 이윽고 면이 앉을 자리에 이르자, 저는 "자리이니, 여기에 앉으십시오."라고 말했습니다. 이제 모두가 자리에 앉자, 저는 그에게 "아무개가 여기에 있고, 아무개가 여기에 있습니다."라고 일러주었습니다. 일이 끝난 후 악사 면이 나가자, 제자 자장이 "방금 하신 행동이 악사와 함께 말하는 도리입니까?"라고 묻더군요. 그래서 저는 "그러하다. 이것이 참으로 악사를 돕는 도리이다."[69]라고 대답했으니, 다름 아닌 서(恕) 즉 소경 악사의 입장에서 생각하여 그를 배려하고자 한 것입니다.

그 후로 한번은 제자 자공이 "저는 다른 이가 자신이 원치 않는 바를 저에게 베풀기를 바라지 않습니다. 또한 저 역시 제가 원치 않는 바를 다른 이에게 베풀기를 바라지 않습니다."라고 말하더군요. 이에 저는 "자공아, 덕의 양대 구성요소가 바로 정성스러움의 충(忠)과 남의 처지에 서서 이해하고 동정하는 마음인 서(恕)다. 정치하는 이는 성인(聖人: 대동사회의 지도자) - 군자(君子: 소강사회의 지도자) - 기(器: 그릇, 전문가)로 세분화할 수 있는데, 너는 그릇, 즉 전문가 수준이다. 그런데 이제 네가 너의 수준보다 높은 군자 즉 지도자의 소양에 대해서 이야기하고 있으니, 그것은 네가 아직 도달할 수 있는 바가 아닌 것이다."[70]라고 설명해주었습니다.

노자 왜 자공이란 제자에게 그렇게 대답했는지, 좀 더 구체적으로 설명해 주시겠소?

공자 저는 "언어 즉 말재간으로는 재아 그리고 자공이 뛰어났다."[71] 라고 평하여, 자공의 외교적 능력을 높이 산 바 있습니다. 그래서 자공이 "저의 정치적 재능은 어떻습니까?"라고 물었을 때, 저는 "정치하는 이는 성인과 군자 그리고 기(器), 즉 전문가의 순서로 나눌 수 있는데, 너는 그릇(전문가)이다."라고 대답한 것이고, 자공이 또 "어떤 그릇(전문가)입니까?"라고 물었을 때, "호련 즉 오곡을 담아 신께 바치던 제기와도 같으니, 귀한 인재다."[72]라고 말해준 것입니다.

하지만 군자는 도를 배우고 부단히 노력하여 실천하는 올바른 지도자이지, 한 작은 분야에 치우치는 전문기능인이 아닙니다. 참된 지도자는 도의 구성요소 중에서 몇 가지만 실천하는 것이 아니라, 모든 구성요소들을 유기적으로 조화롭게 하고 또 실천하는 인물입니다. 그리고 제 가르침의 목적은 바로 도를 배우고 익혀서 실천하게 하는 데 있는 것이지요. 무릇 이와 같이 도를 이해하고 실천하면 곧 주변 나라의 백성들이 자기 자식을 업고 몰려올 텐데, 도를 배우고 부단히 노력하여 실천하는 올바른 지도자가 어찌 스스로 한 작은 분야에 치우쳐 전문가가 될 수 있겠습니까?[73]

그렇게 때문에 저는 또한 "맹공작은 노나라의 경(卿)으로서 부끄럽지 않은 통찰력과 자제력을 지녔으니, 내가 존경하는 사람 중 하나이다. 하지만 정치하는 이는 성인(聖人: 대동사회의 지도자) – 군자(君子: 소강사회의 지도자) – 기(器: 전문가)의 순서로 나뉘니,

도를 배우고 부단히 노력하여 실천하는 올바른 지도자인 군자가 반드시 실무를 담당하는 뛰어난 전문가는 아닌 것이다. 따라서 맹공작이 조나라나 위나라와 같은 큰 나라의 장로가 되기에는 문제가 없지만, 등나라나 설나라와 같은 작은 나라의 대부는 될 수 없다."[74]고 말한 적이 있던 것입니다.

하지만 자공은 종종 사람들을 비교하여 평가하기를 좋아했습니다. 그래서 저는 "자공은, 그럴 시간이 있는가? 나는 성인의 도를 따르고 실천하느라 그럴 겨를이 없다."[75]라고 말하여 완곡하게나마 질책했던 것입니다.

또한 자공은 뛰어난 언변과 예측으로 재물을 늘리고 출세했는데,[76] 이는 도를 추구하는 참된 지도자의 자세가 아닙니다. 한번은 주(邾)나라 은공이 노나라를 방문하여 정공에게 옥을 선물로 주었습니다. 그런데 은공은 옥을 너무 높이 들어 몸이 올라갔고, 정공은 반대로 받는 자세가 너무 낮아 몸이 구부러졌습니다. 이에 자공은 그 모습을 보고 "몸이 올라간 것은 교만한 것이고 몸이 구부러지는 것은 기운이 없기 때문인데, 교만하면 난을 일으키고 기운이 없으면 병들기 쉽다. 정공이 주인이니, 먼저 돌아가실 것이다."라고 말했던 것입니다. 그런데 실제로 정공이 그 해에 죽자, 저는 "자공이 한 말이 불행하게도 맞아떨어졌다. 이 일로 자공은 말이 많은 인물이 될 것이다."[77]라고 한탄했으니, 지도자가 될 인물은 말을 함부로 해서는 안 되는 것입니다. 그러므로 자공이 군자에 대해서 물었을 때, 저는 "먼저 말을 하고 그것을 실천하면 백성들이 그다지 그를 중시하지 않지만, 먼저 행동으로 보이고 그것을 말하면 백성들이 그를 믿고 따르며 나아가 진심으로 섬기게 된다."[78]라고도 가르쳤던 것입니다.

저의 손자 자사는 저보다 36세 어렸는데, 제가 세상을 떠나자 초야에 묻혀 살았다고 합니다. 하루는 위나라에서 재상의 자리에 있던 자공이 호위병을 거느린 마차를 타고 자사를 찾아와서는, 자사의 초췌한 모습을 보고 "무슨 병이라고 앓고 있는 겁니까?" 라고 물었고, 이에 자사는 "내가 듣기로는 재물이 없는 것을 가난하다고 하고, 도를 배우고도 실천하지 못하는 것을 병들었다고 하오. 나는 가난하기는 하지만 병이 들지는 않았소."라고 대답했다고 하지요. 그 말을 들은 자공은 마음 아파하며, 헤어진 후 돌아가서도 평생을 부끄러워했다고 합니다.[79]

노자 음, 알겠소. 방금 그대가 말했듯이, 도는 각 구성요소 간의 조화가 대단히 중요하오. 따라서 다시 한 번 말하지만, 순일한 덕이 공정함의 중(中)과 조화로움의 화(和)를 낳고, 이 둘이 자애로움의 자(慈)와 검소함의 검(儉) 그리고 감히 세상 앞에 서려고 하지 않는 겸(謙)의 셋을 낳으며, 이 셋이 만물에 고루 퍼져 존재하게 되는데, 대동사회를 이끈 성인들은 이러한 만물을 잘 운영하였기 때문에 모든 관료의 수장 즉 최고지도자가 될 수 있었던 것이오. 그런데 지도자가 만약 이러한 도의 조화로움을 깨고 나아가 각각의 구성요소들을 분리한다면 단순히 한 분야의 뛰어난 전문가 즉 그릇밖에는 될 수 없는 것이니, 지도자는 이러한 도의 긴밀한 연계성을 나누지 않고 하나로 모으는 것이 중요하오.[80]

갓난아이의 뼈대는 아직 약하고 또 근육은 한없이 부드럽지만 꽉 움켜쥔 손만큼은 너무나도 굳건해서, 비록 강함과 부드러움의 조화가 무엇인지조차 이해하지 못하지만 부지불식간에 양극단을 조화롭게 하는 것이니, 그 핵심이 최고조에 이른 것이오.[81]

또한 갓난아이는 종일 울어대도 목이 잠기지 않는데, 이는 억지로 작위 하는 것이 아니라 그 천성을 따르기 때문인 것이니, 조화로움이 최고조에 달한 것이 아니겠소?[82)]

그러므로 지도자가 나라를 다스림에 있어서 굳건하고도 단호하지만 또 자애로움으로 포용하게 되면, 모든 백성들이 그를 지지하고 따르게 되오.[83)] 모든 백성들이 그를 지지하고 따르게 되면, 변치 않고 영원한 덕이 흩어지지 않고 머무르게 되니, 순일한 덕으로 나라를 다스리는 대동사회가 실현되는 것이오.[84)]

지도자가 세상의 긍정적인 면을 이해하고, 부정적인 면 역시 인정하여 보호하면, 모든 백성들이 지도자의 뜻을 따르게 되어 세상의 기준으로 삼게 되오.[85)] 또 백성들이 지도자의 뜻을 따르게 되어 세상의 기준으로 삼게 되면, 영원한 덕이 오차 없이 제자리를 찾게 되어서 나라가 오랫동안 평안해지오.[86)]

최고지도자의 지위에 올랐지만 그 지위나 부귀영화에 집착하지 않고 오히려 자신을 낮추고 백성들을 공경하면, 백성들이 모두 그를 자애롭다고 여겨서 신뢰하고 지지하여 따르게 되오.[87)] 또 그렇게 백성들이 모두 그를 자애롭다고 여겨 신뢰하고 지지하여 따르게 되면, 영원한 덕이 이에 조건을 만족하게 되어서 순수한 덕으로 나라를 다스리는 대동사회가 실현되는 것이라오.[88)]

공자 이른바 음과 양의 조화를 뜻하는 것이 아니겠습니까? 귀신(귀-음, 신-양)의 덕을 행함은 성대한 것이니, 그것은 보려 해도 볼 수 없고, 들으려 해도 들리지 않으며, 만물의 본체가 되어서 결코 버릴 수 없는 것입니다.[89)]

기(氣)는 신(神)의 왕성함이고 백(魄)은 귀(鬼)의 왕성함인데,

귀(鬼)와 신(神)을 합한 것이 교(教), 즉 가르침의 지극함입니다. 살아 있는 모든 것은 반드시 죽고, 죽으면 반드시 흙으로 돌아가는데, 이를 귀(鬼)라고 합니다. 뼈와 살은 아래(흙)로 엎어져서 음(陰)으로 들판의 흙이 되고, 그 기(氣)는 위로 일어나서 밝고 명확하게 됩니다. 그러므로 기운이 서려 올라 오싹해지는 것, 이는 온갖 것들의 정기니, 신(神)의 분명히 드러남이 되는 것입니다.[90)]

다시 말해서, 귀(鬼)는 음(陰)의 흙으로 돌아간 것을, 신(神)은 양(陽)의 하늘로 올라간 영혼을 뜻하는데, 이러한 음과 양의 조화를 따르는 제사의 목적은 조상들의 뜻을 기리고 따르는 인(仁)에 있으므로, 옛 태평성대를 이끌었던 성현들의 통치이념인 도를 완성하는 데 대단히 중요한 것입니다.

그런데 위에서 이러한 음(땅)과 양(하늘)을 합한 것이 교(教) 즉 가르침의 지극함이라고 했으니, 하늘이 명한 것을 성(性)이라 하고, 성(性)을 따르는 것을 도(道)라 하며, 음과 양을 조화롭게 하여서 도를 닦는 것을 교(教)라고 하지요. 이처럼 도라는 것은 잠시도 우리 곁에서 떠날 수 없는 것이니, 떠날 수 있다면 그것은 도가 아닙니다.[91)]

이제 이를 종합해보면 음(땅)과 양(하늘)을 합한 것이 바로 도를 닦는 데 있어 지극한 것이니, 이러한 음과 양의 조화가 바로 도의 대단히 중요한 구성요소인 것입니다.

3. 덕의 위대함

노자 덕을 쌓는 것을 중시한다는 것은 바로 극복하지 못할 것이 없다는 것이니. 극복하지 못할 것이 없다는 것은 나라를 변치 않고 오랫동안 평안하게 할 수 있다는 뜻이오.[92)]

이처럼 덕치를 펴서 나라를 변치 않고 오랫동안 평안하게 할 수 있는 이는 나라를 책임질 지도자가 될 수 있으니,[93)] 나라를 책임질 지도자에게 요구되는 근본적인 자질이 바로 오랫동안 평안하게 유지하는 것이오.[94)] 그리고 이것을 일컬어서 지도자에게 요구되는 근본적인 자질이 탄탄하다고 하는 것이니, 바로 나라를 오랫동안 평안하게 유지하는 도리가 아니겠소?[95)]

그런데 순일한 덕이란 아무리 베풀어도 끊임없이 넘쳐 나오므로, 이러한 덕을 품는다는 것은 마치 사심 없이 마음을 정성스럽게 하여 갓난아이를 품는 것과도 같이 무한한 자애로움으로 백성들을 돌보는 것이오.[96)]

또 이처럼 순일한 덕을 품은 성인은 비록 갓난아이일지라도 그 어떤 불행함도 비켜갈 수 있는 것이니,[97)] 후직의 어머니 강원은 제곡의 정실부인으로, 하루는 들에 나갔다가 거인의 발자취를 보고 마음이 흔연히 기뻐하여 그것을 밟았는데, 몸의 감응이 마치 임신한 사람과도 같았다고 하오. 1년이 지나자 정말로 아이를 낳았으니 모두들 상서롭지 않다고 여겨 좁은 골목에 버렸는데, 신기하게도 말과 소가 지나면서도 모두 피하여 밟지 않고, 숲으로 옮겨 놓으니 마침 산속에 많은 사람이 모여 있었으며, 아이를 옮겨 도랑의 얼음 위에 버렸으나 날아다니는 새들이 날개로 아이를 덮어주고 깔아주었소.[98)]

또한 대동사회를 이끈 성인들은 순일한 덕을 계속해서 쌓음으로써 그 어떠한 상황에서도 고난이나 위험에 맞닥뜨리지 않는다고 하였으니,[99] 순의 아버지 고수는 새로 맞이한 부인과 짜고 아들을 죽이려고 하여, 순으로 하여금 곳간 지붕으로 올라가 매흙질하게 하고, 자기는 아래에서 불을 질러 곳간을 태웠소. 하지만 순은 두 개의 삿갓으로 스스로를 막고 내려와 피하여 죽지 않았다고 하오. 후에 고수는 또 순으로 하여금 우물을 파게 했는데, 순은 우물을 파면서 몰래 옆으로 나오는 구멍을 만들어놨소. 드디어 순이 깊이 들어가자, 고수와 순의 이복동생 상은 함께 흙을 부어 우물을 매웠지만, 순은 몰래 파놓은 구멍으로 나가 피했다고 하오.[100]

따라서 대동사회의 지도자들은 어떠한 상황에서도 고난이나 위험에 맞닥뜨리지 않았으니, 이는 어떠한 연유에서겠소? 그들이 항상 삼가여 순일한 덕을 쌓았기 때문이 아니겠소?[101]

공자 저 역시 그와 비슷한 경험을 한 적이 있으니, 대략 57세에 위나라에 머물렀었습니다. 하루는 영공이 부인 남자(南子)와 마차를 타고 궁궐을 나왔는데, 환관이었던 옹거는 그의 곁에 있게 하면서 정작 저에게는 뒤의 수레를 타고 쫓아오게 하는 수치심을 주자, 저는 주저하지 않고 조나라로 갔다가 다시 송나라로 향했습니다. 그리고 도중에 큰 나무 아래에서 제자들에게 예(禮)에 대해서 강의를 하는데, 송나라의 사마(司馬)인 환퇴가 느닷없이 저를 죽이려고 그 나무를 뽑아버렸던 것입니다. 환퇴는 송나라 경공의 총애를 등에 업고 전권을 휘둘렀던 인물인데, 왜 그랬는지는 정확히 알 수 없습니다만, 아마도 제가 이전에 그의 부패를 적나라하게 질책하여 모욕을 주었기 때문이거나, 또는 송나라 경공이 저를 등용하고 자기를 내쫓을까 봐 두려워해서 그랬을 것입니다. 아무튼 당시 제자들이 그 모습을 보고 벌벌 떨자, 저는 "하늘이 나에게 덕이 있도록 하셨으니, 환퇴와 같은 소인배가 나를 해치려고 한들 어찌할 수 있겠는가?"[102]라고 말하여 그들을 진정시켜 주었습니다. 그리고 정말로 어떤 일도 일어나지 않았던 것입니다.

노자 참으로 파란만장한 인생을 살았구려. 하지만 이러한 덕은 반드시 음덕(陰德)을 행해야 하느니! 세세한 제도로 일일이 통제하지 않고 하늘이 부여한 천성에 따라 세상을 모두 수용하는 지도자는 언뜻 보기에는 허술한 듯하고, 백성들에게 순일한 덕을 베풀 때 드러내지 않고 남몰래 슬그머니 하는 지도자는 마치 아무것도 한 것이 없는 듯하오. 바로 그렇기 때문에 성인은 세상을 위해 한 바가 없지만 하지 않는 바도 없는 것이라오.[103]

요임금이 세상을 다스린 지 50년. 그는 세상이 다스려지는지 다스려지지 않는지, 수많은 백성들이 자기를 원하는지 원하지 않는지 알 수가 없었다고 하오. 그래서 좌우에 물었으나 알지 못하고, 조정 바깥으로 물었으나 알지 못했으며, 재야에 물었으나 알지 못했소. 이에 미복하고는 큰 거리로 나아가니, 마침 "우리 많은 백성을 일으킴에, 그대의 지극함이 아닌 것이 없네. 알지 못하는 사이에, 임금의 법을 따르네."라는 내용의 동요가 들렸소. 요임금이 다른 장소로 가니, 한 노인이 입에 음식을 잔뜩 물고 배를 두드리며 땅을 치고 "해가 뜨면 일하고, 해가 지면 쉬고, 우물을 파서 마시고, 밭을 갈아서 먹으니, 임금의 힘이 어찌 나에게 있을

까!"라고 노래를 불렀다고 하오.[104)]

이것이 배를 두드리고 발로 땅을 구르며 부른 노래인 고복격양가(鼓腹擊壤歌)니, 진정으로 넓은 덕이란 요임금이 행한 바와 같이 백성들에게 베푸나 백성들이 느끼기에는 마치 그 덕이 부족한 듯하고, 또한 부지불식간에 이루어지는 것이라 백성들은 지도자가 한 것이 없다고 느끼는 것이오.

공자 그래서 오태백은 그 덕이 지극하다고 할 수 있는 것입니다. 세 번 천하를 사양하였으나 결국에는 몰래 도망감으로써 왕위를 양보하였으니, 백성들이 그 사실을 몰라서 칭송할 수조차 없었지요.[105)]

오태백은 주나라 태왕 즉 고공단보의 장남이었는데, 태왕의 셋째 아들 계력의 아들이 지도자로서의 덕이 출중했다고 합니다. 따라서 태왕은 훗날 계력의 아들이 왕위를 잇도록 하기 위해서 장남 오태백이 아닌 계력에게 왕위를 잇게 했는데, 오태백은 그러한 아버지의 뜻을 알고 '형월' 지역으로 도망가 은둔했다고 합니다. 그리고 계력의 아들이 바로 훗날 문왕인 것입니다.[106)] 하지만 오태백은 아버지의 뜻을 따르기 위해서 몰래 도망갔기 때문에 백성들이 그런 사실조차도 몰랐으니, "사람들이 알아주지 않아도 원망하거나 성내지 않으면, 또한 군자가 아니겠는가?"[107)]라는 표현은 바로 이를 두고 한 말이 아니겠습니까? 군자는 남들이 자기를 알아주기를 바라고 하는 것이 아닌 것입니다.

노자 그렇다면 정말로 백성들이 그런 지도자를 알아보지 못하는 것이겠소? 요가 임금 자리를 벗어난 지 28년 만에 죽자, 귀족들은 마치 부모를 잃은 듯 슬퍼하여서 3년 동안 사방에서 음악을 행하지 않음으로써 요를 그리워했다고 하오.[108)]

그 처한 위치를 잃지 않는 이는 오래하고, 죽었으나 없어지지 않는 이는 장수하는 것이니![109)] 자기가 처한 지위를 이해하고 그 외의 것을 바라지 않는 사람은 그 지위를 오랫동안 보존할 수 있고, 육신은 사라졌으나 그 명성이 사라지지 않는 사람은 오랫동안 잊히지 않소. 따라서 백성들이란, 세월이 흐르고 난 후 언젠가는 결국 그런 지도자를 잊지 못하고 그리워하는 존재인 것이오.

공자 아, 그 시절이 너무나도 그립습니다! 따라서 도를 배우고 부단히 노력하여 실천하는 올바른 지도자인 군자는 여색을 멀리함으로써 백성들의 기강으로 삼지요.[110)] 그런데 저는 여색을 밝히듯 덕을 좋아하는 지도자를 만나보지 못했으니,[111)] 이제 이 세상은 더 이상 희망이 없는 것일까요?

견득사의(見得思義)란 눈앞의 이익을 보았을 때, 자신이 처한 신분과 서열에서 그 이익을 얻는 것이 마땅한 것인지를 먼저 판단하는 것입니다. 그리고 그렇게 할 수 있으면 덕을 숭상하는 것인데,[112)] 이것이 정녕 어려운 행동일까요?

4. 덕의 등급

노자 천성에 따라 스스로 그러하도록 백성들을 다스리는 데 있어서 인색한 것보다 더 좋은 것이 없는데, 인색함이란 남들보다 앞서서 따르는 것을 말하는 것이니, 앞서서 따른다는 것은 바로 덕을 쌓는 것을 중시한다는 뜻이오.[113] 따라서 참된 지도자는 다른 것은 모두 양보하더라도, 덕을 쌓는 것만큼은 누구에게도 양보하지 않소.

공자 마찬가지로 자기의 군주를 진심으로 섬기고 따르는 인(仁)은 도의 중요한 구성요소이므로, 남들보다 앞서서 실천해야 하는 것입니다. 따라서 설령 스승이라고 할지라도 결코 양보하지 말고, 먼저 행하려고 노력해야 하지요.[114]

노자 그대는 인(仁)이 덕의 중요한 구성요소, 나아가 덕과 상호 대등한 관계에 있다고 보는 것이오? 큰 도가 폐기되면, 인(仁)과 의(義)가 출현하니,[115] 대동사회의 통치이념인 커다란 도가 사라지면, 비로소 인(仁)과 의(義)를 중시하는 소강사회가 시작되는 것이오. 따라서 상위개념인 도 즉 대동의 통치이념이 사라지게 되면 그 하위개념인 덕이 나타나고, 덕이 사라지면 그 하위개념인 인(仁)이 나타나며, 인(仁)이 사라지면 그 하위개념인 의(義)가 나타나고, 의(義)가 사라지면 마지막으로 예(禮)가 나타나는 것이라오.[116] 즉 내가 주장하는 대동의 도에 있어서 인(仁)은 그다지 중요치 않은 개념이 되므로, 그대의 도와는 분명한 차이점이 존재하는 것이니!

인(仁)이라는 것은 천성에 따르지 않고 억지로 작위 하는 것이지만, 그밖에 다른 의도하는 바가 있는 것은 아니요.[117] 하지만 의(義)라는 것은 천성에 따르지 않고 억지로 작위하므로, 다른 의도하는 바가 있는 것이오.[118] 또한 예(禮)라는 것은 억지로 작위 하는 것이지만, 상대방이 자신의 예(禮)에 반응을 보이지 않게 되면 예(禮)를 버리고 곧 따지게 되니, 대단히 형식적인 것에 불과하단 말이오.[119)]

공자 말씀하신 것처럼 대동의 도는 너무나도 크고 높은 것이라서, 저는 대동의 도가 과연 지금과 같은 혼란기에도 적용할 수 있을지 두렵기만 합니다. 이에 소강의 도를 먼저 실천함으로써 안정된 국면을 도모해야 한다고 생각하는 것입니다.

그러므로 탕 임금의 신하 중훼 역시 "인(仁)한 이를 돕고 덕이 있는 이를 도우며, 충성스러운 이를 드러내고 인(仁)한 이를 이루게 하며, 약한 이는 포용하고 어리석은 이는 책망하며, 어지러운 이를 돕고 망하는 이를 업신여기며, 없애야 할 것을 밀어내고 존재해야 할 것을 튼튼히 하면, 나라가 이에 번창합니다. 덕이 날로 새로워지면, 만방이 그리워하고, 마음이 자만하면, 구족(같은 종족의 9대: 고조부터 현손까지)이 이에 떠날 것이니, 임금께서는 힘써 큰 덕을 밝혀, 백성들에게 중을 세워야 합니다. 의(義)로 일을 바로잡고 예(禮)로 마음을 바로잡으면, 후대 자손들에게 넉넉함을 드리울 것입니다. 제가 들으니, 능히 스스로 스승을 얻으면 왕이 되고, 남들이 자기만 못하다고 말하는 자는 망하며, 묻기를 좋아하면 넉넉해지고, 자기 것만 쓰면 작아진다고 합니다. 아! 그 끝을 삼가려면 그 시작을 생각해야 하니, 예(禮)가 있으면 키우고, 어둡고 포악하면 엎으십시오. 하늘의 도를 삼가 공경해야, 하늘의 도를 영구히 보존할 것입니다."[120)]라고 말함으로써, 인(仁)과 의(義) 그리고 예(禮)를 모두 중시한 것이지요.

노자 가정에 조화로움의 화(和)가 존재하여 모든 구성원들이 조화롭고 화목하게 지내면, 효(孝: 자식의 부모에 대한 도리)와 자(慈: 부모의 자식에 대한 도리)라는 개념은 존재하지 않소. 가정에 불화가 생겨야, 비로소 효(孝)와 자(慈)라는 개념이 생겨 사람들에게 요구하게 되는 것이오.[121] 그런데 인(仁)과 의(義)를 버리게 되면 백성들이 오히려 자연스럽게 다시 효(孝)와 자(慈)를 중시하게 되는 것이니,[122] 인(仁)과 의(義)는 각각 효(孝)와 자(慈)를 근본으로 하는 하위개념에 불과한 것이오.

대동사회의 지도자들은 천성에 따를 뿐 스스로 덕이 있다고 자처하지 않았기 때문에, 계속해서 덕치를 행할 수 있었소. 하지만 소강사회의 지도자들은 예악제도를 강화하여 억지로 통제하는 인위적인 덕치를 행하고자 했기 때문에, 오히려 참된 덕치를 행할 수 없었던 것이오.[123]

다시 말해서 덕은 상급의 덕과 하급의 덕으로 나눌 수 있으니, 대동사회의 덕치는 억지로 작위 하지 않는 무위와 자연으로 다스리는 것이기 때문에, 하늘이 부여한 천성에 따를 뿐 다른 의도하는 바가 없는 것이오.[124] 하지만 소강사회의 덕치는 예악제도로 통제하는 것이기 때문에, 하늘이 부여한 천성에 따르지 않고 억지로 작위함으로써 다른 의도하는 바가 있소.[125]

고상한 덕을 지닌 지도자는 밑에 처해있는 계곡과도 같이 자신을 백성들 아래에 놓고, 때 묻지 않고 순박한 지도자는 욕보이는 듯이 백성들을 위해 수치스러움을 감수하는 법.[126] 대동의 통치이념을 이해하는 성인은 자애롭기 때문에 용감하다는 도리를 깨우쳐서 감히 강압하지 않고, 또 그러한 성인은 전쟁을 하더라도 자애로움으로 적을 대하기 때문에 분노하지 않았으며, 또 그러한 성인은 상대방과 직접 부딪쳐 싸우지 않고 감화시키고, 또 그러한 성인은 백성들에게 자신을 낮춤으로써 그들의 신망과 지지를 얻었소.[127] 이러한 도리를 상대방과 다투지 않는 덕이라고 하고, 사람을 다스릴 줄 아는 능력이라고 하며, 하늘이 부여한 천성에 따라서 스스로 그러하도록 한다고 일컬으니, 오랜 옛날 대동시대를 이끈 성인들의 통치 핵심인 것이오.[128]

이제 이러한 성인의 도를 오롯이 실천한 인물의 예를 들어보겠소. 고공단보가 후직과 공류의 공적을 다시 닦아서 덕을 쌓고 의로움을 행하자, 나라 사람들이 모두 그를 받들었소. 그런데 훈육과 융적이 그를 공격하여 재물을 얻으려고 하자 고공단보는 재물을 주었고, 얼마 되지 않아 다시 공격하여 땅과 백성을 얻고자 하자 백성들이 모두 분노하여 싸우려 했소. 이에 고공은 "백성들이 임금을 세우는 이유는 장차 그들 자신을 이롭게 하려고 하기 때문이다. 지금 융적이 공격하는 것은 나의 땅과 백성들 때문인데, 백성들이 나를 지도자로 세우나 또는 저들을 지도자로 세우는 것에 어떤 차이가 있겠는가? 백성들이 나 때문에 싸우게 된다면, 이는 사람들의 아비와 아들을 죽여서 임금이 되는 것이니, 나는 차마 못 하겠다."라고 말하고는, 가신들과 더불어 마침내 '빈' 지역을 떠나 '칠수'와 '저수'를 건너고 '양산'을 넘어서, '기산' 아래에 머무르게 되었소. 그러자 '빈' 지역 사람들은 노인을 부축하고 어린이의 손을 이끌어 모두 다시 '기산' 아래에 있던 고공에게 귀속했고, 더불어 다른 이웃 나라에서조차 역시 많은 이들이 그에게 귀속했다고 하오.[129]

또한 상나라의 탕 임금 때 큰 가뭄이 칠 년째 계속되자, 태사가 점을 쳐 말했소. "마땅히 사람을 제물로 바쳐서 기도해야 합니다.” 그러자 탕 임금은 “내가 바라는 바는 오로지 백성들을 위해서니, 만약 반드시 사람을 희생시켜서 기도해야 한다면, 나는 스스로 제물이 되기를 청한다.”[130]라고 하였소.

이처럼 고공단보나 탕 임금과 같은 지도자들은 자신을 백성들 아래에 두고 그들을 위해서 수치스러움을 감수하였으니, 오히려 그로 인해 그들의 덕은 더욱 높아지고 그들의 정신은 더욱 순결해진 것이 아니겠소?

공자 아, 지금 세상에도 그러한 지도자가 있고, 또 그러한 지도자의 마음을 알아주는 백성들이 있다면 얼마나 좋겠습니까? 하지만 현실은 이상과 다른 법이지요. 따라서 나라의 안정을 위해서는 오직 자기의 임금을 진심으로 섬기고 따르는 어짊인 인(仁)을 행하는 사람만이 그렇지 못한 이들을 내쫓아, 사방의 오랑캐 지역으로 물리쳐서 나라 안에서는 더불어 살지 못하게 해야 하는 것입니다. 이를 일컬어 오직 인(仁) 사람만이 능히 타인을 사랑할 수 있고, 능히 타인을 미워할 수 있다고 하는 것이지요.[131]

그러므로 제나라 경공은 말 사천 마리를 소유하였지만 죽는 날에 백성들이 칭송할만한 덕이 없었던 반면, 백이와 숙제는 수양산 아래에서 굶어 죽었지만 백성들이 지금까지도 칭송하고 있는 것입니다.[132]

이 말뜻을 이해하기 위해서는 다시 한 번 덕의 함의를 살펴볼 필요가 있는데, 덕은 성인들이 행한 강함과 부드러움의 통치법을 조화롭게 실천하려는 절조로서 아홉 가지가 있으니, 1. 관이율(寬而栗): 관대하면서도 엄격함, 2. 유이립(柔而立): 온유하면서도 확고히 섬, 3. 원이공(願而共): 정중하면서도 함께함, 4. 치이경(治而

敬): 다스리면서도 공경함, 5. 요이의(擾而毅): 길들이면서도 강인함, 6. 직이온(直而溫): 정직하면서도 부드러움, 7. 간이염(簡而廉): 질박하면서도 청렴함, 8. 강이실(剛而實): 강직하면서도 정성스러움, 9. 강이의(強而義): 굳세면서도 의로움입니다.

이를 근거로 제나라 경공의 업적을 살펴보면, 그는 특히 7. 간이염(簡而廉): 질박하면서도 청렴함의 덕을 쌓지 못했기 때문에 공자의 비판을 받았던 것입니다. 반면에 백이와 숙제는 자기가 섬기는 군주인 상나라 주 임금이 비록 폭군이었지만 끝까지 따랐던 인(仁)을 실천했으므로, 특히 8. 강이실(剛而實): 강직하면서도 정성스러움의 덕을 쌓았던 것이지요.

한번은 제자 자공이 "만일 백성들에게 덕을 널리 베풀어서 모든 사람을 구제할 수 있다면, 어떻습니까? 인(仁)하다고 할 수 있습니까?"라고 묻더군요. 이에 저는 "어찌 인(仁)일 뿐이겠는가? 이는 필히 성스러운 것일지니! 지금과 같이 신하가 군주를 능멸하고 시해하는 춘추시대에서는, 대동사회를 이끌었던 성인은 고사하고 소강사회를 이끈 군자만 만날 수 있어도 좋겠구나. 정치하는 이는 성인(聖人: 대동사회의 지도자) - 군자(君子: 소강사회의 지도자) - 기(器: 전문가)의 순서가 있다. 지금 네가 말하는 것은 대동사회를 이끌었던 요임금이나 순임금과도 같은 성인조차 하기 힘든 고차원의 대동사회에서나 실현할 수 있는 단계다. 따라서 내가 확고하게 서고자 한다면 먼저 진심으로 섬기고 따름으로써 자기 군주의 입지를 확고하게 세워줘야 하고, 내가 이르고자 한다면 먼저 진심으로 섬기고 따름으로써 자기 군주를 이르게 해야 한다. 멀리서 찾지 않고 먼저 자기 주변에서 이러한 깨우침을 받아들일 수 있다면, 이것이 바로 어짊, 즉 인(仁)의 참된 이치인 것이다."[133]라고 대답했습니다.

노자 지도자가 작은 지혜로움의 소지(小知) 즉 사리사욕을 탐하는 얕은꾀를 버림으로써 덕으로 나라를 다스리면, 백성들이 오히려 더 많은 혜택을 누리며 행복하게 지낼 수 있게 되오.[134]

작은 지혜로움의 소지(小知)를 추구하게 되면 점점 백성들을 통제할 궁리가 많아지게 되어, 더 많은 제도를 만들고 강화하여 통제하려 들게 되오. 하지만 대동의 통치이념으로서 다스리면 백성들을 통제하는 제도가 갈수록 필요 없게 되느니. 스스로 그러할 수 있는 환경을 조성해주기만 하면 되므로, 명령이 자연스럽게 줄어들게 되어 결국 무위의 통치를 할 수 있게 되는 것이오. 이러한 무위의 통치는 천성에 따라 스스로 그러하도록 하는 것이라서, 지도자가 행하는 바가 없는 것 같지만 사실은 항상 삼가여 노력하는 것이라서 행하지 않는 바도 없소. 이처럼 억지로 작위하여 엄격한 법과 제도로 백성들을 통제해서는 안 되니, 억지로 통제하려 들면 백성들이 지도자를 따르지 않는 법이오.[135]

그러므로 대동사회의 통치이념을 이해하고 실천했던 성인들은 백성들로 하여금 우직함과 순박함을 갖추도록 이끌었소.[136] 백성들을 다스리기가 어려운 이유는, 지도자가 사리사욕을 탐하고 법과 제도로 억압하니, 백성들 역시 얕은꾀를 써서 피하려고 하기 때문이오.[137] 따라서 천성을 어기고 사리사욕을 탐하며 제도로 억압하는 통치는 결국 나라에 재앙을 불러일으키게 되고, 대동의 통치이념으로 백성들을 다스리면 결국 나라를 오랫동안 평온하게 유지할 수 있는 것이오.[138]

통제하는 정치는 망하고 순리에 따르는 정치는 흥한다는 이

두 가지를 이해하는 것 역시 준칙인 것이니,[139] 늘 이 준칙을 잊지 않고 실천하는 것을 심오한 덕이라고 하오. 심오한 덕은 깊이 감춰져 있고 또 너무나도 아득하여 보편타당한 것들과는 반대로 움직이니, 이렇게 된 후에야 대순(大順) 즉 지극히 자연에 순응하는 경지에 도달하게 되는 것이오.[140]

공자 그렇지만 지금과 같은 전대미문의 혼란기에도 그것이 가능할까요? 사지가 모두 바르고 피부가 완전한 것은, 사람의 넉넉함입니다. 부자가 돈독하고 형제가 화목하며 부부가 조화로운 것은, 집안의 넉넉함입니다. 지위가 높은 신하는 본받고 지위가 낮은 신하는 청렴하며, 관직에 서로 질서가 있고 임금과 신하가 서로 바로 잡아주는 것은 나라의 넉넉함입니다. 천자는 덕으로 수레를 삼고 음악(樂)으로 수레를 몰며, 제후는 예(禮)로서 서로 같이하고, 대부는 법도로 서로 따르며, 사(士: 선비)는 믿음으로 서로 헤아리고, 귀족들이 화목함으로 서로 지키는 것은 세상의 넉넉함이니, 이를 대순(大順)이라고 일컫습니다. 따라서 제가 아는 한, 대순(大順)이란 것은 산 사람을 기르고 죽은 사람을 보내며, 귀신을 섬기는 일을 변함없이 행하는 것이지요.[141]

천자에게서 받은 법도로 백성들을 다스려야 하는 것이 도리인데, 이제 그 법도를 버리고 형벌로 다스리려 하면, 백성들이 오로지 그 형벌에만 마음을 둘 것이니, 어찌 윗사람을 공경하고 자신의 본업을 지키겠습니까? 형벌이라는 것은 당시 나라의 혼란스러움을 제압하는 임시방편일 따름이지요. 따라서 그들을 다스림에 온갖 세납 즉 조세와 노역 및 부역으로 하고 또 그들을 다스림에 형벌로 하면, 백성들이 조세와 형벌을 피하려고만 들지 부끄럼은 없어집니다. 하지만 그들을 성인들이 행한 강함과 부드러움의 통치법을 조화롭게 실천하려는 절개와 지조인 덕과 조화로움을 위한 절제와 통제인 예(禮)로 다스리면, 백성들은 부끄럼이 있게 되고 또한 그들의 마음을 바로잡게 되는 법입니다.[142)]

그러므로 백성들이 인(仁) 즉 자기의 임금을 진심으로 섬기고 따르도록 하는 것은 관대한 통치나 엄격한 통치보다도 더 심오하니, 관대한 통치와 엄격한 통치를 하게 되면 많든 적든 희생당하는 사람이 생기게 되지만, 자기의 임금을 진심으로 섬기고 따르면 희생당하는 사람이 없게 되기 때문입니다.[143)]

정나라 경(卿)이었던 자산이 병에 들자, 그는 자대숙을 불러서 "내가 죽으면 그대가 다스릴 터인데, 오로지 덕이 있는 사람만이 백성들을 관대하게 복종시킬 수 있으니, 그다음으로는 엄격하게 다스리는 것이 가장 좋소. 불은 맹렬하기에 불에 죽는 사람이 적지만, 물은 관대하기에 가까이하다가 죽는 이들이 많소. 그러므로 관대함으로 다스리는 것은 어려운 것이오."라고 말했습니다. 자산이 죽고 나서 자대숙이 그를 이어 통치를 했는데, 백성들을 관대하게 다스리자 오히려 도둑이 많아졌다고 합니다. 이에 자대숙은 자산의 말을 듣지 않은 것을 후회하고 그들을 잡아다 죽이자, 도둑이 줄어들게 되었다고 하지요. 따라서 통치를 관대하게 하면 백성들이 게을러지고, 게을러지면 엄격하게 바로잡아야 하지만, 엄격하게 통제하면 백성들이 상처를 받으니 다시 관대함을 베풀어야 합니다. 즉 관대함과 엄격함이 조화를 이루는 정치가 가장 좋을 것입니다.[144)]

기왕 제가 존경한 자산이라는 인물에 대해서 언급했으니, 그와 관련된 이야기를 하나 더 소개하겠습니다. 연명이란 인물이 자산에게 향교(鄕校: 지방교육기관)를 없애자고 제안한 적이 있습니다. 그러자 자산은 "향교에서 나오는 좋은 점과 나쁜 점에 대한 논평은 나의 스승이 되는데, 어찌 없앨 수 있겠습니까? 충(忠)과 선(善)으로 원망을 줄일 수는 있지만, 위세로 원망을 막을 수는 없다고 들었습니다. 그것은 개울물을 막는 것과도 같으니, 막아서 한꺼번에 터지면 많은 사람들이 다칩니다."라고 말했습니다. 이에 연명은 "그대는 진정 믿고 섬길 수 있는 분입니다."라고 말하며 자산의 말에 따랐으니, 저는 "만약 누군가가 자산이 인(仁)하지 않다고 말한다면, 나는 믿지 않을 것이다!"라고 평한 바 있습니다.[145)]

5. 솔선수범의 명덕(明德)

노자 백성들의 천성에 순응하여 다스리는 것이 정치이려니! 지도자가 형벌과 제도를 강화하여 억압하게 되면, 백성들의 불만이 최고조에 달하여 죽음조차도 두려워하지 않을 터인데, 더 이상 어떠한 형벌과 제도를 더 강화하여 백성들을 억압할 수 있겠소?[146)]

나와 같이 대동사회의 통치이념을 이해하는 성인이 천성에 따라 다스림으로써 백성들이 죽음을 두려워하게 하고, 또 나라의 기강을 어지럽히는 이들을 모두가 수긍하는 범위 내에서 정당하게 처벌한다면, 어느 누가 감히 또 그러하겠소?[147)]

따라서 대동사회를 이끈 지도자들은 "나라가 수모를 당했을 때 그 치욕을 모두 짊어질 수 있어야 임금이라고 할 수 있고, 나라에 재난이 발생했을 때, 사사로움을 버리고 오직 백성들을 생각해야 세상이 그를 지도자로 인정하고 따른다."라고 말했던 것이오.[148)]

공자 〔상서〕의 〈강고〉 편에서 "능히 덕을 밝힌다."라고 하였고, 〈태갑〉 편에서는 "이 하늘의 밝은 명을 돌아본다."라고 하였으며, 〈제전〉 편에서는 "능히 큰 덕을 밝힌다."라고 하였으니, 이는 모두가 스스로를 밝히는 것입니다.[149)]

한번은 제자 자장이 덕(성인들이 행한 강함과 부드러움의 통치법을 조화롭게 실천하려는 절개와 지조)을 밝힌다는 것은 어떤 것인지를 묻자, 저는 "상대방의 없는 죄를 있는 것처럼 꾸며서 헐뜯고 비방하며 무고해도, 객관적으로 판단하여 진위를 가려내는 것이 덕을 밝히는 것이다. 지도자가 덕을 밝히게 되면, 상대방의 없는 죄를 있는 것처럼 꾸며서 고발하는 헐뜯고 비방하며 무고하는 행위가 통하지 않게 된다."[150)]라고 말해주었습니다.

결국 명(明) 즉 밝음이란 다름 아닌 덕을 밝히는 것을 말하는 것이니, 지도자가 덕을 밝히게 되면, 상대방의 없는 죄를 있는 것처럼 꾸며서 헐뜯고 비방하며 무고하는 행위가 통하지 않게 된다고 설명한 것입니다. 이는 바꿔 말해서 당시 노나라를 포함한 춘추시대에 이러한 행위가 비일비재했음을 간접적으로 보여준 것이니, 이제 이와 관련된 대표적인 두 사례를 들기로 하겠습니다.

오나라의 임금 부차가 월나라와의 전투에서 승리하자 월나라 임금 구천은 오나라에 강화를 요청했습니다. 이에 오나라의 장수 오자서는 구천을 반드시 제거해야 한다고 했으나, 태재 비의 감언이설에 넘어간 부차는 오히려 오자서를 점차 멀리했지요. 오자서는 그런 오나라가 불안해서 자기의 아들을 제나라에 맡겼는데, 태재 비가 이 일을 핑계로 임금에게 오자서를 모함했던 것입니다. 그러자 부차는 오자서에게 명검을 내려 자결하도록 했고, 오자서는 자기가 죽으면 오나라가 월나라에 멸망당하는 것을 지켜볼 수 있도록 눈알을 도려내 동문 위에 걸어달라고 하고는 자결했지요. 그로부터 9년 후 월나라는 오나라를 공격하여 멸망했고, 부차는 오자서의 말을 듣지 않은 것을 후회하며 자결했다고 합니다.

또 진나라 헌공이 여희를 총애했는데, 여희는 자신이 낳은 아들인 해제를 태자로 세우고자 했지요. 이에 헌공의 전처가 낳은 아들들을 모함하여 결국 태자이던 신생은 죽고, 중이와 이오는 진나라를 떠나 도망치게 되었던 것입니다.

따라서 저는 역사적 사실을 통해서 깨달은 절실한 마음을 드러낸 것이니, 만약 오나라 임금 부차와 진나라 임금 헌공이 덕을 밝혀서 현명하게 나라를 다스렸다면, 이처럼 상대방을 헐뜯고 비방하며 무고하는 행위가 통하지 않았을 것입니다. 또 그렇게 되었다면 나라가 망하거나 무고한 이들이 죽는 일이 없었을 것이니, 이것이야말로 멀리 보는 식견이 아니겠습니까?

노자 그렇소! 이처럼 참된 지도자들은 누구 하나 버리지 않고 함께 했기 때문에 모든 백성들이 조화롭게 살았던 것이고, 또한, 하늘이 부여한 천성에 따라 다스렸기 때문에 만물이 조화를 이루게 되었던 것이니,[151] 이러한 자세를 일컬어 습명(襲明) 즉 덕을 밝혀서 따른다고 하는 것이오.[152]

따라서 지도자의 품행을 보면 곧 백성들의 품행을 알 수 있고,

백성들의 품행을 보면 곧 그 나라의 운명을 알 수 있을 지니! 그러한 까닭에, 대동사회를 이끈 성인들은 굳이 나아가 다른 것들을 보지 않아도 세상의 돌아가는 모든 이치를 이해할 수 있어서, 천성에 따라 무위로 다스림으로써 세상을 오랫동안 평안하게 유지할 수 있었던 것이오.[153)]

공자 한번은 노나라 경(卿)인 계강자가 정치에 대해 묻기를, "만약 강력한 법으로 백성들을 통제하고 이를 어기면 엄벌에 처함으로써, 백성들이 이에 겁을 먹고 바르게 살 수 있도록 하는 공포정치를 행하면 어떻소?"라고 묻더군요. 그래서 저는 "그러한 엄격한 법치는 오래갈 수 없으니, 먼저 지도자가 올바른 길을 걸어야 백성들 역시 지도자를 믿고 따르게 됩니다. 따라서 지도자가 바람이라면, 백성들은 그 바람이 부는 쪽으로 기우는 풀인 민초인 것입니다."[154)]라고 대답한 바 있습니다.

이는 즉 윗물이 맑아야 아랫물이 맑게 된다는 이른바 솔선수범이니, "요임금과 순임금이 세상을 거느림에 인(仁)으로 하니 백성들이 따르고, 하나라의 폭군 걸 임금과 상나라의 폭군 주 임금이 세상을 거느림에 포악함으로 하니 역시 백성들이 따랐다. 명령하는 바가 좋아하는 바에 반하면, 백성이 따르지 않는다."라는 논리입니다.[155)]

윗사람이 인(仁)을 좋아하면, 곧 아랫사람의 인(仁)을 행함이 남들보다 앞서려고 다투게 됩니다. 따라서 백성들의 우두머리인 자가 뜻을 밝히고 가르침을 바르게 하며 어짊의 인(仁)을 공경하여 자식처럼 백성들을 사랑하면, 백성들은 면밀하게 자기를 살피게 되어 그럼으로써 그 윗사람을 기쁘게 하는 것입니다.[156)]

그러므로 아랫사람이 윗사람을 섬기는 것은 그 명령을 따르는 것이 아니라, 그 행한 바를 따르는 것이지요. 윗사람이 옳은 일을 좋아하면, 아랫사람 중에는 반드시 그 윗사람보다 옳은 일을 더 좋아하는 이가 있게 됩니다. 윗사람의 좋아하거나 미워하는 바는 삼가지 않을 수 없으니, 이것이 바로 백성들의 모범이 되는 것입니다.[157] 국가를 가진 이가 선함을 밝히고 악함을 노여워하여 그럼으로써 백성들에게 정성스러움을 보이면, 곧 백성들의 진심이 둘이 되지 않는 법입니다.[158]

지도자가 먼저 솔선수범하여 바르게 행동하면, 백성들은 그리 하라고 명령하지 않아도 감화되어서 스스로 올바르게 행동합니다. 반면에 지도자가 바르게 행동하지 않으면, 백성들은 아무리 명령을 내려도 따르지 않습니다.[159]

그렇다면 어떻게 해야 성인들이 행한 강함과 부드러움의 통치법을 조화롭게 실천하려는 절조인 덕을 높일 수 있는 것일까요? 한번은 저의 제자 자장이 어떻게 해야 덕을 숭상하고, 또 현혹됨을 분별할 수 있는지 물었습니다. 이에 저는 "정성을 다하는 충(忠)과 뱉은 말은 반드시 책임지고 지키는 신(信) 그리고 계급상의 서열을 명확하게 하고 그 서열에서 마땅히 지켜야 할 바를 목숨을 걸고 지키는 의(義)의 태도로 임해야 한다. 특히 충(忠)은 중(中) 즉 객관적이고도 공정함과 마음(心)을 합친 것으로, 마음을 객관적이고도 공정하게 하는 것이다. 이처럼 충(忠)은 공변됨(한쪽으로 치우치지 않고 공평함)을 견지함으로써 명확하게 판단하는 것이니, 이것이야말로 정성을 다하지 않으면 안 되는 것이고, 또 그렇게 되면 현혹됨을 분별할 수 있게 되는 것이다."라고 설명해 주었던 것입니다.[160]

6. 무엇으로 원한을 갚을 것인가?

노자 억지로 작위 하거나 만들어서 천성을 위배하지 않고, 화려함과 사치스러움 등의 자극적인 것들을 피해서 평온함을 유지하며, 자신을 아래에 둠으로써 백성들을 두려워하고 공경하며, 덕으로 원한을 갚음으로써 긍정적인 것과 부정적인 것들을 모두 포용하여 함께해야 하오.[161)]

공자 대동의 도리는 역시 너무나도 큽니다. 지도자가 덕으로 덕을 갚으면 곧 백성들에게 권장하는 바가 있게 됩니다. 원한으로 원한을 갚으면 곧 백성들에게 징계하는 바가 있게 됩니다. 덕으로 원한을 갚으면 곧 자기를 사랑함이 인(仁)에까지 영향을 미치게 됩니다. 하지만 원한으로 덕을 갚으면 곧 죄지은 사람을 죽임이 백성들에게까지 영향을 미치게 되니, 선량한 백성들까지 피해를 보게 되는 것이지요.[162)]

하지만 지금과 같은 세상에서도 덕으로 원한을 갚는 것이 과연 옳은 것일까요? 한번은 어떤 이가 "덕으로 원한을 갚으면 어떻습니까?"라고 묻더군요. 그래서 저는 "원한으로 덕을 갚는 것 이외에는 각각의 특징이 있소. 올곧음을 의미하는 직(直)은 사사로운 정에 얽매이지 않고 공정하게 판단하는 것이니, 종법제도가 정하는 신분등급에 따른 예(禮)에 따라서 각기 달리 처신해야 하오. 즉 자기의 신분과 원한의 대상에 따라서 덕으로 원한을 갚을 수도, 원한으로 원한을 갚을 수도 있소. 하지만 덕은 반드시 덕으로 갚아야 하오."[163)]라고 대답했습니다.

노자 그렇다면 그 신분과 원한의 대상에 따른 판단 기준은 또 무엇이오?

공자 한번은 제자 자하가 "부모의 원수가 있으면, 어찌합니까?"라고 묻기에, 저는 "괴로움으로 앓아누워 방패를 베개 삼아 베고, 벼슬하지 않으며, 원수와 더불어 세상을 함께하지 않는다. 그를 저잣거리나 조정에서 만나면 무기를 되돌리지 않고 싸우는 것이다."라고 대답했습니다. 자하가 또 "여쭙겠습니다. 형과 아우의 원수가 있으면, 어찌합니까?"라고 묻자, 저는 "벼슬을 하더라도 원수와 같은 나라에서 하는 것을 허락하지 않지만, 임금의 명령을 받들어 사신으로 가게 되면 비록 그와 만나도 싸우지 않는다."라고 답해주었습니다. 이에 자하가 다시 "여쭙겠습니다. 사촌 형제의 원수가 있으면 어찌합니까?"라고 묻기에, 저는 "먼저 나서지는 않아야 한다. 다만 당사자가 복수를 하려고 나서면, 무기를 잡고 그 뒤에서 보좌해야 하는 것이다."[164]라고 대답했으니, 즉 종법제도가 정하는 신분등급에 따른 예(禮)에 따라서 각기 달리 처신해야 하는 것입니다.

1) 21-1

2) [禮記(예기)] 〈祭義(제의)〉

3) [禮記(예기)] 〈中庸(중용)〉

4) [禮記(예기)] 〈中庸(중용)〉

5) [尙書(상서)] 〈大禹謨(대우모)〉

6) 2-1

7) 4-25

8) [尙書(상서)] 〈皐陶謨(고요모)〉

9) [尙書(상서)] 〈周書(주서)〉

10) [禮記(예기)] 〈坊記(방기)〉

11) 15-15

12) 6-1

13) 2-1

14) 20-2

15) 74-3

16) 74-4

17) [禮記(예기)] 〈中庸(중용)〉

18) [예기(禮記)] 〈예운(禮運)〉

19) 13-29

20) [禮記(예기)] 〈曲禮上(곡례상)〉

21) [禮記(예기)] 〈內則(내칙)〉

22) [禮記(예기)] 〈明堂(명당)〉

23) [禮記(예기)] 〈學記(학기)〉

24) 13-30

25) 17-13

26) 17-12

27) 74-3

28) 79-2

29) 79-3

30) 7-1

31) [十八史略(십팔사략)] 〈夏王朝篇(하왕조편)〉

32) 54-2

33) [禮記(예기)] 〈大學, 傳(대학, 전)〉

34) [禮記(예기)] 〈大學(대학)〉

35) 54-3

36) 54-4

37) 54-5

38) [禮記(예기)] 〈大學(대학)〉

39) [禮記(예기)] 〈大學(대학)〉

40) [禮記(예기)] 〈大學, 傳(대학, 전)〉

41) 10-1

42) 10-2

43) [尙書(상서)] 〈咸有一德(함유일덕)〉

44) 15-7

45) 19-5

46) 22-2

47) 10-7

48) 39-1

49) 39-2

50) [禮記(예기)] 〈緇衣(치의)〉

51) 14-5
52) [左傳(좌전)] 〈襄公(양공) 4년〉
53) [左傳(좌전)] 〈襄公(양공) 4년〉
54) [史記(사기)] 〈夏本紀(하본기)〉
55) [孟子(맹자)] 〈離婁(이루)〉
56) 15-3
57) 4-15
58) [左傳(좌전)] 〈昭公(소공) 28년〉
59) [說文解字(설문해자)]
60) [說文解字(설문해자)]
61) 15-24
62) [禮記(예기)] 〈中庸(중용)〉
63) 42-1
64) [禮記(예기)] 〈中庸(중용)〉
65) 17-14
66) 81-3
67) [說文解字(설문해자)]
68) 6-27, [禮記(예기)] 〈中庸(중용)〉
69) 15-42
70) 5-11
71) 11-2
72) 5-3
73) 2-12
74) 14-11
75) 14-30
76) 11-18
77) [左傳(좌전)] 〈定公(정공) 15년〉
78) 2-13
79) [史記(사기)] 〈仲尼弟子列傳(중니제자열전)〉
80) 28-7
81) 55-3
82) 55-4
83) 28-1
84) 28-2
85) 28-3
86) 28-4
87) 28-5
88) 28-6
89) [禮記(예기)] 〈中庸(중용)〉
90) [禮記(예기)] 〈祭義(제의)〉
91) [禮記(예기)] 〈中庸(중용)〉
92) 59-2
93) 59-3
94) 59-4
95) 59-5
96) 55-1
97) 55-2
98) [史記(사기)] 〈周本紀(주본기)〉
99) 50-2
100) [史記(사기)] 〈五帝本紀(오제본기)〉
101) 50-3
102) 7-22
103) 41-7
104) [十八史略(십팔사략)] 〈五帝篇(오제편)〉
105) 8-1
106) [史記(사기)] 〈吳泰伯世家(오태백세가)〉
107) 1-1
108) [尙書(상서)] 〈堯典(요전)〉, [史記(사기)]

〈五帝本紀(오제본기)〉
109) 33-4
110) [禮記(예기)] 〈坊記(방기)〉
111) 9-17, 15-13
112) 12-21
113) 59-1
114) 15-36
115) 18-1
116) 38-7
117) 38-4
118) 38-5
119) 38-6
120) [尙書(상서)] 〈仲虺之誥(중훼지고)〉
121) 18-3
122) 19-2
123) 38-1
124) 38-2
125) 38-3
126) 41-6
127) 68-1
128) 68-2
129) [史記(사기)] 〈周本紀(주본기)〉
130) [十八史略(십팔사략)] 〈殷王朝篇(은왕조편)〉
131) [禮記(예기)] 〈大學, 傳(대학, 전)〉
132) 16-12
133) 6-28
134) 19-1
135) 48-1
136) 65-1
137) 65-2
138) 65-3
139) 65-4
140) 65-5
141) [禮記(예기)] 〈禮運(예운)〉
142) 2-3
143) 15-35
144) [左傳(좌전)] 〈昭公(소공) 20년〉
145) [左傳(좌전)] 〈襄公(양공) 31년〉
146) 74-1
147) 74-2
148) 78-3
149) [禮記(예기)] 〈大學(대학)〉
150) 12-6
151) 27-3
152) 27-4
153) 47-3
154) 12-19
155) [禮記(예기)] 〈大學(대학)〉
156) [禮記(예기)] 〈緇衣(치의)〉
157) [禮記(예기)] 〈緇衣(치의)〉
158) [禮記(예기)] 〈緇衣(치의)〉
159) 13-6
160) 12-10
161) 63-1
162) [禮記(예기)] 〈表記(표기)〉
163) 14-35
164) [禮記(예기)] 〈檀弓上(단궁상)〉

중(中)이란 어느 한쪽으로 치우치지 않는 공정하고도 객관적인 태도를 일컫고, 화(和)란 어느 하나 버리지 않고 모두 함께 하려는 조화로운 태도를 일컫는다. 따라서 중(中)과 화(和)는 덕(德)을 행하기 위한 양대(兩大) 실천 강령(綱領)이 되는 것이다.

여섯째 날,

중(中)과 화(和):

덕의 양대 구성요소

공자 희로애락의 감정이 겉으로 쉬이 드러나지 않은 것을 일컬어서 중(中)이라고 하고, 희로애락의 감정이 겉으로 다 드러나지만 모두 절도에 맞아서 서로 충돌하지 않는 것을 일컬어서 화(和)라고 합니다. 중(中)이라는 것은 세상의 큰 근본이고, 화(和)라고 하는 것은 세상이 도에 닿은 것이지요. 따라서 지도자가 중(中)과 화(和)를 실천하게 되면, 온 세상이 각자 자리를 잡고 이에 만물이 번성하게 됩니다.[1]

노자 그렇소! 도에 이르기 위해서는 먼저 덕을 닦아야 하는데, 이 덕을 닦기 위해서는 그 구성요소가 되는 두 가지 즉 중(中)과 화(和)를 먼저 실천해야만 하오.[2] 중(中)은 어느 한쪽에 치우치지 않는 객관적이고도 공정한 태도고, 화(和)는 중(中)을 바탕으로 나아가 양쪽의 모순을 없애고 어우러지게 하는 것이니. 즉 먼저 중(中)을 갖추고 이를 기반으로 나아가 화(和)를 이뤄야 하는 것이오.

따라서 이를 감정으로 빗대어 표현하자면, 희로애락 즉 기쁨과 노여움, 슬픔과 즐거움의 감정이 어느 한쪽으로 치우쳐 드러난다면 중(中)의 도리에 어긋나게 되고, 희로애락 각각의 감정이 모두 드러나지만 절도에 맞지 않아서 서로 충돌하면 화(和)의 도리에 어긋나게 되는 것이니, 그렇게 되면 지도자가 덕을 쌓을 수 없게 되어서 결국 세상에는 도가 존재할 수 없게 되는 것이오.

1. 중(中): 편벽되지 않고 치우치지 않으며 지나치거나 미치지 못함이 없음

노자 지도자가 덕을 닦지 않아서 함부로 말하여 명령을 내리면, 나라를 다스리는 데 있어서 항상 어려운 문제들이 발생하게 되오. 따라서 한쪽으로 치우치지 않고 객관적이고도 공정한 태도를 유지하는 중(中)의 자세를 취하는 것이 대단히 중요한 것이니![3]

이와 같은 지도자의 역할 중에서, 나는 당시 주나라 후기(동주 시기)의 정치적 관행 특히 관직 임명에 대해서 깊은 불만을 품고 있었소. 그래서 새삼스레 이 자리를 빌려서 지도자에게 묻고 싶소. 지도자가 관리를 임용할 때 공정한 방법으로 인재를 선발하고, 또 선발한 인재가 과연 덕망이 있는지를 깊이 있게 관찰함에, 모든 이들이 그 선발 기준과 자격에 동의하게 할 수 있는가?[4]라고 말이오!

또한, 이 자리를 빌려서, 지도자의 부름으로 나랏일을 맡는 관료들에게도 하고 싶은 말이 있소. 나랏일을 맡는 관료가 자신에게 주어진 소임을 다하기 위해서 심혈을 기울이기보다는, 자신의 상관 즉 지도자의 총애를 얻기 위해 급급해하고 또 총애를 얻지 못하는 수모를 겪었다고 실망하는 것은 자기에 대한 집착이오. 이렇듯 나라를 이끄는 일에 종사하는 자가 자기를 버리지 않고 오히려 그 자리에 너무 집착하면, 결국에는 큰 불행을 당하오.[5]

공자 그렇습니다! 저 역시 제자인 안회에게 "자신에게 주어진 직위에 사심 없이 최선을 다하고, 그 직위에 집착하거나 연연해 하지 말고 때가 되면 물러나야 하며, 그 직위에 있지 않으면 그 일에 대해 관여하지 말아야 한다. 반면에 대다수 제자들은 세상에 나아가 벼슬하는 것만을 목표로 삼으니, 오직 나와 너만이 그렇게 할 수 있다."라고 말해준 바 있으니,[6] 군자는 그 처한 자리에서 정성을 다해 행동하고, 처한 자리 이외의 것을 바라지 않는 것입니다.[7]

노자 엄격하게 말해서 지도자의 부름으로 나랏일을 맡는 관료 역시 백성들의 입장에서는 지도자인데, 그런 이들이 총애를 얻기 위해 급급해하고 또 총애를 얻지 못하는 수모를 겪었다고 실망하는 것은 자기에 대한 집착에서 비롯된 것이 아니겠소? 이렇듯 나라를 이끄는 일에 종사하는 자가 총애를 얻기 위해 급급해하고 자기에 대해 집착하는 것을 하등의 부류라고 일컫는 것이라오.[8]

총애를 받았다고 놀란 듯 크게 기뻐하고 총애를 받지 못했다고 놀란 듯 크게 실망하는 것을 일컬어, 총애를 얻기 위해 급급해하고 또 총애를 얻지 못하는 수모를 겪었다고 실망한다고 하는 것이니.[9] 그렇다면 무엇을 일컬어서 나라를 이끄는 일에 종사하는 자가 자기를 버리지 않고 오히려 너무 집착하게 되면, 결국에는 큰 불행을 당하는 것이라고 하는가?[10]

태평성대 특히 대동사회를 이끈 지도자들은 자기를 버리고 백성들 아래에 처함으로써 백성들의 신망과 지지를 받았는데, 그와 반대로 자기를 버리지 않고 집착하여 백성들 위에 군림하려 들어 덕치를 펴지 못한 이들은, 결국 자기의 자리를 지킬 수 없었거니와 나아가 불행한 최후를 맞이하게 되었단 말이요.[11]

태평성대를 이끈 지도자들은 이처럼 자기를 버리고, 백성들의 마음을 자기의 마음으로 삼았으며, 자기를 아래에 두어 항상 백성들을 두려워하고 공경하였기에, 그들의 신망과 지지를 한꺼번에 받을 수 있었으니, 이러한 도리를 견지하여 실천한 지도자에게 어떠한 재앙이 닥칠 수 있었겠소?[12] 치우치지 않고 편들지 않으면 임금의 도는 평탄하고, 편들지 않고 치우치지 않으면 임금의 도는 평평하며, 어기지 않고 배반하지 않으면 임금의 도는 정직해지고, 지극함이 있는 이들을 모으면, 지극함이 있음으로 돌아가는 것이니.[13]

삼황오제 중 한 분인 제곡께서는 중(中)을 잡아 두루 세상에 미쳤으므로, 해와 달이 비치는 곳과 바람과 비가 이르는 곳이면 복종하지 않는 것이 없었소.[14]

순임금께서는 "나는 그대의 덕을 독려하고 그대의 큰 공을 기리니, 하늘의 헤아림이 그대 몸에 있어서 그대가 결국에는 임금에 오를 것이오. 사람의 마음은 위태롭고, 도의 마음은 희미하니, 정성스럽고도 한결같이, 그 중(中)을 진실로 잡아야 하오."[15]라고 말씀하시어, 왕위를 계승할 우에게 경계를 보이셨던 것이오.

또한 주나라 성왕께서는 "그대는 주공의 큰 교훈을 넓히고, 권세에 의지하여 위세를 떨치지 말며, 법에 의거하여 모질게 하지 마시오. 너그럽고도 법도가 있고, 침착하고 덤비지 않음으로써 화합하시오. 상나라 백성들이 위법을 했을 때, 내가 벌하라고 말해도 그대는 벌하지 말고, 내가 용서하라고 말해도 그대는 용서하지 말며, 오직 중(中)을 따르시오."[16]라고 말씀하시어 대부 군진에게 경계를 보이신 것이오.

따라서 귀히 여긴다는 것은 자기 자신을 아끼는 마음으로 나라와 백성들을 아낀다는 뜻일지니, 만약 그렇게 할 수 있다면 백성들이 그를 지도자로 추대하여 나라를 이끌게 할 것이요. 우러러 섬긴다는 것은 자기 자신을 사랑하는 마음으로 나라와 백성들을 사랑한다는 뜻이니, 만약 그렇게 할 수 있다면 백성들이 그를 지도자로 추대하여 나라를 이끌게 할 것이오.[17] 그러므로, 바로 이러한 자세가 지도자가 중(中)을 지키는 참모습이 아니겠소?

공자 아, 위정자들이 반드시 마음에 새겨야 할 참으로 귀하신 말씀입니다! 윗자리에 있어서는 아래를 업신여기지 않고, 아랫자리에 있어서는 위에 매달리지 않으며, 자기를 바르게 하는 데 전념하고, 남에게 무언가를 요구하지 않으면, 곧 원망이 없게 될 것입니다. 또 그렇게 되면 위로는 하늘을 원망치 아니하게 되고, 아래로는 남을 탓하지 않게 되는 것이지요.[18]

노자 또한 하늘의 도, 즉 대동사회에서 행해졌던 천성에 따르는 통치이념이란, 마치 목표를 정확하게 맞추기 위해서 여러 조건들을 신중하게 고려하여 조준하고, 그런 후에 활시위를 당기는 것과도 같소.[19]

조준한 것이 목표보다 높으면 낮춰주고, 낮으면 높여주며, 힘이 남으면 빼고, 부족하면 더해주는 것이니, 이것이 바로 중(中)과 화(和)의 참뜻이오.[20] 천성에 따르는 통치이념이라는 것은, 이처럼 남음이 있으면 그것을 덜어서 부족한 쪽으로 보충해주는 것이니.[21]

공자 지당하신 말씀입니다. 노나라 삼환(三桓)[22] 중 하나인 계손씨는 주공보다 더 부유했습니다. 그런데 저의 제자 염구는 계씨의 가신(家臣)이 되어 그를 위해 백성들을 수탈하여 보태주었습니다. 이에 저는 다른 제자들에게 "염구는 이제부터 나의 제자가 아니다. 너희들은 그를 조리돌리어 책망해도(북에 그의 이름을 써서 붙인 다음에 북을 치며 돌아다님으로써 널리 알려도) 좋다!"[23]고 말한 바 있습니다.

노자 그러한 일이 있었구려. 제자가 스승의 가르침을 오롯이 받아들이지 못한다면, 그것만큼 스승의 마음을 아프게 하는 것도 없을 것이오.

내 이제 계속해서 말을 이으리다. 하지만 억지로 작위하려는 통치는 그렇지 못해서, 오히려 부족한 백성들을 더욱 착취하여 자신들의 배를 채우려고만 하니,[24] 과연 누가 남음이 있으면 그것을 덜어서 부족한 쪽으로 보충해주어서 백성들을 섬길 수 있겠소?[25] 바로 대동의 통치이념을 이해하고 실천하는 성인만이 그러할 수 있소.[26]

공자 덕이란 성인들이 행한 강함과 부드러움의 통치법을 조화롭게 실천하려는 절개와 지조이므로, 강경한 통치나 부드러운 통치 어느 한쪽에 치우쳐서 다스리지 않고 상황에 따라 신축적인(융통성 있는) 공정한 태도를 꾸준히 견지해야 합니다. 이것이 바로 중용(中庸)입니다.

이처럼 도의 중요한 구성요소인 중(中)의 태도를 지니지 못하면, 나서야 할 때 제때 나서지 못하고, 나서지 말아야 함에도 불구하고 무조건 나섬으로써 결국 해를 입는 것입니다.[27]

또한, 지도자가 선을 행하고자 하면 백성이 선을 행할 것이니, 군자의 덕은 바람이고 소인(신분이 낮은 백성)의 덕은 풀입니다. 풀 위에 바람이 불면, 풀은 반드시 바람이 부는 방향으로 쓰러지는 법. 따라서 백성들이 덕을 행하지 않는 것은 결국 지도자가 덕을 행하지 않기 때문이니,[28] 이는 다름 아닌 윗물이 맑아야 아랫물도 맑다는 도리지요.

여기서 중(中)이라는 것은 편벽되지 않고 치우치지 않으며 지나치거나 미치지 못함이 없는 것의 이름이요, 용(庸)은 늘 그러함을 일컫는 것입니다.[29] 따라서 군자는 중용에 의지하여 세상을 피해 알아주지 않는다 하더라도 후회하지 말아야 하지요. 하지만 사실상 이러한 경지는 오로지 성인이라야 그렇게 할 수 있는 것입니다.[30]

삼황오제 중 한 분이었던 순임금은 크게 지혜로우셨으니, 순임금께서는 묻기를 좋아하시고 천근한 말(깊이가 없는 얕은 말)도 살피기를 좋아하셨으며, 악함은 숨기시고 선함을 드러내셨습니다. 그 양 극단을 잡아서 백성들에게 그 중간을 쓰셨으니, 이 때문에 순임금이 되셨던 것입니다.[31]

그렇지만 오늘날 세상 사람들은 모두 자기 스스로가 지혜롭다고 말하는데, 실제로는 그들을 몰아서 그물이나 덫이나 함정 가운데에 넣어도 피할 줄을 모릅니다. 사람들은 모두들 자기가 지혜롭다고 말하는데, 실제로는 이 중용을 택하고도 한 달을 채 지키지 못합니다.[32]

이미 도를 이야기할 때 구체적으로 언급한 바 있듯이, 도에는 하늘의 도인 천도(天道)와 사람의 도인 인도(人道)가 있습니다. 그리고 진실함은 하늘의 도고, 진실하게 하는 것은 사람의 도지요. 진실한 사람은 힘쓰지 않아도 중(中)하고 생각하지 않아도 얻게 되며 차분하게 도에 들어맞는 것이니, 이는 성인일 뿐입니다. 반면에 진실하게 한다는 것은 선을 가리어 굳게 잡는 것이니, 이것

이야말로 군자가 행해야 할 것이지요.[33)]

성인이란 천지개벽과 더불어 존재했던 대동의 사회를 이끌었던 삼황오제를 일컬으니, 그들은 비록 누구에게도 배운 적이 없지만 스스로 도를 깨우치고 실천했던 지도자입니다. 반면에 군자란 그러한 성인의 도를 배우고 실천하며 따르려 노력하는 지도자를 말하는 것이지요. 그런데 당시 전대미문의 혼란스러운 시기인 주나라 말기 즉 춘추시대를 극복하기 위한 방안으로서, 과연 대동을 말하는 것이 순서상 맞는 것이었는지 저는 잘 모르겠습니다. 차라리 혼란기를 수습할 수 있는 과도기적 과정을 먼저 언급하는 것이 옳지 않았을까요? 따라서 저는 대동에 앞서서 먼저 소강으로의 복귀를 주장했던 것입니다. 그러므로 역시 저는 성인에 앞서서 먼저 군자의 도리를 언급하려는 것입니다.

이러한 차원에서 군자와 그렇지 못한 이들의 차이점을 비교하여 말씀드리자면, 군자 즉 성인의 도를 배우고 부단히 노력하여 실천하는 올바른 지도자는 어느 한쪽으로 치우쳐 편들지 않고 공정하게 판단하지만, 반면에 도를 따르지 않고 사사로운 이익만을 탐하는 올바르지 못한 인격의 소인배는 한쪽으로 치우쳐 편들기에 공정하게 판단하지 못한다는 것이지요.[34)]

한번은 노나라 정공께서 "임금이 신하를 부리고 또 신하가 임금을 섬기는 것은, 어찌해야 하오?"라고 물으시더군요. 이에 저는 "임금은 윗사람으로서 아랫사람인 신하에게 지나치지도 않고 모자라지도 않는 예(禮)로 대해야 합니다. 또한 신하는 아랫사람으로서 정성을 다해서 윗사람인 임금을 섬기고 따라야 하는 것입니다."[35)]라고 대답한 바 있는데, 바로 여기서 깊이 새겨야 할 것이 바로 충(忠)의 개념일 것입니다.

충(忠)이란, 진심 즉 마음을 다한다는 것인데, 그 본래 의미는 가운데 중(中)과 마음 심(心)을 합쳐놓은 것이지요. 다시 말해서 충(忠)은 마음을 객관적이고도 공정하게 한다는 것이니, 이는 바로 사랑하더라도 그의 나쁜 점을 알고, 또 미워하더라도 그의 좋은 점을 알아야 한다는 자세인 것입니다.[36] 따라서 군자는 사람이 말하는 것만으로 그 사람을 추천하지 않고, 사람이 나쁘다고 해서 그 말까지 함부로 무시하지는 않으니, 즉 사람의 장단점을 분명히 가려서 평가하는 중(中)의 자세를 항상 견지해야 하는 것이지요.[37]

말을 교묘하게 하고 아첨하는 표정을 지니며, 절제하지 않고 지나치게 공손해하는 무례함. 좌구명[38]은 그러한 것들을 부끄러워했는데, 저 역시 그것을 부끄러워합니다. 분명히 원망하는 감정을 품고 있으면서도 아닌 척 숨기고 그 사람에게 가까이하는 것. 좌구명은 그러한 것들을 부끄러워했는데, 저 역시 그것을 부끄러워하는 것입니다.[39]

무릇 허물이란 종법제도의 서열을 따르지 않고 아랫사람이 제멋대로 권력을 휘두르는 것이니, 노나라의 삼환처럼 자기들끼리만 편들어 옹호하고 또 아랫사람이 제멋대로 권력을 휘두르면, 군주를 진심으로 섬기고 따르는 어진(仁) 이가 아닌 것이지요.[40]

제가 아는 것이 있겠습니까? 저는 아는 것이 없습니다. 보잘 것없는 사내가 저에게 묻는다면, 저는 텅 빈 것과도 같이 아는 바가 없습니다. 그저 옛 성현들의 통치이념인 도를 배우고 실천하고자 노력하고 있을 뿐이니, 도의 중요한 구성요소인 중(中) 즉 한쪽으로 치우치지 않는 객관적이고도 공정한 태도를 지켜서 말할 따름이지요.[41]

그러므로 저는 신분의 고하를 막론하고 몸소 마른고기 한 묶음 이상의 예물을 들고 찾아오면 일찍이 가르쳐주지 아니한 적이 없었으니,[42] 신분으로 사람을 차별하지 않고 배우고자 하는 의지가 있는 사람 모두에게 공정한 교육기회를 제공하고자 한 것입니다.[43]

아무리 비천한 출신이라도 훌륭한 재능을 갖고 있다면, 비록 쓰지 않으려고 해도 하늘이 결코 버리지 않는 법. 저는 원칙적으로 주공이 완성한 종법제도를 따르기는 하지만, 또 한편으로는 신분으로 차별하지 않고 오직 재능만으로 그 사람을 평가하는 객관적인 안목의 태도를 견지하려고 노력했습니다.[44]

또한 도를 배우고 부단히 노력하여 실천하는 올바른 지도자인 군자는 자기 자식만 편애해서는 안 되지요.[45] 따라서 제가 가장 아끼던 제자 안회가 죽어서 문하의 제자들이 그에게 후한 장례를 치러주고자 했을 때도, 저는 "허락할 수 없다."고 대답했습니다. 그럼에도 불구하고 문하의 제자들이 안회에게 후한 장례를 치러주었고, 이에 저는 "안회는 나를 아비로 여겼고 나 역시 안회를 아들처럼 여겨서 내 친아들 공리와 똑같은 수준으로 장례를 치러주고자 했는데, 제자들의 반대로 그렇게 하지 못했으니 너무나 안타깝구나!"[46]라고 한탄한 것입니다.

저는 제자들을 대함에 있어서, 누구를 차별대우한 적도 또 어떤 것도 숨긴 바가 없습니다. 그저 도의 중요한 구성요소 중 하나인 중(中) 즉 한쪽으로 치우치지 않고 공정한 태도로 일관하여 제자들과 더불어 행하지 않는 것이 없으니, 이가 바로 저 공구(孔丘)였던 것입니다.[47]

노자 구(丘). 참으로 오랜만에 들어보는 이름이구려. 노나라 경(卿)이었던 맹희자가 중병에 걸리자 그대를 달인이라고 칭찬하며 자신의 두 아들 맹의자와 남궁경숙을 보내, 17세였던 그대의 제자가 되게 했던 것으로 기억하오.[48] 얼마 지나지 않아 맹희자가 죽자 3년의 부친상을 지낸 후, 남궁경숙의 도움으로 그대가 주나라로 와서 나를 만났으니, 그때는 그대 나이가 대략 20세 이후의 일이었을 것이오. 그리고 나는 젊었던 그대를 "구(丘)야!"라고 부르곤 했었소.

공자 아직도 기억하고 계시는군요. 노나라로 돌아와서 제자 증자가 예(禮)에 대해 물을 때마다, 저는 당시 배웠던 내용들을 종종 인용하여 일러주곤 했지요.[49]

노자 그렇소. 당시 그대는 예(禮)에 대해서 물었고, 나는 아는 바대로 그대에게 일러준 바 있소. 하지만 돌이켜 보건데, 예(禮)라는 것은 마음이 가운데[中]를 지니는 공정하고도 객관적인 태도와 믿음이 부족해야 나타나는 것이고 또한 국가혼란의 도화선이 되니,[50] 참으로 허망한 것이오.

공자 중(中)의 자세를 잃어야 예(禮)가 등장하게 된다고 말씀하시니, 저로서는 납득하기가 어렵군요. 물론 하늘의 도인 천도(天道)가 행해지던 대동과 사람의 도인 인도(人道)가 행해지던 소강에는, 분명한 차이점이 있습니다. 하지만 예(禮)라는 것은 대동과 소강사회를 불문하고 존재하던, 도의 중요한 구성요소가 아니겠습니까?

따라서 제자 자공이 "감히 여쭙습니다. 장차 무엇을 가지고 이러한 중(中)을 행하는 것입니까?"라고 물었을 때, 저는 "예(禮)일지니, 예(禮)로다! 무릇 예(禮)라는 것은 중(中)을 바로잡는 조건(원인)이다."[51]라고 대답했던 것이기도 합니다.

자공이 한번은 또 "자장과 자하 중에, 누가 더 현명합니까?"라고 물은 적이 있었는데, 저는 "자하는 슬픔을 누르지 못해서 선왕의 예(禮)를 다하지 못했으니 부족하고, 반면에 자장은 슬픔이 모자라서 선왕의 예(禮)를 다했으니 지나치다."라고 대답했습니다. 이에 자공이 다시 "그렇다면 자장이 더 낫습니까?"라며 묻기에, 저는 "현명함이란 예(禮)로 이성과 감성을 조율하여 중(中) 즉 한쪽으로 치우치지 않는 객관적이고도 공정함과 화(和) 즉 양쪽을 모두 아우르는 조화로움으로 이르게 하는 것이다. 예(禮)가 지나치거나 예(禮)가 모자라면 둘 다 중(中)과 화(和)에 이르지 못하니, 결국에는 같은 것이다."[52]라고 설명한 바 있습니다.

노자 그대의 두 제자에게 무슨 일이 있었던 것이오?

공자 자하가 상을 치르고 저를 찾아왔기에 그와 함께 거문고를 탔는데, 자하는 화답하기는 했지만 저의 거문고 타는 소리와 합쳐지지 못했으니, 연주를 하기는 했지만 조화로운 소리를 이루지는 못했던 것입니다. 잠시 후 자하가 일어나서 말하기를 "슬픔을 아직 잊을 수가 없습니다. 하지만 선왕께서 예(禮)를 제정하신 것이라서 감히 거스르지는 못한 것입니다."라고 하더군요. 훗날 자장이 상을 치르고 저를 찾아왔기에 역시 그와 함께 거문고를 탔는데, 화답하여 저의 거문고 타는 소리와 합쳐졌으니, 연주를 하여 조화로운 소리를 이뤘던 것입니다. 잠시 후 자장이 일어나서 말하기를 "선왕께서 예(禮)를 제정하신 것이라서 감히 거스르지 못한 것입니다."라고 하더군요.[53)]

노자 그대가 말하고자 하는 의도는 익히 알고 있소. 다만 오늘날 예(禮)라는 것이 이미 허례허식으로만 치닫고 있으니, 내 어찌 그것을 보고만 있을 수 있겠소? 본디 예(禮)란 진심으로 정성을 다해야 하는 것인데 그저 형식적인 것에만 매달리고 있으니, 차라리 없느니만 못한 것이 아니겠소?

공자 제가 어찌 그 뜻을 모를 리가 있겠습니까? 저 역시 그저 통탄할 따름입니다. 다만 왜곡되거나 변질되었다고 무작정 버릴 것이 아니라, 원래의 모습을 되찾으려고 노력해야 하는 것이 아닐까요?

2. 화(和): 조화로움

노자 세상 사람 모두 어떤 것이 아름다운지를 아는 것은, 바로 추함이 존재하기 때문에 상대적으로 아름답다고 느끼는 것이요. 또한 모두 어떤 것이 선인지를 아는 것은, 선하지 못함이 존재하기 때문에 상대적으로 선하다고 느끼는 것이니.[54)] 따라서 대동사회의 이치는 있음과 없음이 함께 조화를 이루는 것이고, 어려움과 쉬움이 함께 조화를 이루는 것이며, 길고 짧음이 함께 조화를 이루는 것이고, 높고 낮음이 함께 조화를 이루는 것이며, 소리와 음률이 함께 조화를 이루는 것이고, 앞과 뒤가 함께 조화를 이루는 것이오.[55]

하늘과 땅은 변치 않고 오랫동안 존재해왔소. 이렇듯 하늘과 땅이 변치 않고 오랫동안 존재할 수 있었던 이유는 바로 하늘과 땅만이 살려고 했던 것이 아니라, 그 안에 있는 세상의 모든 존재들 즉 자연의 모든 생물 및 무생물들과 어우러져 함께 살려고 했기 때문이오. 따라서 나라가 변치 않고 오래 유지되려면 이처럼 좋은 것만 취하고 나쁜 것은 버리는 것이 아니라, 누구 하나 버리지 않고 함께 어우러져 살아야 하는 것이란 말이오.[56]

서른 개의 바퀴살이 하나의 바퀴 통에 연결되어 있는데, 그 바퀴 통이 비어서 바퀴살에 힘이 고르게 전달되어야 만이 수레가 앞으로 나가게 되오.[57] 진흙을 빚어 그릇을 만들 때, 그릇의 중간 부분을 움푹 패어 비어둬야 비로소 물건을 담을 수 있는 것이오.[58] 또한 창문을 내어 집을 짓는데, 벽과 지붕을 두른 집의 안 부분을 비어둬야 사람이 살 수 있고 물건을 둘 수 있는 것이니.[59] 따라서 이처럼 세상의 모든 이치는 있음이 존재하기 때문에 이로움을 주는 것이고, 없음이 존재하기 때문에 세상에 쓰임이 있게 되는 것이므로, 어느 한쪽만 존재해서는 안 되고 좋음과 나쁨, 긍정과 부정이 모두 공존해야 하는 것이라오.[60]

이처럼 대동의 사회를 이끈 성인들은 누구 하나 버리지 않고 함께했기 때문에, 모든 백성들이 조화롭게 살았소. 또한, 하늘이 부여한 천성에 따라 다스렸기 때문에, 만물이 조화를 이루게 되었던 것이오.[61] 따라서 덕을 밝혀서 따르는 이는 그렇지 못한 이들의 스승이 되어 모범을 보이고, 덕을 밝혀서 따르지 못하는 이들은 덕을 밝혀서 따르는 이의 밑바탕이 되는 것이므로, 이 모두를 포용해야 하는 것이 순리일지니.[62] 덕을 밝혀서 따르는 이를 모범으로 삼지 않고, 덕을 밝혀서 따르지 못하는 이들일지라도 이러한 밑바탕을 자애롭게 포용하지 못하면, 비록 지혜롭다하더라도 결국에는 길을 잃게 될 수 있으므로, 이를 일컬어서 심오하다고 하는 것이오.[63]

공자 아, 정말로 대동의 참모습은 너무나도 심오하기만 합니다.

노자 지도자가 나라를 다스림에 있어서 굳건하고도 단호하지만 또 자애로움으로 포용하게 되면, 모든 백성들이 그를 지지하고 따르게 되는 것이 이치요.[64] 또 모든 백성들이 그를 지지하고 따르게 되면 변치 않고 영원한 덕이 흩어지지 않고 머무르게 되니, 순일한 덕으로 나라를 다스리는 대동사회가 실현되는 것이오.[65]

마찬가지로 지도자가 세상의 긍정적인 면을 이해하고 부정적인 면 역시 인정하고 보호하면 모든 백성들이 지도자의 뜻을 따르게 되어 세상의 기준으로 삼게 되고,[66] 또 백성들이 지도자의 뜻을 따르게 되어 세상의 기준으로 삼게 되면 영원한 덕이 오차 없이 제자리를 찾게 되어 나라가 오랫동안 평안해지는 것이오.[67] 따라서 지도자의 지위에 올랐지만, 그 지위나 부귀영화에 집착하지 않고 오히려 자신을 낮추고 백성들을 공경하면, 백성들이 모두 그를 자애롭다고 여겨서 신뢰하고 지지하여 따르게 되지요.[68] 이처럼 세상 만물은 부드러움과 부정적인 것들을 함께 짊어지고 강함과 긍정적인 것들을 향해 나아가니, 이 두 기운이 합쳐져 결국 누구 하나 버려지지 않고 모두가 조화롭게 어울리는 것이오.[69]

공자 조화롭게 어울리는 것이 중요하다고 이처럼 강조하시니, 그 이야기를 다시 한 번 꺼내지 않을 수 없을 듯합니다. 제자 자로가 강함이란 무엇인지에 대해서 묻기에, "자네가 묻고자 하는 강함이란 남방의 강함인가, 북방의 강함인가? 그것도 아니면 자네 스스로가 원하는 강함인가? 너그럽고 부드러움으로 가르치며 무도함에 보복하지 않는 것은 남방의 강함이니, 군자가 머문다. 반면에 병기와 갑옷을 깔아 늘 전쟁을 하면서도 결코 싫증 내지 않는 것은 북방의 강함이니, 흉포한 자가 머문다. 따라서 군자는 객관적이고도 공정한 태도를 보임으로써 중(中)에 서지 어느 한쪽에 기대지 않으니, 진정 강하도다. 그 꿋꿋함이여![70] 중(中)의 태도를 보임으로써 어느 한쪽으로 기울어지지 않으니, 진정 강하도다. 그 꿋꿋함이여! 나라에 도가 있으면 성실함이 변하지 않으니, 진정 강하도다. 그 꿋꿋함이여! 나라에 도가 없어져도 죽을 때까지 변치 않으니, 진정 강하도다. 그 꿋꿋함이여!"라고 대답해준 바 있습니다. 즉 진정한 강함이란 바로 강함과 부드러움이 조화를 이룬 도인 것이니, 문득 앞에서 언급했었던 옛 기록 하나가 다시금 떠오르는군요.

상나라 탕께서 임금이 되기 전에 하루는 교외로 나갔는데, 들 사면으로 그물을 펼쳐놓고 "세상 사방 모두가 내 그물로 들어오게 하소서"라고 비는 이를 본 적이 있다고 합니다. 이에 탕은 "아, 다 잡으려 하는구나!"라고 한탄하면서 그물의 삼면을 거두고, "왼쪽으로 가려면 왼쪽으로, 오른쪽으로 가려면 오른쪽으로 가게 하소서. 만약 명령을 따르지 않는 동물이 있다면, 이에 내 그물로 들어오게 하소서."라고 빌었고, 후에 제후들이 그 소식을 듣고는 "탕의 덕이 지극하니, 금수에게까지 미쳤구나."라고 감탄했다고 합니다.[71] 이는 상나라 탕께서 금수를 잡기 위해서 그물을 펼치기는 했지만 활로를 내어주면서 잡았으니, 사람들이 그의 덕(성인들이 행한 강함과 부드러움의 통치법을 조화롭게 실천하려는 절개와 지조)을 칭송한 것이 아니겠습니까?

저는 낚시질을 하지만 그물질로 포획하지는 않고, 또 화살로 사냥을 하지만 잠든 새는 도망갈 여지가 없으므로 쏘지 않았으니,[72] 역시 옛 성현들의 도리를 배워서, 낚시질과 주살을 하는 강함과 더불어 그들이 빠져나갈 수 있는 활로를 주는 부드러움의 조화 즉 덕을 몸소 실천하려고 노력했던 것입니다.

하루는 제자 자로가 저의 집에서 거문고를 연주하고 있었는데, 이는 다름 아닌 음악(樂)을 지칭하는 것이 아니겠습니까? 그래서 제가 이렇게 다그쳤지요. "음악(樂)은 엄격한 형식의 예(禮)를 보완하는 또 하나의 부드러운 형식으로, 조화로움〔和〕을 위한 온유함을 의미한다. 하지만 자로는 지나치게 굳건하여 타협을 모르는 성격이라서, 도의 구성요소인 의(義)와 용(勇)의 강함만을 깨닫고, 그 강함을 보완하는 부드러움의 요소들을 갖추지 못했다. 그런데 그런 자로가 어찌 나의 집에서 조화로움(和)을 위한 온유함을 뜻하는 음악을 논한다는 말인가?" 이에 다른 제자들이 제 말을 듣고는 자로의 수준이 떨어진다고 생각하여 무시하기 시작하더군요. 결국, 제자들의 오해를 막기 위해서, 좀 더 구체적으로 "자로의 수준이 떨어지는 것이 아니다. 도는 강함과 부드러움의 조화인데, 자로는 의(義)와 용(勇)의 강함을 갖췄으니, 이미 일정 수준에 올랐다고 할 수 있다. 하지만 이는 성인의 도를 온전히 깨우치지는 못한 것이니, 나는 이제 자로에게 그다음 단계인 부드러움을 갖춰야 참된 성인의 도를 깨우치게 된다고 가르친 것이다."[73]라고 설명한 것입니다.

노자 따라서 지도자는 무릇 좋은 것만 취하고 그렇지 못한 것은 버리는 것이 아니라, 그 모두를 함께 어우러지게 해야 하는 것이니. 바로 이것이 대동사회의 참된 조화를 이르는 것이 아니겠소?

지도자가 선량한 이를 선하게 대우하고 선량하지 못한 이조차도 선하게 대우하면, 그 지도자의 덕이 순박해진다오.[74] 지도자가 믿을 수 있는 이를 믿고 믿을 수 없는 이조차도 믿으면, 그 지도자의 덕에 믿음이 생기게 되오.[75] 하지만 설령 지도자가 이러한 대동의 통치이념을 깨닫지 못했다고 해도, 어떻게 그를 포기하여 배척할 수 있겠소?[76]

따라서 천자를 옹립하고 또 그를 보좌하는 최고의 벼슬인 삼공[77]을 설치하는 데 있어서, 진귀한 옥을 앞에 내세우고 그 뒤로 성대한 규모의 진상을 하는 등의 형식적인 예(禮)를 중시하는 것보다, 내실을 기하여 훌륭한 인물을 관리로 등용하고, 그들이 곁에서 이러한 대동의 통치이념을 충언으로 아뢰게 하는 것이 더 중요한 것이오.[78]

공자 예(禮)의 존재 자체를 부정하시는 의견에는 도저히 동의할 수 없지만, 본질을 왜곡하여 형식으로만 치닫고 있는 현실에 대한 실망감은 저 역시 그 누구보다 큽니다. 고에 모가 나지 않으면, 고이겠습니까?[79] 모가 난 술잔인 고에 모가 나지 않으면, 모가 난 술잔의 명칭인 고라고 부를 수 없습니다. 따라서 예악제도는 반드시 그 내용과 형식이 함께 갖춰져야 하니, 형식과 내용이 병행되어야 합니다. 예(禮)라고 하는 것이, 옥과 비단을 말하는 것이겠습니까? 음악(樂)이라고 하는 것이, 종과 북을 말하는 것이겠습니까?[80] 도는 내용과 형식으로 구성되고, 도의 형식이 되는 예(禮)와 음악(樂)은 세부적으로 또다시 강함과 부드러움으로 나뉘지요. 그런데 당시의 춘추시대는 형식만이 난무하고 본질이 되는 내용은 소홀히 여겨지는 일대 혼란기라서 본질이 빠진 허례허식에 치우치고 있었으니, 참으로 애통할 따름입니다.

노자 내 그대의 말뜻을 이해하겠소. 아무튼, 왜 예로부터 대동의 통치이념인 도를 그토록 중시했던 것이겠소?[81] 대동사회를 이끈 지도자들의 도리와 해와 달과 별들의 천체를 관찰하여 얻은 정화와도 같은 훌륭한 말을 하지 못해도 버려지지 않고, 이러한 성인들의 삼가여 순일한 덕을 베풀었던 태도를 실천하지는 못해도 위험을 피할 수 있기 때문이 아니겠소?[82] 따라서 세상이 이처럼 대동의 통치이념을 중시하고 따르는 것이라오.[83]

공자 그렇다면 사회의 혼란을 야기하고 심지어 악을 저지르는 구성원들조차도 구별 없이 모두 포용해야 한다는 말씀이신지요? 제가 알기로는 오직 자기의 군주를 진심으로 섬기고 따르는 어진(仁) 이만이, 사람을 좋아할 수 있고, 사람을 미워할 수 있습니다.[84] 따라서 오직 어진(仁) 사람만이 그들을 내쫓아 사방의 오랑캐 지역으로 물리쳐, 나라 안에서 더불어 살지 못하게 할 수 있는 것입니다. 이를 일컬어 오직 어진(仁) 사람만이 능히 타인을 사랑할 수 있고, 능히 타인을 미워할 수 있다고 하는 것이지요.[85]

노자 어찌 그런 의미로 말했겠소? 내 말뜻은 사회적 권력이나 재력 혹은 개인적 신분이나 능력의 고하 및 유무를 막론하고, 모두를 포용함으로써 누구 하나 버리지 않고 함께 나아가야 한다는 것이오. 모두를 포용하기 때문에 선에 위배되는 악함조차도 처벌하지 말아야 한다는 식의 궤변으로 이해해서는 곤란하오.

나와 같이 대동사회의 통치이념을 이해하는 성인이 천성에 따라 다스림으로써 백성들이 죽음을 두려워하게 하고, 또 나라의 기강을 어지럽히는 이들을 모두가 수긍하는 범위 내에서 정당하게 처벌한다면, 누구도 감히 또 그러할 수 없을 것이오.[86]

형벌이라는 것은 대동사회를 이끈 성인들처럼 백성들이 믿고 따르는 지도자가 공정하게 판단하여 내려야 모두가 수긍하는 것이니, 만약 백성들이 따르는 지도자가 아닌데 형벌을 내린다면, 이는 마치 전문 목수를 대신하여 나무를 베는 것과도 같소.[87]

대동사회를 이끈 성인들처럼 백성들이 믿고 따르는 지도자가 아닌데도 함부로 형벌을 내리고 또 모두가 수긍하지 못하면, 이는 마치 전문 목수를 대신하여 나무를 베면 손을 다치듯이 백성들의 원성을 사게 되는 법. 따라서 정치는 반드시 정치 그릇을 갖춘 자가 해야 하는데,[88] 나는 여기서 설령 지도자가 정치적 자질을 온전히 갖추지 못했다고 해도 그를 무시하거나 내치지 말고, 충언으로 참된 지도자의 길을 걸을 수 있도록 보필해야 한다는 취지로 말한 것이오.

공자 크게 조화를 이뤄서 모두가 함께 어우러지는 것이니, 참으로 큽니다. 대동의 심오한 뜻이여! 대동사회에 있어서 조화로움[和]의 참뜻이 무엇인지 다시금 깨닫게 됩니다. 하지만 누차 말씀드리듯이, 지금과 같은 혼란기에 곧바로 대동으로 복귀하는 것이 가능하겠습니까?

저는 오히려 우선 소강사회의 면모를 회복하고, 그러한 후에 대동으로의 복귀를 도모하는 것이 보다 현실적으로 타당하다고 사료되옵니다. 따라서 저는 좀 더 구체적으로 말해서 소강사회의 조화로움〔和〕에 대해서 논하고자 하는 것이니, 다름 아닌 도에 있어서 형식과 내용의 조화를 말하는 것입니다.

그러므로 사사로운 이익을 탐하지 않고 오직 백성들과 나라를 위한 공익을 꾀하며 초자연적인 힘에 의탁하지 않는 객관적인 판단력인 지혜로움〔知〕을 갖추고 있어도, 자기의 군주를 진심으로 섬기고 따르는 인(仁)을 기반으로 하지 못하면, 그 판단력은 오래 가지 못하는 것입니다. 왜냐면 그렇게 되면, 지혜로움을 통제하지 못하고 제멋대로 해석하여 행동에 거리낌이 없게 되기 때문이지요. 지혜로움을 갖추고 인(仁)을 갖췄더라도 정중하게 임하지 않으면, 백성들이 그를 가벼이 여겨 공경하지 않게 됩니다. 또 지혜로움을 갖추고 인(仁)을 갖췄으며 정중하게 임하더라도 조화로움을 위한 절제와 통제 즉 예악제도를 행하지 않으면, 그는 선한 사람이 아닌 것입니다. 따라서 도는 그 구성요소들 사이에 반드시 유기적인 조화가 필요하므로 결코 흩어져서 개별적으로 존재해서는 안 되니, 그 내용과 형식이 조화를 이뤄야 하는 것입니다.[89]

또 자기의 임금을 진심으로 섬기고 따르는 인(仁)을 행하려 하지만 성인의 도를 배우기를 좋아하지 않으면, 공정하게 판단하지 못해서 맹목적으로 추종하게 됩니다. 오직 백성들과 나라를 위한 공익을 꾀하며 객관적인 판단을 하려 하는 지혜로움을 추구하지만 성인의 도를 배우기를 좋아하지 않으면, 제멋대로 해석하여 행동에 거리낌이 없게 되지요. 성실하여 신의를 갖추려고 하지만 성인의 도를 배우기를 좋아하지 않으면, 그런 척만 하게 되는 것이요. 사사로운 정에 얽매이지 않고 공정하게 판단하는 올곧음을 실천하려고 하지만 성인의 도를 배우기를 좋아하지 않으면, 자신에게는 엄격하고 남에게는 관대해야 하는데 오히려 타인에게 엄격하여 비방하게 됩니다. 자기가 처한 서열에서 마땅히 지켜야 할 바를 목숨을 걸고 지키는 의(義)를 몸소 실천하려는 용감함을 갖추려고 하지만 성인의 도를 배우기를 좋아하지 않으면, 무도해져서 포악해지오. 마음이 굳세어 사사로운 탐욕을 부리지 않는 강직함을 행하려고 하지만 성인의 도를 배우기를 좋아하지 않으면, 방자해지는 것입니다.[90)]

3. 어울림(화: 和)과 아우름(동: 同)

노자 그대는 "희로애락의 감정이 겉으로 다 드러나지만 모두 절도에 맞아서 서로 충돌하지 않는 것을 일컬어서 화(和)라고 한다."[91)]고 하였는데, 이를 좀 더 구체적으로 말하자면 화(和)라는 것은 희로애락의 감정을 숨기지 않고 자연스럽게 모두 드러내 표출시키는 것이니, 기쁨과 분노 그리고 슬픔과 즐거움이 각각 고유의 특성을 유지하면서도 서로 충돌하지 않고 조화를 이룬다는 뜻이오. 즉 화(和)는 서로의 수준이 다름을 인식하면서도 함께 어우러져 사이가 좋은 상태를 말하니, '조화로움' 또는 '어울림'이라고도 표현할 수 있을 것이오. 반면에 동(同)이란 같은 수준으로 합쳐져서 서로의 구별 없이 똑같아지는 상태를 말하니, '같이 함' 또는 '아우름'이라고 일컫소.

그런데 대동사회의 통치이념인 도는 날카로운 사회의 모순을 억눌러 둥글게 하고 그 혼란과 어지러움을 원만하게 해결하며, 모든 긍정적인 것과 부정적인 것들의 기세를 어울리게 하고 속세를 아울러서 누구 하나 버리지 않고 함께하는 데 있으므로, 이 어울림과 아우름을 모두 긍정적으로 보고 있다고 할 수 있소.[92]

따라서 황제 헌원은 직접 오곡을 심어서 만백성을 위로하고도 사방을 헤아리려고 노력했던 것이니.[93] 때마다 온갖 곡식과 초목을 뿌리고 금수와 곤충을 순화시켰으며, 해와 달과 별자리들의 운행 및 물결, 토석, 금옥을 두루 망라하고 마음과 힘, 귀와 눈에 힘쓰며 물, 불, 목재와 재물을 아껴 썼기에, 노란 흙의 덕의 상서로움이 있어서 황제(黃帝)라고 불렸던 것이오.[94]

그뿐만 아니라, 순이 임금이 되기 전 '역산'에서 경작하니 백성들이 모두 밭두둑을 양보하고, '뇌택'에서 낚시를 하니 사람들이 모두 자리를 양보하였으며, '황하' 가에서 그릇을 구우니 그릇이 이지러지지 않고 머무르니, 사람들이 무리를 이루어서 2년이 지나자 고을을 이뤘으며, 3년이 되자 도시를 이뤘던 것이외다.[95]

또한 그대가 가장 존경한 주공 역시 "아! 제가 듣건대, 옛날 상나라 임금 중종은 엄숙히 삼가며 공경하고 두려워하여 천명을 스스로 헤아렸고, 백성을 다스림에 공경하고 두려워하여 감히 편안함에 빠지지 않았습니다. 이에 드디어 중종은 나라를 칠십오년 동안 누리셨습니다. 고종이 재위했을 때는 오랫동안 밖에서 수고로우셨고, 이에 소인(신분이 낮은 백성)들과 함께하였습니다. 즉위를 하고 나서 상을 입으시고는, 삼 년 동안 말하지 않았습니다. 아주 부득이하게 말할 경우에는 온화했지만, 감히 편안함에 빠지지 않았으니, 상나라가 아름답고도 평안해졌습니다. 낮은 사람이건 높은 사람이건 원망하는 이가 없게 되었으니, 드디어 고종은 나라를 오십구 년 동안 누리셨던 것입니다. 조갑이 재위해서는 스스로 의(義)를 갖춘 왕이 아니라 하고, 오래 소인(신분이 낮은 백성)이 되었습니다. 또한 즉위하여서는 이에 소인(신분이 낮은 백성)의 의지함을 알고, 수많은 백성들을 능히 보호하고 사랑하였으며 감히 홀아비나 과부를 업신여기지 않았습니다. 그러므로 조갑은 나라를 삼십삼 년 누리셨던 것입니다."[96]라고 같이 말하지 않았소?

대동사회는 복희씨와 신농씨 그리고 여와씨의 삼황과 황제 헌원, 전욱 고양, 제곡 고신, 제요 방훈, 제순 중화의 오제가 통치하던 시기를 일컫소. 이 삼황오제 중 하나인 신농씨가 농업을 보급한 이래로 사람들이 농사를 짓기 시작했는데, 주지하다시피 농업의 보급은 바로 집단정착생활과 직결되오. 다시 말해서, 농업은 집단체제 즉 한 나라를 이끄는 지도자의 통치와 불가분의 관계를 맺는 것이오. 따라서 지도자는 농업을 통치의 가장 중요한 내용 중 하나로 인지했고, 또 그렇기 때문에 솔선수범하여 백성들과 함께 농사에 참여했던 것이니.

나는 "이 때문에 천자와 제후는 스스로를 고(孤: 외로운 존재), 과(寡: 작고 미약한 존재), 불곡(不穀)이라고 칭하였다."[97]라고 한 바 있으니, 즉 지도자는 스스로를 '불곡'이라고 칭하여, 자기가 백성들을 배불리 먹이는 곡식보다도 못한 존재라고 겸손한 모습을 보인 것이오. 그러므로 제자백가(諸子百家) 중에서 전국시대 초나라의 허행(許行)이라는 인물로 대표되는 농가사상(農家思想)은 바로 농사는 임금과 신하가 함께 경작해야 한다는 취지가 담겨 있으니,[98] 단순히 농업기술을 언급한 것이 아니라 농업을 통한 통치

사상을 설파하려한 것으로, 왕을 포함한 모든 사람이 자신의 노동으로 생활을 유지함으로써 대동사회 지도자의 치세 방법을 회복해야 한다고 주장한 것이라오.

공자 누차 말씀드렸듯이, 저의 이념은 우선적으로 소강사회의 기강을 회복해야 한다는 것입니다. 따라서 도를 배우고 부단히 노력하여 실천하는 올바른 지도자인 군자는 삼가기 때문에 타인과 다투지 않고 함께 어우러지지만, 구별이 없이 똑같아져서 치우치지는 않습니다.[99] 군자는 서로 수준이 다른 이들과 함께 어우러져 사이가 좋지만, 그들과 같은 수준으로 합쳐져서 구별이 없이 똑같아지지는 않는 것입니다. 하지만 도를 따르지 않고 사사로운 이익만을 탐하는 올바르지 못한 인격의 소인배는 다른 이들과 같은 수준으로 합쳐져서 구별 없이 똑같아질 뿐, 서로의 수준이 다름을 인식하면서도 함께 어우러질 수는 없는 것이지요.[100]

제자 자공이 "고을 사람들이 모두 그를 좋아하면, 훌륭한 인물입니까?"라고 물은 적이 있었습니다. 그래서 저는 "그렇지 않다."고 대답했습니다. 이에 자공이 다시 "그렇다면 고을 사람들이 모두 미워하면, 훌륭한 인물이 아닙니까?"라고 묻더군요. 그래서 저는 "그렇지 않다. 오직 어진(仁) 이만이 사람을 좋아할 수 있고, 또 사람을 미워할 수 있는 것이다. 따라서 고을 사람 중에서 선한 이가 좋아하고, 선하지 못한 이가 미워하는 사람이 진정 훌륭한 인물이다."라고 대답했으니,[101] 많은 사람들이 미워하더라도 어진(仁) 이 역시 미워하는지를 먼저 확인해야 하고, 많은 사람들이 좋아하더라도 어진(仁) 이 역시 좋아하는지 반드시 확인해야 하는 것입니다.[102]

저에게 지도자의 어울림을 뜻하는 화(和)는 긍정적이지만, 아우름의 동(同)에는 부정적인 입장인 것입니다. 선한 것과 선하지 못한 것 그리고 좋은 것과 좋지 못한 것은 반드시 구별되어야 합니다. 특히나 소강사회는 대동사회의 도를 바탕으로 하여 조화로움을 위한 절제와 통제인 예(禮)를 더 강화함으로써 시시비비를 구별한 것이니, 선한 이들의 어울림을 따르되 선하지 못한 이들의 아우름은 배척해야 하는 것입니다.

저의 교육목표는 오로지 하나, 이 나라를 바르게 이끌 수 있는 참된 지도자인 군자 양성입니다. 그런데 여럿이 종일 함께 있으나, 말이 계급상의 서열을 명확하게 하고 그 서열에서 마땅히 지켜야 할 바를 목숨을 걸고 지키는 의(義)에 미치지 못하고, 또 보잘것없는 재주를 행하기만을 좋아하면, 참된 지도자로 발전하기가 어렵지요. 따라서 이 나라에 머물면 대부 중에서 현명한 이를 섬기고, 선비 중에서 어진 이를 벗해야 한다고 말한 것입니다. 그러므로 저는 아우름의 동(同)이 아닌 어울림의 화(和)를 추구하는 차별성을 강조하는 것이니, 즉 의(義)롭고도 지혜로운 사람들과 가까이하여 배우되 그렇지 못한 사람들을 멀리해야 하는 것입니다.[103)]

지금과 같은 세상에는 사람과 동물이 한데 아우러져 살던 시대인 대동의 통치이념을 펼 수 없으니, 예악제도로 애써서 절제하고 통제하는 소강사회의 통치이념을 펴야만 하는 것이지요. 따라서 제가 추구하는 도는 사람의 통치이념인 인도(人道)이니, 제가 사람의 무리와 함께하지 않으면 또 누구와 함께할 수 있겠습니까? 세상에 이미 그러한 도가 있었으면, 제가 굳이 제자들과 더불어 이 시국을 바꾸려 하지 않았을 것입니다![104)]

노자 소강사회 통치이념인 사람의 도의 구성요소들은 원칙적으로 대동사회의 하늘의 도를 그대로 계승하오. 따라서 하나라와 상나라 그리고 주나라의 천자들 역시 농업을 중시한다는 가치관을 보여주기 위해서 매년 형식적으로나마 농사를 짓는 모습을 보여준 것이 아니겠소?[105] 농사는 임금과 신하가 함께 경작해야 하는 것이니,[106] 왕을 포함한 모든 사람이 자신의 노동으로 생활을 유지함으로써 백성들과 함께 호흡해야 하는 것이오.

공자 사람들이 천리마를 칭송하는 것은, 그 힘이 세기 때문이겠습니까? 천리마는 군자를 빗대어 표현한 것이니, 군자가 예(禮)와 의(義) 그리고 정성스러움을 익혀서 다스리는 소강사회의 통치이념인 도를 실천하면, 자기 백성들뿐만 아니라 주변나라의 백성들조차도 먼 곳을 마당치 않고 몰려와 섬기게 될 것입니다.[107]

제자인 번지가 왕을 포함한 모든 사람이 직접 농사일에 참여하여 노동으로 생활을 유지했던 대동사회 지도자의 치세 방법에 대해서 물은 적이 있습니다. 따라서 저는 "나는 노련한 농사꾼보다도 아는 것이 없다."라고 넘겨버렸지요. 그런데 계속해서 번지가 채소를 심는 일에 대해 가르침을 청하는 것이었습니다. 그래서 이번에도 "나는 노련한 원예사보다도 아는 것이 없다."라고 말하며 넘겨버렸습니다. 잠시 후 번지가 밖으로 나가자, 저는 곁에 앉아 있던 제자들에게 "번지는 내가 그토록 가르친 소강사회의 통치이념인 도를 따르지 않는 소인배로다! 지도자가 예(禮)와 의(義) 그리고 정성스러움을 익혀서 다스리는 소강사회의 통치이념인 도를 실천하면, 백성들이 그를 공경하고 복종하며 진심으로 대할 것이다. 또 그렇게 되면 주변나라의 백성들이 그 지도자를 섬기기 위해서 먼 곳을 마다치 않고 몰려올 것이니, 어찌 지금과 같은 세상에 현실적으로 실행될 가능성이 없는 이상적인 대동사회의 치세 방법에 대해서 묻고 있단 말인가?"[108]라고 말한 바 있으니, 지도자가 덕을 베풂에 힘씀으로써 도를 행하게 되면 나라가 안녕할 것입니다. 결국 힘을 쓰는 것은 아랫사람이 하는 것이지요.

지금으로써는 안타깝지만, 저에게 대동으로의 복귀는 마치 손을 뻗어도 닿을 수 없는 영원한 '노스탤지어의 손수건'과도 같은 아득한 이상향인 것입니다. 하물며 제가 추구하는 것은 면적이 작고 국민이 적어야 통치하기 이상적이라는 '소국과민(小國寡民)'이 아닌 백성이 많고 그들이 부유해야 한다는 '서민부국(庶民富國)'이니, 한 나라의 지도자가 어찌 직접 경작을 하고 노동에 참여할 여력이 생길 수 있다는 말입니까?

1) [禮記(예기)] 〈中庸(중용)〉
2) 42–1
3) 5–4
4) 10–3
5) 13–1
6) 7–10
7) [禮記(예기)] 〈中庸(중용)〉
8) 13–2
9) 13–3
10) 13–4
11) 13–5
12) 13–6
13) [尙書(상서)] 〈洪範(홍범)〉
14) [史記(사기)] 〈五帝本紀(오제본기)〉
15) [尙書(상서)] 〈大禹謨(대우모)〉
16) [尙書(상서)] 〈君陳(군진)〉
17) 13–7
18) [禮記(예기)] 〈中庸(중용)〉
19) 77–1
20) 77–2
21) 77–3
22) [通志(통지)] 〈氏族略(씨족략)〉에 의하면 형제의 항렬은 백(伯: 적장자) 맹(孟: 서장자), 중(仲: 차남), 숙(叔: 삼남), 계(季: 사남)의 순서가 된다. 따라서 노(魯)나라 환공(桓公)의 후손인 삼환(三桓)은 맹손(孟孫)과 숙손(叔孫) 그리고 계손(系孫)을 지칭하는데, 이 세 경(卿)들은 대대로 노나라에서 임금보다 더 큰 권력을 행사하였다. 또한 이 맹손씨와 숙손씨 그리고 계손씨는 한 사람이 아닌 가문을 지칭하는 것으로, 이 세 가문의 후손들이 대대로 노나라의 경(卿)을 역임한 것이다.
23) 11–16
24) 77–4
25) 77–5
26) 77–6
27) 13–21
28) 6–27, [禮記(예기)] 〈中庸(중용)〉
29) [禮記(예기)] 〈中庸(중용)·序(서)〉
30) [禮記(예기)] 〈中庸(중용)〉
31) [禮記(예기)] 〈中庸(중용)〉
32) [禮記(예기)] 〈中庸(중용)〉
33) [禮記(예기)] 〈中庸(중용)〉
34) 2–14
35) 3–19
36) [禮記(예기)] 〈曲禮上(곡례상)〉
37) 15–23
38) 좌구명은 뛰어난 인격의 소유자로, 노나라의 맹인 사관(史官)이었다고 전해진다. 그는 [춘추]의 해설판인 [좌전]과 [국어]를 저술했다고 하는데, [사기]에는 공자가 노나라에 돌아온 후인 71세에 [춘추]를 집필했다는 기록이 있다. 이를 종합해보면 결국 좌구명은 공자와 동시대 인물인 것으로 추측할 수 있는데, 본문을 통해서 공자는 좌구명이란 인물의 인격을 대단히 높이 샀음을 알 수 있다.
39) 5–24
40) 4–7
41) 9–7
42) 7–7
43) 15–39
44) 6–4
45) 16–13
46) 11–10
47) 7–23
48) [左傳(좌전)] 〈昭公(소공) 7년〉, [史記(사

기)] 〈孔子世家(공자세가)〉
49) [禮記(예기)] 〈曾子問(증자문)〉
50) 38-8
51) [禮記(예기)] 〈仲尼燕居(중니연거)〉
52) 11-15
53) [禮記(예기)] 〈檀弓上(단궁상)〉
54) 2-1
55) 2-2
56) 7-1
57) 11-1
58) 11-2
59) 11-3
60) 11-4
61) 27-3
62) 27-5
63) 27-6
64) 28-1
65) 28-2
66) 28-3
67) 28-4
68) 28-5
69) 42-2
70) [禮記(예기)] 〈中庸(중용)〉
71) [史記(사기)] 〈殷本紀(은본기)〉
72) 7-26
73) 11-14
74) 49-2
75) 49-3
76) 62-3
77) 삼공은 천자를 보좌하는 최고의 벼슬로서 주나라의 태사(太師)와 태전(太傳) 그리고 태보(太保)를 가리키는 것으로, 이는 조선시대의 영의정과 좌의정 그리고 우의정에 해당하는 벼슬이다.
78) 62-4
79) 6-23
80) 17-11
81) 62-5
82) 62-6
83) 62-7
84) 4-3
85) [禮記(예기)] 〈大學(대학)〉
86) 74-2
87) 74-3
88) 74-4
89) 15-33
90) 17-8
91) [禮記(예기)] 〈中庸(중용)〉
92) 4-3
93) [史記(사기)] 〈五帝本紀(오제본기)〉
94) [史記(사기)] 〈五帝本紀(오제본기)〉
95) [十八史略(십팔사략)] 〈五帝篇(오제편)〉
96) [尙書(상서)] 〈無逸(무일)〉
97) 39-4
98) [漢書(한서)] 〈藝文志(예문지)〉
99) 15-22
100) 13-23
101) 13-24
102) 15-28
103) 15-17
104) 18-6
105) [史記(사기)] 〈周本紀(주본기)〉에는 주(周)나라 선왕(宣王)이 매년 적전(籍田: 천자 소유의 밭)에서 농사를 짓는 시늉을 함으로써, 농사를 중히 여긴다는 것을 보여주는 주례(周禮)의 전통을 소홀히 하였다는 기록이 남아 있다.
106) [漢書(한서)] 〈藝文志(예문지)〉
107) 14-34
108) 13-4

노자가 말하는 세 가지 보물이란 검소함〔儉〕과 자애로움〔慈〕 그리고 감히 세상의 앞에 나서지 않는 겸손함〔不敢爲天下先〕이니, 이는 중(中)과 화(和)를 실천하기 위한 전제조건이다. 공자 역시 물론 이 세 가지를 대단히 중시했다.

일곱째 날,

삼보(三寶):

지도자의 세 가지 보물

노자 나에게는 이상적인 대동의 통치이념을 지키고 보호하는 세 가지 보물이 있소.[1] 그 첫 번째는 지도자가 선한 것과 그렇지 못한 것을 모두 포용하는 자애로운 태도고, 두 번째는 사치와 향락에 빠지지 않는 검소한 태도며, 세 번째는 백성들의 뜻을 자신의 뜻보다 앞에 놓는 겸손한 태도이오.[2] 대동사회를 이끈 지도자들은 자애로웠기 때문에 당당할 수 있었고, 검소한 생활을 함으로써 덕을 쌓아 백성들의 신망을 얻었으며, 백성들의 마음을 자신의 마음으로 여겼기 때문에 그들이 따르게 되었던 것이니.[3]

제곡은 태어나면서 신통하고 영묘하여 스스로 자신의 이름을 말했는데, 두루 베풀어 만물을 이롭게 하였지만, 자신을 돌보지는 않았소. 귀가 밝아 멀리까지 알았고, 눈이 밝아 작은 것을 살폈으며, 하늘의 법도를 따르고, 백성들이 무엇을 긴요하게 생각하는지를 알았다고 하오. 어질면서도 위엄 있고, 은혜로우면서도 믿음이 있었으며, 자신을 닦았기에 세상이 복종하였소. 그리고 땅의 재물을 얻어 아껴 쓰고, 백성을 위로하고 가르치면서 이롭게 인도하였으며, 해와 달을 셈하여 맞이하거나 전송하였고, 귀신을 밝혀서 공손히 섬겼던 것이오. 그러했기에 그의 얼굴빛은 그윽하고, 그 덕은 높았던 것이오. 그 움직임은 때에 맞았고, 그 의복은 검소하여 임금의 복장이 아니었소. 이렇듯 제곡은 중(中)을 잡아서 두루 세상에 미쳤으므로, 해와 달이 비치는 곳과 바람과 비가 이르는 곳이면, 복종하지 않는 것이 없었다고 하오.[4]

하지만 오늘날의 지도자는 자애로움을 뒤로한 채 용감하기만 하고, 검소한 생활을 하지 않으면서 백성들의 신망을 얻으려고 하며, 백성들의 뜻을 뒤로 한 채 자신의 뜻만을 펴려고 하니, 자신의 자리를 보존할 수 없을뿐더러 나라가 혼란스러워질 뿐이라오.[5]

주나라 목왕이 견융을 정벌하려 하자, 제공 모보가 간하기를, "불가하옵니다. 선왕께서는 덕을 밝혔지 무력을 보이지는 않으셨습니다. 무릇 무력이란 거두었다가 때가 되면 움직이는 것이니, 움직이면 위엄이 있으나 보이면 곧 장난이 되고, 장난하면 곧 위엄이 없게 됩니다. 문왕과 무왕께서는 전대의 광명을 밝히고 자애와 화목을 더하여, 신을 섬기고 백성을 보호하였으니, 기뻐하지 않는 이들이 없었습니다. 명령을 선포하고 타일러도 이르지 않으면 한층 더 덕을 수양했고, 백성들을 원정에 동원하지 않았습니다. 이 때문에 가까이는 듣지 않는 이가 없고, 멀리는 복종하지 않는 이가 없게 되었던 것입니다." 하지만 목왕은 모보의 말을 듣지 않고 마침내 그들을 무력으로 정복하였으니, 대단히 희귀했던 흰 이리 네 마리와 흰 사슴 네 마리를 승리의 표식으로 빼앗아 돌아왔소. 그리고 이때부터 '황복' 지역은 주나라를 따르지 않았던 것이오.[6)]

이제 내가 세 가지 보물로 여기는 것들에 대해서 하나씩 설명해 보겠소.

1. 검(儉): 검소함

노자 첫 번째, 검소한 태도라 함은 지도자의 신분으로 감히 어떠한 것에 집착하여 사리사욕을 탐하지 않는 마음가짐을 말하는 것이니. 지도자가 재물을 축적하는 데 급급해하지 않으면, 백성들 역시 서로 가지려고 다투지 않소. 지도자가 진귀한 물건을 귀중하게 생각하지 않으면, 백성들 역시 이를 본받아 도둑질하지 않게 되오. 또한, 지도자가 사리사욕에 집착하지 않고 욕망을 일으킬 만한 일을 접하지 않으면, 지도자를 신뢰하고 따르게 됨으로써 민심이 흔들리지 않게 되는 것이 이치라오.[7]

그러므로 '서려'에서 주나라 무왕에게 훌륭한 사냥개를 공물로 받쳤을 때, 소공은 "보옥을 백숙(같은 성씨)의 나라에 나누어줌으로써 친함을 펴시면, 사람들이 물건을 경시하지 않고 그 물건을 덕스럽게 생각할 것입니다. 덕이 성하면 업신여기지 않게 되는데, 군자를 업신여기면 사람의 마음을 다할 수 없게 되고, 신분이 낮은 백성들을 업신여기면 그 힘을 다할 수 없게 됩니다. 귀와 눈을 부리지 않으면, 온갖 법도가 바르게 됩니다. 사람을 경시하면 덕을 잃게 되고, 사물을 경시하면 본심을 잃게 됩니다. 또한 개와 말은 그 토양의 것이 아니면 기르지 말고, 진귀한 새와 짐승은 나라에서 키우면 안 됩니다. 멀리 있는 물건을 귀중하게 여기지 않으면 멀리 있는 사람들이 이르게 될 것이고, 어진 이들이 귀중히 여겨지면 곧 가까이 있는 사람들이 편안해지게 됩니다."[8]라고 간함으로써 무왕을 경계시켰던 것이오.

하지만 나라를 다스리는 지도자가 재물이나 희귀한 물건 또는 권력 등에 지나치게 집착하게 되면 곧 자신의 자리를 오래할 수 없거니와 심지어 망국으로까지 치닫게 되기 때문에, 지도자는 결코 사리사욕에 얽매여서는 안 되는 것이오.[9] 사리사욕에 눈이 멀어 재물을 늘리려 하면 결국 원래 있었던 재물까지도 모두 잃게 되니 지도자는 결코 재물에 집착해서는 안 되는데,[10] 설혹 이미 충분히 재물을 보유하여 부귀한데도 겸손해하지 않고 오히려 교만하면, 이는 자기에게 재앙을 남기게 되는 것이니, 결국 지도자

의 자리를 잃게 될 뿐만 아니라 비참한 최후를 맞이하게 되는 것임을 잊지 말아야 하오.[11]

주나라 려 임금은 30년 동안 재위했는데 이익 남기는 것을 좋아하여 영이공을 가까이하였소. 그러자 대부 예랑부가 려 임금에게 간하기를, "왕실이 장차 쇠할 것입니다. 영이공은 이익을 독점하기를 좋아하나 큰 재앙은 알지 못합니다. 무릇 이익이란 만물에서 생기는 바이고 천지가 완성하는 바인데, 독점하게 되면 그 피해가 많아집니다. 천지와 만물은 모두가 얻기를 바라는데, 어찌 사사로이 할 수 있겠습니까? 무릇 왕이란 사람은 장차 이익을 이끌어 위아래로 베푸는 사람입니다. 귀신과 사람 만물로 하여금 지극함을 얻지 못하는 바가 없도록 하고, 오히려 날마다 두려워 조심해야 하며, 원망이 이르게 될까 걱정해야 합니다. 일개 평범한 필부가 이익을 독점해도 가히 도적이라 일컫는데, 왕이 그것을 행하면 왕을 따르는 이들이 드물 것입니다."라고 간하여 경계토록 했소.[12] 하지만 이러한 충언에도 불구하고 려 임금은 영이공에게 국사를 맡기는 등 포악하고 사치스러운 생활을 계속하자, 급기야 백성들이 반란을 일으키게 되고 결국 쫓겨나 타지인 체 지역에서 객사하였으니, 이에 주나라의 국세도 약해지게 되었던 것이오.

아울러서 이러한 도리는 비단 재물을 말할 뿐만 아니라, 자신의 신분을 지키는 자세에도 대단히 중요한 것이니. 이제 방금 설명했던 도리를 응용하여 위정자가 지켜야 할 자세에 대해서 말해 보겠소.

총애를 얻기 위해 급급해하고 또 총애를 얻지 못하는 수모를 겪었다고 실망하는 것은 자기에 대한 집착이오. 이렇듯 나라를 이끄는 일에 종사하는 자가 자기를 버리지 않고 오히려 그 자리에 너무 집착하게 되면, 결국에는 큰 불행을 당하게 되는 것이오.[13]

총애를 얻기 위해 급급해하고 또 총애를 얻지 못하는 수모를 겪었다고 실망하는 것은 자기에 대한 집착에서 비롯된 것이니. 이렇듯 나라를 이끄는 일에 종사하는 자가 총애를 얻기 위해 급급해하고 자기에 대해 집착하는 것을 하등의 부류라고 일컫소.[14]

총애를 받았다고 놀란 듯 크게 기뻐하고 총애를 받지 못했다고 놀란 듯 크게 실망하는 것을 일컬어, 총애를 얻기 위해 급급해하고 또 총애를 얻지 못하는 수모를 겪었다고 실망한다고 하는 것이니.[15] 그렇다면 무엇을 일컬어서 나라를 이끄는 일에 종사하는 자가 자기를 버리지 않고 오히려 너무 집착하게 되면, 결국에는 큰 불행을 당하게 되는 것이라고 하는 것이겠소?[16]

태평성대 특히 대동사회를 이끈 지도자들은 자기를 버리고 백성들 아래에 처함으로써 백성들의 신망과 지지를 받았는데, 그와 반대로 자기를 버리지 않고 집착하여 백성들 위에 군림하려 들어 덕치를 펴지 못한 이들은 결국, 지도자의 자리를 지킬 수 없었거니와 나아가 불행한 최후를 맞이하게 되었으니,[17] 이는 무엇보다도 바로 역사가 이를 증명하고 있소.

이미 설명한 바 있듯이, 주나라 려 임금이 횡포하고 잔악하며 사치하고도 오만하자 나라 사람들이 임금을 비방했소. 이에 소공이 간언하기를, "백성들이 명을 견디지 못합니다!" 그러자 려 임금은 노하여 위나라의 무당을 불러서 비방하는 자들을 감시하게 하고, 보고하면 곧 살해했소. 이에 소공은 "이는 막는 것입니다. 백성들의 입을 막는 것은, 물을 막는 것보다 심합니다. 물이 막히면 무너져서 많은 이들이 필히 다치게 되니, 백성 역시 이와 같습니다. 이 때문에 물을 다스리는 자는 물을 흐르게 하여 인도하고, 백성을 다스리는 자는 백성들을 밝혀 말하게 하는 것입니다."라고 간언했으나, 려 임금은 끝까지 말을 듣지 않아서 결국 비참한 최후를 맞이했던 것이라오.[18]

태평성대를 이끈 지도자들은 이처럼 자기를 버리고, 백성들의 마음을 자기의 마음으로 삼았으며, 자기를 아래에 두어 항상 백성들을 두려워하고 공경하였기에, 그들의 신망과 지지를 한꺼번에 받을 수 있었으니, 이러한 도리를 견지하여 실천한 지도자에게 어떠한 재앙이 닥칠 수 있었겠소?[19]

그러하기에, 요임금은 칠십 년이 넘는 세월 동안 나라를 다스릴 수 있었소.[20] 상나라 임금 중종은 엄숙히 삼가며 공경하고 두려워하여 천명을 스스로 헤아렸고, 백성을 다스림에 공경하고 두려워하여 감히 편안함에 빠지지 않았기에, 나라를 칠십오 년 누렸소. 고종이 재위했을 때는 오랫동안 밖에서 수고로우셨고, 이에 신분이 낮은 백성들과 함께하셨으나, 임금에 즉위하자마자 부친상을 입으시고는 삼 년 동안 말하지 않았소. 비록 말하지는 않으셨으나, 말하면 온화했고 또 그러면서도 감히 편안함에 빠지지 않았으니, 상나라가 아름답고도 평안해졌던 것이오. 그렇게 신분이 낮은 사람이건 높은 사람이건 원망하는 이가 없게 되었던 것이니, 드디어 고종은 나라를 오십구 년 누리셨소. 조갑이 재위해서는 스스로 의로운 왕이 아니라 하여 오랫동안 신분이 낮은 백성의 신분으로 있으셨고, 또 즉위하여서는 이에 신분이 낮은 백성들이 자신에게 의지함을 알고 수많은 백성들을 능히 보호하고 사랑하였으며, 감히 홀아비나 과부를 업신여기지 않았소. 그리하

여 드디어 조갑은 나라를 삼십삼 년 누리셨던 것이오.[21]

또한, 우리 주나라 태왕인 문왕과 무왕은 능히 스스로 조심하고 두려워하셨으니, 문왕은 허름한 옷을 입고 곧 편히 해주는 일과 밭일을 하셨고, 아름답게 복종하고 훌륭하게 공경하여 신분이 낮은 백성들을 아끼고 보호하며, 홀아비와 과부들을 사랑하고 새로이 하셨소. 아침부터 한낮을 거쳐 해가 기울 때까지 한가하게 밥을 먹지 못하고, 모든 백성들을 다 화목하게 하셨소. 문왕은 감히 노닐거나 사냥하지 않고 그럼으로써 온 나라를 올바름으로 받드셨으니, 문왕이 천명을 받은 것이 단지 마흔이었으나, 나라를 오십 년 누리셨던 것이오.[22]

따라서 귀히 여긴다는 것은 자기 자신을 아끼는 마음으로 나라와 백성들을 아낀다는 뜻일지니, 만약 그렇게 할 수 있다면 백성들이 그를 지도자로 추대하여 나라를 이끌게 할 것이요. 우러러 섬긴다는 것은 자기 자신을 사랑하는 마음으로 나라와 백성들을 사랑한다는 뜻이니, 만약 그렇게 할 수 있다면 백성들이 그를 지도자로 추대하여 나라를 이끌게 할 것이오.[23]

화려한 색채는 사람의 눈을 현란하게 어지럽혀서 정확하게 보지 못하게 하고, 화려한 소리는 사람의 귀를 현란하게 어지럽혀 정확하게 듣지 못하게 하며, 지나치게 풍성한 음식은 사람의 미각을 상하게 하여 올바르게 음미하지 못하게 하고, 절제 없이 마음껏 하는 사냥은 사람의 마음을 방탕하게 하여 올바른 정치를 펴지 못하게 하며, 진귀한 보물은 사람의 마음을 어지럽혀 규칙을 어기게 하는 것이니.[24]

이 때문에 태평성대를 이끈 지도자들은 인간의 가장 기본적인 욕구인 배부름만을 해결하려고 하였지, 눈의 유혹 즉 화려하고 방탕한 생활과 재물에 집착하지 않았소. 그러므로 덕치에 방해가 되는 유혹들을 모두 버리고, 인간의 가장 기본적인 욕구인 배부름만을 해결하려고 하였던 것이오.[25] 그러므로 대동사회를 이끈 성인들은 최고지도자 지위에 올랐지만, 그 지위나 부귀영화에 집착하지 않고 하늘이 부여한 천성에 따라 마음을 편하게 하여 초연한 삶을 살았던 것이라오.[26]

한번은 요임금이 '화' 지역을 살피니, '화'의 봉인(수령)이 "아, 성인을 축복하나니, 성인께서 장수하고 부유하며 아들이 많기를 바랍니다."라고 축복하였소. 그러자 요임금은 "사양하겠소. 아들이 많으면 곧 두려워할 일이 많고, 부유하면 곧 일이 많으며, 장수하면 곧 욕된 일이 많소."라고 말했다고 하니, 바로 이를 두고 하는 말이 아니겠소?[27]

길이 사라지지 않는 명예와 곧 사라지는 육체 중에서 어느 것이 더 사랑할 만하겠소? 생명과 재물 중에서 어느 것이 더 중시되어야 하겠소? 얻는다는 것과 잃는다는 것, 이 중에서 어느 것이 더 해롭겠소?[28] 그러한 이유로, 쓰지 않으려고 하면 더 크게 쓰게 되는 것이고, 숨겨두면 더 크게 잃는 것이니.[29] 따라서 지도자가 욕심을 탐하지 않고 그 자리에 만족하면 곤욕스럽지 않을 수 있고, 더 큰 것을 바라지 않고 멈출 줄 알면 백성들의 신뢰와 지지를 받게 되니, 오랫동안 그 자리를 보존할 수 있고 나아가 백성들에게서 잊히지 않게 되는 이치라오.[30]

요임금은 아들 단주가 못나고 어리석어 세상을 넘겨주기에 부족하다는 것을 알았고, 그래서 이에 정권을 순에게 주었소. 순에게 왕위를 주면 곧 세상이 이로움을 얻고 단주가 원망을 하지만, 단주에게 주면 곧 세상이 원망하고 단주가 이로움을 얻게 되었던 것이니. 그래서 요임금은 "결국에는 세상이 원망함으로써 한 사람을 이롭게 할 수 없다"라고 말하며 마침내 세상을 순에게 주었고[31] 요임금이 죽었을 때에는 백성들이 자신의 부모님이 돌아가신 것처럼 슬퍼하였으며, 그 명예는 지금까지도 잊히지 않는 것이오.

그럼에도 불구하고 오늘날의 지도자는 사치스러움에 빠져서 나라를 돌보지 않고 착취하며, 자애로운 덕으로 다스리지 않고 오히려 전쟁을 일삼거나 강압적인 수단으로 백성들을 통제하는 등의 권위의식만을 내세우고 있소.[32] 이처럼 지도자가 백성들을 착취하여 호의호식하는 것을 일컬어서 남의 것을 훔쳐서 자랑한다고 하니, 이는 대동사회의 통치이념과 너무나도 거리가 먼 것이오![33]

공자 제가 추구하는 것이 비록 이상향의 대동사회는 아니지만, 소강사회에서도 역시 검소함은 지도자가 갖춰야 할 필수불가결한 자세입니다. 근본이 어지러우면서 그 끝을 다스린다는 것은 말이 안 되고, 두터이 할 바를 엷게 하거나 엷게 할 바를 두터이 하는 지도자는 존재하지 않습니다. 사물에는 근본과 말단이 있고, 일에는 끝과 시작이 있습니다. 따라서 먼저 할 바와 나중에 할 바를 명확하게 구분하면, 곧 지도자의 통치이념인 도에 가깝게 되는 것이지요.[34]

이 때문에 군자는 먼저 덕을 신중히 하는데, 덕이 있으면 이에 따르는 사람이 있고, 따르는 사람이 있으면 이에 땅이 있게 되며, 땅이 있으면 이에 재물이 있고, 재물이 있으면 이에 쓰임이 있는 것이니, 덕이라는 것은 근본이 되는 반면 재물이라는 것은 끝이 됩니다. 근본을 밖으로 하고 끝을 안으로 하면 백성들을 다투고 빼앗도록 하게 되므로, 재물이 모이면 백성들이 흩어지고 반대로 재물이 흩어지면 백성들이 모이게 되는 것입니다.[35)]

정치를 하는 데 있어서 재물에 힘써서 베푸는 자는 분명 소인배들의 행위를 따르는 것이니, 백성들에게 덕이 아닌 재물로 베푸는 것을 옳게 여기고 나아가 소인배들을 뽑아 국가를 다스리면, 필경 국가에는 재앙과 손해가 함께 이르게 되는 것입니다. 비록 그러한 지도자도 잘하는 것이 조금은 있더라도, 결국에는 어찌할 수가 없는 것이지요. 이를 일컬어서 나라는 이익으로 이로움을 삼지 않고, 의(義)로서 이로움을 삼는다는 것이 아니겠습니까?[36)]

도를 따르지 않고 사사로운 이익만을 탐하는 올바르지 못한 인격의 소인배들과 어찌 함께 임금을 섬길 수 있겠습니까? 그들은 임금의 총애와 사사로운 이익을 얻지 못하면 그것을 얻지 못해서 노심초사하고, 이미 얻었으면 또 그것을 잃을까 봐 항상 걱정합니다. 더군다나 소인배들은 임금의 총애와 사사로운 이익을 잃지 않기 위해서라면, 어떠한 행동이라도 불사한다는 것이 문제입니다.[37)]

한번은 제가 위나라 공자(公子)였던 형이란 인물에 대해서, "그는 집에 재물을 잘 모은다. 처음 재물이 생기자, 참으로 많이 모았다고 말했다. 조금 더 생기자, 참으로 온전하다고 말했다. 부유해지자, 참으로 좋다고 말했다."[38)]라고 언급한 적이 있습니다. 이는 공자 형이 참된 지도자가 갖춰야 할 도의 구성요소 중 하나인 검소함을 몸소 실천함으로써 물질적인 부에 크게 집착하지 않았음을 증명하는 것이니, 공자 형은 군자라고 할 수 있을 것입니다. 사람이 만족함을 모르면 끊임없이 더 요구하게 되고, 그렇게 되면 나중에는 자기의 부를 더 키우기 위해서 수단과 방법을 가리지 않게 되어서, 결국 못할 일이 없게 되는 것이지요.

따라서 지도자는 겸손함과 신중함으로 나라를 다스리고, 나아가 검소한 생활을 실천함으로써 백성들에게 믿음을 주어야 하며, 또 사계절에 맞춰서 백성들을 부림으로써 그들의 원성을 사서는 안 되는 것이지요.[39] 지도자가 이익을 밝혀 사사로운 탐욕에 눈이 멀게 되면, 백성들의 원성이 높아집니다.[40]

한번은 노나라 사람들이 장부라는 창고를 다시 만들었습니다. 그러자 제자 민자건이 "그대로 써도 되는데 굳이 새로 만들어서 나라의 재산을 낭비할 필요가 있겠는가?"라고 말하는 것이었습니다. 이에 저는 그 말을 듣고는, "민자건은 도의 중요한 구성요소인 불언(不言) 즉 말을 함부로 하지 않는 신중함[愼]을 실천하는 인물인데, 이제 도의 또 다른 구성요소인 검(儉) 즉 검소함을 일깨우고 있으니, 참으로 덕을 몸소 실천하는 인물이다."라고 칭찬한 바 있습니다.

노자 민자건, 그는 어떤 인물이었소?

공자 저의 제자 중에서 덕을 몸소 실천한 이로는 안회, 민자건, 염백우, 중궁이 있었습니다.[41] 민자건은 저보다 15세 어렸는데,[42] 한번은 계손씨가 그에게 '비' 지역의 원님 자리를 주었지요. 그러자 그는 "나를 위해서 계손씨를 잘 타일러주시오. 만일 나를 다시 찾아온다면, 곧 나는 분명히 노나라를 떠나 제나라로 갈 것이오. 노나라는 이미 도가 없어졌으니, 나는 도가 없으면 떠나야 한다는 불문율을 따를 것이오."[43]라고 말했었습니다.

역사적으로 살펴보아도, 검소하고도 절제하는데도 백성들의 신망을 잃는 지도자는 없었습니다.[44] 그러므로 저 역시 부유함이 추구할 만한 가치가 있는 것이라면 설령 비천한 신분일지라도 부유함을 추구하겠지만, 삶이 넉넉해지면 다른 생각이 마음속에 둥지를 틀기 마련이고, 다른 생각이 둥지를 틀기 시작하면 전념하여 도(태평성대의 통치이념)를 견지할 수 없기 마련이므로, 옛 성현들이 항상 몸소 실천한 것처럼 저 역시 제가 좋아하는 도를 배우고 실천하려고 노력할 것입니다.[45]

부유해져서 겸손치 못하느니, 차라리 옛 성현들과 마찬가지로 검소함을 항상 몸소 실천하면서 마음의 평온을 누리리니.[46] 따라서 거친 밥을 먹고, 물을 마시며, 팔을 베고 자니, 성현의 도를 배우는 즐거움이 그 안에 있지요. 또한 저는 견득사의(見得思義) 즉 이익을 보면 항상 의(義)를 생각하라고 늘 강조하였는데, 이 역시 역사적 교훈을 통해서 사사로운 이익을 탐하면 의(義)를 잃는다는 사실을 알았기 때문입니다. 그러므로 역지사지(易地思之)의 교훈을 실천하고 있으니, 의(義)롭지 아니하고도 부귀한 것은, 저에게는 한갓 뜬구름과도 같을 뿐입니다.[47]

도를 배우고 실천하려는 이가 용맹하기는 하지만 가난을 싫어하게 되면, 결국 도를 버리고 무력을 일삼게 되어 세상을 어지럽힙니다. 또 도를 배우고 실천하려는 이가 인(仁)하지 못하여 군주를 진심으로 섬기지도 않으면서 가난을 싫어하게 되면, 결국 도를 버리고 자기의 군주를 배신하는 역모를 꾀하게 되어 세상을 어지럽힙니다.[48]

이처럼 지도자에게 검소함은 대단히 중요한 덕목이므로, 상고로부터 전해 내려오는 조화로움을 위하여 절제하고 통제하는 예(禮)는 오롯이 계승해야 하는 것임에도 불구하고, 저는 "검소함과 겸손함은 도의 중요한 구성요소이다. 삼으로 짠 면류관을 쓰는 것이 본래의 예(禮)이나, 검은 명주로 짠 것을 쓰는 것이 검소함에 부합되므로, 나는 오늘날의 흐름을 따르겠다. 반면에 신하가 임금을 알현할 때는 정방 즉 정무를 보는 곳 아래에서 절하는 것이 본래의 예(禮)이나, 정방 위에서 절하는 것은 거만하여 겸손함에 위배되기 때문에, 나는 오늘날의 흐름을 따르지는 않겠다."[49]라고 언급한 바 있습니다. 이는 다시 말해서 예로부터 내려온 전통을 따르는 것이 중요하지만, 그럼에도 불구하고 예(禮)는 어디까지나 도의 형식이므로, 우선 도의 내용인 검소함과 겸손함을 먼저 따라야 한다는 의지를 표명한 것입니다.

2. 자(慈): 자애로움

노자 자애로움이란 참으로 오묘한 것이오. 지도자가 자애로움으로 나라를 다스리면 백성들의 끊임없는 지지와 신망을 얻게 되어서 그 명성이 영원할 수 있으니, 이를 심오한 모성 즉 부드러움이라고 일컫소. 부드럽고도 자애로운 덕으로 세상을 다스리는 덕치를 일컬어 세상을 다스리는 근본이라고 하니, 태초에 대동사회가 존재한 것처럼 자애로움은 세상의 시작과 더불어 우리와 함께해온 것이오.[50]

그러므로 지도자의 자격은 바로 만물을 낳고 키움에 있어서,

자애로운 덕으로 다스릴 수 있겠는가?[51]라는 질문 안에 모두 함축되어 있다고 할 수 있소. 백성들을 억압하는 폭군들은 그 자리를 보존하지 못할뿐더러 비명횡사하게 되어 있으니, 나는 고대의 문헌들을 통해서 그러한 대동사회의 통치이념을 이해하여 세상에 알리는 규범으로 삼는 것이라오.[52]

하나라 걸 임금 때에 이르러서 공갑 이래로 제후들 대부분이 하나라를 배반하였으나, 걸 임금은 여전히 덕에 힘쓰지 않고 무력으로 백성들을 해하니, 백성들이 견디지 못했소. 또한 탕이 자신에게 큰 위협이 될 것을 염려하여 그를 '하대'에 가두었지만 다행히 얼마 되지 않아 그를 풀어주었고, 이에 탕이 풀려나 덕을 닦으니 제후들이 모두 귀속하여서, 탕은 결국 군대를 이끌어 하나라의 걸을 토벌했던 것이오.[53]

이처럼 백성들이 진정 원하는 바가 무엇인지 세심하게 살피는 것을 일컬어서 순일한 덕을 밝힌다고 하고, 자애로움의 덕으로 일관하여 백성들을 다스리는 것을 진정 강하다고 하는 것이니.[54]

공자 아! 방금 대단히 중요한 개념을 말씀하셨는데, 사실 이 강함의 이원화(二元化)된 의미를 제대로 파악하는 이들이 드문 것 같습니다. 주지하다시피, 강(强)이란 긍정적인 의미로서의 '강함'과 부정적인 의미로서의 '강압'과 '강경함' 또는 '강박'으로 구분되지요. 하지만 많은 이들이 강(强)의 이원화된 개념을 이해하지 못하기 때문에, 그동안 강(强)을 모두 일률적으로 해석해왔고 또 그 결과 저희가 말하고자 한 핵심을 제대로 파악하지 못한 것입니다. 다시 말해서 강(强)은 문맥에 따라서 때로는 긍정적 의미의 '강함'으로 해석해야 하는 경우도 있지만, 또 부정적인 의미로서

의 '강압'과 '강경함'이나 '강박'으로 해석해야 하는 경우도 있는 것이지요.

이전에 말씀드린 일화를 다시 한 번 언급하자면, 한번은 제자 자로가 강함이란 무엇인지에 대해서 묻기에, "자네가 묻고자 하는 강함이란 남방의 강함인가, 북방의 강함인가? 그것도 아니면 자네 스스로가 원하는 강함인가? 너그럽고 부드러움으로 가르치며 무도함에 보복하지 않는 것은 남방의 강함이니, 군자가 머문다. 반면에 병기와 갑옷을 깔아 늘 전쟁을 하면서도 결코 싫증 내지 않는 것은 북방의 강함이니, 흉포한 자가 머문다. 따라서 군자는 객관적이고도 공정한 태도를 보임으로써 중(中)에 서지 어느 한쪽에 기대지 않으니, 진정 강하도다. 그 꿋꿋함이여! 중(中)의 태도를 보임으로써 어느 한쪽으로 기울어지지 않으니, 진정 강하도다. 그 꿋꿋함이여! 나라에 도가 있으면 성실함이 변하지 않으니, 진정 강하도다. 그 꿋꿋함이여! 나라에 도가 없어져도 죽을 때까지 변치 않으니, 진정 강하도다. 그 꿋꿋함이여!"[55]라고 대답해 준 적이 있습니다.

노자 참으로 지당하신 말씀이오. 사람이 살아 있을 때는 유연하지만 죽으면 뻣뻣해지니, 부드러움은 살아 있음을 뜻하기 때문에 길하지만 강경함은 죽음을 의미하기 때문에 불길하지요.[56] 만물의 초목이 살아 있을 때는 부드럽지만 죽으면 말라버리니, 연하고 부드러운 것은 살아 있음을 뜻하지만 시들어 말라버린 것은 죽음을 의미하는 것이라오.[57] 따라서 강경함은 죽음 즉 불길한 것에 속하는 것이고, 부드러움은 살아 있음, 즉 길한 것에 속하는 것이니. 이러한 까닭에, 지도자가 강제적인 수단으로 억압하면 백성들이 등을 돌려서 결국 그 자리를 보존하지 못하게 되고, 나무가 단단하면 곧 베여서 무기가 되니 천성에 따라서 주어진 삶을 다할 수 없게 되는 것이오. 그러므로 지극히 원론적이고도 원칙을 중시하지 않는 지나치게 세분화된 법률과 제도로 억압하여 통제하는 것은 하등의 통치이고, 자애로운 덕으로 다스리는 것이 상등의 통치인 것이라오.[58)]

유약함이 강직함을 이기니, 자애로움으로 통치하면 백성들이 따르지만, 엄격한 법률이나 제도를 강화하여 누르려 하면 백성들이 등을 돌리게 되오.[59)] 세상의 지극히 유약한 것이 세상의 지극히 단단한 것을 제어하니, 자애로움의 덕치로 세상을 다스리는 것이 엄격한 법률과 제도로 백성들을 통제하는 것보다 더 훌륭한 정치인 것이오.[60)] 형태가 없는 것이 공간이 없는 틈에 들어가니, 부드러운 것이 단단한 것의 틈에 들어가 메울 수 있듯이, 자애로움의 덕치로 백성들을 다스리면 법률과 제도로는 해결할 수 없는 어려움을 극복할 수 있소.[61)]

이처럼 대동사회의 통치이념인 자애로운 덕은 마치 물처럼 그 어떤 것보다도 더 부드럽지만 백성들이 따르고, 형벌이나 제도 등 강경한 수단으로 통제하면 오히려 백성들이 등을 돌리기 때문에, 덕치로 백성들을 다스리는 것이 가장 이상적이라오.[62)] 그런데 참으로 답답한 것은 자애로운 덕으로 백성들을 다스리는 것이 법과 제도로 통제하는 것보다 더 이상적이라는 것을 모르는 지도자가 없지만, 실제로는 덕치가 과연 실현 가능한지 반신반의하여 행하는 이가 없다는 사실이오.[63)]

공계가 죽고 아들 창이 즉위하니 이 사람이 바로 서백인데, 서백은 후대에 추존된 주나라 문왕이오. 그는 후직과 공류의 사업을 따르고, 고공과 공계의 법도를 본받아 성실하고 인자하였으며, 늙은이를 공경하고 아랫사람에게 사랑을 베풀었다고 하오. 인(仁)한 사람에게는 예(禮)로 자신을 낮추었는데, 한낮에는 식사할 겨를도 없이 사(士: 선비)들을 접대하였으므로, 사(士: 선비)들은 이 때문에 서백에게 많이 몰려들었소. 당시 백이와 숙제는 자신의 고국인 고죽국에 있었는데, 서백이 노인을 잘 봉양한다는 소문을 듣고 그들 역시 함께 가서 서백에게 귀의했다고 하니,[64] 자애로움의 덕치가 얼마나 큰 힘을 갖는지 굳이 다시 말할 필요가 있겠소?

지도자란 무릇 정중하게 대해야 하니, 성인 즉 대동사회를 이끈 통치자들은 마치 상대방을 가리지 않고 모두 포용하는 듯 삼가 공손한 태도를 보인 것이오.[65] 변치 않고 일관되게 덕을 밝히는 것을 이해하게 되면, 모두를 포용하여 함께할지어니. 누구 하나 버리지 않고 함께하게 되면, 감정에 휘둘리지 않고 객관적이고도 공정하게 일을 처리하게 되고, 객관적이고도 공정하게 일을 처리하게 되면, 나라를 이끄는 지도자가 되며, 공정하게 나라를 이끄는 지도자가 되면, 하늘이 부여한 천성에 따라 백성들을 다스리게 되고, 하늘이 부여한 천성에 따라 백성들을 다스리게 되면, 대동의 통치이념을 따르게 되며, 대동의 통치이념을 따르게 되면, 나라를 오랫동안 평안하게 유지하게 되는 것이오.[66] 이처럼 하늘이 부여한 천성에 따르는 대동의 통치이념으로 덕치를 행하게 되면 나라를 오랫동안 보존할 수 있게 되니, 지도자 역시 그 자리를 오래 할 수 있거니와 어떠한 위험도 생기지 않게 되는 것이라오.[67]

공자 결국 자애로움이란 자기 자신의 허물은 부끄러워하여 고치는 데 인색하지 않는 반면, 타인의 허물은 너그러이 감싸주고 포용해 주는 지도자의 자세를 뜻하는 것이지요. 한번은 제자 중궁이 노나라 경(卿)인 계씨의 가신(家臣)이 되어서는 어떻게 정치를 해야 하는지 물었는데, 그때 저는 "사무를 맡아보는 직무를 이끌 때, 타인의 허물을 감싸주는 포용과 현명한 인재를 등용하는 지(知)의 지혜로움(사사로운 이익을 탐하지 않고 오직 백성들과 나라를 위한 공익을 꾀하며, 초자연적인 힘에 의탁하지 않는 객관적인 판단력)을 갖춰야 한다."고 대답했습니다. 그러자 중궁이 다시 "수많은 사람들 중에 누가 현명한 인재인지를 알아보고 등용합니까?"라며 묻더군요. 이에 저는 "자네가 포용과 지혜로움을 실천함으로써 주변에 있는 현명한 인재들을 발탁하면, 이들 역시 자네의 뜻을 깨닫고 또 자기 주변의 훌륭한 인재들을 추천하여 발탁하게 될 것이다."[68]고 대답한 바 있습니다.

노자 자애로움의 개념을 온전히 이해하지 못하면 도저히 할 수 없는, 대단히 상세하고도 이해하기 쉬운 설명이오.

이제 자애로움의 중요성을 굳이 전쟁으로 빗대어 말하자면, 이처럼 상대방을 포용하고 관대하게 대하는 자애로움으로 전쟁을 하면 상대가 감복하여 승리할 수 있고, 자애로움으로 적군을 막게 되면 백성들이 화합하여 더 견고해지오. 또 이러한 자애로움을 지키고 실천하면 천성에 따라서 스스로 그러하게 하므로, 어떠한 위험에서도 벗어날 수 있는 것이오.[69] 따라서 실력이 비등한 군대가 서로 충돌하게 되면, 자애로운 덕으로 상대를 대하는 군대가 이기기 마련이라오.[70]

공자 물론 원칙적으로 말해서 무력을 통한 전쟁이라는 것은 가급적 사용해서는 안 되겠지만, 아주 부득이한 상황에서는 어쩔 수 없이 사용하는 경우가 있겠지요. 그렇다면 부득이한 상황이라는 것은 과연 무엇일까요? 가령 예를 들어서 상대방이 명분 없이 침공했을 경우 이를 막아내는 것과 무도한 상황이 발생한 경우 이를 단죄하는 것 등이 있을 터인데, 이에 대해서는 비폭력(非暴力)에 대한 주제를 다룰 때 좀 더 구체적으로 언급하고자 합니다.

3. 겸(謙): 감히 세상 앞에 나서지 않음(불감위천하선: 不敢爲天下先)

노자 상위에 있는 선함이란 물과 같이 부드럽고도 자애로운 것이니, 이러한 물은 항상 아래로 흐르기 때문에 만물에 큰 도움을 주지 결코 방해하거나 다투지 않소.[71] 많은 사람들이 아래에 있는 것을 싫어하지만, 물과 같은 부드러움과 자애로움의 덕치를 추구하는 대동사회의 지도자들은 오히려 백성들을 어려워하고 자신을 그들의 아래에 두었기 때문에, 진정한 대동사회의 통치이념인 도를 깨닫고 실천할 수 있었던 것이오.[72]

따라서 하나라 태강이 사냥에 빠져서 정사를 돌보지 않자, 그 다섯 동생 중 첫째는 "선조께서 훈계하심이 있으니, 백성들은 가까이할 수 있으나 얕잡아 보면 안 된다. 백성은 나라의 근본이고, 근본이 단단해야 나라가 안녕하다. 내가 세상을 살피니, 어리석은 남자와 어리석은 여자가 모두 나보다 훌륭하다. 한 사람이 거듭 실수함에 원망이 어찌 드러나기를 살피노니, 보지 않고도 알 수 있다. 썩은 새끼줄로 말 여섯 마리를 몰게 되면 새끼줄이 곧 끊어질까 봐 조심하게 되는데, 이러한 마음으로 내 백성들을 다스림에 삼가야 하니, 위에 있는 사람이 어찌 백성들을 공경하지 않겠는가?"라고 말하여 훈계하였던 것이니.[73]

계곡에서 나오는 모든 물줄기가 강이나 바다로 흘러들어 가는 이유는 바로 강과 바다가 계곡 아래에 처해있기 때문이니, 그럼으로써 강과 바다는 모든 계곡의 우두머리가 될 수 있는 것이 아니겠소?[74] 그러므로 지도자가 백성들을 통치하려면 말과 명령을 함부로 하지 않음으로써 그들을 두려워하고 공경해야 하며, 지도자가 백성들 앞에서 이끌려면 반드시 백성들의 뜻을 자신의 뜻보다 앞에 두어야 하는 것이 도리일지니.[75] 이러한 까닭에, 성인 즉 대동사회를 이끈 지도자들은 백성들 위에서 통치했지만, 백성들이 부담스러워하지 않았고, 백성들 앞에서 이끌었지만, 방해가 된다고 생각하지 않았던 것이오. 또 이러한 까닭에, 세상 모든 이들이 그를 지도자로 기꺼이 추대하고 저버리지 않았던 것이오. 이처럼 지도자가 사리사욕을 탐하거나 억지로 백성들을 누르지 않아서 불만이 없게 되었으므로, 세상 누구 하나 감히 그에게 시비를 걸지 못하게 되어 따르게 되었던 것이었소.[76]

우가 임금이 되기 전에 신하로서 "임금이 능히 그 임금 자리를 어려워하고, 신하가 능히 그 신하 자리를 어려워하면, 정치가 이에 다스려지고, 수많은 백성들이 덕에 힘쓰게 될 것입니다."라고 간하자, 순임금은 "그렇소! 진실로 이와 같다면, 좋은 말이 숨겨지는 바가 없고, 현명한 이들이 모두 등용되어 민간에 인물이 없게 되어, 만방이 모두 평안할 것이오. 여러 사람에게 상의하고,

자기를 버리고 남을 따르며, 의지할 곳이 없는 이들을 깔보지 않고, 곤궁한 이들을 버리지 않는 것은, 오직 요임금만이 늘 해내셨소."라고 대답했다고 하니,[77] 대동사회가 어떠했는지 가히 짐작할 수 있을 것이오.

따라서 태평성대 그중에서도 특히 대동사회를 이끈 지도자들은 자신을 백성들 아래에 두었지만, 오히려 백성들의 신망을 받아 위에 올라서 지도자가 될 수 있었고, 자기를 버리고 백성들의 뜻에 따랐지만, 오히려 백성들의 지지를 받아 그 지도자의 자리를 오랫동안 지킬 수 있었던 것이니.[78]

순임금은 우에게 왕위를 넘기면서 다음과 같이 말했다고 하오.

"오시오, 우여! 홍수가 발생하여 나를 주의시켰는데, 그대가 믿음을 이루고 공을 이루었으니, 이는 그대의 어짊 때문이오. 나라에 능히 부지런하고, 집안에 능히 검소하며, 스스로 만족하여 위대한 체하지 않으니, 그대의 어짊 때문이오. 그대가 자랑하지 않기에 세상은 그대와 기량을 다툴 수 없고, 그대가 드러내지 않기에 세상은 그대와 공을 겨룰 수가 없소. 나는 그대의 덕을 독려하고 그대의 큰 공을 기리니, 하늘의 헤아림이 그대 몸에 있어서 그대가 결국에는 임금에 오를 것이오. 사람의 마음은 위태롭고 도의 마음은 희미하니, 정성스럽고도 한결같이 그 중(中)을 진실로 잡아야 하오. 상의하지 않은 말은 듣지 말고, 상의하지 않은 계책은 쓰지 마시오. 사랑할 만한 것이 임금이 아니겠소? 두려워할 만한 것이 백성이 아니겠소? 백성들은 임금이 아니면 누구를 받들겠소? 임금은 백성이 아니면, 더불어 나라를 지킬 사람이 없소. 공경하시오! 삼가면 이에 자리가 있게 되고, 공경하여 베풀면 바랄 수 있으니, 온 나라가 곤궁해지면, 하늘이 준 복록도 영영 끝나게 되오. 입에서 나는 말은 곧잘 전쟁을 일으키니, 나는 다시 말하지 않겠소."[79]

이처럼 대동사회를 이끌었던 지도자들은 백성들의 신망을 받아 위에 올라서 지도자가 될 수 있었고, 또 백성들의 지지를 받아 그 지도자의 자리를 오랫동안 지킬 수 있었는데, 그 이유는 바로 자기를 버리고 백성들의 마음을 자기의 마음으로 삼았기 때문이 아니겠소? 따라서 그들은 오히려 그처럼 지도자의 자리에 올랐고, 또 그 자리를 오랫동안 지키는 사사로움을 이룰 수 있었던 것이오.[80]

또 이처럼 대동사회의 지도자들은 공로를 세워도 그 공로를 자신의 것으로 여기지 않고 겸손해했기 때문에 지금까지도 존경을 받고 있으니, 이것이야말로 지도자가 지켜야 할 하늘의 도리, 즉 순리인 것이란 말이요.

자기의 안목에만 의지하여 많은 이들에게 옳은지 그른지를 묻지 않는 지도자는 명확하게 판단하지 못하고, 스스로 옳다고 여겨서 많은 이들과 상의하지 않는 지도자는 시비를 분명히 가리지 못하게 되며, 자기가 뛰어나다고 자랑하는 지도자는 결국 위대한 업적을 세울 수 없게 되고, 자신의 지위에 거만해하는 지도자는 결국 남들보다 더 두각을 나타내지 못하는 법.[81] 이러한 지도자의 태도는 대동사회의 통치이념에 있어서 먹다 남은 음식이나 군더더기처럼 필요 없는 것이라고 말할 수 있으니, 하늘이 부여한 천성을 따르기를 바라는 만물은 그러한 태도를 싫어하지요. 따라서 진정 대동사회의 통치이념을 깨닫고 실천하는 지도자는 그렇게 행동하지 않는 것이니,[82] 지도자의 마음에 거슬리는 말이 있더라도 반드시 그것이 도에 맞는지 가려야 하고, 지도자의 뜻에 따르는 말이 있더라도 반드시 그것이 도에 어긋나는지 가려야 하는 것이외다.[83]

공자 너무나 훌륭한 말씀이십니다. 백성들은 임금을 그 마음으로 삼고, 임금은 백성들을 몸으로 삼습니다. 따라서 임금이 검소함을 좋아하면 백성들은 반드시 검소함을 원하게 되지만, 임금이 사치함을 좋아하면 백성들 역시 반드시 사치함을 원하게 되지요. 그리고 마음은 몸 때문에 온전해지기도 하지만 또 몸 때문에 상처를 입기도 하는 법이니, 따라서 임금은 백성들 때문에 살기도 하고 또 백성들 때문에 죽을 수도 있는 것입니다.[84]

노자 그러므로 지도자와 같이 귀한 신분은 반드시 자신을 낮춰서 백성들을 나라의 근본으로 귀히 여기고, 지도자와 같이 높은 신분은 반드시 자신을 낮춰서 백성들을 숭상해야 하는 것이오.[85] 이러한 이유 때문에, 지도자는 스스로를 외로운 존재(고: 孤), 작고 미약한 존재(과: 寡), 곡식만도 못하여 백성들을 잘 기르지 못하는 존재(불곡: 不穀)라고 부름으로써 백성들 아래에 처한 것이니.[86] 이것야말로 지도자가 자신을 낮춰서 백성들을 나라의 근본으로 귀히 여긴다는 것이 아니겠소? 그렇지 않소?[87] 따라서 대동사회를 이끈 성인들처럼, 가장 훌륭한 지도자는 백성들이 그가 존재함을 알 뿐이요.[88] 그리고 또 이러한 연유 때문에, 지도자는 옥처럼 겉으로 화려함을 추구하기 보다는 차라리 돌처럼 겉은 보잘것없지만 속은 단단하여 내실이 있는 모습을 추구해야 하오.[89]

백성들은 법과 제도로 억압하여 통제하는 지도자보다 항상 말과 명령을 함부로 하지 않고 자애로운 덕을 베푸는 지도자를 더욱 따르는데, 그 이유는 바로 지도자가 말과 명령을 함부로 하지 않고 항상 자신을 백성들 아래에 두기 때문임을 잊지 말아야 할지니.[90)]

공자 대동사회의 모습은 참으로 아름답기까지 합니다. 말씀하신 것처럼 지도자의 겸손함은 매우 중요한 요소입니다. 따라서 과거에 한 나라의 임금은 아내를 일컬어 부인이라고 부르지만, 그 부인은 스스로를 일컬어 소동(小童: 남의 집에서 심부름하는 아이)이라고 했습니다. 그 나라 사람들은 임금의 아내를 일컬어 군부인이라고 호칭하지만, 다른 나라 사람에게는 그녀를 일컬어 과소군(寡小君: 자신의 임금을 다른 나라 사람에게 말할 때 쓰는 겸손한 칭호)이라고 했습니다. 하지만 다른 나라 사람들은 그녀를 일컬어 역시 군부인이라고 불렀지요.[91)]

도를 배우고 실천하고자 부단히 노력하는 지도자인 군자는 남을 귀히 여기고 자기를 천히 여깁니다. 남을 앞으로 하고 자기를 뒤로 하면, 곧 백성들이 겸손해지기 때문이지요. 그러므로 남의 임금을 일컬어 군이라고 하지만, 정작 자기의 임금은 과군(寡君)이라고 호칭한 것입니다.[92)]

하지만 저는 지금과 같은 혼란스러운 현실에서 수용 가능한 소강사회를 지향하므로, 예(禮)라는 측면에서 보자면 말씀하신 것과는 분명히 다른 의견을 지니고 있습니다.

임금은 높여지는 바이지, 남을 높이는 이가 아닙니다. 임금은 봉양을 받는 바이지, 남을 봉양하는 이가 아닙니다. 임금은 남에게 섬겨지는 바이지, 남을 섬기는 이가 아닙니다. 만약 임금이 남을 높이면 곧 허물이 있게 되고, 남을 봉양하면 곧 부족해지며, 남을 섬기면 곧 지위를 잃게 됩니다. 그러므로 백성들은 임금을 본받음으로써 스스로 바로 잡히고, 임금을 봉양함으로써 스스로 평안히 지내며, 임금을 섬김으로써 스스로 드러나게 되는 것입니다. 따라서 각자의 예(禮)를 따름으로써 심오해지면, 자연스레 서로의 신분이 바로잡히는 것이지요.[93)]

물론 정치 원칙론에서 본다면, 말씀하신 내용은 구구절절 어느 하나도 틀린 것이 없습니다. 하지만 조화로움을 위한 절제와 통제가 되는 예(禮)와 겸손함은 태평성대를 이끈 성현들의 통치이념인 도의 중요한 구성요소입니다. 도로 다스리면 백성들이 지도자를 신뢰하고 지지할 터인데, 정치에 어떤 어려움이 있겠습니까? 또한 예(禮)의 궁극 목표가 도의 실천에 있는데, 도로 다스리지 못하면 예(禮)가 또 무슨 소용이 있단 말입니까?[94)]

또한 여기서 하나 더 말씀드리자면, 지도자의 인격과 실무를 담당하는 정치적 재능은 별개의 것이라는 점입니다. 정치하는 이는 성인(聖人: 대동사회의 지도자) – 군자(君子: 소강사회의 지도자) – 기(器: 전문가)의 세 부류로 나뉘는데, 실무를 담당하는 정치적 재능이 있더라도 인격이 뒷받침되지 못한다면, 훌륭한 지도자가 될 수 없습니다. 결국 저의 궁극적인 교육목표는 정치실무자인 전문가 양성이 아닌, 참된 지도자 즉 군자 양성에 있는 것이니, 설령 제가 가장 존경한 주공과 같은 훌륭한 정치적 재능을 지녔더라도, 인격이 갖춰지지 않으면 참된 지도자가 될 수 없는 것입니다.[95)]

일찍이 제가 제자 칠조개로 하여금 벼슬을 하게 한 적이 있습니다. 그런데 칠조개는 “제가 아직 능력이 부족하여 벼슬을 맡을 수 없습니다."라고 대답하는 것이 아니겠습니까? 삼 년을 배우고도 벼슬을 하려고 애쓰지 않는 것은 쉬운 일이 아닌데, 칠조개는 자기 자신이 부족하다고 여기고 항상 삼가여 배우려고 노력하는 겸손한 자세를 잃지 않았으니, 저는 무척이나 기뻤습니다.[96)]

또 한번은 노나라와 제나라가 교외에서 전쟁을 한 적이 있었는데, 노나라의 우군(右軍)은 지레 겁을 먹어서 도망을 갔고, 제나라 군사들이 그 노나라 군사들을 추격하게 되었습니다. 그때 우군에 있던 장수 맹지반은 일부로 뒤처져서 제나라 군대의 추격을 뿌리침으로써 자신의 부하들을 보호하였는데, 퇴각군의 후미에 쳐져 쫓아오는 적군들을 상대하다가 성문을 들어가려 할 때, 그 말을 채찍질하며 "감히 뒤처진 것이 아니라, 말이 나아가지 않은 것이다."[97)]라고 말했으니, 이 맹지반 역시 자기의 공로를 스스로 떠벌려서 자랑하지 않는 겸손함을 지닌 인물이라고 할 수 있지요.

노자 아! 겸손함의 개념 역시 온전하게 알고 있으니, 이는 그대가 도에 한 걸음 더 다가섰음을 증명하는 것이 아니겠소?

공자 아는 것과 실천하는 것은 전혀 별개의 것입니다. 시, 서, 예, 악, 역(詩, 書, 禮, 樂, 易)의 오경(五經) 즉 하나라와 상나라 주나라의 통치에 관한 법도 및 그 구체적인 이론인 문(文)을 이해하는 점에서는 제가 다른 사람보다 결코 떨어지지 않습니다. 하지만 참된 지도자의 통치이념인 도를 몸소 실천하는 것에 있어서는, 제가 아직 부족한 점이 너무나도 많습니다.[98)]

1) 67–4
2) 67–5
3) 67–6
4) [史記(사기)] 〈五帝本紀(오제본기)〉
5) 67–7
6) [史記(사기)] 〈周本紀(주본기)〉
7) 3–1
8) [尙書(상서)] 〈旅獒(여오)〉
9) 9–1
10) 9–3
11) 9–4
12) [史記(사기)] 〈周本紀(주본기)〉
13) 13–1
14) 13–2
15) 13–3
16) 13–4
17) 13–5
18) [史記(사기)] 〈周本紀(주본기)〉
19) 13–6
20) [史記(사기)] 〈五帝本紀(오제본기)〉
21) [尙書(상서)] 〈無逸(무일)〉
22) [尙書(상서)] 〈無逸(무일)〉
23) 13–7
24) 12–1
25) 12–2
26) 26–2
27) [十八史略(십팔사략)] 〈五帝篇(오제편)〉
28) 44–1
29) 44–2
30) 44–3
31) [史記(사기)] 〈五帝本紀(오제본기)〉
32) 53–4
33) 53–5
34) [禮記(예기)] 〈大學(대학)〉
35) [禮記(예기)] 〈大學(대학)·傳(전)〉
36) [禮記(예기)] 〈大學(대학)〉
37) 17–15
38) 13–8
39) 1–5
40) 4–12
41) 11–2
42) [史記(사기)] 〈仲尼弟子列傳(중니제자열전)〉
43) 6–7
44) 4–23
45) 7–11
46) 7–35
47) 7–15
48) 8–11
49) 9–3
50) 6–1
51) 10–5
52) 42–6

53) [史記(사기)] 〈夏本紀(하본기)〉

54) 52-5

55) [禮記(예기)] 〈中庸(중용)〉

56) 76-1

57) 76-2

58) 76-3

59) 36-2

60) 43-1

61) 43-2

62) 78-1

63) 78-2

64) [史記(사기)] 〈殷本紀(은본기)〉

65) 15-5

66) 16-6

67) 16-7

68) 13-2

69) 67-8

70) 69-4

71) 8-1

72) 8-2

73) [尙書(상서)] 〈五子之歌(오자지가)〉

74) 66-1

75) 66-2

76) 66-3

77) [尙書(상서)] 〈大禹謨(대우모)〉

78) 7-2

79) [尙書(상서] 〈大禹謨(대우모)〉

80) 7-3

81) 24-2

82) 24-3

83) [尙書(상서)] 〈太甲下(태갑하)〉

84) [禮記(예기)] 〈緇衣(치의)〉

85) 39-3

86) 39-4, 42-3

87) 39-5

88) 39-6

89) 39-7

90) 61-2

91) 16-14

92) [禮記(예기)] 〈坊記(방기)〉

93) [禮記(예기)] 〈禮運(예운)〉

94) 4-13

95) 8-12

96) 5-5

97) 6-13

98) 7-32

노자는 억지로 통제하지 않는 대동의 무위자연 통치를 강조했기에, 통제의 명분이 되는 명(名)의 구체화에 반대했다. 반면에 공자는 소강의 인의예악 통치를 강조했기에, 이러한 명(名)의 구체화를 대단히 중시했던 것이다.

여덟째 날,

명(名):

통제의 명분

노자 도라는 것은 말로 표현할 수 있다면 변치 않는 도가 아니고, 명분이라는 것은 부를 수 있으면 변치 않는 명분이 아니니.[1] 대동사회의 통치이념은 말로 형용할 수 있는 것이 아니라, 삼가고 노력하며 몸소 실천하는 모습을 통해서 실현되는 것이오. 따라서 만약 이를 우리가 이해할 수 있는 말로 쉽게 정의할 수 있다면, 그것은 변치 않고 오랫동안 유지할 수 있는 통치이념이 아닌 것이오. 마찬가지로 대동사회의 나라를 다스리고 유지하는 명분은, 말로 쉽게 설명할 수 있는 것이 아니요. 따라서 만약 이를 오늘날과 같이 보편타당한 개념으로 설명할 수 있다면, 그것은 변치 않고 오랫동안 유지할 수 있는 명분이 아니라오.

이처럼 통제의 명분이 없는 무명(無名)은 천지의 시작이고, 반대로 유명(有名)은 세상 만물이 구체적으로 이름 지어지는 근원이 되니.[2] 지도자가 법률과 제도로 억압하지 않고 백성들의 천성에 따라 다스리는 대동사회의 통치이념은 세상이 시작된 삼황오제 때부터 존재해왔소. 하지만 사람들에게 무언가 바라는 바나 구하는 바가 생기게 되자, 오늘날과 같이 지도자가 세분화된 법률과 제도를 만들어 통제하기 시작했으니, 이렇듯 명분화된 제도로 나라를 통제하는 소강사회는 세상의 만물을 세분화시키는 근원이 되었소.

대동사회의 통치이념은 음과 양, 유와 무, 밝음과 어둠 등의 상반된 개념들이 한데 어우러져 조화롭게 이루어진 총체오. 그러므로 그 위가 더 밝지 않고, 그 밑이 더 어둡지 않으며, 끊임이 없이 변치 않고 이어져 내려와, 어떠한 제도나 보편타당한 명분화된 개념으로 표현할 수는 없다오. 따라서 우리가 알고 있거나 단정 지을 수 있는 그 어떤 형태로도 묘사할 수가 없는 것이오.[3]

나는 그러한 존재의 구체적인 이름을 알지 못하는데, 그 존재를 도 즉 대동사회의 통치이념이라고 일컫고, 그 존재에 굳이 억지로 이름을 붙여서 크다고 하는데, 크다는 것은 지나치는 것이고, 지나치게 되면 멀어지는 것이며, 멀어지면 반대로 도에 가까워지는 것이오.[4] 이처럼 대동의 통치이념인 도라는 것은 그 어떤 것으로도 정의할 수 없는데, 소박하여서 비록 작게 보이지만 세상 그 어떤 것에도 종속되지는 않는다오.[5] 그리고 지도자가 이러한 대동의 통치이념을 이해하고 실천해나가면, 세상이 그를 믿고 의지하며 따르게 될 것이오.[6]

통제하기 시작하면 명분이 있게 되고, 명분이 이미 있으면 무릇 장차 멈출 줄 알아야 하니, 멈출 줄 알면 위태롭지 않을 수 있소.[7] 다시 말해서, 백성들의 천성을 따르지 않고 억지로 통제하려 하니 그들을 통제할 수 있는 명분의 제도들이 생기게 되고, 자꾸 제도들을 만들어 통제하면 백성들의 원성이 높아지오. 따라서 세분화된 제도들을 만들어 통제하지 말아야 하는데, 이처럼 세분화된 제도를 만들어 백성들을 통제하지 않고 그들의 천성에 따라 다스리게 되면, 백성들이 지도자를 따르게 되어서 나라를 오랫동안 평안하게 유지할 수 있다는 뜻이오.

지도자가 사리사욕을 탐하여 나라가 혼란해지면, 나는 대동사회를 이끈 성인들처럼 엄격한 명분화된 제도로 통제하는 것이 아니라 오히려 순박함으로 지도자의 사리사욕이 다시 생기지 않게 할 것이니.[8] 이러한 명분화된 제도로 엄격하게 통제하지 않는 순박함은 지도자의 사리사욕을 억누를 수 있으므로, 결국에는 나라를 평안하게 할 수 있소.[9] 또한 사리사욕이 사라져 혼란이 없어지면 지도자가 말이나 명령을 함부로 하지 않게 되니, 세상은 다시

대동사회로 돌아가게 되어 평안해지는 것이오.[10)]

너무나도 큰 사각형은 그 모퉁이를 볼 수 없고, 너무나도 큰 기구는 만들 수 없으며, 너무나도 큰 소리는 들을 수 없고, 너무나도 큰 형상은 형체가 없으며, 대동의 통치이념인 도는 너무나도 큰 것이어서 뭐라고 이름 지을 수 없는 것이라오.[11)]

공자 대화의 맥락과는 상관없는 말이지만, 말씀하신 너무나도 큰 기구는 만들 수 없다는 대기만성(大器晩成)이, 후대에 들어서는 큰 기구는 늦게 완성된다는 의미로 와전되고 있음은 다소 안타깝습니다.

아, 그 시절로 돌아갈 수만 있다면 얼마나 좋겠습니까? 하지만 이미 말씀드렸다시피 오늘날에는 그 큰 도가 사라졌으니, 세상이 집안 중심의 가천하(家天下)가 되었습니다. 각각 자신의 어버이만이 어버이가 되고, 자신의 자식만이 자식이 되었으며, 재물과 힘은 자신을 위해 썼지요. 천자와 제후들은 세습을 예의로 삼았고, 성곽을 쌓고 그 주변에 못을 파서 적들이 침입하지 못하도록 공고히 하였으며, 예의로 기강을 삼았으니, 그럼으로써 군신관계를 바로 하고, 부자 관계를 돈독히 하였으며, 형제간에 화목하게 하고, 부부 사이를 조화롭게 하였던 것입니다. 또 이에 제도를 설치하고, 밭을 구획하였으며, 용감하고 지혜로운 자를 존중하고, 공적을 자기의 것으로 여겼지요. 그러므로 권모술수가 이때부터 흥기하고, 전쟁이 발생하였습니다. 따라서 하나라의 우임금, 상나라의 탕 임금, 주나라의 문왕과 무왕 그리고 성왕과 주공은 예(禮)로 시비를 구별하였으니, 이 여섯 군자들은 예(禮)에 삼가지 않는 이가 없었던 것입니다. 그럼으로써 그 의(義)를 분명히 하고, 그 신의를 깊이 헤아렸으며, 허물을 드러내고, 형벌〔刑〕과 인(仁)을 꾀하고 꾸짖어, 백성들에게 항상 그러함을 보여주었습니다. 만약 이를 따르지 않는 이들이 있다면, 권세가 있는 사람일지라도 물리쳐 대중들이 재앙으로 삼았으니, 이를 일컬어 소강이라고 하는 것입니다.[12)]

세상이 변하고 사람이 변하면, 그들을 다스리는 통치 역시 변해야 하는 법이지요. 저는 소강사회로의 복귀를 우선 강조하고, 대동으로의 복귀는 추후에 논해야 할 부분이라고 누차 말씀드렸습니다. 그리고 지나치게 엄격한 법률과 제도로 백성들을 통제하면 오히려 일을 그르치게 된다는 말씀에도 십분 공감하고 동의를 표합니다.

특히 법률로만 통제하는 것에 치중하면 안 되니, 진나라 조앙과 순인이 범선자가 지은 형법을 큰 솥에 새겼었습니다. 그러자 저는 그 소식을 듣고는, "진나라가 법도를 잃었으니, 곧 망할 것이다. 천자에게서 받은 법도로 백성들을 다스려야 하는 것이 도리인데, 이제 그 법도를 버리고 형벌로 다스리려 하면, 백성들이 오로지 그 형벌에만 마음을 둘 것이니, 어찌 윗사람을 공경하고 자신의 본업을 지키겠는가? 범선자의 형법은 당시 나라의 혼란스러움을 제압하는 임시방편이었을 따름이다."[13)]라며 비판했던 것입니다. 이처럼 저 역시 백성들을 형벌로 다스리는 것에 대해서 반대의 입장을 표명하고 있으니, 실제로 진나라는 결국 망해서 전국시대에 한(韓)나라와 위(魏)나라 그리고 조(趙)나라로 분할되게 되었습니다.

참고적으로 말씀드리자면, 전국시대는 춘추시대의 수많은 제후국들이 칠웅(七雄) 즉 7개의 나라로 정리되어서 할거한 국면을 일컫는데, 진(秦), 초(楚), 제(齊), 연(燕), 한(韓), 위(魏), 조(趙)나라가 그것입니다. 이 중 한과 위 그리고 조나라는 진나라에서 분할된 나라이기 때문에, 삼진(三晉)이라고도 불리지요. 그리고 이러한 국력이 강했던 일곱 나라로 나뉘어 있던 군웅할거(群雄割據)의 국면을 끝내고 최초의 통일국가를 이룩한 나라는, 다름 아닌 진(秦)나라의 시황제(始皇帝)였던 것입니다.

이처럼 백성들을 다스림에 온갖 세납 즉 조세와 노역 및 부역으로 하고, 그들을 다스림에 형벌로 하면, 백성들이 조세와 형벌을 피하려고만 들지 부끄럼은 없어집니다. 하지만 그들을 덕과 예(禮)로 다스리면, 백성들은 부끄럼이 있게 되고 또한 그들의 마음을 바로잡게 되지요.[14] 이 때문에 군자의 예(禮)를 행함은, 삼가지 않을 수 없는 것입니다. 예(禮)는 여러 사람의 규율이니, 규율이 흩어지면 여러 사람이 무도해지는 법입니다.[15] 따라서 소강사회를 이끌었던 여섯 군자들은 모두 인(仁)과 의(義) 그리고 예(禮)와 악(樂)의 명분으로 조율하고 통제하여 나라를 바로잡으려고 하였던 것이지요.

한번은 제자 자로가 "위나라 임금이 스승께 정치를 맡기려고 하는데, 스승께서는 무엇을 먼저 하시렵니까?"라고 묻자, 저는 "정치를 하기 위해서는 먼저 명분 즉 제도를 바로 잡아야 한다." 라고 대답했습니다. 그러자 자로가 다시 "제 생각에 스승의 생각은 옳지 않습니다! 명분이 되는 제도를 어찌 바로잡을 수 있겠습니까?"라고 물었고, 이에 저는 "투박하구나, 자로야! 도를 배우고 부단히 노력하여 실천하는 올바른 지도자인 군자는 잘 모르는 일에 대해서는 판단을 유보한다. 백성들을 통제하는 명분이 되는 제도가 바로잡히지 않으면, 말과 명령에 그 근거가 없어지므로 설득력을 잃게 되고, 설득력을 잃게 되면 일을 성사시킬 수 없으며, 일을 성사시킬 수 없으면 도의 외형적 형식인 예(禮)와 악(樂)이 바로 서지 못하게 되고, 예(禮)와 악(樂)이 바로 서지 못하면 도의 외형적 형식이 무너지므로 형벌의 권위가 무너지게 되며, 형벌의 권위가 무너지면 백성들이 맘대로 날뛰게 된다. 그러므로 군자는 명분이 되는 제도를 바로 잡고, 그 제도를 근거로 말과 명령을 하여 일을 성사시킨다. 참된 지도자는 이리저리 꾸며대지 않는다."[16]라고 설명해주었습니다.

저는 사리사욕으로 인해 서로가 물고 뜯으며 심지어 신하가 임금을 따르지 않는 혼란스러운 춘추시대를 다스릴 수 있는 유일한 방법은 명분화된 제도로 통제하는 것으로 생각했기에, 예악제도를 바로 잡음으로써 절제하고 통제하는 정치를 펴야 한다고 주장한 것입니다.

초나라 소왕이 병이 들어서 점을 쳤는데, '황하'의 신에게 제사를 지내야 한다는 것이었습니다. 하지만 소왕이 거절하자, 대부들이 거듭 교외에서 제사를 지내야 한다고 청했지요. 이에 소왕은 "하나라와 상나라 그리고 주나라 삼대의 천자들께서는 제후들의 제사 범위를 정해주셨으니, 자기 영토를 넘지 않는 범위의 산천(山川)에게만 제사를 지내는 것이다. 그런데 '황하'는 우리의 영토 밖이니, 내 부덕함을 '황하'의 신께서 벌줄만한 것은 아니다."라고 말했습니다. 이에 저는 "초나라 소왕은 큰 도를 안다. 그가 나라를 잃지 않는 것은, 마땅하다! 〔상서〕의 〈하서(夏書)〉에 이르기를 '저 도당, 즉 요임금부터 기(冀)나라가 있었는데, 그 도를 잃고 그 기강을 어지럽혀서 이에 멸망했다.'라고 했다. 또한, '진실로 이에서 나오니, 이에 있도다.'라고도 했으니, 자기로 말미암아 변치 않는 상(常)의 법도를 따르는 것이 옳다."[17]라고 평가한 바 있습니다.

즉 초나라 소왕은 옛 천자들이 세운 예악제도를 근거로 대부들의 불합리한 요구를 물리칠 수 있었으니, 이것이 바로 명분이 되는 제도를 갖춰야 반드시 말과 명령이 가능해져 설득력이 있게 되고, 설득력을 갖춰야 반드시 행할 수 있다는 본연의 취지인 것이지요.

반면에 명분이 되는 제도를 바로잡지 않으면 말을 이리저리 꾸며대니, 주나라 유문공이 초나라를 공격할지 여부를 상의하기 위해서 소릉에서 제후들을 소집한 적이 있었습니다. 위나라 영공은 축타를 장홍이라는 인물에게 보내서 채나라가 위나라보다 먼저 삽혈(동물의 피를 마시거나 입에 발라서 맹세하는 것)하게 되는지를 묻자, 장홍은 채나라의 시조 채숙이 위나라의 시조인 강숙의 형이므로 먼저 하는 것이 맞다고 대답했지요. 이를 좀 더 구체적으로 설명하자면, 주나라 무왕이 죽은 후에 무왕의 동생 주공이 어린 성왕을 도와 섭정하자, 무왕의 또 다른 동생인 관숙과 채숙 그리고 곽숙은 주공이 왕위를 찬탈하려 한다는 소문을 퍼뜨렸습니다. 또한, 이를 바로잡는다는 명분으로 상나라의 유민들을 이끌던 무경과 함께 반란을 일으켰는데, 주공은 소공의 도움으로 이를 진압했던 것입니다. 결국 관숙과 무경은 사형당하고 채숙은 유배되는데, 여기서 말하는 강숙은 이 반란에 참여하지 않은 채숙의 동생을 가리키니, 장홍은 예악제도와 종법제도에서의 서열을 논한 것이지요. 이에 축타는 "채숙이 강숙의 형이기는 하지만 반란을 주도한 인물인데, 주나라가 문왕과 무왕의 법도를 회복하려면 나이보다는 덕행을 봐야하지 않겠습니까?"라는 감언이설로 장홍을 기쁘게 했고, 장홍은 유문공에게 축타의 말을 전함으로써 결국 위나라가 채나라보다 먼저 삽혈을 하게 되었습니다. 하지만 저는 이 사건에 대해서 종법제도와 예악제도를 어기고 감언이설로 상대를 기만했으므로, 축타는 변론에만 능한 인물에 불과하다고 폄하한 것입니다.[18)]

노자 위나라 임금이 그대에게 정치를 맡기려고 하였다니, 당시 무슨 일이 있었던 것이오?

공자 노나라의 도가 땅에 떨어지자, 저는 56세의 나이로 노나라를 떠나 먼저 위나라에서 열 달간 머물렀었습니다. 그리고 진(陳)나라로 가려고 '광' 지역을 지나는데, 이때 말을 몰던 안각이란 인물이 예전에 이곳을 온 적이 있다고 말했지요. 그러자 '광' 지역 사람들이 안각을 양호의 일행이라고 생각했는데, 양호는 이전에 '광' 지역 사람들을 괴롭혔었던 인물이었습니다. 또한 저의 모습이 양호와 닮아서 닷 새 동안이나 저의 일행을 포위했지요. 결국, 저는 제자 하나를 영무자에게 보내서 위나라의 신하로 삼게 했고, 그곳을 벗어날 수 있었습니다. 겨우 포위에서 벗어난 저는, 대략 57세에 포 지역에서 한 달 정도 머무르다가 다시 위나라로 돌아와 거백옥의 집에 머물렀습니다. 이 기간에 위나라 영공의 부인인 남자(南子)가 저에게 한 번 보기를 청했는데, 그녀는 수많은 남자들과 사통을 했던 인물입니다. 저는 극구 사양했으나 결국에는 예의상 어쩔 수 없이 그녀를 만난 적이 있습니다.[19)]

아무튼 위나라 영공의 부인인 남자는 평판이 아주 좋지 않았는데, 이에 태자 괴외는 그녀를 수치로 여겨 죽이려 했지만 실패하자 송나라로 도망갔다가 다시 진나라로 옮겼고, 위나라 영공은 그런 괴외를 제거하고자 한 바 있습니다.

제가 초나라에서 위나라로 돌아온 이듬해인 59세 때 위나라 영공이 죽자, 부인 남자는 자기를 죽이려다 실패하고 이웃 나라로 도피한 괴외의 아들인 첩을 왕으로 앉혔습니다. 하지만 그 이후로도 괴외가 오랫동안 나라 밖에서 떠돌자 제후들이 수차례 그를 꾸짖는 등, 위나라는 아직 대단히 혼란스러웠지요. 그리고 그때 적잖은 저의 제자들이 위나라에서 벼슬을 하고 있었으므로, 위나라 임금이 저를 등용하여 위기를 넘기고자 한 것입니다.[20]

좀 더 말씀드리자면, 위나라 임금이 출공이었는데, 아버지 괴외는 밖에서 호시탐탐 아들을 몰아내서 왕이 되려 했고, 아들은 자기의 왕위를 뺏기게 될까봐 항상 두려워했지요. 제가 위나라에서 노나라로 다시 돌아온 후 72세가 되었을 때, 제자 자로는 위나라 출공의 대부인 공회가 다스리는 지역의 읍재(고을 원님)를 맡고 있었습니다. 이때 괴외는 공회와 결탁하여 출공을 쫓아내고 임금이 되는데, 그가 바로 위나라 장공입니다. 이 소식을 들은 자로는 자신이 섬기는 군주를 배신한 공회를 죽이려 했고, 또 다른 저의 제자 자고가 이를 말렸지만 결국 듣지 않고 공회를 죽이려 하다가 오히려 목숨을 잃게 된 것입니다.[21]

1. 도의 명분: 내용과 형식

공자 따라서 소강사회에서는 나라와 백성들을 바로잡기 위해서 명분 즉 제도를 중시한 것이니, 이제부터 소강사회의 도에 대해서 논해보겠습니다. 노담께서 설명하신 것처럼, 덕을 구성하는 두 가지 중요한 요소가 중(中)과 조화로움의 화(和)입니다. 하지만 저에게 화(和)는 좀 더 세부적인 의미를 지니고 있으니, 다시 한 번 극자성과 자공의 대화로 설명 드리겠습니다.

한번은 위나라 대부 극자성이 "군자는 옛 성현들의 통치이념인 도의 내용만을 중시하면 될 것이지, 굳이 도의 형식이 되는 예(禮)와 악(樂)까지 중시할 필요는 없다!"라고 말한 적 있습니다. 그러자 제자 자공은 "애석하게도, 어른께서는 군자를 그렇게 생각하시는군요! 네 마리 말이 세치 혀 하나를 따르지 못하듯, 내용이 때로는 형식을 따르지 못합니다. 형식은 내용과 떨어질 수 없고, 내용 역시 형식과 떨어질 수 없습니다. 따라서 도는 내용과 형식이 병행해야 하는 것입니다. 이는 호랑이와 표범의 가죽에 화려한 무늬의 털이 없다면, 개나 양의 털을 뽑아놓은 가죽과 구별할 수 없는 것과도 같은 이치입니다."[22]라고 대답했으니, 우선 이것으로 저의 생각을 막연하게나마 개괄할 수 있을 것입니다.

그렇다면 과연 도의 내용에는 어떠한 것들이 있고, 또 그 형식이 되는 것에는 어떠한 것들이 있는 것일까요? 먼저 인(仁)이라는 것은 의(義)의 근본이며 순응함의 격식이니,[23] 인(仁)은 의(義)의 바탕입니다. 다시 말해서 의(義)는 인(仁)이 없으면, 존재할 수 없지요.

그렇지만 인(仁)을 두터이 하는 이는 의(義)에 박하므로, 백성들이 가까이 하지만 공경하지는 않습니다. 반면에 의(義)를 두터이 하는 이는 인(仁)에 박하므로, 백성들이 공경하지만 가까이하지는 않지요.[24] 다시 말해서 인(仁)은 부드러움이기 때문에, 백성들이 가까이 하지만 공경하지는 않습니다. 반면에 의(義)는 엄격하고 강함이기 때문에, 백성들이 공경하지만 가까이하지는 않는 것입니다. 따라서 저는 이를 통해서 부드러움과 엄격함의 화(和) 즉 조화가 필요하다고 말하고 있으니, 부드러움의 인(仁)은 엄격함의 의(義)의 근본이 되는 것이고 나아가 윗사람에 순응하는 틀이 되지만, 의(義)가 없으면 인(仁) 역시 그 존재의의를 상실하게 되는 것입니다. 이를 정리하자면, 부드러움의 인(仁)과 엄격함의 의(義)는 어디까지나 따로 존재해서는 안 되고 반드시 함께해야만이 조화를 이루게 되는 것이지요.

하지만 도와 덕 그리고 인(仁)과 의(義)는, 예(禮)가 아니면 완성시킬 수 없으니,[25] 인(仁)과 의(義)만으로는 도에 도달할 수 없습니다. 반드시 예(禮)가 함께해야만이 온전한 도를 완성할 수 있는 것입니다. 그렇다면 인(仁)과 의(義) 그리고 예(禮)는 도의 형식과 내용 중에서 과연 어떠한 부분에 해당하는 것일까요?

의(義)의 이치는 예(禮)로서 채색하는 것입니다. 근본이 없으면 확고하게 설 수 없고, 채색함이 없으면 행할 수 없는 것이니.[26] 한번은 제자 자하가 "〔시경〕에 '어여쁜 미소가 환하고, 아름다운 눈은 흰색과 검은색이 분명하네.'라고 하였는데, 이는 흰색으로 밝게 비춘다는 것이니, 무슨 뜻입니까?"라고 물은 적이 있습니다. 그래서 저는 "흰 바탕이 있은 후에야 그림을 그릴 수 있는 것이네."라고 대답하자, 자하가 "흰 명주를 갖춘 다음에 그림을 그릴 수 있듯이, 먼저 내용을 실천하고 그다음에 형식인 예로서 그것을 수식해야 비로소 완전해진다는 것입니까?"라고 되묻는 것이 아니겠습니까? 이에 저는 "자하 네가 새로운 연상능력으로 나를 일깨우는구나. 이제 비로소 너와 함께 〔시경〕을 말할 수 있겠구나."[27]라고 말하여 자하를 칭찬해 주었습니다.

이를 통해서 막연하게나마 의(義)는 도(道)의 내용이 되고 예(禮)는 형식이 됨을 알 수 있는데, 이미 설명 드렸다시피 인(仁)은 의(義)의 근본이 되므로 결국 도의 내용은 인(仁)과 의(義)가 되는 것입니다. 따라서 저는 도의 내용이 되는 인(仁)과 의(義)를 먼저 실천하고 다시 그것을 형식인 예(禮)로 완성시켜야 한다고 강조한 것이니, 사람이 인(仁)하지 못하면, 예(禮)로 무엇을 할 수 있겠습니까? 사람이 인(仁)하지 못하면, 악(樂)으로 무엇을 할 수 있겠습니까?[28]

결국 도의 형식에는 예(禮) 이외에도 음악(樂)이 함께함으로써 비로소 예악제도가 정립되는 것인데, 그렇다면 예(禮)와 악(樂)은 또 어떠한 관계가 있는 것일까요? 이를 간단하게 압축하여 표현한다면, 인(仁)은 악(樂)에 가깝고 의(義)는 예(禮)에 가까운 것이라고 할 수 있습니다.[29]

악(樂)이라는 것은 같이하여 다스리는 것이고, 예(禮)라는 것은 달리하여 다스리는 것입니다. 같이한다는 것은 서로 가까이하는 것이고, 달리한다는 것은 서로 정중한 것이니. 악(樂)이 지나치면 번져서 퍼지게 되고, 예(禮)가 지나치면 흩어지게 됩니다. 이치에 맞게 하고 표면의 형식을 수식하는 것이 예악의 기능이므로, 예악이 확고히 서면 귀함과 천함이 구별되는 것이지요. 또한 악(樂)의 형식과 문(文)의 내용이 같이하면, 위와 아래가 조화롭게 됩니다. 좋아함과 미워함이 드러나면 현명함과 못나고 어리석음이 나눠집니다. 난폭함을 제어하여 누르고 현명한 이에게 벼슬을 주어 추천하면, 나라를 다스리는 것이 고르게 되지요. 이러한 도리를 도의 내용으로 말하자면 인(仁)으로 옳고 그름에 상관없이 무조건 따르고 의(義)로 바로잡는다는 것이니, 이렇게 하면 곧 백성들을 다스림이 행해지게 되는 것입니다.[30)]

이제 이를 정리해보면, 도의 내용이 되는 인(仁)은 부드러움이 되는 반면 의(義)는 엄격하고도 강함이 되는데, 인(仁)이 악(樂)에 가깝고, 의(義)는 예(禮)에 가까우니, 도의 내용이 되는 부드러움의 인(仁)과 강함의 의(義)가 조화를 이뤄서 떨어질 수 없듯이, 도의 형식인 예(禮)와 악(樂) 역시 상호 불가분의 관계에 놓임으로써 진정한 화(和)의 조화로움을 이뤄야 하는 것입니다.

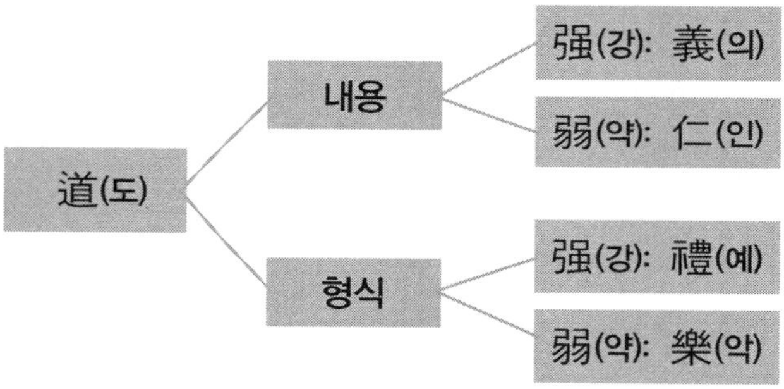

결국 도의 형식이 되는 예(禮)와 악(樂)은 예악제도 즉 오늘날의 전례(典禮) 혹은 의전(儀典)을 뜻하니, 저는 도의 구체적인 내용이 되는 인(仁)과 의(義)라는 것이, 형식이 되는 국가 통치에 있어서의 예악제도로 절제되고 통제되어야 화(和)를 이룰 수 있다고 생각하는 것이지요. 내용이 없으면 형식 역시 존재할 수 없고, 형식이 없으면 내용 역시 온전하게 제 역할을 다 할 수 없습니다.

하지만 여기서 유의해야 할 점이 있으니, 군자가 인(仁)과 의(義)의 도를 살피는 데는 예(禮)가 그 근본인 것입니다.[31)] 비록 도의 내용을 먼저 실천한 후에 도의 형식으로 그것을 보필하는 것이지만, 이는 어디까지나 실천의 순서일 따름이지 결코 경중의 차이를 의미하는 것은 아니라는 것이지요.

한번은 제자 자공이 "감히 묻습니다. 군자가 옥을 중시하고 옥돌을 경시하는 것은, 어째서입니까? 옥은 적지만 옥돌은 많아서입니까?"라고 하기에, 저는 "옥돌의 많음으로 경시하거나, 옥의 적음으로 중시하는 것이 아니다. 무릇 옛날에, 군자는 덕을 옥에 비유했다. 옥이 온화하여 윤이 나는 것은 인(仁)이다. 옥이 촘촘하여 단단한 것은 지(知)다. 옥이 모나지만 상처를 입히지 않는 것은 의(義)다. 옥을 오가는 길과도 같이 드리운 것이 예(禮)다. 드리운 옥을 두드려서 그 소리가 맑게 흐트러져 나아가다가, 그 소리가 짧게 뚝 그치는 것은 악(樂)이다. 옥의 티가 아름다움을 가리지 못하고, 아름다움이 티를 가리지 않는 것은 충(忠)이다. 옥의 미더움이 널리 드러나는 것은 신(信)이다. 옥의 기운이 하얀 무지개와 같은 것은 천(天)이다. 옥의 성령이 산천에 드러나는 것은 지(地)다. 규장(옥으로 만든 그릇)이 특별하게 쓰이는 것은 덕(德)이다. 옥이 세상에서 귀히 여겨지지 않음이 없는 것은 도(道)다. 〔시경〕에 이르기를 '요컨대 군자를 생각하면, 온화함이 그 옥과도 같다.'[32]고 했다. 따라서 군자는 옥을 중시한다."[33]라고 설명한 바 있습니다.

이처럼 예로부터 사람들은 군자를 언급함에 있어서 종종 옥으로 비유해왔으니, 그 이유는 옥의 특징으로 인(仁), 지(知), 의(義), 예(禮), 악(樂), 충(忠), 신(信), 천(天), 지(地), 덕(德), 도(道)를 비유적으로 설명할 수 있기 때문입니다. 따라서 다시 한 번 극자성과 자공의 대화를 살펴보면, 극자성은 도의 형식인 예(禮)와 악(樂)을 반대하고 오로지 그 내용만을 중시해야 한다고 한 반면, 자공은 저의 뜻을 이어받아서 형식인 예악 역시 중시해야 한다고 강조하고 있음을 알 수 있습니다. 그러므로 저에게 화(和)란 다름 아닌 도의 내용인 인의(仁義)와 그 형식이 되는 예악(禮樂)의 조화인 것이지요.

	옥(玉)
인(仁)	온화하여 윤이 남
의(義)	모나지만 상처를 입히지 않음
예(禮)	길과도 같이 드리움
악(樂)	소리가 맑게 흐트러져 나아가다가 그침

노자 천자를 옹립하고 또 그를 보좌하는 최고의 벼슬인 주나라의 삼공(三公) 태사(太師), 태부(太傅), 태보(太保) 즉 영의정, 좌의정, 우의정을 설치하는 데 있어서, 진귀한 옥을 앞에 내세우고 그 뒤로 성대한 규모의 진상을 하는 등의 형식적인 의식을 거행하는 것을 중시하는 것보다, 내실을 기하여 훌륭한 인물을 관리로 등용하고 나아가 그들이 곁에서 대동의 통치이념인 도를 충언으로 아뢰게 하는 것이 더 중요하다고 일렀거늘![34] 제 아무리 화려하다고 해도 허례허식에만 빠진 의식을 거행하는 것이 곁에서 충언을 아끼지 않는 것만도 못하니. 형식보다는 내용이 중요한 것이라오.

1) 1–1
2) 1–2
3) 14–3
4) 25–3
5) 32–1
6) 32–2
7) 32–4
8) 37–2
9) 37–3
10) 37–4
11) 41–9
12) [禮記(예기)] 〈禮運(예운)〉
13) [左傳(좌전)] 〈昭公(소공) 29년〉
14) 2–3
15) [禮記(예기)] 〈禮器(예기)〉
16) 13–3
17) [左傳(좌전)] 〈哀公(애공) 6年〉
18) [左傳(좌전)] 〈定公(정공) 4년〉
19) [史記(사기)] 〈孔子世家(공자세가)〉
20) [左傳(좌전)] 〈哀公(애공) 10年〉, [史記(사기)] 〈孔子世家(공자세가)〉
21) [左傳(좌전)] 〈哀公(애공) 15년〉, [史記(사기)] 〈仲尼弟子列傳(중니제자열전)〉
22) 12–8
23) [禮記(예기)] 〈禮運(예운)〉
24) [禮記(예기)] 〈表記(표기)〉
25) [禮記(예기)] 〈曲禮上(곡례상)〉
26) [禮記(예기)] 〈禮器(예기)〉
27) 3–8
28) 3–3
29) [禮記(예기)] 〈樂記(악기)〉
30) [禮記(예기)] 〈樂記(악기)〉
31) [禮記(예기)] 〈禮器(예기)〉
32) [詩經(시경)] 〈秦風(진풍)·小戎(소융)〉
33) [禮記(예기)] 〈聘義(빙의)〉
34) 62–4

소강사회 통치의 틀이 되는 인도(人道)는 크게 내용과 형식으로 나뉘는데, 그 내용을 이루는 요소로는 인(仁)과 의(義)가 있고, 형식을 이루는 요소로는 예(禮)와 악(樂)이 있다. 공자는 바로 도의 내용과 형식의 조화를 통해서, 통제의 명분을 구체화시킨 것이다.

아홉째 날,

인의예악(仁義禮樂):

명분의 구체화

1. 인(仁): 진심으로 섬기고 따름

공자 제자 번지가 인(仁)에 대해서 물은 적이 있습니다. 그래서 저는 "사람을 사랑하는 것이다."라고 대답해주었지요.[1] 그리고 이 말로 인해서 후대 사람들은 인(仁)이 마치 사랑과 동등한 개념인 것처럼 인식하게 되었습니다. 하지만 저는 "젊은이는 집에 있으면 부모에게 효도하고, 밖에 나가서는 곧 윗사람을 공경해야 한다. 또한 삼가여 변함없이 성실함의 신(信)을 보이고, 벼슬에 나아가서는 널리 백성들을 사랑하되, 인(仁)을 가까이할 것이다. 이렇게 행하고도 남는 힘이 있으면, 곧 한 걸음 더 나아가 태평성대를 이끌었던 옛 성현들이 실천한 구체적인 내용들이 기록된 문장들 즉 〔시경〕과 〔상서〕 등의 문(文)을 배워야 할 것이다."라고도 말한 바 있으니, 애(愛)와 인(仁)에는 분명한 차이점이 있는 것입니다. 따라서 이제부터 인(仁)이 구체적으로 어떤 함의를 지니는지 풀어서 설명해보고자 합니다.

일찍이 제자 유약은 "그 사람됨이 부모에게 효도하고 윗사람을 공경하는데도, 자신의 상관이나 지도자의 뜻을 거스르는 사람은 드물다. 자신의 상관이나 지도자의 뜻에 거스르지 않으면서도, 상관이나 지도자를 배신하여 반란을 도모하는 자는 존재하지 않는다. 군자는 근본이 되는 효도와 공경에 힘쓰는데, 그 이유는 자신이 먼저 솔선수범하여 부모에게 효도하고 윗사람을 공경하는 모습을 백성들에게 보임으로써, 궁극적으로는 백성들 역시 자기를 따르게 하여 도를 확립할 수 있기 때문이다. 그러므로 부모에게 효도하고 윗사람을 공경하는 것이, 바로 인(仁)의 기초이자 출발점인 것이다."[2]라고 말한 바 있으니, 이 말은 "'본(本: 근본) :

도(道) = 효제(孝悌: 효도와 공경) : 인(仁: 어짊)"이라는 공식으로 정리할 수 있습니다. 또 근본이 서면 도가 생긴다고 하면서 효도와 공경이 인(仁)의 근본이라고 했으니, 효도와 공경은 도의 중요한 전제가 되거니와 인(仁)의 기초이자 출발점인 것입니다. 그러므로 인(仁)은 개인적으로 하는 효도와 공경의 사회적 확장 형태니, 즉 사회에 나아가 자기의 임금을 진심으로 섬기고 따르는 것이라는 함의를 갖는 것입니다.

집 안		집 밖		사회
효(孝)	⟶	제(悌)	⟶	인(仁)

노자 유약은 어떤 인물이었소?

공자 저보다 43세 어렸지만 외모가 저와 매우 닮아서, 제자들은 제가 죽은 후 그를 스승으로 모셨다고 합니다. 하지만 어느 날 또 다른 제자 한 명이 스승께서는 비가 올 것을 예측하셨는데 맞아떨어졌고, 제자 상구가 나이가 들도록 자식이 없자 마흔이 넘으면 자식 다섯을 낳게 되리라 예측하셨는데도 역시 맞아떨어졌으니 어떻게 된 일이냐고 물었는데, 대답하지 못했습니다. 이에 유약의 통찰력이 스승에 크게 못 미치므로, 제자들은 곧 그 자리에서 물러나라고 요구하게 되었다고 합니다.[3)]

노자 어찌 그런 일이!

공자 그럼, 계속해서 말씀드리겠습니다. 먼저 부모님을 사랑하는 모습을 백성들에게 보이는 것은, 백성들로 하여금 화목하고 도탑게 지내게 함입니다. 먼저 윗사람을 본받는 모습을 백성들에게 보이는 것은, 백성들로 하여금 순종하게 함이지요. 자애로움과 화목함으로 가르치면, 백성들은 부모가 있음을 귀하게 여깁니다. 윗사람을 공경함으로 가르치면, 백성들은 윗사람의 명령을 받듦을 귀하게 여기게 됩니다. 따라서 효도로 부모를 섬기고, 순종함으로 명령을 따르며, 그것들을 천하에 시행하면, 행하지 못할 바가 없게 되는 것입니다.[4)]

그러므로 인(仁)한 사람은 만물의 도리에서 지나치지 않고, 효자는 만물의 도리에서 지나치지 않습니다. 이런 까닭에 인(仁)한 사람이 부모를 섬기는 것은 마치 하늘을 섬기는 것과도 같고, 하늘을 섬기는 것은 마치 부모를 섬기는 것과도 같습니다. 이런 까닭에 효자는 자신을 완성시키는 것이니,[5)] 효(孝)에서 시작하여 궁극적으로는 인(仁)으로 나아감으로써 자신을 완성시키는 것이지요. 즉 인(仁)이란 효(孝)의 사회적 확장 형태인 것입니다.

그렇다면 인(仁)의 적용 대상은 과연 누구일까요? 다시 말해서, 인(仁)은 윗사람에게 행하는 것일까요, 혹은 아랫사람에게 베푸는 것일까요? 아니면 윗사람과 아랫사람에게 모두 적용되는 것일까요?

만약 인(仁)과 사랑이 같은 개념이라면, 이는 위로도 할 수 있거니와 아래로도 할 수 있는 것입니다. 따라서 인(仁)이라는 것은 윗사람에게도 혹은 아랫사람에게도 모두 베풀 수 있는 것이어야 합니다. 하지만 임금은 높여지는 바지, 남을 높이는 이가 아닙니다. 임금은 봉양을 받는 바지, 남을 봉양하는 이가 아닙니다. 임금은 남에게 섬겨지는 바지, 남을 섬기는 이가 아닙니다. 따라서 임금이 남을 높이면 허물이 있고, 남을 봉양하면 부족해지며, 남을 섬기면 지위를 잃게 됩니다. 그러므로 백성들은 임금을 본받음으로써 스스로 바로 잡히고, 임금을 봉양함으로써 스스로 평안히 지내며, 임금을 섬김으로써 스스로 드러나게 되는 것이, 예(禮)가 심오해지면 신분이 바로잡히는 것입니다.[6)]

즉 인(仁)이란 윗사람이 아랫사람에게 행하는 것이 아니라, 바로 아랫사람이 윗사람에게 행하는 것이니, 결국 효(孝)가 백성들을 다스리기 위한 근본이고, 효(孝)를 점차 사회로 확장시킨 것이 윗사람을 공경함인 제(悌) 그리고 더 나아가 자신이 섬기는 상관이나 군주에 순종하는 어짊의 인(仁)이 되는 것입니다. 이처럼 효(孝)는 결국 백성들을 다스리기 위한 출발점이라고 볼 수 있으므로, 효도로서 임금을 섬기고, 공경함으로써 어른을 섬기는 것입니다. 또한, 이렇게 하는 것은, 궁극적으로는 백성들에게 자신이 윗사람의 뜻을 어기지 않음을 보이는 것이기도 하지요.[7)]

따라서 아버지가 살아계시면 그의 뜻을 이어받으려고 애쓰고, 아버지가 돌아가시면 그의 행적을 이어받으려고 애쓰며, 아버지가 돌아가셔서 3년 동안 상복을 입는 동안, 그의 뜻과 행적에 설령 허물이 있더라도 고치지 않고 계승하여 따른다면, 이것이야말로 섬기는 것이라고 평할 수 있습니다.[8)] 부모님을 섬김에 있어서는 조용하고도 공손하게 간하고, 자식의 뜻을 드러내도 그 말을 따르지 않으시면, 더욱 공경하여 오히려 부모님의 뜻을 어기지 않는 것이니, 이처럼 수고롭지만 부모님을 원망하지는 않아야 하는 것이지요.[9)] 그러므로 삼 년 동안 아버지의 도리를 고치지 않는다면, 섬긴다고 평할 수 있는 것입니다.[10)]

그렇다면 왜 이처럼 설령 아버지의 말씀과 생각이 틀려도 그것을 고치려고 들지 않고 따라야 한다고 강조하는 것일까요? 그 이유는 군자는 그 부모의 허물을 느슨히 하고, 그 좋은 일을 공경하기 때문입니다.[11] 아버지를 여의면 3년 동안 상복을 입고, 군주를 여의면 3년 동안 상복을 입는 것은, 백성들에게 머뭇거리지 않고 아버지와 군주의 뜻을 계승함을 보이는 것입니다. 부모가 살아계시면 감히 그 몸을 자기의 몸이라고 생각하여 함부로 하지 않고, 감히 그 재물을 사사로이 자기의 재산이라고 생각하여 함부로 쓰지 않는 것은 백성들에게 위와 아래의 질서체계가 있음을 보이는 것이지요.[12]

결국, 부모님께 효도하고 윗사람을 공경하는 것은 그 자체로 끝나는 것이 아니라, 나아가 자신의 군주를 진심으로 섬기고 따름으로써 사회의 상하질서체계를 공고히 하는 근간이 되는 것이니, 효(孝)는 인(仁)을 실천하기 위한 정치적 초석이자 자격인 것입니다. 따라서 제자 증자가 "내가 스승에게 듣기로는, '맹헌자의 아들로 노나라 경(卿)이었던 맹장자의 효성은, 다른 이들도 할 수 있다. 하지만 그 아버지의 신하와 아버지의 정치를 바꾸지 않은 것은 다른 이가 따라하기 어렵다.'고 하셨다."[13]라고 말한 것도, 바로 이러한 맥락에서 한 것이지요.

그렇다면 이 말은 아버지가 올바른 길을 걸었든지 아니면 그렇지 않았든지 간에 상관없이 무조건적으로 아버지의 뜻을 따라야 한다는 뜻일까요? 맹헌자는 "말 네 필을 길러서 재산이 어느 정도 되면, 닭과 돼지를 살피지 않는다. 얼음장을 떠낼 정도로 부유한 집안은 소와 양을 기르지 않는다. 경(卿) 대부(大夫)와 같이 권세가 있는 집안은 지위를 이용하여 백성들을 착취하는 신하를 기르지 않는다. 지위를 이용하여 백성들을 착취하는 신하를 가지느니, 차라리 도둑질하는 신하를 가지는 것이 낫다."[14]라고 말한 바 있습니다. 즉 맹헌자는 이처럼 청렴하고도 항상 나라와 백성들의 안위를 걱정했기에, 저는 그를 다른 사람보다 한 수 위에 있는 인물이라고 칭송한 바 있으니,[15] 자식은 마땅히 아버지의 훌륭한 점을 계승해야 한다고 강조한 것입니다.

아울러서 저는 "말을 교묘하게 하고 아첨하는 얼굴빛을 하면, 인(仁)이 드물다."[16]라고도 한 바 있으니, 인(仁)의 중요한 특징이 자신의 상관 나아가 군주를 기만하거나 아첨하지 않고, 진심이 담긴 말과 진솔한 얼굴빛으로 섬기고 따름으로써, 자신이 섬기는 군주가 올바른 정치를 하도록 하는 데 있는 것입니다.

결국, 저는 효(孝)를 춘추시대의 혼란을 막을 수 있는 인(仁)의 유일한 근본으로 여겨서, 가깝게는 부모 멀리는 자기가 섬기는 임금의 결정이 잘못된 것이어도 따라야 한다고 강조한 것이니, 설령 임금이 잘못된 판단을 내려서 간언을 했는데도 듣지 않으면 결국 진심으로 따라야 한다고 역설한 것입니다.

그래서인지 어떤 이들은 인(仁)을 긍정적인 의미의 순종이라기보다는, 오히려 부정적인 의미의 맹종으로 오해했는데, 아마도 저의 제자 재아 역시 그렇게 생각했나 봅니다. 한번은 재아가 "어떤 이가 인(仁)한 이에게 말하기를 '우물에 인(仁)이 있소'라고 하면, 그 인(仁)한 이는 우물 속으로 들어가는 것입니까?"라고 묻더군요. 그래서 제가 "어찌 그렇게 할 수 있겠는가? 군자는 우물에 갈 수는 있지만 빠뜨릴 수는 없고, 속일 수는 있지만, 사리에 어둡게 할 수는 없다."[17]라고 대답해준 적도 있으니, 인(仁)이라는 것은 이처럼 자칫 잘못 이해하면 맹종으로 비춰질 수 있으므로, 저 역시 "임금을 섬김에 예(禮)를 다하니, 사람들은 아첨한다고

여긴다."라고 한탄하여 답답한 심정을 토로한 바 있습니다.[18]

인(仁)이란 도의 중요한 구성요소지만 유의해야 할 점이 있으니, 한번은 제가 제자인 자로를 불러서, "자로야, 너는 여섯 가지 말씀과 여섯 가지 결점에 대해서 들었는가?"라고 묻자, 자로는 "아직 듣지 못했습니다."라고 대답했습니다. 그래서 저는 "자리를 잡고 앉아라. 내가 너에게 말해주마. 인(仁)을 좋아하면서 배우기를 좋아하지 않으면, 그 결점은 어리석어지는 것이다."[19]라고 말해주었으니, 즉 인(仁)을 좋아하면서, 성인의 도를 배우기를 좋아하지 않으면, 그 결점은 공정하게 판단하지 못해서 맹목적으로 추종하게 된다는 뜻이었던 겁니다. 따라서 인(仁)이란 다른 도의 요소들과 결부되어 융화되지 못하고 단독으로 존재하게 되면 자기의 군주를 맹목적으로 섬기고 따르는 것이니, 도의 범위 내에서 다른 요소들과 조화를 이루고 있을 때 비로소 자기의 군주를 맹목적이 아닌 진심으로 섬기고 따르게 되는 것이지요.

노자 대동사회의 통치이념인 커다란 도 즉 대도(大道)가 사라져야, 비로소 인(仁)과 의(義)를 중시하는 소강사회가 시작되오.[20] 따라서 인(仁)을 없애고 의(義)를 버리게 되면, 백성들이 자연스럽게 다시 효(孝)와 자애로움의 자(慈)를 중시하게 되는 것이요.[21]

그런데 대동사회에서 강조하는 조화로움의 화(和)가 깨지게 되어서 가정이 화목하지 않으면, 효(孝)와 자(慈)가 생겨나는 것이니.[22] 가정이 화목하다면 효(孝)와 자(慈)라는 개념은 존재하지 않소. 왜냐하면 효(孝)라는 것은 아랫사람인 자식이 윗사람인 부모에게 행해야 함을 요구하는 것이고, 자(慈)는 윗사람인 부모가 아랫사람인 자식에게 행해야 함을 요구하는 것이기 때문이요. 따라서 가정에 불화가 생겨야 비로소 사람들에게 효(孝)와 자(慈)를 요구하게 되는 것이요. 이와 반대로, 부모와 자식 간에 화기애애하다면 굳이 효(孝)와 자(慈)를 요구하겠소? 이처럼 굳이 효(孝)와 자(慈)를 세분화하여 요구하지 않으면 자연스레 조화로움의 화(和)를 회복할 수 있는 것이니, 이것이 바로 대동사회의 도리인 것이요.

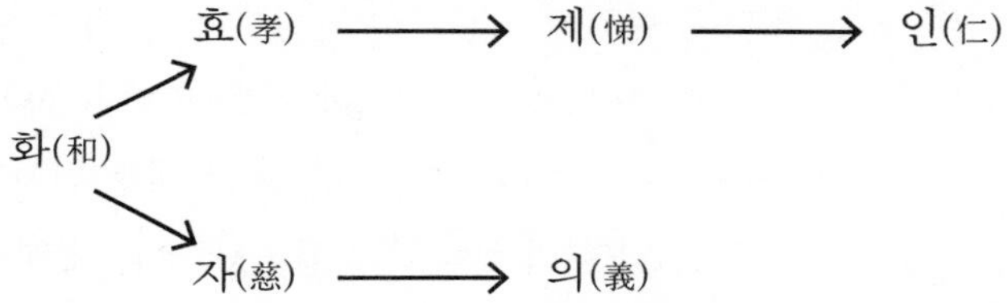

공자 여부가 있겠습니까? 하지만 다시 한 번 말씀 드리자면, 애쓰지 않아도 스스로 진실함은 하늘의 도, 즉 천도(天道)이고, 애써 노력하여 진실하게 하는 것은 사람의 도 즉 인도(人道)입니다. 또한, 사람의 도는 정치를 큰 것으로 여기는데, 정치는 다름 아닌 바로잡는 것이지요. 그런데 저는 사람의 도를 추구하는 소강사회로의 복귀를 바라고 있으니, 단지 그뿐일 따름입니다.

노자 알겠소. 계속해서 말씀해주시게.

공자 따라서 이러한 인(仁)의 개념을 명확히 해야만 비로소 제가 말한 의도를 제대로 파악할 수 있는 것이지요. 그래서 한번은 제자 자장이 "영윤을 지냈던 자문은 세 번 벼슬하여 영윤이 되었지만, 기쁜 기색이 없었고, 세 번 벼슬을 그만두었지만, 성내는 기색이 없었습니다. 옛 영윤의 정무(이전에 자신이 영윤을 맡았을 때의 정치 업무)를 반드시 새 영윤에게 알렸으니, 어떠합니까?"라고 물었을 때, 저는 "정성스럽도다."라고 대답했습니다. 그러자 자장이 "사람됨이 인(仁)합니까?"라고 물었고, 이에 저는 "알지 못하겠다. 어찌 인(仁)하다고 하겠는가?"라고 대답했지요. 그런데 자장이 다시 "최자가 제나라 임금을 시해했습니다. 진문자는 열 대의 수레를 가지고 있었지만, 모든 재산을 버리고 제나라에서 달아났습니다. 그런데 다른 나라에 이르러서 말하기를 '우리 대부 최자와 같다.' 그러고는 이르렀던 다른 나라에서 또 달아났습니다. 하지만 다른 한 나라로 가서는 또 말하기를 '우리 대부 최자와 같다.' 그러고는 이르렀던 한 나라에서 다시 달아났으니, 그의 인물됨이 어떠합니까?"라고 묻기에, 저는 "탐욕이 없이 깨끗하다."라고 대답했고, 자장이 다시 "사람됨이 인(仁)합니까?"라고 묻기에, 저는 "알지 못하겠다. 어찌 인(仁)하다고 하겠는가?"[23]라고 대답했던 것입니다.

노자 자문은 초나라 사람으로 영윤(재상)이 되어서 나라를 강성하게 한 인물로 평가받았소. 자문은 백성들을 위하느라 항상 끼니가 모자랐는데, 성왕이 그에게 봉록을 더 주려고 하자 자문은 세 차례나 영윤 자리에 물러났다가, 왕이 조치를 취하하고 나서야 다시 돌아왔소. 이에 누군가 "부귀는 사람이 추구하는 바인데 왜 피하십니까?"라고 묻자, "정치는 백성들을 위한 것이오. 백성들은 굶주리는데, 내가 부유하면 살 수 있는 날이 얼마 안 남은 것이오. 나는 부귀를 피하는 것이 아니라, 죽음을 피하는 것이오."라고 대답했다고 하오.[24]

진문자는 훗날 안자라는 이름으로 더 유명한 안영과 함께 제나라의 장공을 모셨던 대부이오. 그는 안영과 마찬가지로 군주인 장공을 모시기는 했지만, 장공이 너무나 무도하였기에 진심으로 따르지는 않았소. 그리고 최자 역시 제나라 대부로서, 자신의 아내와 사통한 장공을 시해하고 경공을 임금으로 세웠는데, 후에 경공은 오히려 안영을 총애하고 최자를 제거했다오.

공자 그렇습니다. 인(仁)이란 군주를 진심으로 섬기고 따르는 것인데, 자문은 백성들을 위한 것이기는 했지만 결국 임금의 호의를 따르지 않았습니다. 또 진문자는 비록 그가 모시는 장공이 무도했기 때문이기는 했지만, 어쨌든 진심으로 섬기고 따르지는 않았지요. 그러므로 저는 두 사람이 정성스럽고 청렴하기는 하지만 인(仁)한 인물은 아니라고 한 것이니, 자기가 섬기는 군주가 무도한지의 여부에 상관없이 진심으로 섬기고 따라야 한다는 것입니다.

따라서 미자는 떠났고, 기자는 그의 노비가 되었고, 비간은 간언을 하다가 죽었으니, 저는 이 세 인물들을 "상나라에는 세 명의 인(仁)한 이들이 있었다."라고 평했던 것입니다.[25]

노자 폭군이었던 상나라의 마지막 왕 주 임금과 같은 어머니의 형인 미자는 주 임금에게 누차 간언을 올렸으나 듣지 않자 황야에 은거했소. 주 임금의 숙부 기자는 수차례 간언을 올렸으나 듣지 않자, 머리를 풀고 미친 척하다가 결국 구금되고는 노비로 전락했소. 역시 주왕의 숙부인 비간은 간언을 하다가, 이를 참지 못한 주 임금이 "내가 듣기로는 성인의 심장에는 일곱 개의 구멍이 있다고 하는데, 이제 비간이 성인인지 확인하겠노라!"라고 하여 심장을 갈랐으므로, 잔인하게 죽임을 당했던 것이오.

공자 이 세 인물은 정도의 차이만 있을 뿐 그 마음가짐은 하나였으니, 모두 임금을 배반하려는 역모를 꾀하지 않고 끝까지 자기가 섬기는 임금을 바른길로 걷도록 노력한 인물이었던 것입니다. 상나라의 마지막 왕인 주 임금이 극악무도한 폭정을 펼치자 주나라 무왕이 무력으로 정벌하게 되는데, 미자와 기자 비간은 오히려 끝까지 주 임금을 섬기고 따랐기 때문에, 이들은 참된 인(仁)을 실천한 인물이었던 것이지요. 기왕 인(仁)한 인물에 대해서 논하고 있으니, 여기서 백이와 숙제 역시 언급하지 않을 수 없겠군요.

노자 음, 상나라의 제후국인 고죽국의 왕자 백이와 숙제는 주나라 무왕이 무력으로 상나라 주 임금을 몰아내자, 무왕이 인의(仁義)를 저버렸다고 말하며 수양산으로 들어가 고사리를 캐어먹고 지내다 굶어 죽었소. 따라서 그대는 결국 그러한 백이와 숙제가 비록 폭군일지라도 끝까지 자기의 군주인 주 임금을 진심으로 섬기고 따랐다며 칭송하고 있는 것이 아니요?

공자 춘추시대라는 대혼란기 특히 신하가 임금을 따르지 않고 심지어 시해하는 상황에서, 제가 이를 바로잡기 위해서 이처럼 인(仁)을 강조한 것은, 어쩌면 다른 여지가 없는 상황에서의 부득이한 선택이었는지도 모르겠습니다. 그러므로 제자 자공은 백이와 숙제를 빗대어 제 의중을 떠보기도 했던 것입니다.

노자 의중을 떠보다니, 그건 또 무슨 말이요?

공자 제 나이 68세가 되던 해에, 제자 염구가 군대를 이끌고 나가 제나라와 싸워 이겼습니다. 노나라의 경(卿) 계강자가 염구에게 군대에 대해서 배운 적이 있느냐고 묻자, 염구는 저에게 배웠노라고 대답했습니다. 이에 계강자는 염구를 통해서 다시 저를 노나라로 불러들이려 하였던 것입니다. 마침 위나라의 상황이 대단히 혼란스러웠던 데다가, 계강자 역시 예(禮)를 갖추어 저를 영접하였으니, 이에 노나라로 돌아가게 된 것이지요.[26] 따라서 염구는 아마도 제가 싫어했던 계강자의 뜻을 직접 저에게 전하기가 어려워서, 당시 자공에게 대신 물어달라고 부탁한 것으로 보입니다.

노자 위나라의 상황이 대단히 혼란스러웠다고 했는데, 좀 더 자세히 설명해주시겠소?

공자 위나라의 대숙질이 송나라로 도망가 자조의 딸과 결혼했는데, 당시 관습에 따라 그녀의 여동생 역시 언니를 따라서 대숙질에게 시집을 갔습니다. 그런데 이 둘째 딸이 매우 예뻤다고 하지요. 후에 자조가 위나라로 가니, 위나라의 대부였던 공문자는 대숙질의 부인을 쫓아내고 자기의 딸을 대숙질에게 시집보냈는데, 대숙질은 오히려 자조의 둘째 딸 즉 옛 부인의 여동생을 몰래 불러내어 집까지 제공하자, 공문자는 이에 분노하여 대숙질을 공격하려 한 것이었습니다. 공문자가 대숙질을 치기 위해서 저에게 계책을 물었을 때, 저는 "새는 나무를 선택할 수 있지만, 나무는 새를 선택할 수 없습니다."라고 말하고는 그 제안을 거절했고, 마침 계강자 역시 저를 영접하였으므로, 68세의 나이에 고국 노나라로 돌아가게 된 것입니다.[27]

노자 음. 훌륭한 새는 나무를 선별하여 내려앉고, 현명한 신하는 임금을 가려서 섬긴다는 뜻이구려. 한 나라의 대부가 사적인 원한으로 군대를 동원하려 했으니, 위나라의 상황이 어떠했는지 알고도 남음이 있소. 계속해서 말씀해주시오.

공자 염구가 "스승께서 위나라 임금을 도와주실까요?"라고 묻자, 자공은 "알았습니다. 제가 여쭈어 보겠습니다."라고 답하고는, 저에게 "백이와 숙제는 어떤 인물입니까?"라고 묻는 것이었습니다. 저는 "옛날의 현명한 사람들이다."라고 대답했고, 이에 자공이 다시 "그들은 자신의 선택을 원망하였습니까?"라고 묻자, "인(仁)을 추구하여 인(仁)을 얻었으니, 또 어찌 원망했겠는가?"라고 대답했습니다. 그러자 자공이 나와서는 "스승께서는 돕지 않으실 것입니다."[28]라고 염구에게 말했던 것이지요.

상나라의 제후국인 고죽국 임금의 첫째 아들인 백이는 아버지가 셋째 아들인 숙제에게 왕위를 물려주라고 유언하자 그 뜻을 따랐는데, 숙제는 그럴 수 없다며 다시 백이에게 양보하지요. 이에 백이는 아버지의 뜻이라며 도망가게 되고, 숙제 역시 도망을 가버리는 바람에 결국 둘째 아들이 왕위를 물려받게 되는데, 후에 주나라의 무왕이 상나라 주 임금을 몰아내자, 이 둘은 고사리를 캐어 먹고 지내다 굶어 죽었습니다.

바로 여기서 유의해야 할 것이, 백이는 아버지의 뜻을 따랐고 숙제는 종법제도를 따랐으며 둘 다 모두 자기가 섬긴 주 임금을 위해서 굶어 죽었으므로, 저는 이들을 인(仁)한 인물이었다며 칭송한 것이라는 점입니다. 즉 자공은 저의 대답을 통해서, 제가 위나라 임금 출공을 돕지 않을 것이라고 확신하게 된 것입니다.

이미 한 번 소개해 드렸다시피, 당시 위나라의 세자 괴외는 영공의 부인 남자를 죽이려다 실패하자 달아났고, 영공이 죽자 남자는 괴외의 아들이자 영공의 손자인 첩을 왕위에 앉히는데, 그가 바로 출공입니다. 하지만 아버지 괴외는 밖에서 호시탐탐 아들을 몰아내서 왕이 되려 했고, 아들은 자기의 왕위를 빼기게 될까 봐 항상 두려워했으니, 결국 자공이 제가 위나라 임금을 돕지 않을 것이라고 판단한 이유가, 출공이 아버지의 뜻을 거스르고 심지어 임금 자리에만 욕심을 부리는 것은 불인(不仁)한 것인데, 이는 백이와 숙제의 뜻에 위배되기 때문이었던 것이지요. 바꿔 말해서 저는 백이와 숙제를 인(仁)한 인물이었다고 칭송하였으니, 자공은 제가 아버지의 뜻을 거스르고 임금 자리에만 급급했던 불인(不仁)한 출공을 결코 도우려고 하지 않을 것이라고 확신했던 것입니다.

또한 이러한 인(仁)의 차원에서 보았을 때, 상나라 주 임금이 아무리 폭군이었다고는 하지만, 신하로서 군주를 제거한 주나라 무왕에 대해서도 긍정적인 평가만을 할 수는 없는 것입니다. 따라서 저는 순임금 때의 음악인 소(韶)에 대해서 "지극히 아름답고, 또 지극히 선하도다."라고 한 반면, 주나라 무왕 때의 음악인 무(武)에 대해서는 "지극히 아름답지만, 지극히 선하지는 않도다."라고 평했던 것입니다.[29)]

노자 기가 악기를 연주하자, 돌아가신 선조 귀신께서 이르고, 여러 왕후들이 서로 양보하였으며, 조수가 날면서 춤추었는데, 소 아홉 곡 연주가 끝나자 봉황이 와서 예절을 갖추고, 모든 짐승들이 모두 춤추었으며, 모든 관리들이 믿고 화합했소. 순임금이 그 모습을 보고 노래를 만들어 "하늘의 명을 공경하여 받들어, 때에 맞추기를 살피리니."라고 말하고는, 이에 "팔, 다리(중신: 주요 관직의 신하)가 행복하니! 임금이 입신하고! 온갖 장인이 흥성하리니!"라며 노래를 불렀지요. 그러자 고요가 손을 들어맞잡고 절하며 머리를 조아려 소리 높여 말하기를, "삼가소서! 대략 국가의 대사를 일으킴에, 삼가면 이에 흥성합니다. 공경하소서!" 그러고는 이에 노래로 바꿔 불렀소. "임금이 명철하면, 팔다리(중신)가 어질어져, 모든 일이 편안하네!" 이어서 다시 또 "임금이 통일성이 없으면, 팔다리(중신)들이 불경해져, 만사가 무너지네!"라고 노래를 부르자, 순임금이 절하며 "그렇소, 가서 삼가시오!"라고 말한 바 있소.[30)]

공자 네. 순임금 때는 신하가 임금이 바른길을 걷도록 충언하고, 임금은 신하들에게 하늘의 뜻을 받들어 신중을 기하라고 근엄하게 명령하고 있으며, 나아가 무력으로 진압하지 않고 진심 어린 덕을 펼쳐서 오랑캐들마저 감복시켰습니다. 이것이 바로 조화로움〔和〕과 자애로움〔慈〕의 덕치인 것이지요. 주나라 무왕 역시 그 업적이 찬란하기는 하지만, 그는 무력으로 상나라 주 임금을 멸하고 주나라를 세웠으니, 이른바 폭력으로 역성혁명(易姓革命)을 일으킨 장본인입니다. 따라서 그 음악이 지극히 아름답지만, 지극히 선하지는 않다고까지 말한 것입니다.

인(仁)이란 사회에 나아가 자기의 임금을 진심으로 섬기고 따르는 것이니, 제가 인(仁)을 사랑이라고 표현한 것은, 결국 사랑이라는 것이 인(仁)의 한 가지 큰 특징이라는 의미이지, 인(仁) 자체가 곧 사랑은 아닌 것입니다. 그런데 한번은 자로가 "제나라 환공이 공자 규를 죽였는데, 그를 따르던 소홀은 죽었지만 역시 그를 따르던 관중은 죽지 않았습니다."라고 말하고는, 이어서 "따라서 관중은 인(仁)하지 못한 것이 아니겠습니까?"라고 묻는 것이 아니겠습니까? 그래서 저는 "환공이 아홉 번이나 제후들을 모았지만, 무력으로 하지 않은 것은, 관중의 힘이다. 인(仁)에 비슷할지니, 인(仁)에 비슷할지니."라고 대답해준 바 있습니다.[31]

노자 음.

공자 제나라 양공은 자신의 여동생인 노나라 환공의 부인과 사통하다가 발각되자 환공을 죽이는 등, 제나라를 혼란에 몰아넣은 대단히 무도한 인물이었습니다. 그런 양공의 두 동생인 공자 규와 공자 소백은 각각 노나라와 거나라로 피신했다가, 양공이 시해당하자 돌아와 왕위를 두고 다투었는데, 이때 관중은 공자 규를 그리고 포숙아는 공자 소백을 각각 섬기고 있었지요. 한번은 대부였던 소홀이 관중에게 소백을 죽이라고 하자 관중은 소백에게 활을 쏘았는데, 그 활이 허리띠에 맞아서 소백은 목숨을 구할 수 있었습니다. 훗날 소백이 왕권을 잡게 되었으니 그가 바로 제나라 환공인데, 이에 공자 규와 소홀은 죽임을 당했고 관중 역시 사형을 당할 처지가 되었습니다. 하지만 포숙아가 나서서 "임금께서 제나라에 만족하신다면 저 하나로 충분할 것이나, 천하의 패자(霸者)가 되고자 하신다면 관중 외에는 인물이 없을 것입니다."라고 간언했고, 관중은 포숙아 덕분에 제나라 재상이 되어 천하를 호령할 수 있었던 것입니다.

따라서 자로는 관중이 원래 모시던 공자 규를 버리고 새로이 환공을 따랐으므로 불인(不仁)한 사람이 아니냐고 물은 것인데, 저는 그것보다 더 큰 것 즉 나라와 백성들의 입장에서 생각해야 한다고 말했던 것이니, 인(仁)의 궁극적인 목표를 임금 자체가 아닌 바로 나라와 백성들을 평안하게 하는 데 둔 것입니다. 즉 자기의 임금을 진심으로 따르고 섬김으로써 결국에는 나라와 백성들을 평안하게 할 수 있다고 주장한 것이지요.

노자 그대의 의도는 충분히 이해하겠소.

공자 하지만 또 제자 자공은 여전히 제 뜻을 온전하게 이해하지 못하여, 오히려 반박했습니다. "관중은 인(仁)한 이가 아닙니다. 제나라 환공이 공자 규를 죽였는데, 같이 따라서 죽지 못했거니와, 심지어 제나라 환공을 도왔습니다." 그래서 저는 "관중이 환공을 도와서 제후들을 장악하여 어지러운 천하를 바로 잡았으므로, 백성들이 지금에 이르기까지 그 은혜를 받았던 것이다. 관중이 없었다면 우리 중국은 도를 잃었을 것이고, 그러면 중국의 백성들은 머리카락을 풀어헤치고 옷섶을 왼쪽으로 하는 오랑캐로 전락했을 것이다. 어찌 하찮은 이들의 고집스러움을 행하여, 스스로 도랑에서 목매어 다른 사람들이 알지 못하도록 하는 것이 옳다고 하겠는가?"라고 구체적으로 설명해 주었습니다.[32)]

이처럼 인(仁)의 최종 목표는 임금 개인의 안위가 아닌 나라와 백성들을 평안하게 하는 데 있는 것입니다. 그러므로 저는 비록 관중이 자기가 섬기던 공자 규를 버리고 새로이 환공을 섬겼지만, 그로 인해서 나라와 백성들이 안녕할 수 있었으므로 인(仁)에 가깝다고 말한 것이지요. 만약 관중이 세간의 여론을 의식하여 자기가 모시던 공자 규를 따라서 죽었다면, 이는 인(仁)의 표면적인 특징에 불과합니다. 하지만 관중은 그러한 굴욕을 견디고 환공을 모심으로써 천하를 호령하는 패자로 만들었으니, 이에 세상이 잠시나마 평온을 되찾을 수 있었습니다. 따라서 자기의 임금을 진심으로 따르고 섬김으로써 나라를 안정시켜, 궁극적으로는 백성들을 평안하게 하는 것이, 인(仁)의 참뜻인 것입니다.

따라서 제자 번지가 다시 인(仁)에 대해서 물었을 때에는, "인(仁)한 사람은 어려운 일을 잘 이끌고 그러한 후에 얻으니, 그렇게 하면 인(仁)하다고 할 수 있다."[33]라고 설명해주었으니, 인(仁)은 먼저 자기의 군주를 진심으로 섬기고 따름으로써 나라의 어려운 일을 극복한 후에, 사적인 명예나 공로 등의 이익을 추구하는 것이 됩니다.

노자 도는 참된 지도자의 통치이념으로, 그 목표가 오직 나라와 백성들을 평온하게 하는 데 있소. 따라서 이는 인(仁)의 궁극적인 목표와도 서로 통하오. 하지만 그대가 말한 것처럼, 인(仁)이라는 것은 임금을 진심으로 섬기고 따르도록 요구하는 것이니, 이는 무위자연의 도리에 어긋나는 억지로 작위 하는 행위인 것이오. 그러므로 나는 인(仁)이란 천성에 따르지 않고 억지로 작위 하는 것이지만, 그 궁극은 나라와 백성들을 평온하게 하는 것이니, 다른 사적으로 의도하는 바가 있는 것은 아니라고 말했던 것이요.[34]

2. 의(義): 목숨을 걸고 계급상의 의무를 다함

공자 모가 나지만 상처를 입히지 않는 것이 의(義)입니다.[35] 그러므로 의(義)는 분명 부드러움의 인(仁)보다는 오히려 엄격함에 더 가깝다고 할 수 있지요. 따라서 나라에 환난이 있음에 임금이 사직에 목숨을 거는 것, 그것을 일컬어 의(義)라고 합니다. 반면에 대부가 종묘에 목숨을 거는 것, 그것을 일컬어 변(變)이라고 하지요.[36]

이처럼 의(義)는 옳다고 생각하는 것에 목숨을 걸 수 있는 자세를 뜻하니, 아버지는 자애롭고, 아들은 효도하며, 형은 착하고, 아우는 공경하며, 남편은 합당한 행동을 하고, 아내는 순종하며, 어른은 은혜를 베풀고, 어린이는 따르며, 임금은 진심으로 섬겨서 따르고, 신하는 충후해야 하니, 이 열 가지를 사람의 의(義)라고 일컫는 것입니다.[37]

한번은 제나라 경공이 정치에 대해서 묻기에, 저는 "임금은 임금다워야 하고, 신하는 신하다워야 하며, 아비는 아비다워야 하고, 자식은 자식다워야 합니다."[38]라고 대답하였는데, 사실상 이는 다름 아닌 의(義)에 대한 설명이니, 저는 결국 제나라 임금인 경공이 의(義)롭지 못하다고 완곡하게나마 질책한 것이었습니다. 그래서 저는 "제나라 경공은 말 사천 마리를 소유하였지만, 죽는 날 백성들이 칭송할만한 덕이 없었다."[39]라고 평한 바 있지요.

아무튼 이 열 가지는 윗사람과 아랫사람이 마땅히 해야 할 도리에 대해서 열거하고 있는 것이니, 결국 의(義)라는 것은 윗사람과 아랫사람이 각자의 자리에서 마땅히 행해야 할 도리를 옳다고 여기고, 또 목숨을 걸고서라도 지키는 것을 뜻하는 것입니다. 특히 “아들은 효도하고, 아우는 공경하며, 아내는 순종하고, 어린이는 따르며, 임금은 진심으로 섬겨서 따르고, 신하는 충후해야 한다.”는 것은 사실상 인(仁)에 속하기도 하는데, 이처럼 의(義)가 인(仁)과 겹치는 이유는 인(仁)이 의(義)의 근본이 되기 때문인 것입니다.

하지만 임금이 진심으로 섬겨서 따르는 것(군인: 君仁)을 이해할 때 유의할 점이 있으니, 임금은 높여지는 바이지, 남을 높이는 이가 아니라는 것입니다. 임금은 봉양을 받는 바이지, 남을 봉양하는 이가 아닙니다. 임금은 남에게 섬겨지는 바이지, 남을 섬기는 이가 아닙니다. 따라서 임금이 남을 높이면 허물이 있게 되고, 남을 봉양하면 부족해지며, 남을 섬기면 지위를 잃게 되지요. 따라서 백성들은 임금을 본받음으로써 스스로 바로 잡히고, 임금을 봉양함으로써 스스로 평안히 지내며, 임금을 섬김으로써 스스로 드러나게 되는 것입니다. 따라서 예(禮)가 심오해지면 신분이 바로잡히는 것입니다.[40)]

다시 말해서, 임금이 진심으로 섬겨서 따르는 대상은 백성들이 아니라, 다름 아닌 자신의 아버지와 선조 임금들 나아가서는 하늘이 된다는 점이니, 의(義)는 사실상 신분과 계급상의 서열을 명확하게 하고 그 서열에서 마땅히 지켜야 할 바를 목숨을 걸고 지키는 것이지요.

아버지를 섬기는 것에 바탕을 두고 임금을 섬겨서 공경하는 것은 사실상 같은 것입니다. 높은 지위를 공경하고 높은 사람을 우러르는 것은 의(義)의 심오함이지요. 그러므로 임금을 위해서도 역시 친족과 동일하게 삼년상을 하는 것이니, 임금의 삼년상

은 바로 의(義)로 제정한 것입니다.[41)]

그런데 삼년상 이야기를 하다 보니, 갑자기 제자 재아가 떠오르는군요.

노자 말재간이 탁월했지만, 훗날 임금을 죽이고 반란을 일으켰던 그 인물 말이요?

공자 그렇습니다. 한번은 재아가 "삼년상은 기간이 깁니다. 군자가 삼 년 동안 예(禮)를 시행하지 않으면 예(禮)가 반드시 무너지고, 삼 년 동안 음악(樂)을 하지 않으면 악(樂)이 반드시 무너질 것이니, 부모상을 치르느라 삼 년을 보내면 예악제도를 제대로 행할 수 없게 됩니다. 자고로 옛 곡식이 바닥나면 그다음 해에 새 곡식이 익게 되고, 철이 바뀌면 그 계절의 나무를 비벼대어 새로이 불을 지피는 법이니, 부모상 역시 일 년이면 될 것입니다."라고 말하는 것이었습니다. 그래서 제가 "부모상을 당했는데도, 너는 흰 쌀밥을 먹고 비단옷을 입는 편안한 생활을 할 수 있겠느냐?"라고 반문하자, 재아는 "편안합니다!"라고 대답하는 것이 아니겠습니까? 이에 저는 "네가 편하다면, 곧 그리해라! 무릇 군자가 초상을 지낼 때에는 맛있는 것을 먹어도 달지 않고, 음악을 들어도 즐겁지 않으며, 거처해도 편안하지 않기 때문에 그렇게 하지 않는 것이다. 지금 네가 편안하다면, 곧 그렇게 해라!"라고 말해주었습니다. 잠시 후 재아가 밖으로 나가자, 저는 곁에 남아 있는 제자들에게 "재아는 인(仁)하지 못하구나! 자식이 태어나면 누구라도 부모의 무릎 안에서 자라는 슬하(膝下) 자식 삼 년의 기간을 겪고, 그런 후에야 부모의 품에서 벗어날 수 있는 것이다. 무릇 삼년상은 세상에서 통하는 상례이다. 재아 역시 그 부모에게서 삼 년의 사랑을 받았을 테지?"[42]라고 말해준 적이 있습니다. 인(仁)은 효(孝)의 사회적 확장 형태이니, 부모를 진심으로 섬기고 따르지 못하는 인물이 어찌 자기의 임금을 진심으로 섬기고 따를 수 있겠습니까?

노자 어허!

공자 따라서 저는 상하의 서열을 명확하게 바로잡는 것이 무엇보다 중요하다고 생각했으니, 대부가 강하면 임금이 그를 죽이는 것이 의(義)인 것입니다. 그리고 이는 노나라의 삼환으로 말미암아 시작되었던 것이고 말이지요.[43]

저는 노나라 환공의 후손인 삼환(三桓) 즉 맹손(孟孫)과 숙손(叔孫) 그리고 계손(系孫) 이 세 경(卿)들의 집안사람들이 대대로 임금보다 더 큰 권력을 행사하는 것을 대단히 못마땅하게 생각했습니다. 그러므로 저에게 의(義)는 이러한 하극상을 타파할 수 있는 가장 중요한 명분이었기에 그토록 강조한 것입니다.

아울러서 저는 또한 일관되게 이익과 의(義)의 관계에 대해서도 언급해왔으니, "이익을 보고도 사양하는 것이 의(義)이다."라고 말한 바 있습니다.[44] 이는 다름 아닌 견득사의(見得思義) 즉 이익을 보면 항상 의로움을 생각하라고 강조한 것인데, 지금 얻으려고 하는 이익이 과연 자신이 처한 서열에서 마땅한 것인지를 먼저 판단해야 한다는 것입니다. 의(義)에 이르면 곧 상하가 패역(도리에 어긋나 불순해짐) 해지지 않으니, 사양함에 이름으로써 다툼을 없앨 수 있지요.[45] 즉 양보함으로써 다툼이 없어지면, 이에 상하의 도리를 바로잡는 의(義)가 확고해진다는 뜻인 것입니다.

노자 음, 〔시경〕에도 그러한 의미를 담고 있는 작품들이 있지 않소?

공자 "이미 술에 취하고, 이미 덕에 배불렀네."[46]라는 시구가 있으니, 이로써 백성들을 교도했지만 백성들은 오히려 이익을 다투어 의(義)를 잊었습니다.[47] 또한 "배추를 따고 순무를 따는데, 밑동은 캐지 마라. 도리에 맞는 말은 어겨서는 안 되니, 그대와 함께 더불어 죽으리."[48]라는 시구도 있으니, 이로서 백성들을 막았지만 백성들은 오히려 의(義)를 잊고 이익을 다툼으로써 그 자신을 잃었던 것입니다.[49]

따라서 저는 이처럼 역사적 교훈을 통해서 사사로운 이익을 탐하면 의(義)를 잃는다는 사실을 알았기 때문에, 이익을 보면 먼저 의(義)를 생각해야 한다고 강조한 것입니다. 다시 말해서, 이익을 보게 되면 그것이 의(義) 즉 계급상의 서열을 명확하게 하고 그 서열에서 마땅히 지켜야 할 바를 목숨을 걸고 지키는 자세에 어긋나는 것인지를 먼저 살펴야 한다는 뜻이 되지요. 그러므로 군자는 의(義)를 좋아하고, 소인배는 이익을 좋아하는 것입니다.[50] 지도자가 이익을 밝혀 사사로운 탐욕에 눈이 멀게 되면, 백성들의 원성이 높아질 따름입니다.[51]

국가로 나아가 정치를 하는데 재물에 힘써서 베푸는 자는, 분명 소인배들을 따르는 것입니다. 덮어서 재물로 베푸는 것을 옳게 여기고, 소인배들을 부려서 국가를 다스리면, 재앙과 손해가 함께 이릅니다. 그러한 지도자는 설령 잘하는 것이 조금은 있더라도, 역시 어찌할 수가 없는 것이지요. 이를 일컬어서 나라는 이

익으로 이로움을 삼지 않고, 의(義)로 이로움을 삼는다고 하는 것입니다.[52)]

또한 이를 통해서 의(義) 역시 인(仁)과 더불어 도의 중요한 구성요소 중 하나가 됨을 다시 한 번 확인할 수 있으니, 거친 밥을 먹고 물을 마시며 팔을 베고 자니, 즐거움이 그 안에 있는 것입니다. 의(義)롭지 아니하고도 부귀한 것은, 저에게는 뜬구름과도 같을 따름이지요.[53)]

노자 삶이 넉넉해지면 다른 생각이 마음속에 둥지를 틀기 마련이고, 다른 생각이 둥지를 틀기 시작하면, 지도자는 전념하여 태평성대의 통치이념인 도를 견지할 수 없기 마련이오. 따라서 예로부터 성인은 검소함을 몸소 실천하려고 노력한 것임을 알아야 할 것이니!

공자 하지만 의(義)를 보고도 행하지 않으면, 이는 용(勇) 즉 용기가 없는 것입니다.[54)] 의(義)는 계급상의 서열을 명확하게 하고 그 서열에서 마땅히 지켜야 할 바를 목숨을 걸고 지키는 자세인데, 이러한 의(義)를 보고도 지키고 실천하지 못한다면 용(勇) 즉 용감함이 없으니, 용(勇)이란 바로 의(義)를 몸소 실천하는 것입니다. 다시 말해서, 의(義)가 없다면 용(勇) 역시 존재할 수 없는 것이지요. 그러므로 제자인 자로가 "군자는 용(勇)을 숭상합니까?"라고 물었을 때, 저는 "군자는 의(義)를 으뜸으로 삼는다. 군자는 용(勇)이 있지만 의(義)가 없으면 반란을 일으키게 되고, 소인배는 용(勇)이 있지만 의(義)가 없으면 도둑질을 하게 된다."라고 설명했던 것입니다.[55)] 용(勇)의 존재 이유는 의(義)를 실천하는 데 있으므로, 의(義)가 없다면 용(勇)의 타당성 역시 존재할 수 없게 되지요.

도는 각각의 구성요소들이 반드시 유기적으로 하나가 되는 조화를 이뤄야 합니다. 따라서 의(義)가 없이 용(勇)만 내세우면 두려울 것이 없게 되므로, 군자는 타락하여 임금을 거슬러 반란을 일으키게 되고, 소인배는 더욱 사리사욕에 눈이 멀어 남의 것을 빼앗는 도적질을 하게 되는 것입니다.

또한, 용감한 이는 두려워하지 않으니,[56] 용감한 이는 의(義)를 지키기 위해서 목숨조차도 걸 수 있으므로, 더 이상 두려울 것이 없는 것입니다. 그런데 이 말을 바꿔서 생각해보면, 용(勇)은 의(義)가 없다면 자신이 모시는 임금을 배신하는 것도 서슴지 않고 행하게 된다는 말과도 통하니, 제나라 대부인 진성자는 실제로 자신이 섬기던 임금인 간공을 시해했던 것입니다. 그때 저는 목욕하고 임금을 배알하여서는, "진성자가 그의 임금을 시해했으니, 청컨대 그를 토벌하십시오."라고 간언했는데, 애공은 오히려 "맹손씨와 숙손씨 그리고 계손씨 저 세 사람에게 말하라."라고 하시더군요. 결국, 저는 대부의 말석인 하대부를 지냈기 때문에 임금의 명에 따라서 세 사람에게 알렸지만, 그들은 그저 안 된다고 거절만 할 뿐이었습니다.[57] 그리고 그때 제자인 재아가 그와 함께 역모를 꾀했다가 결국 멸족의 화를 당하였으니, 저는 이를 두고두고 부끄러워했던 것입니다.

인(仁)한 사람은 반드시 용기가 있지만, 용기가 있는 사람이 반드시 인(仁)한 것은 아닙니다.[58] 제나라 간공은 진성자와 감지를 각각 좌상(좌의정)과 우상(우의정)에 앉혔지만 감지만을 총애했고, 그런 감지는 진성자의 세력이 컸기 때문에 간공의 지지 속에서 호시탐탐 그를 제거하려 했는데, 이 일은 실패로 돌아가고 오히려 감지와 간공은 진성자에게 죽임을 당했습니다.[59] 따라서 저는 하극상에 격노하여 애공을 찾아가 진성자를 치라고 요청한 것이니, 이는 불인(不仁)한 것으로 자칫 노나라에까지 영향을 줄 수도 있기 때문이었습니다. 다시 말해서 당시 노나라의 애공은 삼환인 맹손씨와 숙손씨 그리고 계손씨에 의해 조종당하고 있었으므로, 저는 제나라의 상황을 방관한다면 노나라 역시 같은 처지가 될까 봐 본보기를 보여 삼환을 경계해야 한다고 생각했던 것입니다.

제가 68세 때, 노나라와 제나라가 교외에서 전쟁을 했습니다. 이때 노나라 군대가 강을 건너지 못하자, 제자인 번지가 좌군을 이끌던 또 다른 제자 염구에게 군사들이 그대를 믿지 못하니, 상벌에 대해서 세 번 말하면 모두 그 말을 믿고 따를 것이라고 했지요. 이에 염구가 번지의 말을 따르니, 노나라 군사들이 정말로 강을 건너 제나라 군사들과 용감하게 싸웠습니다. 그런데 노나라의 우군은 오히려 도망을 갔고, 제나라 군사들이 노나라 군사들을 추격하게 되었습니다. 이때 우군에 있던 장수 맹지반은 일부로 뒤처져서 제나라 군대의 추격을 뿌리침으로써, 자신의 부하들을 보호한 바 있으니, 저는 "맹지반은 자랑하지 않는다. 패전하여 도망갈 때 퇴각군의 후미에 쳐져 좇아오는 적군들을 상대하다가, 성문을 들어가려 할 때 그 말을 채찍질하며 '감히 뒤처진 것이 아니라, 말이 나아가지 않은 것이다.'라고 했다"[60]라고 말하여 그를 높이 치하하기도 했습니다. 결국, 염구의 군대가 제나라를 이기자, 저는 염구의 공적을 치하하며 "그는 의(義)로운 사람이다!"라고 치켜세웠는데, 의(義)는 계급상의 서열을 명확하게 하고 그 서열에서 마땅히 지켜야 할 바를 목숨을 걸고 지키는 것이니, 염구가 군주인 애공과 노나라 나아가 백성들을 위해서 자신의 목숨을 걸고 싸운 공로를 치하한 것이지요.[61]

그런데 그런 염구가 주공보다도 더 부유했던 계씨 즉 계강자를 위해서 수탈하여 보태주었으니, 저는 "염구는 나의 제자가 아니다. 너희들은 그를 조리돌리어 책망해도(북에 그의 이름을 써서 붙인 다음에 북을 치며 돌아다님으로써 널리 알려도) 좋다."[62]고 했던 것입니다.

저에게 의(義)는 도의 중요한 구성요소임이 틀림없습니다. 하지만 염구는 이미 충분히 부유한 계강자를 위해서 그렇지 못한 백성들을 다시 수탈했으니, 이는 도의 또 다른 구성요소인 검(儉)의 검소함과 화(和)의 양쪽을 모두 아우르는 조화로움에 위배되는 행동이었습니다. 계급상의 서열을 명확하게 하고 그 서열에서 마땅히 지켜야 할 바를 목숨을 걸고 지키는 것인 의(義)는 태평성대를 이끈 지도자의 통치이념인 도의 중요한 구성요소이기는 하지만, 한 구성요소가 다른 구성요소들과 유기적인 조화를 이루지 못하고 단독으로만 존재한다면, 이는 기(器: 그릇), 즉 한 분야의 전문가일 뿐, 결국 도의 모든 요소들을 유기적이고도 조화롭게 운용하는 참된 지도자인 군자가 될 수 없는 것입니다.

좀 더 구체적으로 말해서, 염구는 자신의 상관인 계강자를 따르는 인(仁)을 행하기는 했지만, 인(仁)의 궁극적인 목표가 그럼으로써 나라와 백성을 평안하게 하는 데 있으므로, 결국 백성들을 수탈하여 계강자를 더 부유하게 한 염구의 행위는 어디까지나 인(仁)의 허울 좋은 껍데기일 뿐이었지요. 인(仁)과 의(義)가 분리되면 한쪽으로 치우치게 되니, 이는 중(中)의 원칙에 위배됩니다.

따라서 인(仁)과 의(義)는 단순히 종적 관계에 있는 것이 아니라, 상호 불가분의 관계를 맺고 있는 것입니다.

노자 그대가 설명한 것처럼, 의(義)는 신분과 계급상의 서열을 명확하게 하고 그 서열에서 마땅히 지켜야 할 바를 목숨을 걸고 지키는 것이라는 의미를 갖고 있소. 또한 그대가 인(仁)이 의(義)의 근본이라고 설명한 것처럼, 의(義)가 존재해야 하는 이유 역시 인(仁)을 지키고 보호하기 위해서이오. 따라서 나는 의(義)라는 것은 결국 목숨을 걸고 지켜야 한다고 요구하는 것이니 이는 무위자연의 도리에 어긋나는 억지로 작위 하는 행위인 것이라고 말한 것이고, 또한 그것이 나라와 백성이 아닌 인(仁)을 지키기 위한 것이니 다른 의도하는 바가 있다고 설명한 것이오.[63] 모두가 조화롭게 지내는 화(和)를 실천한다면, 굳이 목숨을 걸고 지켜야 한다고 요구할 필요가 있겠소?

물론 그대가 추구하는 바가 애써 노력하여 진실하게 함으로써 바로잡는 소강사회로의 복귀라고 하니, 내 더 이상 천성을 따르는 대동의 도를 실현해야 한다고만 강조하지는 않겠소만.

공자 잘 알겠습니다. 그럼 이제 인(仁)과 의(義)의 함의에 대해서 정리해보면, 인(仁)이라는 것은 인격입니다. 따라서 친족을 가까이 하는 것이 큰 것이지요. 의(義)라는 것은 마땅함입니다. 따라서 현명한 이를 존경하는 것이 큰 것이지요.[64]

인(仁)이란 효(孝)의 사회적 확장 형태이므로, 그 부친의 의지를 저버리지 않고 나아가 부친의 가족인 친족 역시 함부로 내치지 않습니다. 또한 부친의 뜻을 저버리지 않기에 그를 보필했던 대신들 역시 함부로 버리지 않기에, 그들의 원망을 사지 않게 되는 것이지요. 그리고 의(義)란 현명한 이를 존경하는 것이라고 했으니, 결국 자신이 속한 계급상의 서열을 명확하게 하고 그 서열에서 마땅히 지켜야 할 바를 목숨을 걸고 지키면서 옛 성현들의 언행을 배우고 나아가 직접 실천하는 것이 됩니다. 그러므로 주공이 아들인 노공에게도 "군자는 친척을 버리지 않고, 대신들로 하여금 써주지 않는다고 원망치 않게 하며, 오래된 친구는 큰 이유가 없으면, 곧 버리지 아니한다. 한 사람에게 완벽하게 갖추기를 요구하지 않는다."[65]라고 말씀하셨던 것입니다. 군자가 친척에게 도탑게 하면, 백성들이 인(仁)에 흥기할 것입니다. 그러므로 옛 친구를 저버리지 않으면, 백성들의 인심이 야박해지지 않습니다."[66]

저 역시 이러한 도리를 배우고 나아가 실천하는 모습을 보이려고 노력했던 바, 저에게는 원양이라는 이름의 오랜 친구가 있었습니다. 그의 어머니가 죽자, 저는 그를 도와서 외관을 손질해주었지요. 그런데 원양이 어머니의 시신을 안치할 나무인 외관에 올라서 "오랫동안 노래를 부르지 못했구나."라고 말하고는, "외관 나무의 무늬는 삵의 머리처럼 알록달록하고, 외관 나무의 결은 여인의 손을 잡은 듯 부드럽구나."라고 노래를 부르는 것이 아니겠습니까. 이에 저는 못 들은 척하고 지나갔는데, 마침 저를 따르던 이가 "선생께서는 어찌 그와 절교하지 않으십니까?"라고 묻는 것이었습니다. 그래서 "내가 듣기로, '친척이 되는 이는 그 친척이 됨을 잃을 수 없고, 오랜 친구는 그 오랜 친구가 됨을 잃을 수 없다.'고 했소."라고 대답했었던 것입니다.[67]

3. 예(禮): 조화로움을 위한 절제와 통제

공자 의(義)의 이치 즉 사람이 행해야 옳은 것이라는 의미를 지닌 의리(義理)는 예(禮)로서 채색하는 것입니다. 근본이 없으면 확고하게 설 수 없고, 채색함이 없으면 행할 수 없으니,[68] 의(義)는 도의 내용이 되는 근본이지만, 도의 형식인 예(禮)로 아름답게 수식함으로써 실천할 수 있는 것이지요. 따라서 제자 유약은 "성실함〔信〕이 의(義)를 가까이하면 말이 실천될 수 있고, 공손함이 예(禮)를 가까이하면 부끄러움과 욕됨을 멀리할 수 있다. 그것들을 가까이함을 잃지 않기 때문에, 또한 지도자로 높일 수 있는 것이다."[69] 라고 말했던 것이니, 의(義)를 바탕으로 하면 말한 대로 이행할 수 있는 성실함〔信〕을 이루게 되고, 예(禮)를 바탕으로 하면 지나치게 아부한다는 평판을 받는 부끄러움이나 부족하다는 비판을 받는 욕됨을 피하여 윗사람에게 공손할 수 있는 것입니다. 즉 예(禮)로 아름답게 수식하고 절제하는 의(義)의 실천을 통해서, 궁극적으로는 상하의 질서체계를 바로잡을 수 있는 것입니다.

이제 예(禮)에 대해서 보다 구체적으로 논해야 할 터인데, 마침 제자 유약은 "예(禮)의 시행은 조화로움의 화(和)를 귀함으로 삼는다. 선왕의 도는 화(和)를 좋은 일로 여기니, 작고 큰 것이 화(和)로 말미암는다. 하지만 행하지 않아야 할 바가 있으니, 화(和)만 알아서 조화롭고 예(禮)로 그 화(和)를 절제하지 않으면, 역시 행해서는 안 된다."[70]라고 말한 바 있습니다.

이는 예(禮)라는 것이 화(和)를 중시하지만 절제의 절(節)이 내포된 것이어야 한다는 것이니, 저는 희로애락이 드러나지 않은 것을 중(中)이라고 일컫고, 드러나지만 모두 절도에 맞은 것을 화

(和)라고 한다고 말씀드린 바 있습니다. 중(中)이라는 것은 세상의 큰 근본이고, 화(和)라고 하는 것은 세상이 도에 닿은 것이지요. 중(中)과 화(和)에 이르면 천지가 자리를 잡고, 만물이 자라게 됩니다.[71)]

따라서 감정을 쉽사리 드러내지 않고 객관적으로 처신하는 태도는 바탕이 되고, 이러한 감정을 조화롭게 드러내는 것이 궁극의 도에 도달하는 것인데, 사람에게서 희로애락은 본능적인 감정입니다. 이러한 감정들을 아무 때나 쉬이 드러내지 않고 신중함을 보이는 것이 바로 중(中)이고, 또 이러한 감정들을 자연스럽게 표출시키는 것이 화(和)인데, 이 화(和)란 감정을 있는 그대로 다 표출하는 것이 아니라 절도에 맞게 표현하는 것이니, 예(禮)의 중요한 목표가 바로 감정을 인위적으로 절제하고 통제하는 데 있다는 뜻입니다. 즉 예(禮)라는 것은 도에 도달하기 위해서 조화로움의 화(和)를 통제하는 요소 다시 말해서 조화로움을 위한 절제와 통제가 되는 것이지요. 그렇다면 이러한 감정의 절제는 도대체 무엇을 뜻하는 것일까요? 예를 들어서, 부모상을 당했을 때 슬픔을 극진히 하는 것이 도리지만, 그 슬픔이 너무 커서 심지어 본인의 건강에 해를 끼치게 되면 이는 예(禮)에 어긋나는 것입니다.

한번은 제자 자공이 "자장과 자하 중에서, 누가 더 현명합니까?"라고 묻자, 저는 "자장은 지나치고, 자하는 모자란다."라고 대답했습니다. 그러자 자공이 다시 "그렇다면 자장이 더 낫다는 것입니까?"라고 물었고, 이에 저는 "지나친 것은 모자라는 것과 같다."라고 설명해 준 바 있습니다.[72)]

이것이 바로 과유불급(過猶不及)인데, 여기서 불급(不及) 즉 모자람과 과(過) 즉 지나침의 기준이 무엇인지 명확하게 파악하는 것이 무엇보다 중요합니다. 이미 앞에서 잠시 언급한 바 있듯이, 자하가 부모상을 치르고 저를 찾아왔기에 그와 함께 거문고를 탔는데, 자하는 화답하기는 했지만 저의 거문고 타는 소리와 합쳐지지 못했으니, 연주를 하기는 했지만 조화로운 소리를 이루지는 못했습니다. 잠시 후 자하가 일어나서 말하기를 "슬픔을 아직 잊을 수가 없습니다. 하지만 선왕께서 예(禮)를 제정하신 것이라서 감히 거스르지는 못한 것입니다."라고 하더군요. 훗날 자장이 부모상을 치르고 저를 찾아왔기에 역시 그와 함께 거문고를 탔는데, 화답하여 저의 거문고 타는 소리와 합쳐졌으니, 연주를 하여 조화로운 소리를 이뤘던 것입니다. 잠시 후 자장이 일어나서 말하기를 "선왕께서 예(禮)를 제정하신 것이라서 감히 거스르지 못한 것입니다."라고 하더군요.[73)]

중(中)은 어느 한쪽에 치우치지 않는 객관적이고도 공정한 태도이고, 화(和)는 중(中)을 바탕으로 나아가 양쪽의 모순을 없애고 어우러지게 하는 것입니다. 즉 먼저 중(中)을 갖추고 이를 기반으로 나아가 화(和)를 이뤄야 하는 것이지요. 따라서 저는 중(中)과 화(和)라는 것이 결국에는 예(禮)로 절제 및 통제해야 한다고 말한 것입니다.

그런데 자하는 슬픔을 누르지 못해서 선왕의 예(禮)를 다하지 못했으니 부족한 것이고, 반면에 자장은 슬픔이 모자라서 선왕의 예(禮)를 다했으니 지나친 것입니다. 즉 불급(不及: 모자람)과 과(過: 지나침)의 기준은 다름 아닌 예(禮)라서, 예(禮)가 지나치거나 예(禮)가 모자라면 둘 다 중(中)과 화(和)에 이르지 못하니, 결국에는 같게 되는 것입니다.

앵무새는 말할 수 있지만 조류를 떠나지 못하고, 오랑우탄은 말할 수 있지만 동물을 떠나지 못합니다. 이제 사람에게 예(禮)가 없으면, 비록 말할 수 있어도 역시 동물의 마음이 아니겠습니까? 무릇 동물은 예(禮)가 없기 때문에, 따라서 아비와 아들이 암컷을 함께하고 있는 것입니다. 이러한 까닭에 성인이 일어나 예(禮)를 만듦으로써 사람을 가르치고, 사람으로 하여금 예(禮)가 있도록 함으로써, 스스로가 동물에 다름을 알게 한 것입니다.[74]

노자 예(禮)라는 것은 억지로 작위 하는 것이지만, 상대방이 자신의 예(禮)에 반응을 보이지 않게 되면 예(禮)를 버리고 곧 따지게 되니, 대단히 형식적인 것에 불과하오.[75] 따라서 상위개념인 도가 사라지게 되면 그 하위개념인 덕이 나타나고, 덕이 사라지면 그 하위개념인 인(仁)이 나타나며, 인(仁)이 사라지면 그 하위개념인 의(義)가 나타나고, 의(義)가 사라지면 마지막으로 예(禮)가 나타난다오.[76] 이처럼 예(禮)라는 것은 공정하고도 객관적인 태도인 중(中)과 성실함〔信〕이 부족해야 나타나는 것이고, 또한 국가혼란의 도화선인 것이요!

공자 저는 노나라 남궁경숙과 주나라로 건너가, 노담에게서 예(禮)를 배웠습니다. 그래서 훗날 제자인 증자가 "옛날에 군대가 출동할 때, 반드시 천묘의 신주를 모시고 갔습니까?"라고 물었을 때, "내가 노담에게서 들으니, 천자가 붕어하거나 제후가 죽으면, 대축이 여러 사당의 신주를 모아서 조묘에 간직하는 것이 예(禮)다. 상을 치르고 3개월 후에 지내는 제사인 졸곡을 마치고 나서는, 신주를 원래 자리에 갖다 놓는다. 임금이 나라를 떠나게 되면, 태재가 여러 신주들을 모아서 동행하는 것이 예(禮)다. 조묘에서 협제를 거행할 때에는, 대축이 네 묘의 신주를 영접하여 태조묘로 간다. 신주가 사당을 나올 때나 들어갈 때는 반드시 통행을 금지해야 한다. 이는 노담께서 하신 말씀이다."라고 설명해주었습니다.[77)]

또 증자가 "발인을 하려고 관을 옮기는 수레가 길에 이르렀는데, 일식이 생기면 발인 일정을 변경해야 합니까?"라고 물었을 때에는, "옛날에 내가 노담을 따라서 장례를 도운 적이 있었는데, 마침 관을 옮기는 수레가 거리에 나오자 일식이 일었다. 노담께서 '구야, 수레를 세워 길 오른편쪽으로 대게 해라. 또한 곡하는 것을 멈추고 변화에 귀 기울여라.'라고 하셨다. 하늘이 다시 밝아지자 계속해서 발인을 진행했는데, 그때 노담은 '이것이 예(禮)이다.'라고 하셨다. 발인을 마치고 돌아와서는, 내가 '일식의 변화 속도가 어떨지 모르는데, 어찌 멈추는 것입니까?'라고 묻자, 노담은 '제후가 천자를 알현할 때, 해가 뜬 후에 길을 나서고, 해가 질 때 그친다. 대부 역시 해가 뜬 후에 길을 나서고, 해가 지기 전에 그친다. 발인할 때, 해가 뜨기 전에 길을 나서면 안 되고, 해가 지기 전에 그쳐야 한다. 어두운 밤에 길을 재촉하는 사람은 도둑과 친상소식을 듣고 급히 집으로 돌아가는 사람뿐이다.'라고 하셨다."라고 대답해주었습니다.[78)]

역시 증자가 "8세에서 11세까지의 아이가 죽으면 밭에 매장하는데, 침대처럼 평평한 도구로 관을 옮기는 것은 거리가 가깝기 때문입니다. 그런데 밭까지의 거리가 멀다면 어떻게 합니까?"라고 물었을 때, 저는 "노담에게서 들었는데, 옛날에 사일의 아들이 죽었을 때 관을 묻을 밭이 먼 곳에 있었다고 한다. 소공이 '어찌 집에서 먼저 수의를 입히고 관에 넣어 들고 나가지 않소?'라고 묻자, 사일은 '어찌 감히 그러겠습니까?'라고 대답했고, 이에 소공이 주공에게 말하자, 주공은 '안 될 것이 있는가?'라고 하여서, 결국 사일이 그렇게 했다고 한다."고 일러주었습니다.[79)]

그리고 제자 자하가 "병역은 피할 수 없는 것 아닙니까?"라고 물었을 때, 저는 "노담에게서 들었는데, 옛날 노공 백금이 서융족의 폭동을 평정하기 위해서, 상을 치르고 3개월 후에 지내는 제사인 졸곡만 마치고 군사를 이끌고 나간 적이 있다고 하셨다."라고 대답해준 바 있습니다.[80)] 그런데 어찌하여 지금은 이처럼 예(禮)를 부정하시는 것인지요?

노자 예(禮)는 엄격하게 말해서, 네 가지로 나뉘오. 첫 번째는 주례(周禮)인데, 주관(周官)이라고도 하니 바로 주나라의 관제와 정치제도를 말하오. 천지사계(天地四季)를 천관·지관·춘관·하관·추관·동관으로 직제를 나누었는데, 천관은 통치 일반을, 지관은 교육을, 춘관은 사회 및 종교제도를, 하관은 군사를, 추관은 법무를, 동관은 인구와 영토 그리고 농업을 관장하도록 하고 있소.

그리고 두 번째는 지배자 계급의 혼례, 세 번째는 상례, 네 번째는 제례이니, 바로 관혼상제(冠婚喪祭)를 일컫소.

그런데 당시 그대에게 설명해준 예(禮)는 모두 상례와 제례에 속하는 것이니, 내가 부정하는 예(禮)는 바로 형식적으로 번잡한 예악제도 즉 당시의 주례(周禮)를 말하는 것이지, 혼례나 상례 그리고 제례를 말하는 것이 아닌 것이오. 이에 "천자를 옹립하고 또 그를 보좌하는 최고의 벼슬인 주나라의 삼공 태사(太師), 태부(太傅), 태보(太保) 즉 영의정, 좌의정, 우의정을 설치하는 데 있어서, 진귀한 옥을 앞에 내세우고 그 뒤로 성대한 규모의 진상을 하는 등의 형식적인 의식을 거행하는 것을 중시하는 것보다, 내실을 기하여 훌륭한 인물을 관리로 등용하고 나아가 그들이 곁에서 대동의 통치이념인 도를 충언으로 아뢰게 하는 것이 더 중요하다." 라고 말했던 것이고.[81)]

따라서 나는 〔도덕경〕에서 전반적으로 예(禮)를 부정했지만, 또 한편으로는 "항상 삼가여 순일한 덕을 쌓고 백성들의 뜻을 자신의 뜻으로 삼는 지도자는, 백성들이 믿음으로 의지하고 따르기 때문에, 그 명성이 흔들리지 않게 된다. 그뿐만 아니라 자손 역시 대대손손 번창하여, 그에게 제사를 지낼 수 있게 되는 것이다."[82)] "전쟁은 부득이한 것이라서, 희생자가 생기면 아군과 적군을 불문하고 모두 상례로 경건하게 애도의 뜻을 표하는 것이다."[83)] "적군을 많이 죽여 전쟁에서 승리하더라도, 오히려 사람을 많이 죽였다고 애통해 한다. 또한, 전쟁에서 이기더라도, 적군의 희생자들을 상례로서 경건하게 애도해야 한다."[84)]라고 말함으로써, 혼례와 상례 그리고 제례에 대해서는 동의했던 것이오.

공자 아! 예(禮)의 존재가치는 인정하지만, 이를 정치에 대입하는 것을 반대하시는 것이군요. 하지만 성왕은 상나라의 명을 물리치고 회이를 공격해서는, 돌아와 풍 지역에 머무르면서 주관(周官)을 지었습니다. 이에 일으켜 예(禮)와 악(樂)을 바로잡으니 법도가 여기에서 고쳐져, 백성들이 화목하고 또 여러 사람이 기리어 기뻐하였던 것입니다.[85)]

이에 저는 예악제도를 중시한 것이니, 제자 안회가 41세의 이른 나이를 일기로 죽자,[86)] 그의 아버지 안로가 제 수레를 팔아서 안회의 외관을 장만해주기를 청했습니다. 그래서 저는 "재능이 있건 없건, 나는 내 자식과 제자들을 모두 동등하게 대했다. 나는 제자들에게 숨기는 것이 없고, 제자들과 더불어 행하지 않는 것이 없다. 내 아들 백어가 죽었을 때 내관은 있지만 외관은 없었으니, 이제 수레를 팔아서 안회의 외관을 해주지는 않을 것이다. 또한 예악제도에 따르면 대부는 함부로 걸어 다닐 수 없으니, 나는 수레를 팔아 걸음으로써 그 규율을 어길 수는 없다."고 대답한 바 있습니다.[87]

물론 저 역시 당시의 예악제도가 이미 형식에 치우쳤음을 신랄하게 비판한 바 있으니, "천자가 지내는 큰 제사인 '체'는 이미 울창주를 땅에 부어 내림굿을 한 뒤로는 정성을 다하지 않고 형식에만 치우치는 허례허식에 불과하기 때문에, 내가 더 이상 보고 싶지 않다.[88] 체가 이미 내림굿을 한 뒤로는, 내가 보고 싶지 않다."고 한탄했던 것입니다. 또한 "겉에 뾰족하게 튀어나온 모가 있는 술잔을 고라고 한다. 그런데 고에, 모가 나지 않으면, 그것이 고이겠는가? 그것이 고이겠는가? 예악제도는 반드시 그 내용과 형식이 함께 갖춰져야 하니, 명실상부(名實相符) 즉 형식과 내용이 병행되어야 한다."[89]라고도 비판한 바 있으며, "예(禮)로다, 예(禮)로다, 라고 하는데, 옥과 비단을 말하는 것이겠느냐? 음악(樂)이로다, 음악(樂)이로다, 라고 하는데, 종과 북을 말하는 것이겠느냐?"[90]라고도 하여, 본질이 빠진 허례허식에 치우친 현실에 애통해했습니다."

따라서 노담의 그러한 마음은 잘 이해합니다. 하지만 변했으면 바로 잡아야지, 버릴 수는 없는 것 아니겠습니까?

3-1. 예(禮)와 정치의 관계

공자 예(禮)라는 것은 선왕께서 하늘의 도를 받드는 것으로 여기시고, 사람의 본성을 다스리는 것으로 여기셨습니다. 따라서 예(禮)를 잃는 이는 죽고, 예(禮)를 얻는 이는 사는 것입니다.[91] 이러한 까닭에 예(禮)라는 것은 임금의 큰 근본입니다. 따라서 혼동하기 쉬운 것을 구분하고, 어렴풋한 것을 밝히며, 귀신을 접대하고 제도를 살피는 것이지요. 또한 인(仁)과 의(義)를 구분하기에, 정치가 다스려지고 임금을 편안하게 하는 것입니다.[92] 조화로움을 위해서 절제하고 통제하는 예(禮)와 겸손은 태평성대를 이끈 성현들의 통치이념인 도의 중요한 구성요소입니다. 이러한 도로 나라를 다스리면 백성들이 지도자를 신뢰하고 지지할 터이니, 정치에 어떤 어려움이 있겠습니까? 예(禮)의 궁극목표가 도의 실천에 있는데, 이러한 도로 다스리지 못하면 예(禮)는 또 무슨 소용이 있단 말입니까?[93]

따라서 예(禮)는 비단 사람 간의 예의를 가리키는 것뿐만 아니라, 나아가 정치과 직결된 국가 예악제도에 있어서의 예(禮) 즉 의전이나 의식 혹은 전례(典禮)를 지칭하는 것이지요. 그러므로 정공이 "임금이 신하를 부리고, 신하가 임금을 섬기는 것은 어찌해야 하오?"라고 물었을 때, 저는 "임금은 윗사람으로서 아랫사람인 신하에게 지나치지도 않고 모자라지도 않는 예(禮)로 대해야 합니다. 또한, 신하는 아랫사람으로서 정성을 다해서 윗사람인 임금을 섬기고 따라야 하는 것입니다."[94]라고 대답했던 것입니다. 술에 누룩이 없으면 그것이 술이겠습니까? 사람에게 예(禮)가 없다면 그것이 사람이겠습니까? 그러므로 군자는 예(禮)에 후하고 소인배는 예(禮)에 박한 것입니다.[95] 결국, 예(禮)의 유무는 사람과 동물의 근본적인 구별 기준인 것이지요.

3-2. 예(禮)와 검(儉), 충(忠)의 관계

공자 한번은 노나라의 대부(大夫)이자 저의 제자였던 임방이 예(禮)의 근본이 무엇인지 물었습니다. 그래서 저는 "참으로 심오한 질문이다. 예(禮)는 조화로움을 위해서 절제하고 통제하는 것이므로, 화려하기보다는 소박해야 한다. 또한 부모상을 치를 때는 마음을 편안히 하면 안 되고 슬퍼해야 하니, 예(禮)의 하나인 상례(喪禮)는 형식이기는 하지만, 진심을 다해서 정성껏 하지 않으면 안 되는 것이다."라고 대답해주었습니다.[96]

이처럼 예악제도는 도의 형식이지만, 옛 선조들은 꾸미지 않고 질박하게 정성을 다해서 예악에 힘썼습니다. 하지만 후대에는 화려하게 치장하는 형식적인 면에만 힘쓰고 있으니, 만약 제가 예악을 시행한다면, 허례허식에 치우치기보다는 선조들의 그러한 질박하게 정성을 다하는 태도를 따를 것입니다.[97] 그러므로 삼으로 짠 면류관을 쓰는 것이 본래의 예(禮)이지만, 검은 명주로 짠 것을 쓰는 것이 검소함에 부합되므로, 저는 오늘날의 흐름을 따르겠노라고 말하기도 한 것이지요.[98]

또한, 저는 상복을 입은 이나 관복을 입은 이 또는 소경을 부축하는 이를 만나면, 비록 그들이 젊더라도 반드시 일어나 예(禮)를 표했고, 또 그들을 지나치게 되면 반드시 예법에 맞게 허리를 굽히고 빨리 걸어갔는데,[99] 예(禮)는 도에 있어서 형식이지만 역시 정성을 다하는 마음이 필요하지요. 따라서 상복을 입은 이를 만나면 진심으로 애도하고, 관복을 입은 사람을 보면 그가 왕의 명령으로 정사를 맡으므로 진심으로 공경하는 태도를 보였으며, 장님을 부축하는 이를 만나면 진심으로 동정하는 모습을 보였기에, 일어나 예(禮)를 표하고는 허리를 굽히고 빨리 걸어간 것입니다.

그리고 제사를 지낼 때는 마치 신령이 앞에 계신 듯이 정성을 다했는데, 이것은 바로 인(仁)이기도 한 것입니다. 제가 직접 제사에 참여하지 않으면 제사를 지내지 않은 것과 같으니, 제사는 형식적으로 마지못해서 하는 것이 아니라 정성을 다해야 하는 것이지요.[100] 따라서 상갓집에 가서 상주의 곁에서 음식을 먹게 되면 일찍이 배불리 먹은 적이 없었고, 상갓집에 가서 곡을 한 날은 온종일 노래를 부르지 않았습니다.[101]

종묘의 제사는 인(仁)의 지극함이고, 상례는 충(忠)의 지극함입니다.[102] 선조를 잊지 않고 제사지냄으로써 그의 뜻에 순응하는 것은 진심으로 섬기고 따르는 인(仁)이 지극해지는 것이고, 또한 부모상을 치름으로써 그의 뜻에 순응하는 것은 정성을 다하는 충(忠)이 지극해지는 것이지요. 따라서 종묘에 들어가게 되면 매사에 대해서 물었는데, 어떤 이가 "누가 '추' 지역 사람의 아들인 공자가 예(禮)를 안다고 하였는가? 종묘에 들어가서는, 매사에 대해서 묻는다."라고 말하더군요. 이에 저는 "아는 것도 다시 한 번 물음으로써 이상이 없는지 확인하는 것이 예(禮)입니다. 제례(祭禮)는 인(仁)을 드러내는 형식이지만 반드시 신중하고 정성을 다해야 하지요. 따라서 아는 것이라도 다시 한 번 물음으로써 이상이 없는지 확인하는 호문(好問), 즉 묻기를 좋아하는 신중한 자세를 갖춘 것입니다."라고 설명한 바 있습니다.[103]

3-3. 예(禮)의 존재가치

공자 한번은 제자 자공이 초하루에 드리는 제사 때마다 매번 양을 희생시키는 것이 가엾다고 생각해서, 그 제도를 없애고자 했습니다. 이에 저는 "자공아, 너는 당장 그 양의 목숨을 가엾게 여기지만, 나는 선왕들이 만들어 지켜온 전통 예악제도를 지키는 것이 더 소중하다."[104]라고 말한 바 있으니, 무릇 예(禮)라는 것은 후대에 전할 수 있고, 시대와 상관없이 지속가능한 것이어야 한 것입니다.[105]

한번은 제나라 임금이 사냥터에 갔다가 활을 흔들어서 사냥꾼을 불렀는데도 사냥꾼이 다가가지 않자, 무례하다며 그를 잡아들였습니다. 그러자 사냥꾼은 선대의 임금들께서는 깃발로 대부를 부르고, 활로 사(士: 선비)를 부르며, 가죽으로 된 모자로 사냥꾼을 불렀으니, 저는 임금께서 저를 부르시는 것을 보지 못했다고 해명했지요. 임금은 결국 그를 풀어주었다고 합니다. 이에 저는 도를 지키느니 차라리 자신의 직무를 지키는 것이 낫다며 사냥꾼의 판단이 옳다고 평한 바 있으니,[106] 임금이 부르면 달려가는 당장 지켜야 할 도리보다 전통의 예악제도 규정이 더 중요한 것입니다.

4. 악(樂): 조화를 위한 온유함

공자 〈관저〉는 바로 예(禮)를 찬미한 작품입니다. 따라서 군자가 현명한 인재를 비유적으로 표현한 요조숙녀에게 반하여 즐거워하고도 잊지 못해서 뒤척이지만, 예(禮)를 가지고 절제하고 통제하기 때문에 그 마음을 어지럽히거나 지나치게 애태우지는 않는 것이지요.[107]

주지하다시피 〈관저〉는 〔시경〕 305수의 첫 편입니다. 일반적으로 한 작품의 첫 구절이나 작품 총집에서의 첫 작품은 매우 함축적인 의미를 담고 있는데, 다름 아닌 저서의 집필의도가 고스란히 응축되어 있는 부분인 것입니다.

노자 그렇소. 따라서 나는 〔도덕경〕을 집필할 때 1장 첫 구절에서 "도라는 것은 말할 수 있으면 영원한 도가 아니고, 백성들을 통제하는 명분이 되는 제도의 이름이라는 것은 부를 수 있으면 영원한 이름이 아니다."라고 운을 뗀 것이오. 대동사회의 통치이념은 말로 형용할 수 있는 것이 아니라, 삼가고 노력하며 몸소 실천하는 모습을 통해서 실현되는 것. 따라서 만약 이를 우리가 이해할 수 있는 말로 쉽게 정의할 수 있다면, 그것은 변치 않고 오랫동안 유지할 수 있는 통치이념이 아니오. 또한 대동사회의 나라를 다스리고 유지하는 제도는, 말로 쉽게 설명할 수 있는 것이 아니니. 따라서 만약 이를 오늘날과 같이 구체적이고도 세분화하여 보편타당한 개념으로 설명할 수 있다면, 그것은 변치 않고 오랫동안 유지할 수 있는 제도가 아닌 것이요.

공자 〔논어〕는 비록 제가 집필한 것이 아니지만, 사손 즉 제 제자의 제자들이 〔논어〕를 편찬할 때 역시 첫 구절의 중요성을 잘 이해했기에, "배우고 늘 그것을 익히면, 또한 기쁘지 아니한가? 무리가 있어서 먼 곳으로부터 찾아오면, 또한 즐겁지 아니한가? 사람들이 알아주지 않아도 원망하거나 성내지 않으면, 또한 군자가 아니겠는가?"라고 운을 뗀 것입니다. 태평성대를 이끈 옛 성인들의 통치이념인 도를 배우고 항상 변치 않는 태도로 부단히 노력하여, 그 성인들의 도를 자신의 것으로 만든다면 어찌 기쁘지 않겠습니까? 그렇게 배운 성인들의 도를 부단히 실천하여 나라를 다스리면, 자연스레 먼 곳에서 살던 백성들일지라도 그 나라가 살기 좋다는 소식을 듣고 몰려와서 지도자를 따를 터이니, 또한 어찌 즐겁지 않겠습니까? 하지만 도를 배우고 부단히 노력하여 실천하는 올바른 지도자인 군자는 남에게 보여주려고 하는 것이 아니라 자신을 위해서 삼가여 부단히 도를 닦는 것이니, 설령 자신이 이처럼 부단히 노력하여 통치를 잘하고 있음을 남들이 알아주지 않아도 화를 내거나 속상해하지 않으면, 이것이야말로 참된 지도자가 아니겠습니까?

노자 다시 말해서, 우리 둘은 모두 오늘날의 연역법 즉 먼저 잠정적인 결론을 앞에 제시하고, 그다음부터 그것이 사실임을 입증할 증거를 찾아서 밝히는 방법으로 서술한 것이니!

공자 네. 이제 이를 염두에 두고 〈관저〉의 내용을 살펴보면, 바로 예(禮)를 말하고자 한 것임을 알 수 있지요. 그렇기 때문에 군자(참된 지도자)가 요조숙녀(현명한 인재)에게 반하여 즐거워하는 한편

잊지 못해서 뒤척이기도 하지만, 예(禮)를 가지고 절제하고 통제하기 때문에 그 마음을 어지럽히거나 지나치게 애태우지는 않는다고 표현한 것입니다.

1장: 구구 지저귀는 물수리가, 황하의 모래톱에 있네.
 얌전하고도 정숙한 아리따운 여인은, 군자가 짝으로 하기를 좋아하네.

2장: 들쭉날쭉한 노랑어리연꽃을, 이리저리 헤치네.
 얌전하고도 정숙한 아리따운 여인은, 자나 깨나 군자가 구한다네.

3장: 군자가 구하여도 얻지 못하니, 자나 깨나 마음속에 간직하네.
 아, 아! 잊지 못하여 이리 뒤척이고 저리 뒤척인다네.

4장: 들쭉날쭉한 노랑어리연꽃을, 이리저리 뜯네.
 얌전하고도 정숙한 아리따운 여인은, 거문고와 비파(부부 사이의 정)로 가까이 사랑하네.

5장: 들쭉날쭉한 노랑어리연꽃을, 이리저리 뽑네.
 얌전하고도 정숙한 아리따운 여인(예)은, 쇠북과 북(음악)으로 즐거워하네.

1장은 군자(참된 지도자)가 요조숙녀(현명한 인재)에게 호감을 갖게 되는 장면입니다. 따라서 2장에서 군자(참된 지도자)는 요조숙녀(현명한 인재)를 원하게 되는데, 어찌 된 일인지 3장에서는 뜻대로 되지 않자, 군자(참된 지도자)는 전전반측하며 괴로워하지요. 하지만 4장에서 군자(참된 지도자)와 요조숙녀(현명한 인재)는 서로의 감정을 확인하고, 5장에서 결국 조화로움을 이루게 되는 것입니다.

특히 4장과 5장의 거문고와 비파, 그리고 쇠북과 북은, 제가 "음악이로다, 음악이로다, 라고 하는데, 종과 북을 말하는 것이겠느냐?"[108]라고 표현한 바 있듯이, 음악을 뜻하지요. 따라서 이 〈관저〉는 다름 아닌 예(禮)와 악(樂)의 조화로움 즉 예악제도를 상징하고 있는 것입니다.

인(仁)은 악(樂)에 가깝고, 의(義)는 예(禮)에 가깝습니다.[109] 또한 예(禮)의 나아감과 악(樂)의 물러남은, 사실상 그 뜻이 하나입니다.[110] 따라서 인(仁)과 의(義)가 떨어질 수 없듯이, 예(禮)와 악(樂) 역시 상호 불가분의 관계에 있으니, 이것이야말로 진정한 조화로움(和)을 나타내는 것이지요.

그러므로 노나라의 도가 땅에 떨어지자, 노나라 악관의 수장인 태사 지는 제나라로 갔고, 식사 때 연주하는 벼슬인 아반 간은 초나라로 갔으며, 식사 때 연주하는 벼슬인 삼반 료는 채나라로 갔고, 역시 식사 때 연주하는 벼슬인 사반 결은 진나라로 갔으며, 북을 치는 방숙은 '하내' 지역으로 들어갔고, 작은 북을 흔드는 무는 '한중' 지역으로 들어갔으며, 악관을 보좌하는 소사 양과 돌로 만든 악기인 경쇠를 치는 양은 '해도' 지역으로 들어갔던 것입니다.[111]

악(樂)은 예(禮)의 근본이 되지만 홀로 존재하면 폐단이 생깁니다. 또 악(樂)은 뒤로 물러나는 것이므로 인(仁)과 마찬가지로 약(弱: 부드러움)이 되고, 반면에 예(禮)는 앞으로 나아가는 것이므로 의(義)와 마찬가지로 강(强: 강함)이 되는 것입니다. 즉 예(禮)와 악(樂)은 모두 형식의 범주에 속하지만, 이 형식은 다시 부드러움의 악(樂)과 엄격함의 예(禮)로 나뉘게 되는 것이지요. 따라서 악(樂)은 바로 조화로움을 위한 절제와 통제인 엄격한 예(禮)의 형식을 보완하는 또 하나의 부드러운 형식 즉 조화로움을 위한 온유함이 되는 것입니다.

그래서 저는 전국을 주유하고 노나라로 다시 돌아온 후에 노나라 태사에게, "음악을, 아마도 알 수 있을 듯합니다. 시작함에는 8음이 모두 연주되고, 나아가면서는 온화한 듯, 또렷한 듯, 연달아놓은 듯하다가, 그럼으로써 끝나는 것입니다."[112]라고 말한 적도 있지요.

노자 부드러운 것이 단단한 것의 틈에 들어가 메울 수 있듯이, 자애로움의 덕치로 백성들을 다스리게 되면 엄격하고도 세분화된 법률과 제도로는 해결할 수 없는 어려움을 극복할 수 있소.[113] 사람이 살아 있을 때는 유연하지만, 죽으면 뻣뻣해지느니.[114] 그러므로 강경한 것은 죽음의 부류이고, 연약한 것은 삶의 부류이오. 이 때문에 무기로 강박하면 곧 패배하고, 나무가 단단하면 곧 무기가 된다오. 강대함은 아래에 처하고, 부드러움이 위에 처하는 법이외다.[115] 부드러움으로 다스리는 통치는 마치 물처럼 그 어떤 것보다도 더 부드럽지만 백성들이 따르고, 형벌이나 제도 등 강경한 수단으로 통제하면 오히려 백성들이 등을 돌리기 때문에, 덕치로 백성들을 다스리는 것이 가장 이상적이오.[116]

또한 자애롭기 때문에 용감할 수 있으니,[117] 무릇 자애로움이란 그것으로서 전쟁에 쓰면 곧 승리하고, 그것으로서 수비에 쓰면 곧 견고해지오. 하늘이 장차 그를 구원하려 하면, 자애로움으로 그를 지키는 것이오.[118]

이처럼 나는 줄곧 부드러움의 통치를 강조하고 엄격함의 통치를 반대해왔기 때문에, 〔도덕경〕에서도 인(仁)과 의(義) 그리고 예(禮)를 논할 때, 인(仁)에 대해서는 "천성에 따르지 않고 억지로 작위 하는 것이지만, 그 밖에 다른 의도하는 바가 있는 것은 아니다."[119]라고 하여, 의(義)과 예(禮)보다는 비교적 긍정적으로 평가한 것이오. 더군다나 악(樂)은 앞서서 소개했듯이, 삼황오제가 다스리던 대동의 사회에도 이미 존재했으니 굳이 말할 필요도 없을 것이고.

그런데 가만히 보아하니, 요새는 〈관저〉편의 주제를 젊은 남녀의 순수한 사랑을 노래한 것으로 보고 있소. 하지만 군자가 도를 배우고 부단히 노력하여 실천하는 올바른 지도자라는 의미를 지닌다는 점을 올바로 이해한다면, 더구나 〔시경〕의 창작연대가 주나라 초기부터 춘추시대 중기 즉 나나 그대가 태어나기 이전부터 존재했던 작품들임을 고려한다면, 이런 순수문학관점으로 〈관저〉를 해석하는 것은 올바른 분석 및 접근법이 아님을 깨달아야 하오.

공자 네. 또한 음악(樂)은 순수한 음률 자체를 말하는 것이 아니라, 사실상 가사가 포함된 종합적인 형태로 인식해야 하는 것입니다. 한번은 제가 사양자에게 거문고 타는 방법을 배웠는데, 열흘이 지나도 좀처럼 나아지지 않는 것이었습니다. 그런데도 사양자는 다른 곡을 배워도 될 것 같다고 하자, 저는 이미 그 곡을 익혔지만 기술을 아직 터득하지 못했다고 대답했습니다. 얼마 후 사양자가 기술을 익혔으니 다른 곡을 배워도 된다고 하자, 저는 아직 그 곡조의 뜻을 깨닫지 못했다고 했지요. 사양자가 또 얼마 후 이제 곡조의 뜻을 익혔으므로 다른 곡을 배워도 된다고 하자, 저는 그 곡에 있는 사람됨을 아직 터득하지 못했다고 말했습니다. 그리고 또 얼마가 흐른 후 드디어 제가 "이제야 그 곡조 속의 사람됨을 이해했으니, 검은 피부에 큰 키, 눈은 큰 바다를 바라보는 듯하고 사방 제후국의 왕인 듯하니, 이는 문왕입니다."라고 하자, 이에 사양자가 자리에서 일어나 두 번 절하고는 "제 스승께서도 이 곡이 문왕조(文王操)라고 말씀하셨던 기억이 납니다."라고 말하더군요.[120)]

따라서 저는 "정나라의 소리는 도리에 어긋나고,[121)] 정나라의 음악이 아악을 어지럽히는 것을 미워한다고."[122)] 말한 적이 있으니, 이 정나라의 음악 즉 정성(鄭聲)은 바로 〔시경·정풍(鄭風)〕을 가리키는 것이지요.

천자의 나라인 주나라와 제후국인 정나라는 본디 주종의 긴밀한 관계를 유지하고 있었습니다. 하지만 주나라 환왕 때 정나라 장공은 주나라의 권위를 무시했고, 이에 주나라가 정나라를 공격하지만, 오히려 환왕이 부상을 당하게 되었지요. 즉 종인 정나라가 주인 주나라를 배신하고 심지어 천자에게 상해를 입혔으므로, 이것이 제가 정나라 소리가 바른 정치를 어지럽힌다고 비판한 원인인 것입니다. 더군다나 이 시기부터 주나라 왕실이 약화되어 역사적으로는 춘추시대의 시작이 되는 빌미를 제공했으니, 종법제도와 예악제도를 지극히 중시한 제가 정나라를 싫어한 것도 무리는 아니었지요.

또한 오나라 공자(公子) 찰이 노나라를 방문해서 〔시경·정풍〕을 감상하고는, "아름답도다! 하지만 그 번거로움이 너무 지나쳐서, 백성들이 참지 못한다. 이에 정나라가 먼저 망하리라!"라고 말했으니, 단순히 저 일개인에 국한된 평가는 분명 아니었던 것입니다.[123)]

이제 〔시경·정풍〕에 수록된 작품들의 주제[124)]를 살펴보면, 그 의미를 명확하게 이해할 수 있습니다.

1. 〈치의〉: "무공을 찬미한 것이다."
2. 〈장중자〉: "장공을 비판한 것이다."
3. 〈숙우전〉: "장공을 비판한 것이다."
4. 〈대숙어전〉: "장공을 비판한 것이다."
5. 〈청인〉: "문공을 비판한 것이다."
6. 〈고구〉: "조정에 충신이 없음을 비판한 것이다."
7. 〈준대로〉: "군자를 그리워한 것이다."
8. 〈여왈계명〉: "덕을 말하지 않음을 비판한 것이다."
9. 〈유녀동거〉: "장공의 세자 홀을 비판한 것이다."
10. 〈산유부소〉: "장공의 세자 홀을 비판한 것이다."
11. 〈탁혜〉: "장공의 세자 홀을 비판한 것이다."
12. 〈교동〉: "장공의 세자 홀을 비판한 것이다."
13. 〈건상〉: "나라가 어지러우니, 큰 나라에 의해서 바로잡혀지기를 바라는 것이다."
14. 〈풍〉: "나라의 혼란스러움을 비판한 것이다."
15. 〈동문지선〉: "나라의 혼란스러움을 비판한 것이다."
16. 〈풍우〉: "군자를 그리워 한 것이다."
17. 〈자금〉: "도를 가르칠 학교가 폐지됨을 비판한 것이다."
18. 〈양지수〉: "세자 홀이 왕이 된 후 충신이 없음을 근심한 것이다."
19. 〈출기동문〉: "세자 홀이 왕이 된 후 혼란스러움을 근심한 것이다."

20. 〈야유만초〉: "전쟁으로 왕의 윤택이 아래로 못 가서 남녀가 만날 기회를 놓치니, 때를 만나기를 바라는 것이다."
21. 〈진유〉: "나라의 혼란스러움을 비판한 것이다."

보시면 알겠지만, 첫 작품인 〈치의〉 단 하나를 제외하고는, 모두 임금이 부덕하고 충신이 없어서 나라가 혼란스러워진 것을 개탄하고 있음을 알 수 있습니다.

노자 정나라 장공은 아버지 무공을 이어서 임금이 된 인물인데, 어머니 무강은 장공을 낳을 때 너무 고생해서, 비록 아들이기는 하지만 장공을 미워했다고 하오. 그래서 무강은 후에 남편인 무공에게 왕위를 차남 공숙단에게 물려주라고 간청했지만 거절당하기도 했다오.

결국 장공이 임금이 되자, 어머니 무강은 장공을 닦달하여 동생에게 도읍지를 봉지로 주게 하고는 그곳에서 공숙단과 왕위를 뺏을 음모를 짰는데, 사실 장공은 이미 그 계략을 간파하고 있었지만 때를 기다리며 내색을 하지 않을 따름이었으니, 당장에 어머니와 동생의 음모를 미리 들춰내면 괜히 자기만 불효자가 될 수도 있기 때문이었소. 따라서 대부 제중이 누차 공숙단의 음모에 대해서 간언을 했을 때에도, 그저 묵묵부답일 뿐이었던 것이오. 마침내 공숙단이 난을 일으키자 장공은 기다렸다는 듯 그를 처단했고, 동생을 부추긴 어머니를 감금하여 죽을 때까지 보지 않겠다고 맹세했던 것이니.[125]

공자 역사적으로 장공은 정나라를 강한 나라로 키운 임금으로 평가

받습니다. 하지만 제 입장에서 보았을 때 그의 행동은 바람직한 것이 아니었으니, 일이 작을 때 사전에 모순을 해결하지 않고 키움으로써 반란이라는 국가적 혼란을 야기했고, 이에 백성들을 불안에 떨게 했습니다. 또한, 형은 선함으로써 동생을 감싸줘야 하는데 그렇지 못했으니, 이는 의(義)에 위배되지요. 나아가 어머니를 진심으로 섬기고 그 뜻을 따르지 않았으니, 인(仁)하지 못한 것입니다. 그리고 또 심지어는 자신의 어머니를 감금했으니, 이는 효(孝)에 어긋난 것이지요.

결론적으로 말해서 장공은 자기의 목적을 달성하기 위해서 도를 저버린 것이니, 저는 이러한 역사적 사실에 기인하여 "지도자는 큰 목표인 군자가 되기 위해서 도를 배우고 실천하려고 부단히 노력해야 하는데, 사사로운 감정에 연연하다가는 일을 망치게 된다."[126]고 가르쳤던 것입니다.

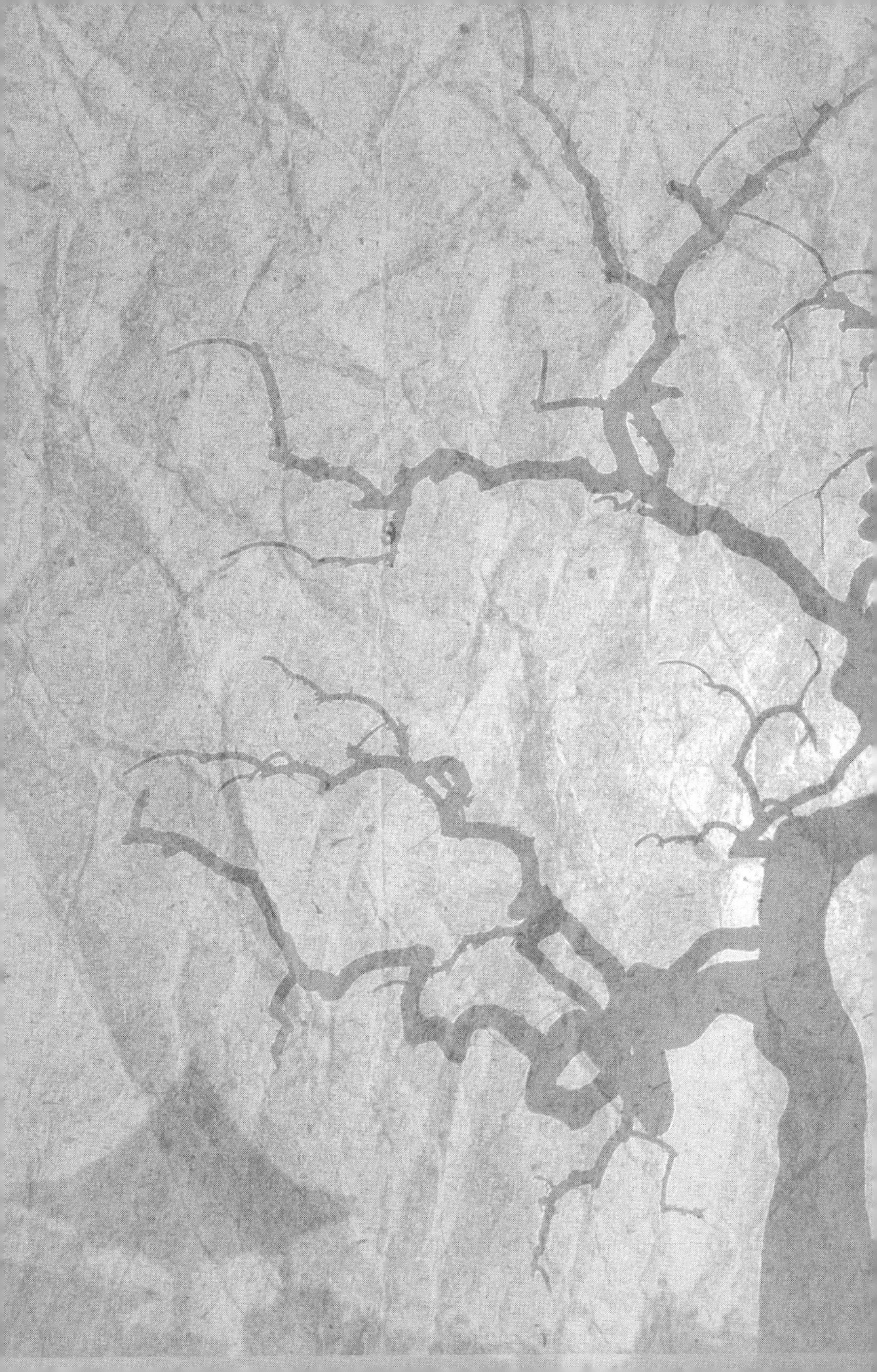

1) 12–22

2) 1–2

3) [史記(사기)] 〈仲尼弟子列傳(중니제자열전)〉

4) [禮記(예기)] 〈祭義(제의)〉

5) [禮記(예기)] 〈哀公問(애공문)〉

6) [禮記(예기)] 〈禮運(예운)〉

7) [禮記(예기)] 〈坊記(방기)〉

8) 1–11

9) 4–18

10) 4–20

11) [禮記(예기)] 〈坊記(방기)〉

12) [禮記(예기)] 〈坊記(방기)〉

13) 19–18

14) [禮記(예기)] 〈大學(대학)〉

15) [禮記(예기)] 〈檀弓上(단궁상)〉

16) 1–3

17) 6–24

18) 3–18

19) 17–8

20) 18–1

21) 19–2

22) 18–3

23) 5–18

24) [國語(국어)] 〈楚語下(초어하)〉

25) 18–1

26) [左傳(좌전)] 〈哀公(애공) 11년〉, [史記(사기)] 〈孔子世家(공자세가)〉

27) [左傳(좌전)] 〈哀公(애공) 11년〉, [史記(사기)] 〈孔子世家(공자세가)〉

28) 7–14

29) 3–25

30) [史記(사기)] 〈夏本紀(하본기)〉

31) 14–16

32) 14–17

33) 6–20

34) 38–4

35) [禮記(예기)] 〈聘義(빙의)〉

36) [禮記(예기)] 〈禮運(예운)〉

37) [禮記(예기)] 〈(禮運(예운)〉

38) 12–11

39) 16–12

40) [禮記(예기)] 〈禮運(예운)〉

41) [禮記(예기)] 〈喪服四制(상복사제)〉

42) 17–21

43) [禮記(예기)] 〈郊特生(교특생)〉

44) [禮記(예기)] 〈樂記(악기)〉

45) [禮記(예기)] 〈祭義(제의)〉

46) [詩經(시경)] 〈大雅(대아)·旣醉(기취)〉

47) [禮記(예기)] 〈坊記(방기)〉

48) [詩經(시경)] 〈邶風(패풍)·谷風(곡풍)〉

49) [禮記(예기)] 〈坊記(방기)〉

50) 4–16

51) 4–12

52) [禮記(예기)] 〈大學(대학)〉

53) 7–15

54) 2–24

55) 17–23

56) 9–28

57) 14–21

58) 14–4

59) [史記(사기)] 〈齊太公世家(제태공세가)〉

60) 6–13

61) [左傳(좌전)] 〈哀公(애공) 11년〉

62) 11–16

63) 38–5
64) [禮記(예기)] 〈中庸(중용)〉
65) 18–10
66) 8–3
67) [禮記(예기)] 〈檀弓下(단궁하)〉
68) [禮記(예기)] 〈禮器(예기)〉
69) 1–13
70) 1–12
71) [禮記(예기)] 〈中庸(중용)〉
72) 11–15
73) [禮記(예기)] 〈檀弓上(단궁상)〉
74) [禮記(예기)] 〈曲禮上(곡례상)〉
75) 38–6
76) 38–7
77) [禮記(예기)] 〈曾子問(증자문)〉
78) [禮記(예기)] 〈曾子問(증자문)〉
79) [禮記(예기)] 〈曾子問(증자문)〉
80) [禮記(예기)] 〈曾子問(증자문)〉
81) 62–4
82) 54–1
83) 31–9
84) 31–10
85) [史記(사기)] 〈周本紀(주본기)〉
86) [史記(사기)] 〈孔子世家(공자세가)〉
87) 11–7
88) 3–10
89) 6–23
90) 17–11
91) [禮記(예기)] 〈禮運(예운)〉
92) [禮記(예기)] 〈禮運(예운)〉
93) 4–13
94) 3–19
95) [禮記(예기)] 〈禮運(예운)〉
96) 3–4
97) 11–1
98) 9–3
99) 9–9
100) 3–12
101) 7–9
102) [禮記(예기)] 〈禮器(예기)〉
103) 3–15
104) 3–17
105) [禮記(예기)] 〈檀弓上(단궁상)〉
106) [左傳(좌전)] 〈昭公(소공) 20년〉
107) 3–20
108) 17–11
109) [禮記(예기)] 〈樂記(악기)〉
110) [禮記(예기)] 〈樂記(악기)〉
111) 18–9
112) 3–23
113) 43–2
114) 76–1
115) 76–3
116) 78–1
117) 67–6
118) 67–8
119) 38–4
120) [史記(사기)] 〈孔子世家(공자세가)〉
121) 15–11
122) 17–18
123) [左傳(좌전)] 〈襄公(양공) 29년]
124) [毛詩傳(모시전)]
125) [左傳(좌전)] 〈隱公(은공) 1년〉
126) 15–27

도(道)를 구성하는 요소들은 앞에서 설명한 것들 이외에도, 변치 않고 실천하는 태도와 올곧음, 지혜로움과 올바름, 신중함과 무력을 포함한 강압적인 방법을 사용하지 않는 태도 등이 필요하다.

열째 날,

또 다른 도의 구성요소

1. 상(常) = 변치 않고 부단히 노력하는 시습(時習)의 자세

노자 대동의 사회에서는 항상 사리사욕을 탐하지 않고 오로지 백성들의 천성에 따르기만 하면 되었으므로, 지도자가 그 통치이념의 오묘함만을 살피면 되었소. 하지만 대동사회가 끝나고 사리사욕만을 탐하는 마음이 싹트기 시작하자, 이를 통제하기 위해서 소강사회에서는 인위적으로 세분화된 법률과 제도를 만들어 통제하게 된 것이오.[1)]

따라서 대동의 통치이념인 도는 현명한 지도자가 항상 변치 않고 솔선수범함으로써, 백성들이 사리사욕을 추구하는 마음을 갖지 않도록 하는 것이오. 그렇게 되면 지도자가 통제할 필요가 없게 되니, 이렇듯 억지로 법률과 제도를 만들어 백성들을 강압하지 않고 그 천성에 따라 나라를 다스리면, 세상이 모두 그에게 귀의하여 순조롭게 통치할 수 있게 되는 것이오.[2)]

이처럼 자애로움으로 다스리게 되면 백성들의 끊임없는 지지와 신망을 얻게 되어서 영원하기 때문에, 아무리 그 자애로움의 덕치를 마음껏 베풀더라도 결코 바닥이 나지 않아 변치 않을 수 있는 것이니.[3)] 하늘이 부여한 천성에 따르는 것을 두 마음을 품지 않고 일관하는 변치 않음의 상(常)이라고 하고, 이렇듯 일관하여 변치 않는 상(常)의 원리를 이해하는 것이 바로 덕을 밝히는 것이오. 변치 않고 일관되게 덕을 밝히는 원리를 이해하지 못하면, 백성들을 평안하게 다스리지 못하여 나라를 장구히 보존하지 못하게 되고, 결국에는 나라와 지도자의 끝이 불행해지오.[4)]

따라서 변치 않고 일관되게 덕을 밝히는 것을 이해하면, 모두를 포용하여 함께하게 되리니. 누구 하나 버리지 않고 함께하게 되면, 감정에 휘둘리지 않고 객관적이고도 공정하게 일을 처리하게 되오. 객관적이고도 공정하게 일을 처리하게 되면, 나라를 이끄는 지도자가 되오. 공정하게 나라를 이끄는 지도자가 되면, 하늘이 부여한 천성에 따라 백성들을 다스리게 되오. 하늘이 부여한 천성에 따라 백성들을 다스리게 되면, 대동의 통치이념을 따르게 되오. 그리고 대동의 통치이념을 따르게 되면, 나라를 오랫동안 평안하게 유지하게 되는 것이라오.[5)]

달이 차면 기우는 법인데, 이러한 현상은 대동의 통치이념인 도에 부합되지 않는다고 일컫소. 변치 않고 장구히 유지하는 것이 대동의 통치이념인데, 이처럼 강대해지면 곧 쇠퇴하는 것은 대동의 통치이념에 부합되지 않으니, 결국에는 일찌감치 사라지게 되는 것이오.[6)] 사람들이 일을 처리할 때 종종 거의 끝에서 망치는 경우가 생기는데, 이처럼 초지일관하여 신중에 신중을 기하면 결코 일을 망치지 않으리니.[7)]

그러므로 상나라 탕 임금의 신하 중훼는 "아! 그 끝을 삼가려면 그 시작을 생각해야 하니, 예(禮)가 있으면 키우고, 어둡고 포악하면 엎으십시오. 하늘의 도를 삼가 공경해야, 하늘의 도를 영구히 보존할 것입니다."[8)]라고 하였고, 이윤 역시 "백성의 일을 가벼이 여기지 말고 어려움을 생각하며, 그 지위를 편안하게 여기지 말고, 끝을 삼가려면 시작부터 삼가야 합니다."[9)]라고 하여 변치 않고 노력하는 자세에 대해서 거듭 강조한 것이오.

공자 저 역시 "학이시습지, 불역열호?(學而時習之, 不亦說乎?) 즉 도를 배우고 늘 그것을 익히면, 또한 기쁘지 아니한가?"[10)]라고 한 바 있는데, 시(時)는 '늘, 항상'이라는 의미로 풀이되어 상(常)과 동일하게 쓰이는 것이니, 부단한 노력과 항상 변치 않는 초지일관의 태도를 함축하고 있습니다.

또한 습(習)은 익힌다는 의미로 풀이되는데, 이는 단순히 오늘날의 배우거나 연습한다는 의미가 아니라, 새가 날갯짓을 하여(우: 羽) 스스로 하늘을 날 수 있도록(자: 自) 부단히 연습하고 노력한다는 뜻을 지니지요.[11]

배불리 먹고도, 종일 부단히 노력하여 마음을 쓰는 바가 없으면 발전하기가 어렵습니다. 윷놀이와 바둑과 같은 놀이라도 있지 않습니까? 차라리 그것이라도 하는 것이 오히려 현명하니, 종일 멍하니 있지 말고 뭐라도 해서 부단히 노력하는 모양새를 갖춰야 하는 것입니다.[12] 사람마다 타고난 천성은 서로 비슷하지만, 부단히 실천하려고 노력함의 차이로 인해 그 운명은 서로 점차 어긋나는 법이지요.[13]

노자 그렇소. 그러므로 도를 따르는 사람은 도에 부합되고, 덕을 따르는 자는 덕에 부합되며, 손실됨을 구하는 자는 손실됨에 부합되는 것이요. 도에 부합되는 사람은 도 역시 기꺼이 그를 얻으려 하고, 덕에 부합되는 사람은 덕 역시 기꺼이 그를 얻으려 하며, 손실됨에 부합되는 사람은 손실됨 역시 기꺼이 그를 얻으려 하니 모두 잃게 된다오.[14]

세상에는 세 부류가 있소. 지도자가 세속적인 것에서 벗어나 도를 실천하면 그 자리를 보존하고 반대로 집착하면 잃게 되는데, 그 지도자의 자리를 지키는 이가 열에 셋이고, 잃는 이 역시 열에 셋이며, 본래 그 자리를 지킬 수 있었는데도 도를 실천하지 못하여 결국 잃게 되는 이 역시 열에 셋이오. 이는 어떤 까닭에서겠소? 바로 세속적인 삶과 재물 등 사사로운 이익에 집착하기 때문이라오.[15)]

내가 사관의 신분으로 고문헌들을 살펴보았더니, 대동사회를 이끈 성인들은 순일한 덕을 계속해서 쌓음으로써, 어떠한 상황에서도 고난이나 위험에 맞닥뜨리지 않았다고 하였소.[16)] 이처럼 대동사회의 지도자들은 어떠한 상황에서도 고난이나 위험에 맞닥뜨리지 않았으니, 이는 어떠한 연유에서겠소? 그들이 항상 삼가여 순일한 덕을 쌓음으로써, 지도자의 지위를 망각하지 않았기 때문인 것이오.[17)]

한번은 우임금이 양쯔 강을 건너려고 하였소. 그런데 황룡이 나타나서는 그 배를 짊어지니 배 안의 사람들이 두려워했는데, 우임금은 오히려 하늘을 우러러 탄식하며 "나는 하늘에서 명을 받아 힘을 다해 만백성을 위해 애썼는데, 사는 것은 임시로 얹혀 사는 것이고 죽는 것은 돌아가는 것이다."라고 말하고는, 용을 보기를 마치 도마뱀처럼 하여 안색이 변치 않다고 하오. 그러자 그 용은 머리를 숙이고 꼬리를 밑으로 내리고 갔던 것이오.[18)]

공자 태어나서 아는 이는 상등이고, 배워서 아는 이는 그다음이며, 곤란하여 배우는 이는 또 그다음입니다. 곤란함을 겪는데도 배우지 않으면, 백성들이 이에 하등으로 삼는 것이지요.[19)]

저는 "세 사람이 함께 가면 반드시 나의 스승이 있으니, 그 선한 것을 택하여 좇고, 그 선하지 못한 것으로 허물을 고친다."[20)] 라고 말한 바 있으니, 이는 즉 많은 사람이 함께 있으면 반드시 나의 스승이 있으니, 그 선한 인물을 선택하여 배우고, 그 선하지 못한 인물을 거울삼아 허물을 고쳐야 한다는 뜻입니다.

지혜로움을 나타내는 지(知)는 사사로운 이익을 탐하지 않고 오직 백성들과 나라를 위한 공익을 꾀하며, 초자연적인 힘에 의탁하지 않는 객관적인 판단력입니다. 따라서 선천적으로 지혜로운 사람 즉 성인과 선천적으로 어리석은 사람 즉 소인배를 제외하고는, 모두 부단히 실천하려고 노력함으로 운명을 바꿀 수 있지요.[21] 인간의 본성은 성선설이나 성악설 어느 한쪽에 치우치는 것이 아니라, 부단히 노력하는지에 따라서 운명이 달라지기도 하는 것입니다.

그런 차원에서 보았을 때, 제나라의 경(卿)이었던 안영은 칭찬받을 자격이 있습니다. 사람들과 교제를 함에 있어서, 그 사귄 기간이 오래되었어도 변치 않고 초지일관하여 사람들에게 정중하였기 때문이지요. 비록 안영이 저를 기용하고자 한 제나라 경공의 의지에 반대함으로써 방해하기는 했지만, 저는 그래도 한쪽으로 치우치지 않고 객관적인 중(中)의 태도를 견지함으로써 그를 공정하게 평가하고자 합니다.[22] 사랑하지만 그 나쁜 점을 알면서 사랑해야 하고, 미워하지만 그 좋은 점을 알면서 미워해야 하는 것이니까요.[23]

노자 안영이 그대의 벼슬길을 방해했다니, 그건 또 무슨 말씀이오?

공자 제 나이 30세가 되던 노나라 소공 20년, 제나라 경공이 안영과 함께 노나라를 방문했다가 저에게 진(秦)나라 목공이 어떻게 패주가 되었는지에 대해서 물었던 적이 있었습니다. 그래서 저는 "진(秦)나라는 작고 외진 곳에 처한 나라였습니다. 하지만 목공은 친히 죄인이었던 백리해를 석방시키고 삼일 밤낮으로 그와 이야기를 나누고는, 그를 대부로 등용하여 정사를 맡겼습니다. 이런 정신으로 나라를 다스리면 능히 천하의 왕이 되어서 호령할 수 있으니,작은 패주에 머무르는 것은 너무나도 작은 일입니다."[24]라고 대답했지요. 그러자 경공은 크게 기뻐하였습니다.

제가 35세가 되던 해 노나라의 계손씨 집안의 계평자가 후소백과 닭싸움을 했는데, 가죽옷을 입은 계평자의 닭이 금속 발톱을 채운 후소백의 닭에게 지자, 계평자는 분노하여 후소백을 질책했고, 이에 후소백은 계평자를 원망하게 되었지요. 후에 공약과 공위가 계평자를 칠 계획을 소공에게 아뢰자 소공은 후소백의 의견을 묻게 되는데, 후소백은 닭싸움에서 생긴 복수심에 그래도 된다고 대답했습니다. 결국 소공이 군대를 거느리고 계평자를 공격하자, 계평자는 맹손씨 숙손씨와 힘을 합쳐 소공을 공격했고, 오히려 소공이 패하여 제나라로 달아나게 되었습니다. 그렇게 노나라에 난이 일어나자 저는 제나라로 가서 고소자의 가신(家臣)이 되었고, 5년 전 제나라 경공이 안영과 함께 저를 찾아왔던 인연을 이용하여 경공과 접촉하려고 했던 것이지요.[25]

이때 경공이 저를 만나서는 정치에 대해서 물었고, 저는 "임금은 임금다워야 하고, 신하는 신하다워야 하며, 아비는 아비다워야 하고, 자식은 자식다워야 합니다."[26]라고 대답했던 것입니다. 이에 경공은 저를 중용하여 높은 벼슬을 주려고 했는데, 안영의 반대로 인해 노나라 계씨와 맹씨의 중간에 해당하는 대우를 하였고, 다시 제나라 대부들이 저를 없애려고 하자, 경공은 "나는 늙어서 그대를 등용할 수 없소."라며 말을 번복했던 것입니다. 그래서 저는 결국 노나라로 돌아올 수밖에 없었지요.[27]

노자 어허, 그런 일이 있었구려.

공자 묵묵히 옛 성현들의 도를 알아내고, 배움에 싫증 내지 않으며, 사람들을 가르침에 게을리하지 않으니, 어떤 것이 저를 곤혹스럽게 할 수 있겠습니까?[28] 그저 배움은 못 미친 듯이 하고, 배우면 그것을 잃을까 두려워할 뿐이지요.[29] 시냇물은 낮과 밤을 구분하지 않고 부단히 흐르고 있으니, 사람 역시 도를 배우고 실천하기 위해서 부단히 노력하는 상(常)의 자세를 견지해야 하지 않겠습니까?[30]

예를 들어 산을 만드는 데 있어서, 거의 다 완성되어 흙을 담아 나르는 그릇 하나 분량의 흙이 모자랄 뿐인데도, 거기서 포기하면 그것은 다름 아닌 나 스스로 그만두는 것입니다. 예를 들어 땅을 고르게 하는데, 비록 흙을 담아 나르는 그릇 하나 분량의 흙을 덮더라도, 끝까지 포기하지 않고 힘써 노력하면 그것은 다름 아닌 나 스스로 앞을 향하여 매진하는 것이지요.[31]

도를 좇아서 함께 배울 수는 있더라도, 그 도를 좇아서 마음과 힘을 모아 오직 한 곳에만 몰두하기는 어렵습니다. 설령 도를 좇아서 오직 한 곳에만 몰두할 수는 있더라도, 도를 좇아서 확고히 하기란 어렵습니다. 설령 도를 좇아서 확고히 할 수는 있더라도, 도를 좇아서 실천하기는 매우 어려운 노릇이지요.[32]

남쪽 나라 사람이 말하길, "도의 구성요소인 상(常) 즉 부단히 노력하여 항상 변치 않는 태도를 지니지 못하면 하늘의 뜻인 점을 칠 수 없다."고 하였는데, 그 말이 옳습니다. 길흉화복은 변화가 많아서 무당조차도 함부로 판단할 수 없으니, 이처럼 하늘의 뜻은 아무도 알 수 없으므로 더욱더 삼가여 부단히 노력해야 합니다. 만약 지도자가 옛 성인들이 행한 강함과 부드러움의 통치법을 조화롭게 실천하려는 절조인 덕을 항상 유지하지 않으면, 반드시 수모를 당하게 됩니다.[33]

평범한 사람들은 초지일관하지 못하고, 잠시 그러할 뿐입니다. 그런데 저의 제자 안회는 상(常) 즉 변치 않고 부단히 노력하는 초지일관된 태도로 도를 배우고 실천했습니다.[34] 사람들은 굶주림과 가난함의 고통을 견디지 못하는데, 안회는 굶주림과 누추함이라는 어려운 환경 속에서도 도를 배우는 즐거움을 견지하고 있으니, 안회는 참으로 현명했던 것입니다.[35]

하지만 애석하노니! 저는 그 나아감을 보았으나, 그 멈춤을 보지 못했습니다.[36] 안회는 이렇듯 변치 않고 부단히 노력하는 상(常)을 견지하는 모습을 보였지만, 건강을 해쳐가면서까지 그런 태도를 견지하니 안타까운 마음뿐이었는데, 결국 안회는 41세의 짧은 나이로 생애를 마감했던 것입니다.

2. 직(直): 사사로운 감정에 얽매이지 않는 올곧음

공자 한번은 노나라 애공이 "어찌하면 백성들이 복종하겠소?"라고 묻기에, 저는 "올곧은 이를 등용하여 올곧지 못한 이들에 섞으면 백성들이 복종할 것이고, 올곧지 못한 이를 등용하여 올곧은 이들에 섞으면 백성들이 복종하지 않습니다."[37]라고 대답한 적이 있습니다.

그렇다면 직(直), 즉 올곧음이란 무엇일까요? 진나라의 형후와 옹자가 서로 '축'이라는 지역을 가지려고 오랫동안 다퉜습니다. 이 일은 본래 사경백이 판단해야 할 업무였지만, 마침 다른 일 때문에 초나라로 가느라 자리를 비웠지요. 이에 한선자의 명으로 숙어가 대리로 그 일을 판단했는데, 사실 잘못은 옹자가 했지만 옹자가 그의 딸을 숙어에게 바치자 숙어는 잘못을 형후에게 덮어씌웠고, 결국 형후는 분노하여 숙어와 옹자를 모두 죽였던 것입니다. 한선자가 숙향에게 누구의 잘못이냐고 묻자, 숙향은 "옹자는 자신의 잘못을 알면서도 뇌물로 속였고, 숙어는 공정해야 할 소송을 거래하는 물건으로 여겼으며, 형후는 사람을 함부로 죽였는데, [상서]의 〈하서(夏書)〉에는 잘못을 미화하는 혼(昏)과 뇌물을 받아 관료의 권위를 더럽히는 묵(墨) 그리고 함부로 사람을 죽이는 적(賊)은 모두 사형을 내린다고 되어 있으니, 세 사람의 죄는 같습니다."라도 대답했습니다. 이 일에 대해서 저는, 숙향이 숙어의 친형인데도 사사로운 정에 얽매이지 않고 공정하게 판단함으로써 옛날의 직(直)을 따랐으니 의(義)로운 사람이었다고 평가한 바 있으니,[38] 직(直)은 다름 아닌 사사로운 정에 얽매이지 않고 공정하게 판단하는 올곧음인 것입니다.

제자 번지가 지(知)가 무엇인지 물었을 때, 저는 "타인을 아는 것이다."라고 대답해주었습니다. 그런데 번지가 깨닫지 못하자, 저는 "올곧은 이를 뽑아 굽은 이에 섞으면, 굽은 이를 올곧게 할 수 있다."라고 더 구체적으로 설명해주었습니다. 번지가 물러나서는 자하에게 다시 "방금 제가 스승을 뵙고 지(知)에 대해 물었는데, 스승께서는 '올곧은 이를 뽑아 굽은 이에 섞으면, 굽은 이를 올곧게 할 수 있다'고 하셨습니다. 그게 무슨 뜻입니까?"라고 묻자, 자하는 "풍부하구나, 말씀이여! 순임금이 천하를 가지심에,

많은 사람 중에서 선발하여 고요를 등용하자, 인(仁)하지 못한 사람들이 멀어졌습니다. 탕 임금이 천하를 가지심에, 많은 사람 중에서 선발하여 이윤을 등용하자, 인(仁)하지 못한 사람들이 멀어졌습니다."[39]라고 설명해주었던 것입니다. 이처럼 사람의 삶은 올곧아야 하는 것이니, 올곧음을 실천하지 않고도 사는 것은 단순히 운이 좋아서 화를 모면하는 것입니다.[40]

노자 그대의 뜻은 잘 알겠소. 하지만 휘면 도리어 곧을 수 있고,[41] 아주 곧음은 마치 굽은 듯하다는 도리를 왜 모르시오?[42] 나라를 다스림에 일일이 따지며 간섭하지 않고, 아무것도 모르는 것처럼 천성에 따라서 스스로 그러하도록 하는 대동의 덕치를 펴면, 백성들이 편안하게 지도자를 따르게 되오. 반면에 나라를 다스림에 엄격하고도 세분화된 법률과 제도로 통제하려 들면, 백성들이 지도자에게 불만을 품게 되어서 결국 지도자에게 등을 돌리게 되는 것이오.[43] 따라서 대동사회를 이끈 성인들은 반듯했지만, 백성들에게 피해가 가지 않았고, 삼가 검소하게 생활했지만, 백성들에게 상처를 입히지 않았으며, 올곧았지만 방자하지 않았고, 그 업적은 찬란했지만, 스스로 자신의 업적을 드러내지 않았던 것이오.[44] 나무가 단단하면 곧 베어져 그 천성을 다하지 못하고 무기가 될 뿐이니, 이 때문에 강대함은 아래에 처하고, 부드러움이 위에 처하는 것이요.[45]

공자 아! 올곧음의 직(直)을 좋아하면서도 배우기를 좋아하지 않으면, 그 결점은 비방하게 되는 것이니.[46] 사사로운 정에 얽매이지 않고 공정하게 판단하려고 하지만 성인의 도를 배우기를 좋아하지 않으면, 자신에게는 엄격하고 남에게는 관대해야 하는데 오히려 타인에게 엄격하여 비방하게 되지요. 결국 도는 그 구성요소들이 유기적으로 조화를 이뤄야 한다는 말씀을 하시는 것이군요!

그렇게 말씀하시니, 초나라 대부 섭공과 올곧음의 직(直)에 대해서 대화를 했던 기억이 문득 떠오릅니다. 한번은 섭공이 "내 고을에 직궁이라는 자가 있는데, 그 아비가 남의 양을 훔치자 아들이 고발했소."라고 말하는 것이었습니다. 이에 저는 "저희 마을의 올곧은 자는 그와 다르니, 아비는 자식을 위하여 숨기고, 자식은 아비를 위하여 숨깁니다. 올곧음은 그 가운데 있는 것입니다."[47]라고 대답했습니다.

물론 직(直)은 사사로운 정에 얽매이지 않고 공정하게 판단하는 올곧음이니, 섭공의 말은 원칙적으로 그 뜻에 위배되지 않습니다. 하지만 맹자는 도응이라는 인물의 질문에 "만약 순이 임금일 때 장님인 아버지 고수가 살인을 저질렀다면, 그는 천하를 헌 짚신 버리듯이 하여 아버지를 업고 바닷가로 달아나 살면서도, 죽을 때까지 즐거워하며 천하를 잊었을 것이다."라고 대답한 적이 있으니, 효(孝)가 직(直)보다 더 상위에 있는 개념인 것입니다.

그렇기 때문에 부모님을 섬김에 있어서는 조용하고도 공손하게 간언하고, 자식의 뜻을 드러내도 따르지 않으시면 더욱 공경하여 어기지 않는 것이니, 비록 수고롭지만 부모님을 원망하지는 말아야 하는 것이지요.[48] 이미 말씀드렸다시피 효(孝)는 사회에 나아가 자신의 군주를 진심으로 섬기고 따르는 인(仁)의 출발점이므로, 비록 올곧음의 직(直)이 도의 중요한 구성요소이기는 하지만, 춘추시대의 혼란을 막을 수 있는 인(仁)의 유일한 근본인 효(孝)를 더 강조한 것입니다.

3. 지(知): 초자연적 힘에 의탁하지 않는 객관적인 판단력의 지혜로움

공자 직(直)이란 사사로운 정에 얽매이지 않고 공정하게 판단하는 올곧음입니다. 그리고 방금 소개드린 제자 번지와 자하의 대화를 통해서, 올곧음은 사실상 지(知)와도 불가분의 관계를 맺고 있음을 알 수 있지요.

그런데 번지가 또다시 지(知)에 대해서 묻기에, 저는 "백성들의 공익에 힘쓰고, 귀신을 공경하되 의지하지 않고 멀리하면, 지(知)라고 할 수 있다."고 대답해주었으니,[49] 지(知)는 바로 사사로운 이익을 탐하지 않고 오직 백성들과 나라를 위한 공익을 꾀하며, 초자연적인 힘에 의탁하지 않는 객관적 판단력의 지혜로움을 뜻하는 것입니다. 따라서 저는 초자연적인 힘과 신령을 어지럽히는 것에 대해서는 말하지 않았던 것이기도 합니다.[50]

한번은 제가 병에 걸렸는데 위중해지자, 자로가 저의 병이 쾌차하도록 기도하고자 했습니다. 그래서 저는 "아프면 낫게 해달라고 기도한 사례가 있느냐?"라고 물었고, 자로는 "있습니다. 추도문에 이르기를, '하늘과 땅의 신에게 너를 기도한다.'라고 했습니다."라고 하더군요. 이에 저는 "자로, 네가 추도문의 뜻을 오해하고 있으니, 기도는 개인적인 일로 비는 것이 아니다. 네가 말한 추도문의 의미대로라면, 나는 이미 나 자신으로 말미암아 세상에 도가 펼쳐질 수 있기를 항상 기도해왔다."[51]라고 설명해 준 적이 있습니다.

노자 그러므로 타인을 이해하는 이는 지혜롭고, 스스로를 이해하는 이는 고명하오.[52] 또한 지혜로운 이는 함부로 말하지 않고, 함부로 말하는 이는 지혜롭지 못한 것이요.[53] 따라서 대동의 사회를 이끈 지도자들은 객관적인 판단력으로 스스로를 돌아보려고 했지 자기의 안목에 의지하지 않았으며, 스스로를 가엾게 여겨 백성들 밑에 있으려고 했지 그들의 위에서 군림하려 들지 않았던 것이요.[54]

공자 지혜로운 이는 물을 좋아하니,[55] 사리에 밝아 물과 같이 계속 나아가지요. 또한 지혜로운 이는 혹(惑)하지 않습니다.[56] 하지만 도가 행해지지 않는 까닭을 저는 알고 있으니! 지혜로운 이는 도를 지나치고, 우매한 이는 미치지 못하기 때문입니다.[57]

지혜로움을 좋아하면서도 배우기를 좋아하지 않으면, 그 결점은 방종해지는 것이니. 결국, 오로지 백성들과 나라를 위한 공익을 꾀하며 객관적인 판단을 하려 하지만 성인의 도를 배우기를 좋아하지 않으면, 유기적으로 조화를 이루지 못하기 때문에 제멋대로 해석하여 행동에 거리낌이 없게 되기 때문입니다.[58]

또한 군자는 자잘한 얕은꾀는 알지 못해도 크게 성인의 도를 이어받을 수 있지만, 소인배는 크게 성인의 도를 이어받을 수 없어도 자잘한 얕은꾀는 아는 것이니.[59] 지혜로움의 지(知)는 큰 지혜로움의 대지(大知)와 얕은꾀의 소지(小知)로 나뉘지요.

큰 지혜로움의 대지(大知)는 이미 설명한 것처럼 오직 백성들과 나라를 위한 공익을 꾀하며 초자연적인 힘에 의탁하지 않는 객관적인 판단력을 말하지만, 얕은꾀의 소지(小知)는 자신의 사리사욕을 탐하는 잔꾀를 뜻합니다.

노자 그러하오. 이는 바로 문자의 이원화에 기인하는 것이니, 마치 강함의 강(强)에는 긍정적인 의미의 강함 즉 남방의 강함과 부정적인 의미의 강박 즉 북방의 강함 의미가 모두 들어있는 것과도 같은 원리이오. 한 글자에는 다양한 의미가 내포되어 있기 때문에, 일원화하여 한 가지 의미로만 해석해서는 안 되오.

그 얕은꾀로 통하는 길을 막아서 사리사욕을 탐하는 마음을 없애고, 그 문을 닫아서 참된 대동의 통치이념을 이해하고 실천하며, 날카로운 사회의 모순을 억눌러 둥글게 하고, 그 혼란과 어지러움을 원만하게 해결하며, 모든 긍정적인 것과 부정적인 것들의 기세를 조화롭게 하고, 속세와 한데 어우러져서 누구 하나 버리지 않고 함께하니, 이를 심오한 화합이라고 일컫소.[60)]

따라서 내가 "백성을 사랑하고 나라를 다스림에 있어, 지(知)가 없을 수 있겠는가?"[61)] "지(智)가 나타나면, 심각한 허위가 발생한다."[62)] "슬기로움을 단절하고 지(智)를 버리면, 백성들이 백배 이익을 누릴 수 있다."[63)]라고 말한 것은, 모두 소지(小知) 즉 자신의 사리사욕을 탐하는 잔꾀를 뜻하는 것이었소.

대동사회의 통치이념을 이해하고 실천했던 성인들은 백성들이 기민함이나 얕은꾀를 쓰지 않고, 우직함과 순박함을 갖추도록 이끌었으니.[64)] 백성들을 다스리기가 어려운 이유는, 지도자가 사리사욕을 탐하고 제도로 억압하니, 백성들 역시 얕은꾀를 써서 피하려고 하기 때문이오.[65)] 따라서 천성을 어기고 사리사욕과 제도로 억압하는 통치는 결국 나라에 재앙을 불러일으키게 되고, 대동의 통치이념으로 백성들을 다스리면 결국 나라를 오랫동안 평온하게 유지할 수 있는 것이라오.[66)] 이처럼 백성들이 기민함과 얕은꾀를 쓸 필요가 없도록 다스리는 것이 가장 이상적인 것이

니, 백성들이 기민함과 얕은꾀를 쓰는 것은 결국 지도자의 잘못인 것이외다.[67]

그러므로 무엇보다도 누구나 인정하고 따르는 원칙을 지키는 것이 중요한 것! 대문을 나가지 않아도 세상을 알 수 있고, 창밖을 보지 않아도 하늘의 도를 알 수 있소.[68] 나가는 것이 멀수록, 아는 것이 적어지오.[69] 이 때문에 성인은 왕래하지 않고도 알 수 있고, 보지 않고도 이해할 수 있으며, 행하지 않고도 이룰 수 있는 것이니.[70] 대동의 통치이념을 진정으로 이해하면, 굳이 나아가 다른 것들을 보지 않아도 세상의 돌아가는 모든 이치를 이해할 수 있으므로, 천성에 따라 무위로 다스리면 굳이 번거롭게 법률과 제도를 강화하여 일일이 관여하고 통제하지 않더라도, 백성들이 자신이 처한 바를 알고 만족하게 된다오.

공자 지당하면서도 또 너무나도 크신 말씀입니다! 하지만 세월이 흐르면서 세상은 더욱 복잡해지고, 이에 따라서 알아야 할 것들 역시 많아지는 것은 피할 수 없는 현실입니다. 따라서 온고이지신(溫故而知新) 즉 옛것을 익히고 새것을 알면, 스승이 될 수 있는 것이니.[71] 옛 성현의 통치이념인 도를 배우며 부단히 내 것으로 만들려고 노력하고, 이 도를 익히는 데서 그치는 것이 아니라, 오늘날의 현상에 접목시키고 나아가 계속해서 새로운 지식으로 파생 및 확장시킬 수 있다면, 참된 스승이라고 할 수 있지 않을까요?

4. 혹(惑): 순간의 노여움을 이기지 못하여 부모를 괴롭게 하는 미혹됨

공자 방금 혹(惑)에 대해서 잠시나마 언급했었는데, 번지가 기우제를 지내는 곳인 '무우' 아래서 저와 함께 거닐다가, "혹(惑)을 분별하는 방법을 감히 여쭙습니다."라고 하더군요. 이에 저는 "하루아침의 노여움으로 자신을 잊고, 그럼으로써 어버이에게 미치게 하는 것이 혹(惑)이 아니겠는가?"[72]라고 대답해주었습니다.

저는 마흔 살에 들어서는 혹(惑)되지 않게 되었으니,[73] 매사를 충(忠) 즉 객관적이고도 공정한 태도로 정성스럽게 판단해야 하는 것입니다. 그렇게 하면 순간의 노여움으로 부모를 괴롭게 하지 않을 수 있으니, 혹(惑)이란 상황을 충(忠) 즉 객관적이고도 공정한 태도로 정성스럽게 판단하지 못하여, 끝내 부모를 괴롭게 하는 불효가 되는 것이지요.

노자 어디 그뿐이겠소? 지도자가 사리사욕을 탐하여 많이 취하면, 오히려 그 마음이 혹(惑)하게 되어서 결국 다 잃게 되는 것이외다.[74]

5. 강(剛): 흔들리지 않는 강직함

공자 한번은 제가 "나는 강직함의 강(剛)을 행하는 이를 만나보지 못했다."라고 말하자, 어떤 이가 "신장이 강(剛)을 행합니다."라고 대답하더군요. 이에 저는 "신장은 사사로운 탐욕을 부리는데, 어찌 강(剛)을 행한다고 할 수 있겠는가?"[75]라고 말한 바 있으니, 강(剛)이란 마음이 굳세어 사사로운 탐욕을 부리지 않는 강직함을 뜻하는 것입니다. 따라서 이러한 강직함을 실천하는 것은 인(仁)에 근접하게 되니, 그러한 인물은 자기의 군주를 진심으로 섬기고 따를 수 있게 되지요.[76]

그러나 주의해야 할 것이 있으니, 강직함을 실천함으로써 사사로운 탐욕을 부리지 않으려고 하지만, 성인의 도를 배우기를 좋아하지 않으면 결국에는 방자해진다는 점입니다.[77] 따라서 역시 도의 다른 구성요소들과 유기적으로 조화를 이뤄야 하는 것입니다.

노자 바로 그러한 이유 때문에, 유약함이 강직함을 이기는 것이오.[78] 약한 것이 강직한 것을 이기고, 연약한 것이 강경한 것을 이기는 것이오. 그런데 세상에는 이러한 도리를 모르는 이가 없지만, 능히 행하는 자가 없으니.[79] 나무가 단단하면, 곧 베어질 따름이라오.[80]

6. 정(正): 명분에 의거하여 바로잡는 올바름

공자 제나라 환공에 이어서 진나라 문공 역시 초나라의 영토 확장을 막아냄으로써, 주나라 천자의 권위를 높인 공로를 인정받은 바 있습니다. 따라서 역사적으로는 제환진문(齊桓晉文: 제나라의 환공과 진나라의 문공)이라고까지 칭송하고 있는데, 왜 저는 "진나라 문공은 속이고 기만하여 바르지 않았지만, 제나라 환공은 올바르므로 속이고 기만하지 않았다."[81]라고 말하여, 애써 정(正)으로 이 두 사람을 구분 지었던 것일까요?

제나라 환공은 천자의 나라인 주나라에 조공을 바치지 않은 죄를 물어서 남쪽의 이민족인 초나라를 쳤습니다. 반면 진나라 문공은 송나라가 초나라를 배신하도록 배후에서 조종을 하고, 이에 초나라가 송나라를 치려고 하자 진나라는 조나라와 위나라를 공격했지요. 그런데 초나라는 조나라 및 위나라와 모두 혼인을 통한 동맹관계였기 때문에, 송나라를 포기하고 이 두 나라를 도와줄 수밖에 없었던 것입니다. 이에 진나라와 초나라는 전쟁을 하게 되었고, 초나라는 마침내 성복전투에서 패하고 말았지요.[82]

따라서 제나라 환공은 주나라 천자를 위한다는 명분으로 초나라를 격파했지만, 반면 진나라 문공은 아무런 명분도 없이 계략을 써서 초나라와 전쟁을 한 것이니, 정(正)이란 바로 명(名) 즉 명분이 되는 제도에 의거하여 바로 잡는 것을 뜻하는 것입니다. 다시 말해서 의(義)와 명(名)은 정(正)의 기준이 되는 것입니다.

노자 그렇소. 그대의 말처럼, 올바름으로 나라를 다스려야 하는 것은 틀림이 없소.[83] 하지만 내가 말하는 올바름이란 그대가 말한 개념과 다르오. 분주함은 추위를 이길 따름이지만, 고요함은 더위까지도 이기니, 결국에는 청정함이 세상을 올바르게 하는 것이오.[84] 다시 말해서, 법률과 제도를 강화하여 백성들을 억지로 통제하면 일시적으로 그 상황을 해결할 뿐이지만, 말이나 명령을 함부로 하지 않고 천성에 따르는 대동의 통치이념을 따르면 오랫동안 나라를 평온하게 할 수 있으니, 말이나 명령을 함부로 하지 않는 순일한 덕으로 다스리면 세상이 제 자리를 찾아 안정된다는 말이요.

그러므로 성인은 "내가 작위 함이 없으면 백성들이 스스로 교화되고, 내가 고요함을 좋아하면 백성들이 스스로 바로잡으며, 내가 일을 만들지 않으면 백성들이 스스로 풍요롭게 되고, 내게 욕망이 없으면 백성들이 스스로 소박해진다."고 말했던 것이니,[85] 즉 지도자가 억지로 작위 하지 않으면 백성들이 그 천성에 따라 스스로 그러하게 되고, 지도자가 말이나 명령을 함부로 하지 않으면 백성들이 다른 마음을 품지 않게 되며, 지도자가 법률이나 제도로서 억지로 통제하지 않으면 백성들 스스로 해야 할 일을 하게 되어 삶이 넉넉해지게 되고, 지도자가 사리사욕을 탐하지 않으면 백성들이 지도자를 본받아서 소박하게 지내는 것이라오.

7. 달(達): 직(直), 의(義), 신(愼), 겸(謙)을 갖춰 통달함

공자 한번은 제자 자장이 "사(士: 선비)는 어떤 것을 다해야 달(達)하다고 할 수 있습니까?"라고 묻자, 저는 "어떤 것인가? 네가 말하는 달(達)이라는 것이!"라고 반문했습니다. 이에 자장이 "나라에서 그 명성이 자자하고, 집에서도 그 명성이 자자한 것입니다."라고 대답했고, 저는 "그것은 명성이 자자한 것이지, 달(達)이 아니다. 무릇 달(達)이란 직(直)과 의(義)를 좋아하고, 또 말을 헤아리고도 얼굴빛을 살피며, 헤아려 남에게 낮추는 것이다. 그러면 나라에서 달(達)하고, 집에서도 달(達)하게 된다. 반면에 무릇 명성이 자자하다는 것은 겉으로는 인(仁)을 받아들이지만 실제로 행동은 위배되는 것인데, 실제로 자신의 임금을 배신해야 할 상황에 놓여도 주저하지 않고 행하게 되므로, 나라에서 명성이 자자하고, 집에서도 명성이 자자하게 되는 것이다."[86]라고 설명해주었습니다.

따라서 달(達)은 바로 사사로운 정에 얽매이지 않고 공정하게 판단하는 올곧음의 직(直)과 계급상의 서열을 명확하게 하고 그 서열에서 마땅히 지켜야 할 바를 목숨을 걸고 지키는 의로움의 의(義), 그리고 말과 행동 그리고 표정을 삼감의 신(愼)과 자기를 타인의 아래에 두는 겸손함의 겸(謙) 이 네 가지를 갖춰서 도를 깨닫는 것이지요.

노자 나에게 달(達)은 역시, 그대와 같이 모든 것에 도통하는 것을 의미하오. 하지만 도통하기 위해서 무언가를 자꾸 세분화하거나 억지로 작위 하여 갖춰야 한다고 요구하는 것은, 오히려 대동의 도리에 어긋나는 것이니! 세상이 원하는 바를 명확하게 깨달아서, 엄격한 형벌이나 법률 등의 제도로 다스리지 않고 그 천성에 따르는 무위의 정치를 실현해 내는 것이 무엇보다 중요하지 않겠소?[87]

8. 신(愼): 신중함

노자 상고시대의 태평성대 특히 대동사회의 뛰어난 사(士: 선비)들은 헤아릴 수 없이 미묘하고 또 세상일을 훤히 알았는데, 그 경지가 너무나도 심오하여 일반인들은 도저히 이해할 수 없었소.[88] 그들의 이러한 심오한 경지는 너무나도 심오하여 일반인들이 도저히 이해할 수 없으므로, 억지로 오늘날의 보편타당한 개념과 표현을 빌려서 그 구체적인 모습을 묘사하여 이해를 돕고자 하오.[89] 그들은 매사를 처리할 때마다 주저하니, 이는 마치 덩치가 대단히 큰 코끼리가 한 걸음 한 걸음 옮길 때마다 겨울철 강을 건너는 듯 신중하고도 또 신중하오.[90] 또한 매사를 처리할 때마다 망설이니, 이는 마치 의심이 많고 조심스러운 원숭이가 주변을 살필 때마다 사방을 두려워하는 듯 신중하고도 또 신중하오.[91]

이처럼 진중함이라는 것은 경솔함의 바탕이 되고, 고요함이라는 것은 조급함을 지배하고 있기 때문에, 대동사회를 이끈 지도자들은 일생 진중함을 떠나지 않고 삼가여 지냈던 것이니.[92] 대동사회를 이끈 성인들도 이처럼 신중에 신중을 기해서 나라를 다스렸는데, 큰 나라를 다스리는 지도자가 어찌 세상을 경솔하게 다스릴 수 있겠소?[93] 따라서 나라를 다스리는 지도자가 경솔하면 근본이 되는 진중함을 잃게 되고 경박하면 고요함을 잃게 되어서, 결국에는 그 지위마저도 잃게 되는 것이오.[94]

큰 나라를 통치하는 것은 마치 작은 생선을 구울 때처럼 신중에 신중을 기해야만 하오. 생선을 급하게 익히려 들면 태우기 십상이므로, 천천히 세심하게 구워야 골고루 제대로 익힐 수 있는 것이라오. 따라서 규모가 큰 나라는 선불리 달려들었다가는 마치 생선이 타버리는 것처럼 일을 그르칠 수 있기 때문에, 신중에 또 신중을 기울어야 하니, 이러한 대동의 통치이념으로 나라를 다스리면 간사한 계략이 통하지 않소.[95)]

행하기 어려운 일은 행하기 쉬울 때에 착수해야 하고, 큰일을 하려면 작은 일부터 시작해야 하는 법.[96)] 세상에는 처음부터 어렵거나 큰일이란 존재하지 않소. 따라서 모든 어려운 일은 분명히 쉬울 때 해결하지 않아서 어려워진 것이고, 모든 큰일은 분명히 작을 때 해결하지 않아서 커진 것이오.[97)] 이러한 까닭에 대동사회를 이끈 성인들은 일이 커지기를 기다렸다가 하지 않았으니, 유비무환의 자세를 견지했기 때문에 큰일을 이룰 수 있었던 것이라오.[98)]

마찬가지의 도리로, 지도자가 쉬이 승낙하게 되면 나중에 백성들이 그를 믿지 못하게 되고, 일을 하찮게 여기면 나중에 더 큰 재난이 계속해서 발생하게 되오.[99)] 따라서 대동사회를 이끈 지도자들은 결코 일이 작거나 쉽다고 해서 얕보지 않고 신중하게 처리했기 때문에, 항상 큰 어려움 없이 나라를 오랫동안 평온하게 할 수 있었던 것이오.[100)]

공자 사람에게 내뱉은 말은 반드시 지키는 성실함의 신뢰〔信〕가 없으면, 어떤 것이 옳은 것인지를 깨닫지 못하게 됩니다. 이처럼 신뢰는 수레의 끌채 끝 쐐기와 같고 사람은 수레와도 같으니, 수레에 끌채 끝 쐐기가 없으면 끌채가 고정되지 못해서 수레가 앞으로 갈 수 없듯이, 사람도 신뢰가 없으면 사회에 나아가 정치에 참여할 수 없는 것이지요.[101)]

노자 또한 상황이 안정적일 때 유지하기 쉬운 법이고, 사건이 징조를 보이지 않을 때 도모하여 준비하기가 쉬우며, 사물이 아직 굳지 않고 무를 때 녹이거나 풀기가 쉽고, 일이 아직 커지지 않고 미약할 때 사라지기가 쉬운 법! 따라서 사건이 발생하기 전에 그것을 처리하고, 세상이 동요하기 전에 그것을 다스려야 하오.[102] 둘레가 한 아름이 넘는 큰 나무는 작은 묘목에서부터 크는 것이고, 높은 누각은 흙을 쌓아 기초를 다지는 데서 시작되는 것이니. 천 리 길을 가려면 먼저 첫걸음을 떼어야 하는 것이오.[103]

공자 군자의 도는 비유컨대 멀리 가려면 반드시 가까운 데서 시작해야 하는 것과 같고, 높이 올라가려면 반드시 낮은 데서 시작해야 하는 것과도 같은 원리지요.[104]

노자 대동사회를 이끈 지도자들은 백성들을 대하는 태도로 제후국이나 외부부족국가를 대했기 때문에 그들을 얕보거나 함부로 대하지 않았으니. 만약 지도자가 그들을 함부로 대하면 앞에서 소개했던 나의 세 가지 보물 즉 자애로움과 검소함 그리고 감히 세상의 앞에 서지 않는 겸손의 자세를 잃게 되오.[105] 따라서 대동사회를 이끈 지도자들은 스스로를 통제하여 신중하려고 했지 자기의 안목에 의지하지 않았으며, 스스로를 가엾게 여겨 백성들 밑에 있으려고 했지 그들의 위에서 군림하려 들지 않았던 것이오.[106]

공자 역시 그러했기 때문에, 군자는 보이지 않는 바를 조심하고 삼가며, 들리지 않는 바를 두려워합니다. 숨기는 것보다 더 드러나는 것이 없고, 미세한 것보다 더 잘 나타나는 것이 없으니, 따라서

군자는 그 홀로 있음을 삼가는 것이지요.[107]

노나라의 계문자는 항상 경계를 늦추지 않고 신중하게 고민했는데, 세 번 생각하고 그런 후에 행했다고 합니다. 이에 저는 계문자의 신중함에 대해서 듣고는, "그 정도로 경계를 늦추지 않고 신중하게 고민했으니 어찌 실수가 있었겠는가? 그 정도의 위인이라면, 사실 두 번만 해도 충분했었다."[108]라고 평한 바 있었습니다.

노자 좀 더 구체적으로 설명해보시겠소?

공자 계문자는 노나라의 선공과 성공 그리고 양공 때 경(卿)을 지낸 인물인데, 주나라 정왕이 유강공을 노나라에 파견해서 대부들에게 예물을 나눠주도록 했는데, 계문자는 매우 검소했다고 합니다.[109] 당시 계문자의 첩은 비단옷을 입지 못하고, 기르는 말은 곡식을 먹지 못했을 정도였다고 하는데,[110] 이는 백성들이 굶주림에 지쳐있는데 그들을 이끄는 위정자가 사치를 부릴 수는 없다는 취지에서 그렇게 한 것이었지요.

또한 그해 가을 계문자가 진나라를 방문하려고 했는데, 자신이 진나라에 가서 죽었을 때 받을 수 있는 예우를 확인한 후에야 출발하고자 했다고 합니다. 이에 수행원이 왜 그러냐고 묻자, 계문자는 "만일의 사태에 대비하는 것이 옛날부터 내려오는 가르침이다. 내가 진나라에 가서 어떤 일이 발생할지 모르는데, 닥쳐서야 처리하려고 하면 때가 너무 늦는다. 미리 준비해 놓으면 나쁠게 없지 않겠는가?"라고 대답했다고 하니,[111] 진나라는 초나라와 함께 대국이었기 때문에, 계문자가 진나라에 가게 되면 자신이 어떻게 될지 몰라서 미리 준비하고자 한 것입니다.

그리고 노나라 성공이 진나라에서 돌아와서는 초나라와 우호 관계를 맺고 진나라를 배반하려고 하자, 계문자는 "진나라가 무도하기는 하지만, 대국이거니와 신하들끼리 화목하고 특히 노나라와 가깝습니다. 또한 진나라는 우리와 동족이지만, 초나라는 이민족이니 우리를 받아들이지 않을 것입니다."라고 하여 성공을 설득했다고 하지요.[112)]

아울러서 오나라가 담나라와 우호 관계를 맺자, 계문자는 "오랑캐가 들어와도 우려를 나타내지 않으니, 이는 지도자의 탓이다. 지도자가 훌륭하면 어찌 재앙을 받겠는가? 우리도 멸망할 날이 머지않았다!"고 한탄했고, 이에 한 군자가 "계문자와 같이 경계를 늦추지 않으면, 멸망하지 않을 것이다!"라고 평가한 기록이 있습니다.[113)]

노자 훌륭하오, 훌륭하오!

공자 따라서 제자 자장이 정치는 어떻게 해야 하는 것인지 물었을 때, "정치는 명성을 얻기 위해서 급급해하면 안 된다. 관직에 있으면 머리가 아닌 가슴으로 옛 성현들의 통치이념인 도를 배우고 느끼며 실천해야 하는 것이니, 삼가여 한결같은 태도로 정성을 다하는 것이 정치다."[114)]라고 대답해주었습니다.

또한 자로가 정치란 어떻게 해야 하는 것인지 물었을 때는, "남보다 먼저 실천하는 민첩함과 게으르지 않는 근면함을 행하는 것이다."라고 대답해주었습니다. 그런데 자로가 보충해달라고 청하여서, "언행을 신중하게 하고, 부단히 노력하여 변치 않는 자세

를 견지해야 한다."라고 설명해주었던 것입니다.[115)]

정치〔政〕는 옛 전적들인 문(文) 즉 〔시경〕과 〔상서〕 등에 기록된 성현들의 통치이념과 그 구체적인 업적의 내용대로 나라를 바로잡는 것〔正〕입니다. 또 그렇게 하기 위해서는 효(孝: 집안에서의 효도) - 제(悌: 밖에서의 웃어른 공경) - 인(仁: 사회에 나가 군주를 진심으로 섬기고 따름)의 수신제가치국평천하(修身齊家治國平天下) 도리를 이해하고 실천해야 하지요. 진실로 자기의 몸을 바르게 하면, 정치를 하는데 어떠한 어려움이 있겠습니까? 자기의 몸을 바르게 하지 못하면, 어찌 남을 바르게 할 수 있겠습니까?[116)]

그러므로 참된 지도자는 신중하면서도 공정하며 또 겸손해야 하니, 항상 겸손한 마음으로 자기가 부족하다고 느끼는 지도자는 삼가여 더욱 분발하려고 노력하는 것입니다. 자신을 닦아 백성을 편안하게 하는 것은, 성인인 요임금과 순임금조차도 그렇게 하지 못함을 괴로워하셨으니! 하물며 "어찌하나, 어찌하나?"라고 끊임없이 고민하고 삼가여 노력하지 않는 자는, 제가 어찌할 도리가 있겠습니까?[117)]

또한 그러하므로 벼슬을 하여 정치에 참여하게 되면, 나를 버리고 오직 나랏일 즉 나라와 백성들의 안위만을 생각해야 합니다. 하지만 벼슬을 하여 정치에 참여하게 되면 자연스레 봉록을 받게 되어 가난함이나 굶주림을 고민할 필요가 없지요. 따라서 참된 지도자는 도를 배우고 실천함으로써, 임금을 도와 나랏일을 하는데 전력해야 하는 것입니다.[118)]

한번은 노나라 정공께서 "한마디 말로 나라를 흥성하게 할 수 있다고 하니, 그런 말이 있소?"라고 물으셨습니다. 그래서 저는 "말로 그처럼 할 수는 없으나, 그와 비슷한 맥락을 지니는 기록이 있습니다. '임금 노릇 하기가 어려우며, 신하 노릇 하기가 쉽지 않다.'라는 말이 있으니, 만일 임금 노릇하기가 어렵다는 것을 알면, 이것이야말로 한마디 말로 나라를 흥성하게 하는 것과 비슷하다고 할 수 있지 않겠습니까?"라고 대답했습니다. 이어서 정공께서 다시 "한마디 말로 나라를 망하게 할 수 있다고 하는데, 그런 말이 있소?"라고 물으시자, 이에 저는 "말로 그처럼 할 수는 없지만, 그와 비슷한 맥락을 지니는 기록이 있습니다. '내가 임금이 되어 즐거울 것이 없는데, 다만 나의 명령을 거역하는 것을 용서하지 않는다.'라는 말이 있으니, 만일 임금이 선하여 신하들이 명령을 거역하지 않는다면, 또한 좋은 일이 아닙니까? 만일 임금이 선하지 않은데도 신하들이 그 명령을 거역하지 않는다면, 한마디 말로 나라를 망하게 할 수 있다는 것과 비슷하다고 할 수 있지 않겠습니까?"[119]

노자 그대가 인용한 첫 번째 말은 우가 했던 말과 일맥상통하오. 우가 "임금이 능히 그 임금 자리를 어려워하고, 신하가 능히 그 신하 자리를 어려워하면, 정치가 이에 다스려지고, 수많은 백성들이 덕에 힘쓰게 될 것입니다."라고 말하자, 순임금이 "그렇소! 진실로 이와 같다면, 좋은 말이 숨겨지는 바가 없고, 현명한 이들이 모두 등용되어 민간에 인물이 없게 되어, 만방이 모두 평안할 것이오. 여러 사람에게 상의하고, 자기를 버리고 남을 따르며, 의지할 곳이 없는 이들을 깔보지 않고, 곤궁한 이들을 버리지 않는 것은, 오직 요임금만이 늘 해내셨소."[120]라고 답한 바 있소.

또한, 그대가 인용한 두 번째 말은 주나라 려 임금의 말과 일맥상통하오. 려 임금이 즉위하였는데, 그는 무도하고 잔악하며 사치스럽고도 거만하였소. 한번은 위나라의 무당을 불러, 백성 중에 비방하는 자를 감시하게 하고, 보고하면 곧 죽였으니, 백성들이 길에서 눈짓으로만 전달했소. 이에 왕이 기뻐하여 "나는 능히 비방을 그치게 할 수 있다."라고 말하자, 어떤 사람이 "이는 막는 것으로, 백성의 입을 막는 것은, 냇물을 막는 것보다 심하니, 물이 막히면 무너져, 많은 이들이 필히 다치게 됩니다."라고 간언했소. 하지만 임금이 듣지 않자 나라 사람들이 너나 할 것 없이 그를 배반했으니, 결국 려 임금은 '체' 땅으로 달아나게 된 것이오.[121)]

8-1. 불언(不言): 함부로 말하거나 명령하지 않음

노자 지도자가 덕을 닦지 않아서 함부로 말하거나 명령을 내리게 되면, 나라를 다스리는 데 있어 항상 어려운 문제들이 발생하게 되오. 따라서 어느 한쪽으로 치우치지 않고 객관적이고도 공정한 태도를 유지하는 자세를 취하는 것이 대단히 중요한 것이니.[122)] 이러한 이유 때문에, 대동사회를 이끈 지도자들은 억지로 작위하여 법률과 제도로 통제하지 않고, 천성에 따라서 백성들과 나라를 다스렸으며, 함부로 말하거나 명령을 내리지 않음으로써 대동의 통치이념을 실천하고자 했던 것이요.[123)]

지도자가 가장 기본적으로 갖춰야 할 미덕이 신뢰인데, 그러한 지도자가 백성들에게 믿음을 보이지 못하면, 백성들은 지도자를 믿고 따르지 않게 되오.[124)] 따라서 대동사회의 성인들은 침착하고 여유가 있어, 말이나 명령을 함부로 하지 않았소. 그러하니 대동사회의 백성들은 지도자의 존재를 알고 있었을 뿐, 그의 뛰어난 지도력에 대해서는 절실하게 느끼지 못했기 때문에, 지도자가 삼가 노력하여 일을 완성하여도 백성들 스스로 그러한 것이라고 여겼던 것이란 말이요.[125]

지도자가 말이나 명령을 함부로 하지 않는 것이 바로 하늘이 부여한 천성에 따르는 것이니. 광풍이나 폭우 같은 자연의 난폭함조차도 일시적으로 작용할 뿐, 지속될 수는 없는 것이요.[126] 억지로 작위하면 이처럼 사람의 능력으로는 어찌할 수 없는 광풍과 폭우조차도 오래갈 수 없는 법인데, 하물며 일개 사람이 만든 법률과 제도로 통제하는 것이야 굳이 말할 나위가 있겠소?[127] 그러므로 대동의 통치이념은 말이나 명령을 함부로 하지 않고 스스로 그러할 수 있도록 환경을 조성해주는 것이니, 세상에는 이러한 대동의 통치이념과 견줄 수 있는 것이 없다오.[128]

공자 그렇습니다. 태평성대를 이끌었던 옛 성현들은 함부로 말을 내뱉지 않았는데, 그 이유는 자칫 내뱉은 말을 이행하지 못하면 오히려 허물이 되기 때문이지요. 지도자가 먼저 말을 하고 그것을 실천하면 백성들이 그다지 그를 중시하지 않지만, 먼저 행동으로 보이고 그것을 말하면 백성들이 그를 믿고 따르며 나아가 진심으로 섬기게 되니, 나라를 다스리는 지도자는 말보다 행동이 앞섬으로써, 말과 명령에 특히 삼가야 하는 것입니다.[129]

그러므로 도를 배우고 부단히 노력하여 실천하는 올바른 지도자인 군자는 입이 무거워 말을 잘하지 않지만, 행함에 있어서는 오히려 민첩하고자 합니다.[130] 말은 상대방에게 자기의 의사를 정확하게 표현하는 수단일 뿐, 화려한 말솜씨로 사람을 대하면 오히려 미움을 살 뿐이지요.[131] 결국 말하는 것을 부끄러워하여 자제하지 않으면, 말한 바를 모두 행하기가 어렵게 되고,[132] 또 그렇게 되면 신뢰를 잃게 되는 것입니다.

저의 제자 남궁괄이 "흰 구슬의 흠은 오히려 갈아서 고칠 수 있지만, 말의 흠은 갈아 고칠 수가 없네."[133]라는 구절을 여러 번 되풀이하자, 저는 제 형의 딸을 남궁괄에게 시집보냈습니다.[134] 그 이유는 남궁괄이 그처럼 말을 신중하게 하므로 나라에 도가 있으면 충언을 다함으로써 버려지지 않을 것이고, 나라에 도가 없으면 말을 아끼기 때문에 임금의 심기를 건드리지 않아서 죽음을 면할 것이기 때문이었습니다.

8-2. 정(靜): 고요함

노자 대동사회의 통치이념은 새로운 제도를 자꾸 만들어 백성들을 통제하지 않으므로, 마치 비어 있는 것과도 같은 경지에 이르오. 또한 신중하고 삼가여 말이나 명령을 함부로 하지 않으므로, 마치 고요한 정적과도 같은 상황을 유지한다오.[135] 이처럼 덕을 치세의 원칙으로 회복한다는 것은 말이나 명령을 함부로 내리지 않는 것이니, 이를 일컬어서 천명 즉 다시 천성에 따르는 것이라고 하오.[136] 하늘이 부여한 천성에 따르는 것을 두 마음을 품지 않고 일관하는 변치 않음이라고 하고, 이러한 일관하여 변치 않음의 원리를 이해하는 것이 바로 덕을 밝히는 것이요. 변치 않고 일관되게 덕을 밝히는 원리를 이해하지 못하면, 백성들을 평안하게 다스리지 못하여 나라를 장구히 보존하지 못하게 되고, 결국에는 나라와 지도자의 끝이 불행해지느니.[137)]

분주함은 추위를 이길 뿐이지만 고요함은 더위를 이길 수 있으니, 결국에는 맑고도 고요함이 세상을 올바르게 하오.[138)]

공자 방금 그 마지막 말씀에 대해서 좀 더 설명해주실 수 있으신지요?

노자 법률과 예악제도를 강화하여 백성들을 억지로 통제하면 일시적으로 그 상황을 해결할 뿐이지만, 말이나 명령을 함부로 하지 않고 천성에 따르는 대동의 통치이념을 따르면 오랫동안 나라를 평온하게 할 수 있으니, 말이나 명령을 함부로 하지 않는 순일한 덕으로 다스리면 세상이 제 자리를 찾아 안정된다는 뜻이요. 즉 나는 엄격한 법률과 제도를 더욱 세분화하여 통제하는 것을 분주함에, 그리고 그를 통한 일시적인 안정을 추위에 빗대어 설명한 것이오. 마찬가지로 억지로 작위 하지 않고 천성에 따라서 통치하는 것을 고요함에, 그리고 그를 통해서 오랫동안 나라가 평온해짐을 더위에 빗대어 설명한 거라오.

부드러운 모성이 항상 고요함으로써 강함의 부성을 제압하는 것은, 바로 고요함으로 아래에 처하기 때문이니.[139)] 백성들은 법과 제도로 억압하여 통제하는 지도자보다 항상 말과 명령을 함부로 하지 않고 자애로운 덕을 베푸는 지도자를 더욱 따르는데, 그 이유는 바로 지도자가 말과 명령을 함부로 하지 않고 항상 자신을 백성들 아래에 두기 때문이오.

공자 지(知), 즉 지혜로운 이는 물을 좋아하므로 사리에 밝아 물과 같이 계속 나아가고 인(仁), 즉 임금을 진심으로 섬기는 이는 산을 좋아하므로 신중하고 후덕하여 중후하게 한 곳을 지킵니다. 지혜로운 이는 동적이므로 변화하고, 인(仁)한 이는 정적이므로 고요하게 머물지요. 지혜로운 이는 물처럼 앞으로 나아가는 것을 즐기고, 인(仁)한 사람은 산과 같이 한 곳을 지키기에 자신이 받은 천성을 다하게 됩니다.[140] 결국 인(仁)의 주된 특징이 고요함이고, 또 인(仁)은 도의 내용에 있어서 부드러움을 뜻하니, 노담과 저의 뜻에는 일맥상통한 부분이 있지 않을까요?

8-3. 개과(改過): 허물을 고침

노자 백성들이 기민함과 얕은꾀를 쓸 필요가 없도록 다스리는 것이 가장 이상적인 것이니, 백성들이 기민함과 얕은꾀를 쓰는 것은 결국 지도자가 그렇게 해왔기 때문이오.[141] 그러므로 허물이 있음을 꺼리게 되면 이 때문에 허물이 없게 되니,[142] 백성들이 기민함과 얕은꾀를 쓰는 것은 지도자 때문이라는 사실을 깨닫고, 이에 지도자가 삼가여 순일한 덕을 베풀면 결국 백성들이 기민함과 얕은꾀를 쓰지 않게 되는 것이요. 대동사회를 이끈 지도자들은 자신들에게 결점이 있음을 결점으로 여겼기에, 결국 결점이 없게 된 것이라오.[143]

공자 허물이 있으면서도 고치지 않으면, 이를 허물이라고 하느니![144] 옛 성현들은 자만하지 않고 항상 자기가 부족하다고 여겨서, 끊임없이 허물을 찾고 또 그것을 고치려고 노력하였습니다. 하지만 지금의 지도자들은 자기의 허물을 허물로 여기지 않기 때문에 허물을 고치는 데 태만한 것이니, 그것이 바로 허물인 것이지요.

도를 배우고 부단히 노력하여 실천하는 올바른 지도자인 군자라고 할지라도 신중하지 못하여 경거망동하면, 고귀하고도 엄숙함을 잃어 신임을 잃게 되고, 옛 성현들의 통치이념인 도를 배워도 결국 자기의 것으로 만들어 실천할 수 없게 됩니다. 따라서 정성스러움과 성실함을 기본으로 하여 실천하고, 자기보다 못한 사람은 배울 것이 없으므로 가까이하지 말며, 잘못을 저지르면 주저하지 말고 바로 뉘우쳐서 고쳐야 합니다.[145]

이처럼 도의 중요한 요소 중 하나가 바로 부단히 노력하여 자신의 허물을 고치는 마음가짐인데, 그렇게 하기 위해서는 지도자가 자기의 허물을 부끄러워하여 마음속으로 스스로를 꾸짖고 자책해야 하는 것입니다. 그런데 저는 그러한 인물을 보지 못했으니, 이제 모든 꿈을 접을 수밖에 없는 듯합니다. 아, 끝이로다. 더 이상은 희망이 없구나![146]

9. 비폭력(非暴力): 무력으로 제압하지 않음

노자 대동사회의 통치이념으로 나라를 다스린 성인들은 전쟁 등의 무력으로 세상을 억압하지 않고, 오히려 덕을 베풀어 모순을 해결했기 때문에, 결국 세상이 그들에게 감화되어 복종하게 되었소.[147] 군대가 주둔한 지역은 전쟁으로 황폐해져서 사람의 발길이 끊기게 되어 가시덤불이 자라게 되고,[148] 큰 전쟁이 일어나게 되면 농지가 쑥대밭이 되거니와 백성들이 군대에 동원되어서 농사를 지을 수가 없게 되니 흉년이 들 수밖에 없는 것이오.[149]

따라서 무력이라는 것은 제아무리 훌륭한 것이라도 결국 상서롭지 못하여 세상에 도움이 되지 않는 것이니.[150] 세상 만물이 모두 꺼리기 때문에, 대동의 통치이념을 이해하는 성인들은 이러한 무력을 멀리하였소.[151]

따라서 뛰어난 사(士: 선비)는 자애롭기 때문에 용감하다는 도리를 깨우쳐서 감히 강압하지 않고, 또한 전쟁을 하더라도 자애로움으로 적을 대하기 때문에 분노하지 않으며, 상대방과 직접 부딪쳐 싸우지 않고 감화시키고, 오히려 백성들에게 자신을 낮춤으로써 그들의 신망과 지지를 얻는 것이요.[152] 이러한 도리를 상대방과 다투지 않는 덕이라고 하고, 사람을 다스릴 줄 아는 능력이라고 하며, 하늘이 부여한 천성에 따라서 스스로 그러하도록 한다고 일컬으니, 오랜 옛날 대동시대를 이끈 성인들의 통치 핵심인 것이오.[153]

공자 앞에서 소개드렸던 위나라 영공의 부인 남자(南子)가 음탕하여 수많은 남자들과 사통하자, 이를 수치스럽게 여긴 태자 괴외가 그녀를 죽이려 했으나 실패하여 송나라로 도망갔습니다. 이에 태자를 치고자 위나라 영공이 저에게 군대의 진을 치는 방법에 대해서 물은 적이 있었지요. 그래서 저는 "제사 때 쓰는 목기에 대한 것은 예(禮)이기 때문에 일찍이 들어본 적이 있지만, 무력으로 하는

전쟁에 대해서는 배우지 못했습니다."라고 대답하고는, 다음날 마침내 위나라를 떠났던 것입니다.[154)]

노자 당시 그대가 처한 상황이 어떠했는지 좀 더 설명해주시겠소?

공자 제나라에서 저를 방해할 심산으로, 말 120필과 미인 80명을 노나라 국경에 보내 강락무를 추게 하자, 노나라의 경(卿)이었던 계환자는 정치에 관심을 두지 않게 되었습니다. 이에 저는 노나라의 도가 땅에 떨어졌다고 판단하여 미련 없이 떠났지요. 노나라를 떠나 먼저 위나라에서 열 달간 머물렀고, 다시 진(陳)나라로 가려고 광 지역을 지나는데, 이때 '광' 지역 사람들은 저희를 양호의 일행이라고 생각했거니와 저의 모습까지 양호와 닮아서 닷 새 동안이나 포위했지요. 결국, 제가 제자 하나를 영무자에게 보내서 위나라의 신하로 삼게 하자, 그곳을 벗어날 수 있었습니다.

'포' 지역에서 한 달 정도 머무르다가, 다시 위나라로 돌아와 거백옥의 집에 머물렀습니다. 이 기간에 위나라 영공이 하루는 그의 부인 남자(南子)와 함께 궁문을 나섰는데, 환관인 옹거는 그의 곁에 있게 하면서 정작 저는 뒤의 수레를 타고 따라오게 했습니다. 이에 저는 수치심을 느끼고 조나라로 갔다가 다시 송나라로 향했지요. 그러고는 진(陳)나라에서 삼 년 동안 머물렀습니다. 하지만 대국이었던 진나라와 초나라 심지어 오나라까지 진(陳)나라를 공격했으므로, 결국 다시 위나라로 돌아갔으니 이때 제 나이가 대략 60세였습니다.

영공은 처음에는 기뻐하여 교외까지 마중 나와 저를 반겼지만, 시간이 지나면서 늙고 정사에 게을러지자, 자연스레 저를 등용하지 않게 되었습니다. 그래서 저는 크게 실망하여 다시 위나라를 떠났지요. 위나라를 떠나 진나라의 경(卿) 조간자를 찾아가려 하지만, 그가 두명독과 순화를 죽였다는 소식을 듣고는 다시 위나라로 돌아가 거백옥의 집에서 기거했습니다. 그리고 바로 이 기간에 위나라 영공이 저에게 군대의 진법에 관해서 물었던 것이지요.[155)]

노자 조간자가 두명독과 순화를 죽였다는 것은 무슨 말씀이오?

공자 조간자를 찾아가려 했을 때 그가 두명독과 순화를 죽였다는 소식을 듣고, 저는 '황하'를 바라보며 "이 강을 못 건너는 것도 운명이로다!"라고 말하며 한숨을 내쉬었습니다. 이에 제자 자공이 무슨 뜻이냐고 물었고, 저는 "조간자는 두명독과 순화의 도움으로 정치에 참여할 수 있었는데, 이제 이 둘을 죽였다. 내가 듣기로, 배를 갈라서 태아를 꺼내 죽이면 기린이 이르지 않고, 연못을 마르게 하여 물고기를 잡으면 교룡이 조화를 이루지 못하며, 둥지를 뒤엎어 알을 망가뜨리면 봉황이 오지 않는다고 한다. 이는 군자는 같은 부류가 피해를 보는 것을 꺼리기 때문이다. 금수도 의롭지 못하면 피하는데, 하물며 나는 말할 필요가 있겠는가?"라고 대답했습니다.[156)] 즉 저는 세상이 도를 버려서 너무나 혼탁하기 때문에, 봉황이 오지 않는 것이라고 말했던 것입니다.

군자는 활쏘기를 할 때 가죽으로 만든 과녁 맞히는 것을 위주로 하지 뚫는 것을 위주로 하지 않으니, 이는 힘을 겨뤄서 승부를 가르는데 있는 것이 아니라, 과녁을 적중시키는 데 있는 것입니다. 즉 군자는 활쏘기를 통해서 무력으로 나라를 이끌지 않고 오로지 마땅히 지켜야 할 도리인 법도에 맞는지를 살피며, 그렇지 못하면 허물을 고치는 데 부끄러워하지 않는 자세를 익히는 것이니, 이것이 옛날부터 전해오는 도리인 것이지요.[157]

9-1. 방어(防禦): 무력의 부득이한 정당화

노자 앞에서도 언급했듯이, 무력은 참된 지도자가 피해야 하는 것이요. 하지만 특수한 경우에는 정당화 될 수 있으니, 가령 예를 들어서 상대방이 침략한 경우에는 최소한 그들을 막아내야 하지 않겠소? 따라서 다른 방법으로 해결할 수 없는 부득이한 경우에만 무력을 행사해야 하는 것인데, 설령 무력을 통해서 해결하더라도 거기에서 멈춰야지, 강압적으로 다른 사리사욕을 채워서는 안 되오.[158] 무력이라는 것은 부득이한 경우에만 모순을 해결하기 위해 쓰는 도구일 뿐이니, 설령 이기더라도 자랑할 만한 것이 못되고, 설령 이기더라도 우쭐댈 만할 만한 것이 못되며, 설령 이기더라도 거만해서는 안 되고, 설령 이기더라도 아주 부득이하게 무력을 쓴 것으로 인식해야 하며, 설령 이기더라도 그 결과에 그쳐야지 억지로 무력을 일삼아서는 안 되는 것이오.[159]

공자 말씀하신 부득이한 상황이라는 것이, 신하가 임금을 치는 등의 무도함을 단죄하는 것도 해당될 것입니다. 왜냐하면 이는 신하가 자신의 임금을 진심으로 섬기고 따르는 인(仁)에 위배되는 행위이기 때문이지요. 따라서 저는 제나라 대부인 진성자가 임금인 간공을 시해했을 때 목욕재계하고 나아가 노나라 임금인 애공을 배알해서는, "진성자가 그의 임금을 시해했으니, 청컨대 그를 토벌하십시오."라고 간언했던 것입니다.[160)]

노담께서 말씀하신 것처럼, 저 역시 원칙적으로 무력과 전쟁을 반대합니다. 하지만 상대방이 무도하거나 쳐들어오는 등의 피치 못할 상황에서는 결국 무력으로 응해야 하니, 이러한 긴급한 상황에는 부득이하게 전쟁에 임할 수밖에 없습니다. 그렇다면 그 전에 반드시 백성들을 최소한 7년 동안 훈련시켜야 하는데, 이는 한 사람이 어떤 분야에서 일정 수준의 궤도에 오르려면 최소한 7년이 필요하기 때문이지요. 또한 참된 지도자는 백성들의 생명을 결코 함부로 하지 않기 때문에 오랜 세월에 걸쳐 착실하게 훈련시키고, 이렇듯 백성들의 신망을 얻는 참된 지도자가 부득이한 상황에서 전쟁을 준비하게 되면 백성들이 지도자를 믿고 따르므로 기꺼운 마음으로 전쟁에 참여하게 되는 것입니다.[161)]

노자 지당한 말씀이오.

공자 80세와 90세를 모(늙어 빠지다)라고 하고, 7세를 도(가엾게 여기다)라고 합니다. 도와 모는 비록 죄가 있어도 형벌을 주지 않지요.[162)] 7세의 남녀는 자리를 함께하지 않고, 식사를 함께하지 않습니다.[163)]

또한 주나라 무왕이 붕어하셨을 때 성왕이 어리고 약했으므로, 주공은 천자의 직위를 이행함으로써 세상을 다스렸습니다. 6년 차에는 명당(임금이 조회를 하던 곳)에서 제후들과 회동했고, 예악을 제정하였으며, 도량형을 반포하여 천하가 크게 복종했습

니다. 그리고 7년 차에는 정사를 성왕에게 내주었지요.[164)]

옛날부터 가르침을 행함에 집에는 글방(행랑방)이 있고, 향리에는 향학이 있으며, 취락에는 학당이 있고, 나라에는 국학이 있습니다. 해마다 입학하고, 매년 중반에 시험을 치르지요. 1년 차에는 경전의 문장을 나누고 뜻을 밝히는 것을 봅니다. 3년 차에는 학업을 공경하고 벗들과 즐기는지를 봅니다. 5년 차에는 널리 익히고 스승을 가까이하는지 봅니다. 그리고 7년 차에는 배움을 논하고 벗을 골라 뽑는 것을 보니, 이를 일컬어서 소성(小成; 기본기 완성)이라고 하는 것입니다. 9년 차에는 대부분을 깨달아서 통달하고 굳건히 세워서 어긋나지 않으니, 이를 일컬어서 대성(大成; 크게 이룸)이라고 합니다. 무릇 그러한 후에는, 백성들을 교화시키고 풍속을 바꿀 수 있으니, 가까운 이들(나라 안 백성들)이 기꺼이 복종하고, 나라 밖의 먼 타 지역 백성들이 따르게 되는 것이니. 이것이 큰 배움의 길인 것입니다.[165)]

따라서 최소한 소성(기본기 완성)이 되는 7년간 전쟁하는 법을 가르치지 않고 백성들을 전쟁터로 내보내는 것은 곧 그들을 사지로 몰아넣는 행위이니, 이는 지도자가 백성들을 아끼고 사랑하지 않는 것입니다. 그런 지도자는 지도자로서의 자격이 없습니다![166)]

노자 상고시대의 풍습에서 왼편은 양(陽: 삶)을, 오른편은 음(陰: 죽음)을 나타내오. 따라서 대동의 통치이념을 이해하고 실천하는 성인은 길함을 나타내는 왼편을 중시하고, 전쟁을 일삼는 지도자는 불길함을 나타내는 오른편을 중시하는 것이요.[167)]

무력이란 상서롭지 못하여 세상에 도움이 되지 않는 존재니 대동사회의 통치이념으로 나라를 이끄는 성인들은 쓰지 않았는데, 설혹 아주 부득이한 경우에 무력을 행하더라도 최소한의 목적을 달성하는 데 그쳐야지, 이겨서 사리사욕을 채우거나 공을 세우려 하는 마음이 있어서는 안 되오.[168]

이처럼 성인은 전쟁에서 이기더라도 기뻐하여 의기양양해하지 않았으니, 전쟁에서 이겼다고 기뻐하며 의기양양해하는 지도자는 살인을 즐기는 것일 따름이요.[169] 그리고 전쟁에서 이겼다고 기뻐하며 의기양양해하는 지도자는, 결국 세상이 그에게서 등을 돌리게 되어 지위를 오래 보존할 수 없게 되오.[170]

길한 일은 왼쪽을 중시하고 불길한 일은 오른쪽을 중시하느니.[171] 상대방이 침략해 오는 등의 특수한 상황에서는 전쟁을 부득이한 경우로 여기고 최선을 다해 싸울 수밖에 없소. 따라서 전쟁터에 직접 나가 싸우는 9품 하위직의 편장군은 왼편에 서서 이를 부득이한 전쟁으로 간주하고 최선을 다해 싸우는 것이요. 하지만 군대를 통솔하여 명령하는 1품 고위직의 상장군은 오른편에 서서 이 전쟁을 매우 불행한 것으로 여기고 조의를 표하고 있다는 상징적인 역할을 하는 것이라오.[172]

그렇지만 어쨌든 전쟁은 부득이한 것이라서, 희생자가 생기면 아군과 적군을 불문하고 모두 상례로 경건하게 애도의 뜻을 표해야 하느니.[173] 적군을 많이 죽여 전쟁에서 승리하더라도, 오히려 사람을 많이 죽였다고 애통해하는 것이오. 또한 전쟁에서 이기더라도, 적군의 희생자들을 상례로서 경건하게 애도해야 하는 것이오.[174]

결국 올바름으로 나라를 다스리고, 부득이한 경우에만 일을 해결하기 위해 전쟁을 하며, 법이나 제도 등으로 백성들을 통제하지 않고 백성들의 뜻에 따라 나라를 다스려야 하는 것이니![175]

상대방을 무력으로 누르는 전쟁을 감히 일으키지 못하고, 단지 부득이하게 전쟁이 발생한 경우에는 방어할 뿐이며, 자애로운 마음으로 상대방을 얕보지 않아서 늘 신중한 자세를 취해야 한다고 말하는 것이요.[176] 또한 이를 일컬어서 먼저 행할 전투태세가 없고, 먼저 걷어붙일 팔이 없으며, 먼저 무찌를 적이 없고, 먼저 잡을 무기가 없다는 것이니.[177] 적을 가벼이 여기는 것보다 더 큰 재앙은 없으므로, 적을 가벼이 보다가는 하마터면 나의 세 가지 보물인 검소함과 자애로움 그리고 감히 앞에 서지 않는 겸손함의 마음가짐을 잃게 되오.[178] 따라서 실력이 비등한 군대가 서로 충돌하면, 부득이하게 방어의 자세를 취하게 되는 슬픔을 간직한 쪽이 이기게 되는 법이라오.[179]

1) 1–3
2) 3–3
3) 6–2
4) 16–5
5) 16–6
6) 30–6, 55–6
7) 64–5
8) [尙書(상서)] 〈仲虺之誥(중훼지고)〉
9) [尙書(상서)] 〈太甲下(태갑하)〉
10) 1–1
11) [說文解字(설문해자)]
12) 17–22
13) 17–2
14) 23–4
15) 50–1
16) 50–2
17) 50–3
18) [十八史略(십팔사략)] 〈夏王朝篇(하왕조편)〉
19) 16–9
20) 7–21
21) 17–3
22) 5–16
23) [禮記(예기)] 〈曲禮上(곡례상)〉
24) [史記(사기)] 〈孔子世家(공자세가)〉
25) [左傳(좌전)] 〈昭公(소공) 25년〉, [史記(사기)] 〈孔子世家(공자세가)〉
26) 12–11
27) [史記(사기)] 〈孔子世家(공자세가)〉
28) 7–2
29) 8–18
30) 9–16
31) 9–18
32) 9–29
33) 13–22, [禮記(예기)] 〈緇衣(치의)〉
34) 6–5
35) 6–9
36) 9–20
37) 2–19
38) [左傳(좌전)] 〈昭公(소공) 14년〉
39) 12–22
40) 6–17
41) 22–1
42) 45–3
43) 58–1
44) 58–4
45) 76–3
46) 17–8
47) 13–18
48) 4–18
49) 6–20
50) 7–20
51) 7–34
52) 33–1
53) 56–1
54) 72–4
55) 6–21
56) 9–28
57) [禮記(예기)] 〈中庸(중용)〉
58) 17–8
59) 15–34
60) 56–2
61) 10–4
62) 18–2
63) 19–1

64) 65–1

65) 65–2

66) 65–3

67) 71–1

68) 47–1

69) 47–2

70) 47–3

71) 2–11

72) 12–21

73) 2–4

74) 22–1

75) 5–10

76) 13–27

77) 17–8

78) 36–2

79) 78–2

80) 76–3

81) 14–15

82) [左傳(좌전)]

83) 57–1

84) 45–4

85) 57–7

86) 12–20

87) 10–6

88) 15–1

89) 15–2

90) 15–3

91) 15–4

92) 26–1

93) 26–3

94) 26–4

95) 60–1

96) 63–2

97) 63–3

98) 63–4

99) 63–5

100) 63–6

101) 2–22

102) 64–1

103) 64–2

104) [禮記(예기)] 〈中庸(중용)〉

105) 69–3

106) 72–4

107) [禮記(예기)] 〈中庸(중용)〉

108) 5–19

109) [國語(국어)] 〈周語中(주어중)〉

110) [左傳(좌전)] 〈襄公(양공 6년)〉, [國語(국어)] 〈魯語上(노어상)〉

111) [左傳(좌전)] 〈文公(문공) 6년〉

112) [左傳(좌전)] 〈成公(성공) 4년〉

113) [左傳(좌전)] 〈成公(성공) 7년〉

114) 12–14

115) 13–1

116) 13–13

117) 15–16

118) 15–38

119) 13–15

120) [尙書(상서)] 〈大禹謨(대우모)〉

121) [十八史略(십팔사략)] 〈周王朝篇(주왕조편)〉

122) 5–4
123) 2–3
124) 17–3, 23–5
125) 17–4
126) 23–1
127) 23–3
128) 43–4
129) 4–22
130) 4–24
131) 15–41
132) 14–20
133) [詩經(시경)] 〈大雅(대아)·抑(억)〉
134) 11–5
135) 16–1
136) 16–4
137) 16–5
138) 45–4
139) 61–2
140) 6–21
141) 71–1
142) 71–2
143) 71–3
144) 15–30
145) 1–8, 9–24
146) 5–26
147) 30–1
148) 30–2
149) 30–3
150) 31–1
151) 31–2
152) 68–1
153) 68–2
154) 15–1
155) [史記(사기)] 〈孔子世家(공자세가)〉
156) [史記(사기)] 〈孔子世家(공자세가)〉
157) 3–16
158) 30–4
159) 30–5
160) 14–21
161) 13–29
162) [禮記(예기)] 〈曲禮上(곡례상)〉
163) [禮記(예기)] 〈內則(내칙)〉
164) [禮記(예기)] 〈明堂(명당)〉
165) [禮記(예기)] 〈學記(학기)〉
166) 13–30
167) 31–3
168) 31–4
169) 31–5
170) 31–6
171) 31–7
172) 31–8
173) 31–9
174) 31–10
175) 57–1
176) 69–1
177) 69–2
178) 69–3
179) 69–4

나라에 도(道)가 있으면 머무르면서 지도자를 올바른 길로 보필하고, 나라에 도가 없으면 세상을 등지고 유유자적하라는 당시의 불문율(不文律)을 노자는 충실히 따랐지만, 공자는 오히려 거부했다. 그렇다면 우리는 과연 어떠한 길을 걸어야 할 것인가?

열하루째 날,

선택:

떠날 것인가? 남을 것인가?

노자 그대가 남궁경숙과 함께 주나라로 건너와 나를 찾았을 때, 나는 당시 주나라의 서고(書庫)를 지키는 사관의 신분이었소.[1] 사관은 다시 대사(大史)와 소사(小史) 그리고 내사(內史)와 외사(外史)의 직무로 나뉘는데, 외사는 바깥으로 나가는 명령서를 쓰는 것을 관장하고, 사방 제후국들의 기록 및 삼황오제에 대해 기록한 옛 서적들을 관장하며, 사방 제후국들에 옛 서적들의 목록을 전달하는 일을 관장하오. 그리고 만약 천자의 명령서를 가지고 사방으로 사절을 보내면, 그 명령을 기록하오.[2] 따라서 나는 사관 중에서도 구체적으로는 외사의 직위를 맡고 있었기에, 특히 삼황오제에 대한 기록들을 숙지하고 있었고, 또한 그 내용들을 기반으로 하여 대동사회로 복귀할 것을 주장한 것이오. 당시 그대가 찾아와 나에게 예(禮)에 대해서 물었을 때, 내가 그대에게 어떤 말들을 했는지 기억하시겠소?

공자 기억하다마다요. 당시 노담께서는 "그대가 말하는 바는 그 육신과 뼈가 모두 이미 썩었고, 오직 그 말만이 있을 따름이오. 게다가 군자는 때를 만나면 마차를 타지만, 때를 만나지 못하면 떠도는 것이오. 내가 들으니 훌륭한 장사꾼은 깊숙이 숨겨 마치 비어 있는 듯하고, 군자가 덕이 가득 차면 용모가 우매한 것처럼 보인다고 하오. 그대의 교만한 마음과 탐욕, 자신을 드러내려는 얼굴빛과 도리를 어지럽히려는 태도를 버리시오. 이는 모두 그대의 몸에 무익하오. 내가 그대에게 말해줄 것은 이와 같을 따름이오." 라고 말씀하시지 않으셨습니까?[3]

노자 그렇소. "그대가 말하는 바는 그 육신과 뼈가 모두 이미 썩었고, 오직 그 말만이 있을 따름이오."라고 말한 의도는, 그대가 묻고자 했던 예(禮)에 대해서 신랄하게 비판한 것이니, 당시 춘추시대의 예(禮)는 그 형식만이 남아 있고 정성을 다해야 한다는 내용은 사라진 지 오래였던 것이오. 이처럼 허례허식에만 치우치고 그 본연의 의도가 퇴색되어버린 예(禮)는 마치 속없는 빈껍데기와도 같지 않겠소?

"군자는 때를 만나면 마차를 타지만, 때를 만나지 못하면 떠도는 것이오."라고 한 이유는 지도자가 도를 중시하면 나아가 벼슬을 하여 임금을 정성껏 보필하는 것이지만, 지도자가 도를 중시하지 않으면 과감하게 벼슬을 버리고 세상을 떠도는 것이 도리이기 때문이요. 지도자의 도가 땅에 떨어졌는데도 충언으로 임금을 섬기면, 그 결과는 오직 죽임을 당할 뿐. 따라서 나 역시 당시의 불문율에 따라 주나라를 떠나 서쪽으로 가려 한 것인데, 그대는 오히려 그러한 세상을 떠나지 않았거니와 심지어 적극적으로 바꾸고자 노력하지 않았소?

이어서 "내가 들으니, 훌륭한 장사꾼은 깊숙이 숨겨 마치 비어 있는 듯하고, 군자가 덕이 가득 차면 용모가 우매한 것처럼 보인다고 하오."라고 말한 의도는 무엇이었겠소? 대동의 통치이념은 진정 줄이고자 하면 먼저 잠시 확장해주어야 하고, 진정 약화시키려면 먼저 잠시 강화시켜야 하며, 진정 없애고자 하면 먼저 잠시 일으켜주어야 하고, 진정 뺏으려면 먼저 잠시 줘야 하는 것이니, 이를 미묘한 책략이라고 일컫소.[4] 이는 다시 말해서 이굴구신(以屈求伸: 움츠림으로 폄을 구한다)의 처세술에 대해 논한 것이니, 마치 개구리가 도약하기 위해 잠시 몸을 움츠리는 것과도 같다는 도리오.

후에 주나라 문왕으로 추존된 서백이 죽고 나서, 주나라 무왕이 동쪽 정벌을 가서 '맹진'에 이르니, 상나라를 배반하고 주나라로 모여든 제후들이 800명에 이르렀소. 그 제후들이 모두 "상나라의 주 임금은 벌해도 됩니다."라고 간언하자, 무왕은 오히려 "그대들은 아직 천명을 모른다."라고 말하고는 다시 주나라로 돌아갔던 것이니,[5] 이것이 바로 유약함이 강직함을 이긴다는 도리인 것이요.[6]

물고기는 깊은 물을 벋어 나면 안 되고, 나라의 이로운 그릇은 남에게 보이면 안 되느니![7] 진정으로 내실이 있는 것은 겉으로 드러내지 않고 속으로 쌓아야 하오. 물고기가 깊은 물에 있으면 밖에서 언뜻 보기에는 물고기가 없는 듯하고, 나라의 이로운 그릇은 남이 보지 못하도록 해야 하니 마치 없는 듯 보이게 하라는 뜻이요. 즉 겉으로 강하게 보이는 것보다 약하게 보이는 것이 진정 강한 것이외다.

공자 저는 한평생 도를 배우고 부단히 실천하려고 노력했습니다. 하지만 이제 와서 돌이켜보니, 당시 노담께서 지적하신 교만한 마음과 탐욕 그리고 자신을 드러내려는 얼굴빛과 도리를 어지럽히는 태도라는 것이 무엇이었는지를 알 수 있을 듯도 합니다.

저는 "옛 성현들의 말씀과 업적이 기록된 〔시경〕과 〔상서〕 등의 문(文)에 대해서는 내가 다른 사람과 비슷할 것이다. 다만 군자의 도를 몸소 행하는 것은 아직 이르지 못했다."[8]라고 말한 바 있습니다. 하지만 또 한편으로는 제자인 안회에게 "등용되면 나아가 행하고, 버려지면 물러나 간직하는 것이다. 오직 나와 너만이 이렇게 함이 있다."[9]라고도 말한 바 있으니, 사람에 따라서는 이 두 마디 말에 모순이 있는 것처럼 보일 수도 있겠지요.

노자 좀 더 구체적으로 말씀해보시게.

공자 도를 행하는 것은 아직 이르지 못했다고 말했으니, 이는 도의 구성요소인 겸손함을 실천하는 것입니다. 또한 등용되면 나아가 행하고 버려지면 물러나 간직하는 것은, 역시 도의 구성요소인 총애와 모욕에 집착하지 않는 중(中)을 실천하는 것입니다. 그런데 저는 저 스스로 중(中)을 실천한다고 말했으니, 돌이켜 생각해 보면 이는 다시 겸손함에 위배되는 것으로 간주될 수도 있을 듯합니다.

그뿐만이 아닙니다. 양호는 노나라 계손씨의 가신(家臣)으로 계평자를 섬겼던 인물인데, 정공 5년 즉 제가 46세일 때 계평자가 죽자 권력을 장악했지요. 그는 제가 49세일 때인 정공 8년 공산불요와 함께 반란을 일으켜 계평자의 아들 계환자를 체포했고, 이참에 삼환을 몰아내려 했으나 음모가 사전에 들통 나는 바람에 오히려 '양관'으로 달아났습니다. 그리고 그 이듬해에 다시 제나라로 도망갔는데, 그런 양호가 권력을 장악했을 때, 저를 만나고 싶어 했습니다.

노자 그대가 '광' 지역을 지날 때, 그 지역 사람들이 오해하여 닷 새 동안이나 그대 일행을 포위했다던 그 인물 말이요?

공자 네, 그렇습니다. 한번은 그런 양호가 저를 만나서 정치에 대해서 의논하고 싶어 했으나, 제가 만나주지 않자 저희 집에 돼지 한 마리를 보냈습니다. 저는 어쩔 수 없이 그가 없을 때 그의 집에 가서 예(禮)를 갖추고, 돌아오는 도중에 그만 양호를 만나게 되었던 것입니다. 그때 양호가 "오시오, 내 그대와 말 좀 합시다."라며 저를 부르고는 말하길, "뛰어난 능력이 있음에도 나라가 혼란스러움을 방관한다면, 그것이 자기의 군주를 진심으로 섬기고 따르는 인(仁)이라고 할 수 있소?" 그래서 저는 "아닙니다."라고 대답했지요. 계속해서 양호는 "정치에 참여하여 나라를 바로잡기를 원하면서도 기회를 잡지 못한다면, 그것이 오직 공익을 꾀하는 객관적인 판단력인 지혜로움인 지(知)라고 할 수 있소?"라고 물었고, 저는 "아닙니다."라고 대답했습니다. 이에 양호가 "해와 달은 지는 법이니, 세월은 나를 기다리지 않소이다."라고 말하자, 제가 "알겠습니다. 기왕 벼슬을 하여 나라를 바로잡을 기회가 생겼으니, 그대의 요청을 받아들여 벼슬을 하겠습니다."[10]라고 대답했던 것입니다.

사실 저는 50세까지도 벼슬길에 나아가지 못했으니, 도를 배운지 오래되었지만 등용되지 못하여 시험해 볼 기회가 없어서 답답해하던 참이었습니다.[11] 이에 양호가 비록 신하로서 정권을 장악한 불인(不仁)한 인물이기에 피하려 했지만, 또 기왕 벼슬할 기회가 생겼으니 그 요청을 받아들이려고 했던 것이지요.

이 일이 있은 지 얼마 되지 않아서, 이번에는 계씨의 가신(家臣)으로서 양호와 함께 반란을 일으켰던 공산불요가 '비' 지역을 점거하고는, 저를 불렀습니다. 이에 저는 "문왕과 무왕이 풍과 '호' 지역에서 일어나 주나라를 일으켰다. 지금 비라는 땅이 비록 작지만 치국의 도를 실현할 수 있는 곳이다."라고 말하며 그의 요청을 받아들이려고 했는데,[12] 제자 자로가 "갈 곳이 없으면 그만이지, 어찌 공산씨 쪽으로 가려 하십니까?"라며 말리더군요. 그래서 저는 "무릇 나를 부른 사람이 어찌 헛되이 불렀겠는가? 만약 내 재능을 알아주어서 나를 쓰려는 사람이 있으면, 내가 그곳을 동쪽의 주나라로 만들겠다!"[13]라고 말했던 것입니다. 그 이후로 정공에게 기용되어서 '중도' 지역의 원님이 되고, 연이어서 사공(공조판서)과 대사구(형조판서) 그리고 대부로 승진하며 노나라를 안정시키고자 했습니다.

정공 14년 즉 56세에 대부가 되었는데, 제가 기뻐하는 기색을 보이자, 제자들이 "군자는 화가 닥쳐도 두려워하지 않고, 복이 찾아와도 기뻐하지 않는다고 들었습니다."라며 그 까닭을 물었습니다. 이에 저는 "물론 그와 같은 말이 있다. 하지만 아랫사람을 귀히 여김으로써 그들을 기쁘게 한다고 하지 않더냐?"라고 대답해 주었습니다.

노자 그대의 말뜻은 "대부가 되어서도 백성들 위에서 군림하거나 함부로 명령하지 않고, 오히려 그들을 공경하고 아끼며 소중히 여길 것이다. 그렇기 때문에 백성들이 이에 기뻐하게 될 것이다."라는 의미를 함축하고 있다는 것 아니오?

공자 네, 그렇습니다. 따라서 제가 대부가 되었을 때 이토록 기뻐한 이유는, 다름 아닌 도를 펼침으로써 백성들을 기쁘게 할 수 있는 기회를 얻게 되어서인 것입니다.[14]

하지만 그런 저를 두려워한 제나라가 미인계로 노나라를 방해하고, 이에 계환자는 정사를 소홀히 했으며, 임금은 제사를 지내고 난 후에도 대부들에게 음식을 나눠주는 예(禮)를 행하지 않자, 56세였던 저는 노나라의 도가 땅에 떨어졌다며 주저 없이 떠나게 된 것입니다.

노나라를 떠난 후 '광' 지역에서 위협을 당했을 때, 물론 두려워하는 제자들을 안심시키기 위해서이기는 했지만, "주나라 문왕은 이미 돌아가셨지만, 문왕의 통치업적 및 일련의 정책이 기록된 문(文) 즉 문왕의 통치이념인 도가 사라지지 않고 나에게까지 이어질 수 있었다는 것은, 바로 하늘이 아직 세상을 버리지 않았음을 나타낸다. 그리고 나는 그러한 문(文)을 세상에 알리려고 고군분투하고 있는 것이니, 하늘이 역사적인 사명감을 버리지 않은 나를 결코 버리지 않을 것이다. 하물며 이처럼 작은 '광' 지역의 사람들이 나를 어찌 막을 수 있겠는가?"[15]라고 말한 바 있으니, 보는 이들에 따라서는 이를 교만함으로 간주할 수도 있을 듯합니다.

또한, 위나라에 갔을 때, 영공의 푸대접에 실망하여 진(陳)나라에서 삼 년 동안 머물렀습니다. 하지만 진나라와 초나라 심지어 오나라까지 진(陳)나라를 공격하므로 결국, 60세에 다시 위나라로 돌아갔지요. 이때 영공은 기뻐하여 교외까지 마중 나와서 저를 반겼지만, 시간이 지나 정사에 게을러지자 자연스레 저를 등용하지 않게 되었습니다. 이에 저는 크게 한탄하면서 "만약 나를 등용하는 이가 있다면, 일 년만 있어도 부강한 나라의 모양새를 갖출 수 있고, 삼 년이면 완성시킬 수 있다."[16]라고도 말한 바 있습니다.[17]

그리고 바로 이 무렵, 진나라의 경(卿) 조간자의 영토인 '중모' 지역의 원님을 지내던 필힐이 반란을 일으키고는 저를 기용하고자 했습니다. 그래서 저는 필힐의 요청에 응하려고 하였는데, 제자 자로가 "옛날에 저는 스승께서 '그 몸을 선하지 못한 것에 가까이하면, 군자가 들어가지 않는다.'라고 말씀하시는 것을 들었습니다. 필힐이 '중모' 땅에서 함부로 날뛰는 것은 옳은 일이 아닌데, 스승께서는 그곳으로 가시려 하니, 어찌된 것입니까?"라고 묻더군요. 이에 저는 "그렇다. 그런 말을 했다. 하지만 단단한 것은 갈아도 얇아지지 않고, 흰 것은 검은 물을 들여도 검어지지 않는다고 하지 않더냐. 나는 유혹에 빠지지 않고 도를 지킬 수 있다. 더구나 내가 어찌 조롱박과 같이 매달려 있어도 먹지 못하는 그런 무용지물이어야 하겠는가? 나는 내가 한 말을 번복해서라도, 다시 한 번 옛 성현들의 통치이념인 도를 펼칠 기회를 잡고자 한다."[18]라고 대답했었습니다.

노자 실제로 자로가 그러한 말을 한 적이 있소?

공자 "위태로운 나라에는 들지 아니하고, 어지러운 나라에는 살지 않는다."[19]라고 말해준 바 있고, "선함을 보면 못 미칠 듯이 하고, 선하지 못함을 보면 끓는 물에 손을 넣는 듯하다."[20]라고도 말했었으니, 그 맥락상 일치한다고 할 수 있을 것입니다.

노자 왜 그랬던 것이요?

공자 저는 노나라의 대부로서 도를 행한 경험이 있었고, 또 이를 통해서 나라를 잘 다스릴 수 있다는 자신감이 있었습니다. 따라서 제가 했던 말을 번복해서라도 다시 한 번 도를 펼칠 기회를 잡고자 했던 것이지요. 다만 그 어떠한 사리사욕을 품어서 벼슬을 하고자 한 것은 결코 아닙니다.

노자 요임금이 한번은 '화' 지역으로 건너가 살피니, '화'의 봉인인 수령이 "아, 성인을 축복하나니! 성인께서 장수하고 부유하며 아들이 많기를 바랍니다."라고 말했다고 하오. 그러자 요임금은 "사양하겠소. 아들이 많으면 두려워할 일이 많고, 부유하면 일이 많으며, 장수하면 욕된 일이 많소."라고 대답했소이다. 이에 봉인은 "하늘이 만백성을 낳으면 반드시 그 직분을 부여하니, 아들이 많은데 직분을 주면 무슨 근심이 있고, 부유한데 사람들로 하여 그것을 나누게 하면 무슨 일이 있으며, 세상에 도가 있으면 만물과 더불어 모두 번창하고, 세상에 도가 없으면 홀로 덕을 닦으며 한가로이 지내다가, 오랜 세월이 지나고 세상에 염증이 나면 버리고 위로 올라가, 저 흰 구름을 타고 하느님이 있다는 '제향'에 이르니, 무슨 욕될 일이 있겠습니까?"라고 말했다고 하오.[21]

공자 상나라의 마지막 왕이었던 주 임금은 숙부 비간의 지속적인 충언을 참다못해서, "내가 듣기로 성인은 심장에 일곱 개의 구멍이 있다는데 직접 확인해보겠노라"고 말하여 그 자리에서 비간의 심장을 도려냈지요. 그 모습에 놀란 기자는 미친 척하였으나 결국 체포되어 노비가 되고, 주 임금의 형 미자는 상나라를 떠났습니다.

따라서 이처럼 충언을 해도 임금이 깨닫는 것은 고사하고 자신의 목숨조차도 부지하지 못했으니, 신하가 세상을 등지고 떠나는 것이 당시에는 어쩌면 너무나도 당연했던 불문율이었던 것이지요. 나라에 도가 있으면 그 말은 족히 흥하고, 나라에 도가 없으면 그 침묵은 족히 용납되는 것이니.[22]

노자 그러한 까닭에 대동의 통치이념을 깨달은 이들은 도가 땅에 떨어지면 거친 베옷을 걸치고 세상을 유유자적하며 떠돌았던 것이지만, 사실 그들이야말로 속으로는 아름다운 옥을 품은 것처럼 대동의 통치이념을 깨달은 사람들이었던 것이요.[23)]

공자 한번은 미생묘라는 인물이 "그대 공구는 어찌 이리 도처로 다니며 유세하는가? 사람들을 홀려서 벼슬을 하려고 아부하는 것이 아닌가?"라고 말하더군요. 그래서 저는 "감히 사람들을 홀려서 벼슬을 하려고 아부하는 것이 아니라, 있는 힘을 다해서 도를 전파함으로써 세상을 다시 안정시키려는 것이다."라고 제 의지를 천명한 바 있습니다.[24)]

그리고 제 나이 대략 60세일 때 위나라에서 머물었는데, 하루는 경쇠(옥이나 돌 또는 놋쇠로 만든 타악기)를 치고 있었습니다. 그 때 삼태기를 등에 메고 집 문을 지나던 사람이 "마음에 뜻이 있구나, 경쇠를 치는 이여!"라고 말하고는 뒤이어서 "비속하다, 땅땅 울리는 소리여! 세상에 도가 있으면 머물고, 도가 없으면 떠나는 것이다. 〔시경〕에 이르지 않던가?: '깊으면 옷을 입은 채 건너고, 얕으면 걷어 올리고 건너리니'라고." 하고 말하더군요. 이에 저는 "말이 지나치게 과감하구나! 하지만 그대의 말 역시 일리가 있도다."[25)]라고 하여, 담담한 반응을 보인 적도 있습니다.

그 후로 초나라에서 머문 적이 있었는데, 제가 채나라에 머문 지 3년이 되는 63세일 때, 오나라가 진(陳)나라를 공격했지요. 이에 초나라는 그런 진(陳)나라를 돕기 위해서 군대를 파견했는데, 마침 제가 진(陳)나라와 가까운 채나라에 있다는 소식을 듣고는 저를 초빙했습니다. 이에 저는 초나라로 가려고 했는데, 진

(陳)나라와 채나라 대부들이 "공자는 어진 자이고 진나라와 채나라에 머무른 시간이 오래되었으니, 필경 우리의 행위는 그의 뜻에 맞지 않을 것이다. 이제 공자가 초나라에 등용되면 우리가 위험해진다"라고 의논하고는 두려워하여 저희 일행을 포위했고, 저희는 중간에서 식량까지 떨어지는 상황에 봉착했지요. 제자들의 불만이 점점 커지자, 저는 자로를 불러서 "나의 도에 어떤 잘못이 있기에 이 지경에 이르게 되었을까?"라고 물었습니다. 그러자 자로는 "저희가 어질지 못하고 또 지혜롭지 못해서입니다."라고 대답했지요. 실망한 저는 곧 자공에게 같은 질문을 했는데, 자공은 "스승의 도가 너무 커서 받아들여지지 않으니, 조금 낮추시는 것이 좋지 않겠습니까?"라고 대답하는 것이 아니겠습니까? 뒤이어 안회에게도 같은 질문을 하자, 안회는 "스승의 도가 너무 커서 받아들여지지 않으나, 도가 받아들여지지 않는 것은 우리의 치욕이고 또 인재를 기용하지 못하는 것은 지도자의 치욕입니다. 받아들여지지 못할 때 비로소 군자의 참모습이 드러나니, 무슨 걱정이 있겠습니까?"라고 대답하더군요. 이에 저는 "안씨 집안에 이런 인재가 있었던가! 네가 높은 자리에 있게 되면, 나는 네 밑에서 일하겠다!"라고 말하며 크게 기뻐했었습니다. 그로부터 얼마 되지 않아서 다행히 제자 자공이 초나라로 가서 이 사실을 알려 초나라가 군대를 파견함으로써 포위에서 풀려날 수 있었고, 제 일행은 무사히 초나라에 도착한 것입니다.[26)]

그리고 바로 그때 저희 일행에서 뒤처져 있던 제자 자로가 초나라 '석문'에서 묵게 되었는데, 그때 마침 문지기가 "어디에서 왔소?"라고 물었고, 이에 자로는 "공씨 쪽에서 왔습니다."라고 대답하니, 그 문지기가 "안 될 줄 알고도 하려는 사람인가?"라고

한탄했다더군요.[27]

역시 제가 초나라에 머무르고 있을 때였습니다. 초나라 소왕 때 나라가 혼란스러워지자, 몸에 옻칠을 하여 문둥병자인 것처럼 꾸미고 또 머리를 풀어헤쳐 미치광이의 행색을 하여 떠돌아다니던 접여라는 인물이 제 일행을 지나치며 "봉황이여, 봉황이여! 어찌 덕이 쇠락했는가? 지나간 것은 간언을 할 수 없고, 올 것은 오히려 좇을 수 있으니. 그만둘 따름이다, 그만둘 따름이다! 오늘날 정치에 종사하는 자들은 위험할지니!"라고 노래를 부르는 것이 아니겠습니까? 이에 저는 급히 수레에서 내려서 그에게 말을 건네려고 했으나, 접여는 그런 저를 피해서 달아났었습니다.[28]

노자 음, 계속해서 말씀하시게.

공자 한번은 장저와 걸익이라는 두 인물이 밭을 갈고 있었는데, 저희 일행은 그들을 지나가다가 자로를 통해서 나루터가 어디에 있는지 물었지요. 그러자 장저가 "수레 고삐를 잡고 있는 사람은 누구인가?"라고 물었고, 자로가 "공자이십니다."라고 대답하자, 장저가 다시 "노나라의 공자인가?"라고 물었습니다. 이에 자로가 "그렇습니다."라고 대답하자, "공자는 도가 땅에 떨어지면 세상을 등지고 떠난다는 불문율을 따르지 않고, 자기가 이 세상을 바꿀 수 있다고 하고 있으니, 그런 능력자라면 묻지 않아도 나루터가 어디 있는지 알 것이다!"라고 말하고는 계속해서 밭을 갈더랍니다. 그래서 이번에는 걸익에게 물으니, 걸익이 "그대는 누구인가?"라고 물었고, "자로입니다."라고 대답하자, 다시 "노나라 공자의 제자인가?"라고 묻더랍니다. 이에 자로가 "그렇습니다."라고 대답하니, "도도히 흘러가니, 세상이 모두 이러한데, 누가 이 혼란스러운 세상을 바꿀 수 있겠는가? 이렇듯 혼란스러운 세상에서 굳이 자기를 알아주는 사람을 찾기 위해서 힘들게 돌아다니느니, 차라리 도가 땅에 떨어지면 세상을 등지고 떠난다는 불문율을 따르는 것이 낫지 않겠는가?"라고 말하고는, 계속해서 씨앗 덮는 일을 하더군요. 자로가 저에게 와서 그 말을 전했고, 저는 크게 낙심하여 멍하니 있다가 "지금과 같은 세상에는 대동의 통치이념을 펼 수 없으니, 예악제도로 애써서 절제하고 통제하는 소강사회의 통치이념을 펴야만 한다. 따라서 내가 추구하는 도는 사람의 통치이념인 인도(人道)니, 내가 이 사람의 무리와 함께하지 않으면, 누구와 함께하겠는가? 세상에 이미 도가 있으면, 내가 굳이 그대들과 더불어 바꾸려 하지 않았을 것이다!"라고 탄식했던 것입니다.[29)]

노자 흠.

공자 이미 말씀드린 바 있는데, 또 한번은 자로가 저희 일행에서 뒤처져 있다가 노인을 만났는데, 지팡이를 짚고 삼태기를 메고 있더랍니다. 자로가 다가가서는 "노인장께서는 제 스승을 보셨습니까?"라고 묻자, 노인은 "참된 지도자인 군자는 농업을 통치의 가장 중요한 내용 중 하나로 인지하고, 또 그렇기 때문에 솔선수범하여 농사에 참여해야 마땅하다. 그런데 공자는 농사를 허드렛일로 생각하고, 또 아랫사람에게 시키려고만 하고 있으니, 어찌 도를 가르치는 스승이라고 할 수 있다는 말인가!"라고 호통치고는 지팡이를 꽂고 계속해서 김을 매었다지요. 자로가 그 곁에서 계속해서 두 손을 가지런히 마주 잡고 서 있자, 결국 노인은 자로를 자기 집에 묵게 하고, 닭을 잡아 기장밥을 지어 먹였으며, 그 두 아들을 만나게 했다고 합니다. 다음날, 자로가 저에게 그 이야기를 전했고, 저는 "은자로다."라고 말하면서 자로에게 돌아가 그를 만나보게 했습니다. 하지만 노인은 이미 떠나고 없었지요. 이에 자로는 "나라가 혼란스러울수록 벼슬을 하여 자기의 임금을 보필하는 것이, 계급상의 서열을 명확하게 하고 그 서열에서 마땅히 지켜야 할 바를 목숨을 걸고 지키는 의로움의 의(義)이다. 또한 이러한 도의 내용이 되는 의(義)는 도의 형식인 예(禮)와 분리될 수 없으니, 신하로서 마땅히 지켜야 할 도리를 어찌 없앨 수 있단 말인가? 도가 땅에 떨어지면 세상을 등지고 떠난다는 불문율은 자기 몸만을 돌보려는 이기주의니, 이는 큰 윤리를 어지럽힐 뿐이다. 따라서 혼란스러운 시기임에도 참된 지도자인 군자가 벼슬을 하여 임금을 보필하는 것은, 다름 아닌 의(義)를 실천하는 것이 된다. 물론 그렇게 한다고 해서, 이 혼란스러운 세상에 갑자기 옛 성현들의 통치이념인 도가 다시 펼쳐지지 않을 것임은 잘 알고 있다."라고 말한 바 있습니다.[30)]

노자 그대가 소개한 인물들은 모두 나와 같이, 도가 땅에 떨어지면 세상을 등지고 떠난다는 불문율을 따랐던 인물이었을 것이요. 나는 오랫동안 주나라에 있었지만, 주나라가 쇠해지는 것을 보고는 마침내 주나라를 떠났소. 그러다가 '함곡관'에 이르렀을 때, 관지기 윤희가 "선생께서 이제 은둔하려 하시니, 어렵지만 저를 위해 저술을 해주십시오."라며 간곡하게 부탁했고, 이에 나는 상, 하편을 저술하여 도덕의 뜻 오천여 자를 말해주고는 서쪽으로 떠난 것이외다.[31)]

특히 그대에게 "사지를 부지런히 하지 않고, 오곡을 구분하지 못하니, 누가 스승이란 말인가!"라며 훈계한 그 노인은, 분명 농가사상(農家思想)을 지닌 인물이었을 것이고.

공자 사실 저 역시 도가 땅에 떨어지면 세상을 떠나야 한다는 불문율을 지켰습니다. 그래서 미련 없이 노나라를 떠났던 것이고. 또한 "도가 행해지지 않아서 굳이 세상을 떠돌게 된다면, 나를 따르는 사람은 자로일 것이다. 왜냐하면 자로는 남의 부귀를 질투하지 않고 남의 부귀를 탐하지 않아서, 다른 제자들과는 달리 정치에 나아가 성공하고자 하는 마음이 없기 때문이다."[32]라고도 말한 바 있지요.

세상에 도가 있으면 드러내지만, 도가 없으면 숨는 것이 순리입니다. 나라에 도가 있는데도 빈천하면 부끄러운 것이요, 나라에 도가 없는데도 부귀하면 부끄러운 것이지요.[33] 나라에 도가 있으면 관리가 되어 녹을 받지만, 나라에 도가 없는데도 관리가 되어 녹을 받는 것은 수치입니다.[34] 소위 큰 신하란 도로서 임금을 섬기다가, 안 되면 그만두는 것이니.[35]

현명한 이는 세상을 피하고, 그다음 가는 자는 지역을 피하며, 그다음 가는 자는 아첨하는 얼굴빛을 멀리하고, 그다음가는 자는 교묘하게 하는 말을 멀리합니다. 이러한 일을 행한 자가 일곱 사람이니, 백이, 숙제, 우중, 이일, 주장, 유하혜, 소련이었지요. 그런데 저는 이들과 달라서, 가함도 없고 불가함도 없는 것입니다.[37]

노자 가함도 없고 불가함도 없다고 한 취지는, 설마하니?

공자 도를 배우고 부단히 노력하여 실천하는 올바른 지도자인 군자는, 오로지 계급상의 서열을 명확하게 하고 그 서열에서 마땅히 지켜야 할 바를 목숨을 걸고 지키는 의(義)에 부합되는지를 판단하여 행할 뿐입니다. 즉 의(義)는 떠날 것인지 아닌지를 결정하는 실천 여부의 판단 기준인 것이지요.[38)]

원칙적으로 말해서 지도자가 도를 배우고 부단히 실천하면 나아가 벼슬을 하지만, 지도자가 무도한데도 벼슬을 하는 것은 수치입니다. 하지만 또 한편으로는 이미 신하된 자로서 일하고 있다면, 지도자가 도를 배우고 부단히 실천하면 말과 행실을 엄격하고도 바르게 해야 하지만, 지도자가 무도하면 행실은 엄격하고도 바르게 하되 말은 공손하게 해야 하지요. 그렇지 않으면 지도자의 심기를 건드리게 되어 결국 자기에게 그 화가 미치기 때문입니다.[39)]

노자 세상이 아무리 혼란스러워도 차마 버릴 수는 없다는 게요? 그대가 할 수 있는 것이 아무것도 없는데도?

공자 보다 정확하게 말씀드리자면, 떠나는 것과 남는 것 모두 나름대로의 합리성이 있다는 것입니다. 저는 "곧구나, 축타여! 나라에 도가 있을 때에는 화살과 같고, 나라에 도가 없을 때에도 화살과 같았도다. 군자로다, 거백옥이여! 나라에 도가 있으면 곧 벼슬을 하고, 나라에 도가 없으면 그만두었구나."[40)]라고 말하여, 위나라 축타와 거백옥에 대해서 모두 높은 평가를 한 바 있습니다.

노자 좀 더 구체적으로 말씀해보시게.

공자 공숙문자가 위나라 영공을 알현하여 그를 연회에 초대하고, 조정을 나서다가 축타를 만났습니다. 이때 축타는 "당신은 부유하고 임금은 재물을 탐하니, 임금을 초대한 것은 재앙을 초래하는 일이오."라고 충고했고, 공숙문자는 "아, 내 잘못입니다. 하지만 임금께서 이미 허락하셨으니 어쩌지요?"라고 물었지요. 이에 축타는 "그대는 부유하면서도 삼가여 신하의 도리를 다하고 있으니, 화를 면할 수 있을 것이오. 나는 부유하면서도 교만하지 않은 사람을 단 한 사람 보았는데, 바로 그대오. 하지만 그대의 아들 수는 교만하니, 분명히 나라 밖으로 도망갈 일이 생길 것이오."라고 대답했다고 합니다.[41]

하지만 무엇보다도 제가 축타를 올곧다고 말하게 된 계기는 바로 자기를 죽여서 임금에게 간언하는 시간(屍諫) 때문입니다. 축타는 영공에게 수차례에 걸쳐서 거백옥을 추천하고 미자하를 멀리하라고 충언했지만, 영공은 축타의 충언을 받아들이지 않았습니다. 그 후 축타가 병에 걸려 죽게 되자 아들을 불러서 유언했는데, 살아서 임금을 올바로 모시지 못했으므로 자기의 시신을 창가에 내버려두라고 한 것이지요. 이 소식을 들은 영공은 크게 깨달은 바가 있어서 즉시 거백옥을 등용시키고 미자하를 멀리하게 되었다고 하니,[42] 직(直)은 사사로운 정에 얽매이지 않고 공정하게 판단하는 것입니다. 따라서 축타는 지도자가 옛 성현들의 통치이념인 도를 실천하는 인물이건 아니건 상관없이 일관되게 올곧은 자세로 임했던 것입니다.

거백옥과 관련하여서는 다음과 같은 일화가 있습니다. 위나라 손문자는 헌공이 포악하여 나라를 망치려 한다며 거백옥을 찾아가 상의했습니다. 그러자 거백옥은 "어찌 신하가 임금에게 무례할 수 있겠습니까? 또 새로운 임금을 세운다고 해서, 지금의 임금보다 낫다는 보장이 있습니까?"라고 말하고는, 그 길로 국경을 벗어났지요.[43] 후에 손문자에 의해 위나라에서 쫓겨나 제나라에 머무르던 헌공은, 동생인 자선을 불러 자기가 다시 귀국하여 복위할 수 있도록 도와달라고 했습니다. 이에 자선은 영희에게 "만약 임금이 귀국하게 된다면 그대가 국정을 맡고, 나는 제사만 맡겠소."라고 제안했고, 영희가 이 말을 다시 거백옥에게 전하자, 거백옥은 "저는 애당초 임금이 나가신 것을 들은 적이 없으니, 이제 어찌 들어오신다는 소식을 들을 수가 있겠소?"라고 대답하고는 그 길로 국경을 벗어났던 것입니다.[44]

노자 음, 섬기던 임금을 버릴 수는 없다고 생각하여 도망쳤고, 기왕 새로이 섬기고 있는 임금 역시 버릴 수 없다고 생각하여 또 도망친 것이 아니었겠소?

공자 그렇습니다. 결국, 거백옥은 지도자가 도를 실천하는 인물이면 나아가 벼슬을 하지만, 그렇지 않으면 벼슬을 그만두었던 것이지요. 그렇다면 저는 축타와 거백옥의 처세법 중에서 어느 것이 더 낫거나 더 못하다는 비교의 의미로 이 말을 한 것일까요? 아닙니다. 저는 축타와 거백옥의 처세법이 모두 나름대로의 타당성을 지니고 있다고 본 것입니다.

하지만 한 가지 더 말씀드리자면, 위나라 대부 영무자는 나라에 도가 있으면 충언을 아끼지 않았고, 나라에 도가 없으면 군주의 무도함에 관계없이 목숨을 걸고 섬기고 따랐으니, 진정으로 우직한 인물이라고 할 수 있습니다. 나라에 도가 있을 때 충언을 아끼지 않은 것은 저도 할 수 있는 것이었지만, 나라에 도가 없을 때도 군주의 무도함에 관계없이 목숨을 걸고 그를 진심으로 섬기고 따르는 우직함은 제가 감히 흉내 낼 수가 없으니 말입니다.[45]

노자 그건 또 무슨 말씀인지, 좀 더 구체적으로 설명해주시게.

공자 중원을 차지하려던 남쪽의 초나라와, 이를 저지하려던 진나라의 싸움인 성복전투가 발생하기 전의 일입니다. 진나라 문공의 본명은 중이인데, 그의 부친 헌공은 본실이 아닌 여융족 여희를 총애했습니다. 여희는 자기가 낳은 아들인 해제를 태자로 세우고자 했고, 이에 헌공의 전처가 낳은 아들들을 모함하여 결국 태자이던 신생은 죽고, 중이와 이오는 진나라를 떠나 도망치게 되었습니다.[46] 그 뒤로 중이는 19년 동안 국외로 망명하여 이 나라 저 나라를 전전했지요. 그러다가 진(秦)나라 목공의 도움으로 귀국하여 복권할 수 있었습니다.

자신을 배신하고 진나라와 우호 관계에 있던 송나라를 눈엣가시로 여긴 초나라가 이를 빌미로 송나라를 공격하자, 임금이 된 중이 즉 진나라 문공은 과거 유랑시절 자신을 도와준 송나라를 도와주려고 하였습니다. 이때 신하 호언은 직접 송나라를 구원하는 것보다 초나라와 우호 관계를 맺은 조나라와 위나라를 치면 초나라가 자연스레 송나라의 포위를 풀게 될 것이라고 조언했고, 마침 위나라와 조나라는 진나라 문공이 유랑하던 시절에 자신을 푸대접하던 나라였기에, 문공은 이참에 함께 복수하고자 한 것입니다.

진나라가 먼저 조나라를 치기 위해서 위나라를 통과하려 했는데, 위나라 성공이 그 제안을 거절하자 진나라는 위나라를 공격했습니다. 이에 성공은 도망쳤고 대부 원훤과 그의 동생 숙무가 대신 정사를 돌보다가, 진나라와 맹약을 맺고서야 성공은 다시 귀국할 수 있었지요. 바로 그때, 영무자가 '원복'이라는 지역에서 위나라 사람들에게 "이제 하늘이 우리를 보우하시니, 남는 사람이 없으면 누가 종묘사직을 보호할 것이고, 군주를 따르는 사람이 없으면 누가 우리 재산을 지킬 것인가? 이제 맹세하노니, 외부에 있는 사람들은 자기의 공로에 의지하지 말고, 남은 사람은 죄를 얻을까 걱정하지 마시오. 이 맹세를 어기면, 반드시 주살할 것이오!"라고 맹세하자, 사람들이 떠나지 않게 되었던 것입니다.[47]

하지만 성공이 맹약을 어기고 원훤의 동생 숙무를 죽이자 진나라는 성공을 잡아들여서 원훤과 소송을 벌이게 했는데, 영무자는 성공의 변호를 맡았다가 패소했지요. 이때 성공을 변호한 이들은 모두 죽거나 다리가 잘렸지만, 영무자는 충성스럽다는 이유로 사면되었습니다.[48]

성공을 괘씸하게 생각한 진나라 문공은 의사를 시켜서 그를 독살하려고 했으나, 영무자가 의사에게 뇌물을 줘서 독약의 양을 적게 타게 했습니다. 이에 성공은 죽지 않았고, 노나라 희공이 주나라 천자와 진나라 문공에게 귀한 옥을 바침으로써 성공은 석방되었던 것입니다. 그 뒤 성공은 다시 위나라의 임금으로 복위했지요.[49] 다시 말해서, 나라에 도가 없어도 영무자는 끝까지 진심으로 군주를 섬기고 따르는 참된 인(仁)을 실천한 인물이었으니, 이것이 제가 말씀드리고자 한 바입니다.

노자 그것이 정녕 그대가 생각하는 도란 말이요?

공자 선함을 보면 아직 부족하여 따라가지 못하는 듯 부지런히 노력하고, 선하지 못한 것을 보는 것은 끓는 물에 손을 넣는 것과도 같이 위험하여 피한다고 했으니. 저는 그런 사람을 보았고 또 그런 말을 들었습니다. 하지만 세상에 도가 없으면 은거함으로써 자신을 온건하게 보존하고, 세상에 도가 있으면 의(義)를 행함으로써 그 도에 이른다고 했는데, 그런 말을 들어보기는 했지만, 실제로 그런 사람을 보지는 못했습니다![50]

일찍이 노담을 뵙고 난 후에 노나라로 돌아와서, 저는 제자들에게 이렇게 말해주었습니다. "새는 날 수 있음을 알고, 물고기는 헤엄칠 수 있음을 알며, 짐승은 달릴 수 있음을 안다. 달리는 것은 그물로 잡을 수 있고, 헤엄치는 것은 낚시로 잡을 수 있으며, 나는 것은 활을 쏘아 잡을 수 있다. 하지만 용에 대해서는 내가 알 수 없으니, 바람과 구름을 타고 하늘에 오른다. 내가 노담을 만났는데, 그는 마치 한 마리의 용과도 같았다!"[51]라고 말입니다.

저는 노담께서 말씀하신 하늘의 도〔天道〕가, 마치 한 마리의 용과도 같은 지극히 이상적인 도리라고 믿어 의심치 않습니다. 하지만 그럼에도 불구하고 오히려 혼란스러운 세상을 떠나지 않았거니와 심지어 적극적으로 바꾸고자 노력한 것이니, 이것이 하늘의 도, 즉 천도(天道)와 사람의 도 즉 인도(人道)의 차이점이 아닐까요?

저는 "가고자 하는 길이 같지 않으면, 함께 도모할 수 없다."[52]라고 말한 바 있으니, 후대 사람들은 길 도(道)를 도리 도(道)로 오해하여, 노담과 저의 사상이 상호배척관계에 있다고 여겨왔지요. 그렇지만 이 역시 오해에서 비롯된 것으로, 제가 주장한 소강사회의 도는 결국 대동사회의 도를 그 모체로 삼는 것입니다.

따라서 제 말뜻은 도가 땅에 떨어지면 세상을 등지고 떠난다는 당시의 불문율을 따르지 않고 끝까지 세상을 포기하지 말아야 한다는 의지를 반영한 것입니다. 그럼에도 불구하고 앞에서 소개한 인물들은, 애써 설득하여 함께 이 세상을 바꾸고자 한 저를 그저 피해서 달아나려고만 했으니, 어찌 제가 그들과 함께 세상을 바꾸려는 일을 도모할 수 있었겠습니까?

노자 안타깝도다, 공구여! 안 될 줄 알면서도 하려 함은, 우매함인가 아니면 우직함인가?

1) [史記(사기)] 〈老子韓非列傳(노자한비열전)〉
2) [周禮(주례)] 〈春官宗伯(춘관종백)]
3) [史記(사기)] 〈老子韓非列傳(노자한비열전)〉
4) 36-1
5) [史記(사기)] 〈殷本紀(은본기)〉
6) 36-2
7) 36-3
8) 7-32
9) 7-10
10) 17-1
11) [史記(사기)] 〈孔子世家(공자세가)〉
12) [史記(사기)] 〈孔子世家(공자세가)〉
13) 17-5
14) [史記(사기)] 〈孔子世家(공자세가)〉
15) 9-5
16) 13-10
17) [史記(사기)] 〈孔子世家(공자세가)〉
18) 17-7
19) 8-14
20) 16-11
21) [十八史略(십팔사략)] 〈五帝篇(오제편)〉
22) [禮記(예기)] 〈中庸(중용)〉
23) 70-4
24) 14-33
25) 14-40
26) [左傳(좌전)] 〈哀公(애공) 6년〉, [史記(사기)] 〈孔子世家(공자세가)〉
27) 14-39
28) 18-5
29) 18-6
30) 18-7
31) [史記(사기)] 〈老子韓非列傳(노자한비열전)〉
32) 5-6
33) 8-14
34) 14-1
35) 11-23
36) 14-38
37) 18-8
38) 4-10
39) 14-3
40) 15-7
41) [左傳(좌전)] 〈定公(정공) 13년〉
42) [孔子家語(공자가어)]
43) [左傳(좌전)] 〈襄公(양공) 14년〉
44) [左傳(좌전)] 〈襄公(양공) 26년〉
45) 5-20
46) [左傳(좌전)] 〈僖公(희공)〉, 〈莊公(장공) 28년〉
47) [左傳(좌전)] 〈僖公(희공) 28년〉
48) [左傳(좌전)] 〈僖公(희공) 28년〉
49) [左傳(좌전)] 〈僖公(희공) 30년〉:
50) 16-11
51) [史記(사기)] 〈老子韓非列傳(노자한비열전)〉
52) 15-40

나오는 글

1.

이제 노자와 공자의 사상체계를 개략적으로나마 다음과 같이 도표로 그려보고자 한다.

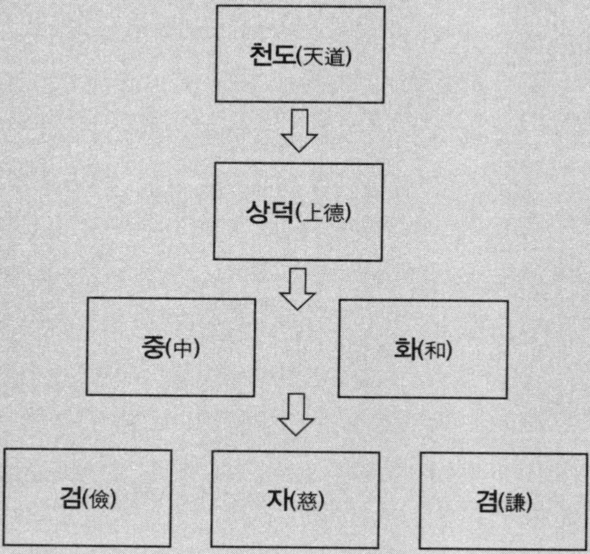

〔노자의 대동사회〕

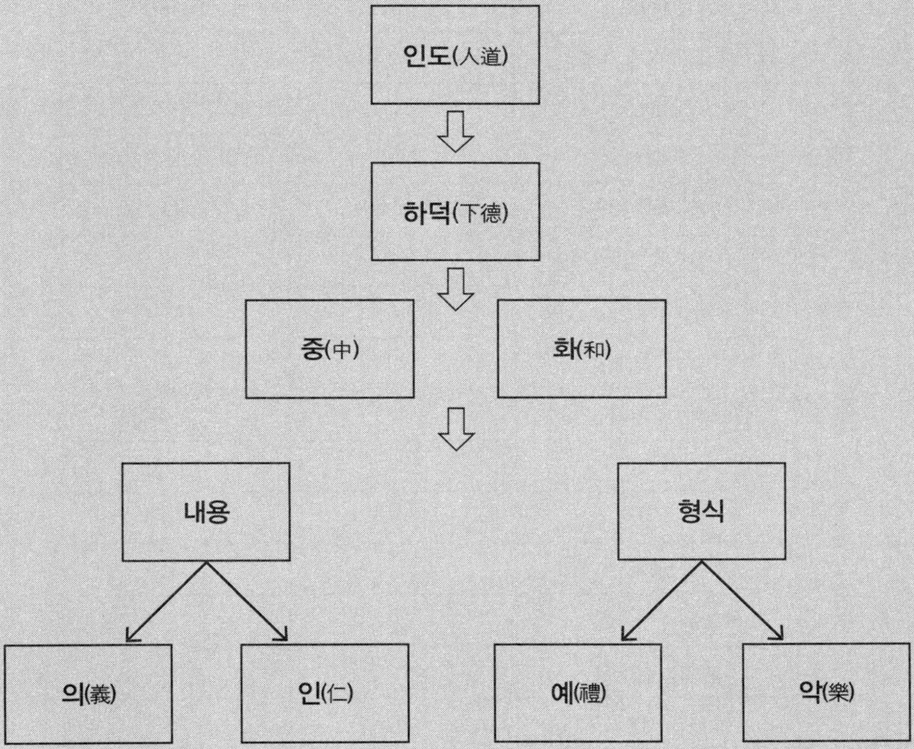

〔공자의 소강사회〕

또한 노자와 공자의 사상체계를 다음과 같은 비교표로 정리해 볼 수 있다.

인 물	老子	孔子
목 표	천성을 따르는 무위자연의 대동사회	예악제도로 바로잡는 소강사회
도(道)	하늘의 도	사람의 도
명(名): 규제 명분	X	O
법치(法治)	X	X
지도자	성인	군자
위정자의 신분	사(士) 이상	사(士) 이상
상(常): 변치 않는 태도	O	O
개과(改過): 허물을 고침	O	O
신(愼): 신중함	O	O
성신(誠信): 정성스러움	O	O
덕(德)	상덕	하덕
중(中): 공정한 태도	O	O
화(和): 어울림의 조화	O	O
동(同): 아우름	O	X
겸(謙): 겸손함	O	O
자(慈): 자애로움	O	O
검(儉): 검소함	O	O
인의예(仁義禮)	X	O

여기서 다시 한 번 유의해야 할 것은, 비록 노자는 천성을 따르는 무위자연의 통치를 주장한 반면 공자는 예악제도를 통한 규제를 강조했지만, 두 인물 모두 법을 세분화하여 엄격하게 통제하는 통치는 반대했다는 점이다. 다시 말해서, 노자와 공자는 지도자가 법을 지나치게 세분화하여 일일이 통제하려 들면, 백성들은 오히려 법을 피하려고만 들지 허물을 부끄러워하지는 않게 된다고 이구동성으로 경고한 것이다.

과도기적 과정 없이 가장 이상적인 대동사회로 직접 복귀하도록 노력해야 한다는 노자의 주장과, 과도기적 과정으로 우선 소강사회의 면모를 회복해야 한다는 공자의 주장. 도가 땅에 떨어지면 세상을 떠나야 한다는 노자의 주장과, 도가 땅에 떨어져도 남아서 세상을 바꾸도록 끝까지 노력해야 한다는 공자의 주장. 과연, 우리는 어느 것을 선택해야 할 것인가?

하지만 우리는 최소한 이것만큼은 확실하게 알 수 있다. 대동 혹은 소강 그 어느 쪽을 선택하더라도, 지금보다는 훨씬 나은 세상의 안녕을 기대할 수 있다는 것을.

2.

수년 전, 정기적으로 통원 치료를 받은 적이 있다. 그런데 하루는 이제 그만 와도 된다고 하는 것이 아닌가. 기쁜 마음에 완치된 것이냐고 물었더니, 의사 선생님께서는 "병원에 올 필요가 없으면 완치된 것이라고 볼 수 있겠지요. 감기에 걸리면 병원을 찾았다가 다 나으면 완치된 것이니 더 이상 올 필요가 없습니다. 하지만 훗날 또다시 감기에 걸리면, 다시 병원을 찾아야 하지 않겠습니까?"라고 오히려 되묻는 것이 아닌가?

필자는 그동안 노자와 공자의 사상을 연구하여 두 인물의 공통점과 상이한 점들을 분석하려 노력했고, 이제 이 저서를 통해서 그 결과들을 정리해보고자 한다. 물론 본 저서에서 도출한 결론에 책임을 다하려고 끝까지 최선을 다할 것이기도 하고.

하지만 의사 선생님의 말씀처럼, 세상에는 완벽함이란 없는 듯하다. 그저 주어진 삶이 끝날 때까지 완벽함을 추구하다 떠나는 것일 뿐. 따라서 훗날 필자의 연구에 문제점이 발견되면, 바로 허물을 드러내어 수정할 것을 약속한다. 〔예기(禮記)〕〈대학, 전(大學, 傳)〉에서도 "마음을 정성스럽게 하여 구하면, 비록 화살이 과녁에 명중하지 못해도 멀지는 않을 것이다. 자식 기르기를 배운 후에 시집가는 이는 있지 아니하다."라고 말하지 않았던가.

마지막으로 필자는 본 저서의 집필을 시작할 때, 중국의 역사는 크게 이상향인 대동의 사회와 그보다는 못하지만 상대적으로 안정된 국면인 소강사회 그리고 혼란기의 세 시기로만 구분된다고 언급한 바 있다. 그리고 중국의 제자백가 사상은 예외 없이 하나로 관통되는 핵심 즉 그것이 대동 혹은 소강이 되었건 간에, 이러한 태평성대를 이루기 위한 정치사상이라는 공통분모를 지니고 있다. 물론 노자와 공자 이후로는 이렇듯 오롯이 전해 내려오던 대동과 소강의 통치이념이, 각각 서로 다른 이념을 주장하는 이들 저마다의 개성에 의해서 독특한 사상을 부각시키는 정치이론으로 변이되기는 했겠지만 말이다.

아무튼 중국의 제자백가 사상이라는 복잡하게 얽히고설킨 거대한 사상의 자물쇠를 온전하게 열기 위해서는 하나의 열쇠가 필요한데, 바로 이 열쇠를 만들기 위해서 반드시 거쳐야 하는 과정이 대동과 소강의 개념 이해인 것이다. 그리고 필자는 이를 증명하기 위해서, 이제 그 두 번째 여정을 떠날 준비를 하려 한다.

3.

아울러서 필자가 〔노자, 정치를 깨우다〕에서도 언급한 바 있듯이, 이 지면을 통해 위정자들께 한 가지 부탁을 하고자 한다.

"태평성대는 결코 완성되는 것이 아닙니다. 위정자들이 삼가 부단히 실천하는 모습, 그 자체가 태평성대인 것이지요. 그리고 정말로 그런 시기가 온다면, 국민은 어쩌면 그런 위정자들의 모습을 너무나도 당연하다고 여겨서, 그저 '우리가 행복한 것은 스스로 그러한 것이니, 위정자가 한 게 무엇이더냐!'라고 말하여 잠시나마 위정자의 노력을 몰라줄 수도 있습니다. 하지만 국민이 언제까지나 그런 위정자들의 모습을 몰라주지는 않을 것입니다. 마치 요임금이 세상을 떠났을 때, 백성 스스로 3년 동안 슬퍼했던 것처럼 말입니다."

노자와 공자가 만났을 때

- 열하룻날의 대화 -

초판 1쇄 발행일 2015년 2월 6일

지은이 안성재
펴낸이 박영희
편집 배정옥·유태선
디자인 김미령·박희경
인쇄·제본 태광인쇄
펴낸곳 도서출판 어문학사
서울특별시 도봉구 쌍문동 523-21 나너울 카운티 1층
대표전화: 02-998-0094/편집부1: 02-998-2267, 편집부2: 02-998-2269
홈페이지: www.amhbook.com
트위터: @with_amhbook
블로그: 네이버 http://blog.naver.com/amhbook
다음 http://blog.daum.net/amhbook
e-mail: am@amhbook.com
등록: 2004년 4월 6일 제7-276호

ISBN 978-89-6184-360-7 93150
정가 20,000원

이 도서의 국립중앙도서관 출판시도서목록(CIP)은 e-CIP홈페이지(http://www.nl.go.kr/ecip)와 국가자료공동목록시스템(http://www.nl.go.kr/kolisnet)에서 이용하실 수 있습니다.
(CIP제어번호: CIP2015001135)